培智学校课程的四好评量与教学设计

主编：李宝珍　戴玉敏

参编：生活适应科——李宝珍

生活语文科——周千勇　赵思祺　戴伟丽　王思羽

生活数学科——戴玉敏　冯　莎　李全容　李亚蔚

劳动技能科——殷春容　周文博　李宝珍

唱游与律动科——梁　英　李宝珍　冯　莎　赵思祺　王思羽

绘画与手工科——浦佳丽　杨津晶　李亚蔚　戴伟丽　李全容

运动与保健科——李宝珍　钟秀兰　袁支农

主编单位：向阳儿童发展中心

重庆大学出版社

图书在版编目（CIP）数据

培智学校课程的四好评量与教学设计 / 李宝珍, 戴
玉敏主编. -- 重庆 : 重庆大学出版社, 2023.1（2024.7重印）
特殊儿童教育康复培训教材
ISBN 978-7-5689-3656-9

Ⅰ.①培… Ⅱ.①李…②戴 Ⅲ.①儿童教育—特
殊教育—教学研究 Ⅳ.①G764

中国版本图书馆CIP数据核字（2023）第006860号

培智学校课程的四好评量与教学设计

PEIZHI XUEXIAO KECHENG DE SIHAO PINGLIANG YU JIAOXUE SHEJI

主 编 李宝珍 戴玉敏
策划编辑：陈 曦
责任编辑：李桂英 版式设计：张 晗
责任校对：王 倩 责任印制：张 策

*

重庆大学出版社出版发行
出版人：陈晓阳
社址：重庆市沙坪坝区大学城西路21号
邮编：401331
电话：（023）88617190 88617185（中小学）
传真：（023）88617186 88617166
网址：http://www.cqup.com.cn
邮箱：fxk@cqup.com.cn（营销中心）
重庆升光电力印务有限公司印刷

*

开本：889mm×1194mm 1/16 印张：24.75 字数：581千
2023年1月第1版 2024年7月第2次印刷
ISBN 978-7-5689-3656-9 定价：96.00元

推荐序 1

国家课程标准的个别化教育与教学运用

全国特殊教育工作的重中之重，无疑是课程改革。我国特殊教育课程改革文本有 2007 年的课程设置实验方案，2016 年发布的各科课程标准，2017 年逐年出版的各科教材。教育部颁布的课程改革方案、课标、教材，其意义在于对全国特殊教育有指导性、权威性、专业性和规定性，而特殊教育课程改革与普通教育课程改革又具有一致性，均提倡在生活中教生活，在生活中学会生活、学会做人，强调以生活为核心的教育，关注有效教学和生活品质的提升。因此，以国家特殊教育课程标准的推行与实施为核心的课程改革，是每一个特殊教育学校和班级，每个特殊教育教师和学生的日课，成为学校、班级教学生活的必然。

特殊教育课程改革意味着对过往的课程与教学的继承与发扬，特殊教育课程改革还意味着课程的革故与创新，同时课程改革要带来教师的改变，学生的改变，教师和学生关系的调整与改变，教学过程与教学结果的改变。教学改革的改变是向好的改变，以教学品质的提升、学生生活品质的提升为目标的改变。这场改革持续时间长，声势浩大，遍及全国各特殊教育学校和班级的每一天、每一节课，考验着全国特殊教育人的勇气和智慧。作为民办特殊教育及师资培训机构的重庆江津向阳儿童发展中心（简称"向阳儿童发展中心"），做出了负责任有担当的选择，进行了国家特殊教育新课标的个别化教育与教学研究。

一、编写培智课程四好评量表

国家公布的课程标准主要呈现该学科的主要内容及结构，国家培智教育课程分为一般性课程（生活语文、生活数学、生活适应、劳动技能、唱游与律动、绘画与手工、运动与保健）、选择性课程（信息技术、康复训练、艺术休闲），各学科呈现分目标分学段。

向阳儿童发展中心的自编课程标准评量，又称四好评量，是为增进国家课标的个别化教育功能，而针对各学科课标的评量标准进行编写，其目的在于：

·累积学生的学习目标、学习成果，便于找到学生起点；

·为设计学生个别化教育计划提供依据；

·该评量可以作为学生个人评量，可以作为班级评量，可以作为个别化教学课程模式应用，也可以作为 7+3 课程模式的应用；

·教师可以从课程被动的执行者成为主动的使用者和整理者，为完善课程结构、课程功能，做出课程标准的校本、班本实施和个别化教育教学设计的行动。

1. 以向阳儿童发展中心四好评量标准编写团队为核心

向阳儿童发展中心教师团队按国家培智教育课程标准，对每一学科逐步地反复进行学习与研读，为便于进行个别化评量与拟订个别化教育计划，大胆尝试，以有利于生活质量提升为功能的导向。培智课程标准的每项能力，被分成了各具功能的四好等级，形成四好标准，即好照顾、好家人、好帮手、好公民，该团队做出了四个等级代表的四种不同的能力目标的通过标准，基于此进行撰写。每一评量标准均有评分等级、依据，而各等级意义均符合生活质量的意义，即独立性、社会融合、社会生产力。四好评量标准综合培智教育各阶段课程要求，引导学生走向有品质生活的前景，而不只限于对课程内容知识技能的理解，更看重能否帮助学生从好照顾、好家人，逐步提升到好帮手甚至好公民的境地。这也是智力障碍学生学习任何课程都要考虑的问题。

2. 拓展为覆盖全国的四好评量标准编写团队

2019 年以来，来自全国多省市的培智教育教师、各康复机构的康复人员、医院儿童保健科的医护人员，师范院校、医学院校和民政学校的学生通过参加向阳培智教育骨干教师工作营，结合线上线下各种培训以及专业交流，经过多次反复讨论、修改使用、再修改，完善了四好评量标准。

二、拟订相应的个别化教育计划

＞（一）评量表的使用

（1）国家课程标准已分学科呈现，故课程评量结果主要为分科模式，由各科老师按日常上课的印象给分，不必每项一对一评量，且就低不就高。

（2）假使每个项目描述的评量标准给分还不能定，可以参照评量人员对生活质量的理解，也可以参照同班同学的分数，若与全班同学一致性较高，则以后较利于教学。

（3）除分科教师进行主要的课程评量外，班主任、主要任课教师可以就一个学生或一班学生共同评量、讨论。就一个学生评量，可将各科评量结果汇总在一起；也可以以生活适应、劳动技能为核心，以四好评量标准、生活品质为侧重，而扩展到其他学科的评量结果，看到各学科特点的联系及各学科交汇重叠的地方；同时做到全班同学对比，兼顾全班同学各学科发展的整体趋势。

（4）鼓励绘制各学科评量侧面图，给每位学生绘制一份各学科整合的侧面图，便于教师直观把握学生状况。

＞（二）评量结果解释

个别化教育目标的选择可完全以学生个人目标为主；也可参考全班共同目标，加入个人目标。评量结果不是为了解释学生各科能力的高低，而是为了了解学生，保证学生生活质量。比如，某生该科四分项超过全部项目的三分之二，则可以将其目标放在好公民功能上；若该科三分以上的项目超过全部项目的三分之二，则可将目标放在好帮手的目标上。

> （三）选择评量结果用于个别化教育计划的原则

（1）平行原则：考虑下学期追求的生活品质水平是好家人、好帮手还是好公民。

（2）起码原则：各科未达一分的项目优先考虑。

（3）符合教科书原则：教科书上已列入的项目尽量选择。

（4）发展原则：同一分数项目不宜过多，应用发展的眼光做选择。

（5）重要原则：征求重要他人意见，比如家人。

（6）补救原则：如果严重影响生活和学习，则应列入相应维度和目标。

（7）参考同学目标：全班若很多同学都选，可考虑参照。

（8）可行性原则：预估可能的学习时间，选择有把握的目标。

（9）其他原则：各校应结合本校特点进行应用。

（10）若要降一级选目标，要选与全部同学性质相近的目标。

采用以上原则为学生选择下学期个别化教育计划长期目标，有利于教师自行拟订短期课程目标以及各学科目标，并进行教材的统整。

三、国家课程标准指导下的教学活动

课程设置方案、课程评量标准和教材的目标意义一般经安排课程表、选取教材、设计单元活动、教学评量等流程，在复杂多元化的教学活动中得以体现。

> （一）安排课程表

这里的安排课程表，除了依据国家课标所呈现的每日的生活语文、生活数学的安排外，还包含本校、本班长期的教育教学实践后形成的课程体系，以及对该体系的诠释。这里包含着学校的课程评量体系、课程实施体系、课程文本体系、课程管理体系以及最终的课程选择。课程表在实践中，反映出该校该班的教育作息。例如，一些学校的课程表既有生活语文、生活数学、生活适应等，又有班会、午休、起床、就餐等，还有茶艺、社区服务、户外探险等。

> （二）学期计划

学期计划有如下分类：

学期学科教学计划：依据课程评量结果，针对学校或班级学生概况，结合课程标准以及国家教材拟订的一个学期、每个月或者落实到周的学科计划，由学科教学教师主持，与班主任以及其他学科教师共同完成。

日常生活教学计划：依据课程表，专门针对学校每日活动，比如入校升旗、早会、早操等活动而做的计划。

单元活动计划：一些学校机构采用的是以生活为核心、以问题为核心的教学模式，需要全体教师依据课程评量、学生个别化评量、上学期单元评量，征求家长、老师、社会相关人员意见，拟订长期教学计划与单元主题，形成个每季度、每月、每周的相关分主题以及目标，强调生活适应能力，培养解决生活问题的方法，同时让学科与单元相互配合，为完成单元目标而进行服务。

班级管理计划：特殊教育学校班级管理是不可或缺的重要教育教学工作，对学生的情绪行为，对教育教学环境的调整处理都必然该有相关计划与安排。

国家课程标准的实施是大工程，角度广而复杂，所需的教学计划种类繁多，还应有诸多与教学现场生成性的动态弹性呼应。

四、实施教学活动的教材运用及评量

国家课程标准指导下的个别化教学活动，是教授国家统编教材的教学过程，经过深思熟虑的目标及评量贯穿其始终。下面以单元语文教学为例，展示教学活动的教学与评量。以某培智学校一年级（下学期）的九名学生为对象。

> （一）整体思路

熟悉生活语文学科完整课标以及评量标准，其中，特别对一到三年级生活语文课程标准及评量标准进行重点学习。

1. 在课程评量后，拟订学生个别化教育计划

通读小学生活语文一年级下册教材，分列出书中所包含的四个教学单元及主题，即第一单元为学校生活，第二单元为个人生活，第三单元为家庭生活，第四单元为自然与社会，本次教学单元的主题为个人生活。

2. 小学语文课本一年级二单元个人生活多课内容汇总

根据个别化教育计划以及教材的内容进行教学设计。就其中第二单元的内容进行陈述：第二单元的主题是个人生活，包括《眼耳口鼻》《我会吃饭》《我会穿衣服》《我请客该准备什么》。这一主题将前几部分内容贯穿起来，最后用"今天我请客"来统整本单元的内容，以图文结合的方式联系学生的生活实际，通过模拟学生生活场景、教师演示和学生练习，激发学生的学习兴趣。

3. 课堂举例：第一节课《眼耳口鼻》

（1）教学目标。能注意倾听并能听指令指出"眼睛、耳朵、口、鼻子"的图片；能跟读词语"眼睛、耳朵、口、鼻子"；能找到"眼睛、耳朵、口、鼻子"的位置；能结合图片场景说出词语"眼睛、耳朵、口、鼻子"；体验生活中脸部主要器官的功能；增强自我保护意识；能说句子"这是眼睛 / 耳朵 / 口 / 鼻子"；能结合场景说句子"我有两只耳朵，我有一个鼻子，我有一张嘴，我有两只眼睛"；能了解眼、耳、口、鼻的简单用途；能认识；能描写。

（2）学生个别化教学目标。依据教材目标，结合学生学习实际情况，拟订学生的个别化教育目标。

（3）教学活动。

第一课先由教师带着同学唱儿歌，引发学生对"眼、耳、口、鼻"的了解。课程评量为出示学生自己的照片，让学生圈出一个后呈现相应词语。教师带队，教师带领学生认读，你说我答，进行练习。

第二课是句子练习"我有两只耳朵，我有一个鼻子"。第三课是认读生字"口""耳"，学习写"口"。

（4）分析与修正。

①修正教学目标，需突出评量目标，避免干扰项目。

学生要听明白教师的指令，后续教学当中教师一一呈现要求。通过逐步学习，学生更能明白教师的要求，配合度增加，掌握度提高，参与度提升。

②修正难度，层层递进，评量标准细化。

进行工作分析，对教学程序进行分解，先认写，再分解。

结果：学生对眼、耳、口、鼻很感兴趣，自己动手在桌上描生字，照从左往右的顺序写。

（5）课程评量结果。每节课程实施以及全课程结束，都要对学生进行评量，通过动态评量的方式分析学生的学习情况以及教师的教学情况，可视《眼耳口鼻》授课后的个别化教学目标，再评量。

（6）实施教学后再评量。

> （二）实施教学

教学活动实施的时候，要做到心中有课标、有学生、有教材，要尊重学生的发展。个别化教育行动重视教学，反思教学行动，从课标到教材教学单元，再到单课层层深入。

实施教学时，应做到计划与评量相结合，融会贯通。

（1）根据评量为每位学生拟订一份个别化教育计划；又根据教材中每篇课文的内容，拟订每节课学生的目标；每节课的个别化教育教学实施结束后，还有个别化教育计划再评量。

（2）对每位学生进行评量要用全人的发展性课程，还要用课标对每科教材进行评量，在教育教学中进行现场动态性、持续性评量。同时，要做到整体与专门学科的评量相结合，规定性、预设性的评量与动态性、情境的评量相结合，达标性的评量和教学过程的评量相结合，阶段性与总结性评量相结合，做到教学实施对每个阶段师生互动有即时反馈。从一节课到一个单元，从全体学生到个别学生，都要做评量，以促成全体学生能力的提高和教育的有效性。

（3）灵活性。进行教学活动实施时，学生的能力起点不同，达到的目标要求不同，因此，将学生个别化教学目标与教学活动相匹配，才能让学生从同样的教学活动中完成属于自己的学习内容。此外，个别化要落实到每一个环节，尊重学生的个体差异，做到教学目标个别化，教学策略个别化，协助学生的教具、学具等都需要个别化。

（4）合作与协同。在教学活动实施的时候，提倡同学之间的合作性学习（同学之间有互动、当小老师等），教师之间的协同教学（比如语文老师与音乐、美术老师协同备课等）。

（5）多种教学形态。既要有一对一的个别教学，又要有小组教学，还要有集体教学，这几种教学形态都是非常必要的，在一天的教学活动中都要有所体现。

我们可以看到，向阳儿童发展中心编写团队及全国各地特殊教育学校的教师和同学们正沐浴着阳光雨露，经历着风雨坎坷，从来未敢息肩，一路砥砺前行，可叹可赞！新年伊始，祝愿我国特殊教育课程改革大业繁花满枝，硕果丰盈！

张文京

2021 年 1 月于重庆北碚

推荐序 2

向阳儿童发展中心 25 年奋进的步伐[1]

一、25 周年的向阳步伐

我以课程及其运作模式的视角来理解向阳儿童发展中心 25 年一路走来的历程。

> （一）积淀专业经验的发展性课程

自 20 世纪 90 年代开始，有 17 年专业积淀的台湾双溪课程进入大陆，成为流淌着中华血液的个别化教育"基模"在大陆逐渐传播。西方理念的个别化教育在中国"不好使"，于是一个源于中国台湾的个别化教育课程及其运作模式在大陆广为流传，有学者调查，双溪课程在智力障碍儿童康复机构和培智学校中广泛应用，成为很多地区的个别化教育的基本做法。

> （二）应用智能障碍新理念的功能性课程

1994 年冬季，受向阳儿童发展中心方武、李宝珍老师的邀请，我和张文京老师等人到台湾进行学术交流。其间，听取了夏洛克教授讲解 1992 年智力障碍的新定义。回来以后，在李宝珍老师的提议下，重庆师范大学和向阳中心共同编写了以十大领域为内核的适应性功能课程（简称"重师课程"）。这个课程也在许多培智学校应用。

> （三）建立在环境生态理念上的生态课程

2000 年，杨元享老师访问重庆，建议向阳儿童发展中心的个别化教育从结构性较强的教学模式转向环境生态的教学模式。李宝珍老师讲了一个很好的例子，诠释了什么是环境生态课程："在一块同样大小的土地上，如果生长的全是高大矗立的树木，彼此就会形成生存竞争的关系，而让强弱搭配的不同类型的生命共同生长在这块土地上，就会成为和谐共生的关系。"于是有了这个时期的向阳儿童发展中心的生态之旅课程。

> （四）挑战核心障碍的教育康复课程

2000 年以来，随着特教学校的学生障碍程度越来越重，多重障碍越来越多，教育康复成为日益强烈的需求，面对学生的核心障碍，向阳儿童发展中心开始不断引入康复资源，最初是将物理治疗和作业治疗的元素引入动作教室，随后不断将语言治疗、沟通辅具、音乐治疗、戏剧教学等

1　编注：本书编写在向阳儿童发展中心成立 25 周年之际，本序理出这两件事之间的必然关系。

元素引入课程和教学模式中，成为第四个 5 年周期的特色。以知动为核心的学习适应课程是这个周期的代表作之一。

> （五）建立在成果 – 支持模式之上的四好质量课程

方武、李宝珍老师在重庆工作多年，积累了丰富的特殊教育的循证实践经验，其中最有意义的事情就是参与了培智学校义务教育课程标准编制的咨询和研制工作，对 2016 年版的全国培智学校义务教育课程标准有深入的了解，也非常理解该课程标准在完成立德树人根本任务中的重要作用。为了将国家课程标准落实到每个学生的学习中，向阳儿童发展中心研制了配合国家课标的四好标准的课程本位评量及其教学模式，进行四好质量课程的开发与试行。

二、四好课程蕴含的新理念和新实践

> （一）四好质量课程根植在培智教育沃土之中

经过 25 年全心在培智领域的耕耘，方武、李宝珍老师的专业实践深深地扎根于重庆。他们不仅有向阳儿童发展中心的基地，更将自己的足迹留在各地的培智学校。他们关注国家课程标准是否落实到了每个学生。在研制四好质量课程的过程中，他们将培智学校教育教学情况大致分为，在国家课标之下有教材和无教材的分科教学，有个别化教育计划和无个别化教育的综合教学等情况，恰当地处理了课程标准、个别化教育计划、教材、教学单元、教学主题、教学策略与教学活动之间的关系，开辟了一条从国家课标落实到每个学生头上的四好课程运作的途径。

> （二）四好质量课程抓住课程本位评估的关键环节

个别化教育是一套系统工程，这个系统工程有一核心环节，就是课程本位评估。方武、李宝珍老师对个别化教育有深切的理解，抓住了课程本位评估这个关键环节。双溪课程带来了发展性课程本位评估，适应性功能课程带来了功能性评估，生态之美课程带来环境生态评估，知动统整课程带来了教育康复评估，四好质量课程带来了成果导向的评估……

课程本位评估不仅是个别化教育的原理，也是个别化教育的核心技术。抓住了课程本位评估这个环节就是抓住了个别化教育关键。

> （三）四好质量课程的成果导向理念

四好质量课程引入了成果导向的新理念。在四好标准功能的基础上，提炼出独立性、社会融合和生产力三项成果。三项成果内涵丰富，包括自主生活、个人决策、使用社区、人际互动和参与活动，并得以维系生存的经济来源、对他人和社区有贡献、自己有成就感等。也就是说，实现这三项成果就可以过上有质量的常态生活。

> （四）四好质量课程贯穿终身发展议题

四好标准贯穿人的全生命周期。0 至 3 岁，早期干预，体现为好照顾；3 至 6 岁，学前教育，体现为好照顾和好家人；5 至 15 周岁，学龄教育，体现为好照顾、好家人和好帮手；15 至 18 周岁，职业教育，体现为好照顾、好家人和好帮手；18 岁以上，成年服务，体现为好照顾、好家人、好帮手和好公民；60 岁以上，老年福利，体现为好照顾、好家人和好帮手。

> （五）四好质量课程引入了支持策略

四好课程在多种教学策略的基础上增加了支持需求和支持策略。这是因为成果导向与支持策略是一对相关的概念。成果导向指出了前进的方向，支持策略成为弥补成果目标与当事人实际需求之间存在落差的有效措施。教育康复可以提升当事人的能力，当能力还不能满足成果目标与需求之间的差距时，支持策略就是有效的措施了。四好质量课程在支持策略中特别强调了生活辅助措施、行动辅助措施、休闲辅助措施、沟通辅助措施和工作辅助系统的应用，这些措施与好照顾、好家人、好帮手和好公民相对应。

25 周年，四分之一世纪，在这个时间节点上，向阳儿童发展中心迈出了坚实的步伐。双溪课程是一个动态的起点，四好质量课程是一个不会静止的终点。从发展性课程、功能性课程、环境生态课程到成果质量课程，步步掷地有声，在我国的培智教育的发展中留下了不可抹去的印迹。

许家成

2021 年于重庆沙坪坝

前言

疫情不断的 2021 年，百业奋勇向前，向阳儿童发展中心也不敢怠慢，加紧对培智学校义务教育课程标准的评量与实施的践行与探索，终于在 2021 年年底得以将我们的理解与实践心得集结成册，总结出以四好（好公民、好帮手、好家人、好照顾）概念来有效教导中重度智力障碍学生"课标内容"，并且能适应生活功能的课程实施模式。这一年，向阳儿童发展中心刚好在重庆江津耕耘特殊教育满 25 年！

对培智学校课标进行"如何落实？""如何教会？""如何教而有用？"的实践研究是 2016 年课标公布以后向阳儿童发展中心本身课程改革的开始。先是想到如何以逐步推进的策略把课标按难度分出层级，又要给每个层级的目标都赋予有意义的生活功能，于是我们从向阳青年部 18 岁以上智力障碍青年的服务理念里面找到四好的生活质量指标，从而发现适应生活、服务社会的公民是可以经由长期教育而培养的。从早期干预开始到学龄前康复阶段，要先打好学习的基础，才能达到九年义务教育要求，而我们看到，没有基本学习能力的学龄儿童是很难接受培智课标的内容的。举例而言，如果一位中度智障孩子在进入培智学校以前，先学习过向阳儿童发展中心发展出来的"知觉－动作核心课程"，培养了稳定的情绪行为，具备了基本的学习适应能力，那么他进入培智学校一年级，开始学习培智课标的生活语文、生活数学等科目的课程内容时，就能参与学习活动，而有机会在九年中学会课标中的全部内容而达成培智教育的目标——适应生活、服务社会。另外，如果学生因为起点较低，无法在九年义务教育中习得适应生活的能力，那么我们还有学龄后针对特殊人士的职业教育课程和成人教育的服务内容继续培养，一棒接一棒地帮助智力障碍学生终其一生都在教育的熏陶和支持下，享有独立自主的美好生活。于是"终身课程"的理念，成为完成培智学校义务教育课程的必要作为。而这一棒接一棒的里程，就是学生一路从好照顾，到好家人，到好帮手，最终到达好公民的旅程。

确定了培智学生终身学习的旅程，向阳儿童发展中心全体教学团队人员就开始了我们的培智学校课标实践与编辑之旅。起先是编辑课程评量表，以评量学生课程的起点是从好照顾还是从好家人，甚至是从好帮手开始。于是我们以四好作为课标评量的四级标准，顺带以评量结果来发展每位学生的个别化教育计划（IEP），彼时的编写进度为：

2017 年 11 月，起心动念要编写"培智学校义务教育课程评量表"。

2018 年 12 月 19 日，正式组成编写团队，以向阳儿童发展中心各科教师分组编队。

2019 年 1 月 19 日，第一次确认编写形式。

2019 年 2 月 18 日，初稿统稿。

2019 年春节期间，许家成老师、张文京老师审稿。

2019 年 4 月第一次完稿复印，受评山庄 23 期工作营学员试用，音乐治疗种子班、艺术治疗种子班等学员试用并回馈。

2019 年 6 月，受评山庄之友群友分科目进行试用，提供修订意见。

2019 年 10 月 1 日，七科一般性课程评量正式稿在向阳微信公众号首发。（1. 生活语文；2. 生活数学；3. 生活适应；4. 劳动技能；5. 唱游与律动；6. 绘画与手工；7. 运动与保健）

' 2020 年 10 月 1 日，三门选择性课程评量表正式稿在向阳微信公众号、微信企业号首发。（8. 信息技术；9. 艺术休闲；10. 康复训练评量表）

疫情期间，向阳儿童发展中心教师们在线上不断讨论接下来的四好的教学设计模式。后来也连续举办了数次四好评量表的培训班，试用四好概念的学校也越来越多，因此如何进行四好教学也成为各校共同关注的课题。

从 2020 年 6 月恢复开学之后，对着生活适应、生活语文、生活数学三科的教科书，向阳儿童发展中心老师们心里就想着如何以四好评量结果和四好的 IEP 目标的需求，来教导这三科的教材内容。于是各班级开始实施四好教学的试探，从三科教材背后的课标的分析，到教材与 IEP 目标的统整，到生活主题的形成，以至于适合四好学生参与的教学活动设计等。然后在 2021 年先印制试行本征求同行专业意见，足足试用了三个学期。可以说到目前为止，如何更有效果、更有效率地设计四好的教学活动，达至特殊需要学生各自的美好生活，仍是我们永不满足的专业追求。现由重庆大学出版社正式出版，也将 2019 年以电子文件分享给同行的四好评量表一并印行。课程评量表和课程实施模式同时在诸多特教同行手上，相信对培智学校义务教育课程的顺利高效地运行，作为重庆的一个特殊教育机构，向阳儿童发展中心也能有野人献曝之功。

在四好课程教学模式的构思与实践过程中，许家成老师和张文京老师一直关注着这件事的发展，甚至他们两位为本书写的"序言"已经在本书草稿阶段就写好，但是因为班级实践在不断改进，并且编者要振笔整理出完整系统时，总有停笔苦思的时候，本该在 2021 年 3 月 1 日印行的向阳 25 周年的这本专辑，居然又拖到了 2021 年的年底！当然我们相信好酒越酿越香，但是这期间我们敬爱的张文京老师竟于 2021 年 3 月过世了！她为本书写了序，却没来得及看到本书的正式出版，这未尝不是本书圆满出版时的不圆满之处。此处我们把张老师写的序言一字不漏地放在本书的起始，读者可以看到病中的张老师虽然已经不能缜密地思考，但是她还是开开心心地写了很多，我们相信支撑她的是想到这本书有许许多多她喜爱的特教晚辈将会读到，并且能够燃起和她一样的热血激情投入到培智教育的工作中，她就像是看到了大家努力着、担当着的样子，因此她没想停笔……

愿以此书，纪念张文京老师陪着我们向阳儿童发展中心在重庆走过的 25 年旅程！

愿此书，能陪伴所有走在特教之路上的逆行者，没想停步……

李宝珍

2021 年 11 月于重庆江津

编辑要旨

本书以2016年培智学校义务教育课程标准为依据，为方便培智学校为每位学生拟订个别化教育计划，以及有效实施课程内容，达成课程目的，试图解决以下教学现场经常面临的问题：

（1）如何在课程的范围内，为每位不同需求的学生拟订个别化教育目标？

（2）如何在教科书的范围内，为每位不同特质的学生实施有效教学？

（3）如何设计最大包容性的班级教学模式，既能让每位学生学会教科书的内容，又能达其个别化教育计划的目标？

（4）如何确信课程内容的学习能有利于学生将来的生活，是值得全体特殊教育人员戮力以求的？

为回答上述问题，本书阐述了下列内容：

（1）自编了培智学校课标的四好评量表，希望能作为课程导向的评量参考，特教教师可依评量的不同结果为不同学生拟订"个别化教育计划"。

（2）探索了"以生活适应为核心"的协同教学模式，介绍了如何以生活适应科为核心，协同生活语文、生活数学的教材内容形成各科统整的教学主题，借由教学团队的专业能力与精神，实施有效教学。

（3）在介绍以生活适应为核心的协同教学模式之下，还考虑了以下问题：有出版教科书的科目，如何有机融合教科书内容与学生个别化教育计划的内容？没有教科书的科目，如何整合学生的个别化教育计划的内容，进而组织教材？没有教科书又没有个别化教育计划的班级如何组织教材？等等。

（4）具体思考培智学校学生将来生活的适应情况，以四好的质量描述四种不同但又相通的生活样貌，让教学人员在设计与执行教学时有一个生活目标可以追求，结合学生从早期干预、学前教育、义务教育、中职教育以至于成年服务的一贯作为，达到生活适应的成果，一遂全体特教人员的理想。

据此，本书编辑出以下环环相扣的内容，请应用者依序系统阅读：

①对课程理念与内容的理解（课程篇第一章）；②对四好生活质量的阐述（课程篇第二章）；③对如何以四好标准来评量不同学生的课程起点的描述（评量篇）；④对如何依据课程评量结果拟订个别化教育计划的说明（个别化教育计划篇）；⑤对于四种不同特质学生的四好教学策略的开发（教学策略篇）；⑥如何实施教学的模式性建议：包括课程各科的功能定位，整个学期的教学规划，以及一个教学主题的教学活动设计（教学设计篇第一章）；⑦以上教学模式在课标七个科目的应用说明（教学设计篇第二章至第八章），另外还附了相关课例与空白表格；⑧对四好课程模式的评鉴与反思（后记）。

本书的编辑起于2015年，重庆师范大学张文京老师组织重庆当地公办和民办特殊教育单位的资深特教人员，共同筹谋以课程为本位的评量表的设计课题，定下了好公民、好帮手、好家人、好照顾的四好标准。当时参与者有重庆市教科研特教教研员沈剑娜老师、北碚特校李乐会老师、张文京老师当年的研究生刘明清等多位，唯一一家民间机构就是向阳儿童发展中心。可以说重庆当地特教工作者为培智学校义务教育课程标准的顺利实施是念兹在兹，也行之动之，今日本书能有完整的评量表与教学设计模式可以面世，实在是基于当年重庆同仁之心力。

　　本书的执笔者，已分别标注于各篇或各章。为求本书内容更有实践性与可行性，本书在向阳儿童发展中心试用了三个学期，向阳儿童发展中心全体教师对每个主题进行讨论、备课、磨课，书中每个教案几乎都是出自他们之手，编者也尽量在教案上标明，但是作为主编，还是要为他们默默地付出不求回报而在此记上一笔。若读者有需要和本团队探讨教学相关事宜，敬祈方家，共同探讨。

编者

2022 年 2 月

目　录

附 表

【课程篇】

培智学校义务教育课程与四好生活质量

李宝珍

第一节　课程的基本概念

教育工作者必须有课程的基本概念，更需研究课程。因为如果没有课程的指引，特教工作就没有工作的方向，特教教师就无法认识自己工作的重点与价值，特教工作会流于形式，特教老师会失去理想。因此，研究教学，研究教学背后的课程，研究国家规划的培智学校义务教育课程，是提高培智教育质量，提振教育士气的必要作为。

一、课程的意义

何谓课程?

最通俗的说法是：课程是"跑马道"，有起点，有终点，有途径，最重要的是要有一匹马或一群马。当然我们也不能以这样的比喻为满足。

但确实，对课程的定义可用一句话总结："众说纷纭，迄无定论。"

课程含义从最广义的几乎就等于"教育"的意思，到最狭义的就是"课程表上的科目"，都有人采用，因此有些特教老师回答他们学校在实施什么课程时，说"有语文课、音乐课"等，就是采用了最狭义的课程定义；又有些学校声称他们在编"校本课程"，但是你一看他们编出来的内容，可能只是某一特色学科的教材内容时，其实他们连课程和教材的定义都还分不清。

向阳儿童发展中心每年定期举办的培智教育咨询教师工作营，25年来都把课程概念放在培训课程的第一章，为了和学员有个共识，我们只好从诸多课程学者的诸多专论里面去撷取我们认为最能表达课程功能的定义，重新组织语言描述出来，就是："课程是学生在学校安排与教师指导下，为达成教育目的，所从事的一切有程序的学习活动与经验。"

这样的描述是我们参考了以下与我们认知相近的资料将其描述出来的，例如：

《简明国际教育百科全书》认为课程是指根据教育目标，为指导学习者的学习活动，有计划地编制的教育内容的整体计划，是旨在塑造新生代未来人格而设计的蓝图。

泰勒在《课程与教学的基本原理》中认为完整的课程概念包括课程目标、课程内容、课程组织（实施）和课程评鉴。

而泰勒所谓的"课程"，必须包含的要素，我们的理解是这样的：

·课程要有课程目标：课程目标是教育的目的，是期望课程实施之后获得的结果，是期望具有课程设计者的价值取向，因此我们认为课程目标之前应该还有更基础的要素——教育理念。

·课程要有课程内容：依据课程目标的需要，选择能达成目标的必要而充分的课程内容。

·课程内容要有组织：课程内容庞杂，要以何种系统或顺序来呈现或教给学生？也就是课程内容如何分类排序，课程的设计者必须先组织出一个架构。但是课程的实施者在教学时，可能又会视情况重新组织。

·课程要有实施的方法：课程设计者会提出实施课程的有效方法，让课程实施者知道用什么教学模式，用什么教学方法，最能让学生习得课程内容，达至课程目标，最终实现课程设计者最终的教育理想。

·课程要有课程的评鉴：包括三部分评鉴，一是每学期监控学生学习课程的进步情况；二是每学期评鉴课程实施的过程与方法是否适当；三是在一段长时间之后，判定课程存续的价值或需修改的部分，以便进行课程的修订或废止。

综合上述概念，课程是办学者为彰显其教育理念，设定其教育目标，编选必要的教育内容，加以有系统的组织，运用有效的教育方法，让学习者学会课程内容以达到课程目标的设计。课程实施者必须深刻了解本套课程的内容与其目标，认同其教育理念，才能积极热情地采取有效的教育方法，使学生能掌握课程的内容，从而达到理想的教育结果。

因此对课程的研究，是作为课程实施者的特教老师重要的专业知能，引导其后一切作为的基本思考。

最后，抱着对特殊教育的深切情怀，教师们将会发现：

"课程"所关心的不只是一节课或学生的一个问题，它关心的是"全人"的发展，是长期的教育对学生所产生的影响；"课程"是教育工作者对学生"全生涯"的关怀、省思与调整的旅程。

二、培智教育实施流程

特殊教育贵在尊重个别差异，满足个别需求，因此提倡个别化教育，需要定期为每位学生进行需求评量，之后依据评量结果为学生拟订个别化教育计划，然后在一个学习期限之内进行教学，达成班级里所有学生的个别化目标。这是特殊学生的个别化教育的实施流程，在这一流程中如何评量每位学生的学习需求，就要往前推论到学校所规划的课程内容。课程既然是办学者为达教育目的所规划的一系列教育内容与方法，那么每个学生的需求应能在其中找到个别化的部分，以此为起点，形成他个人的学期目标。

一个班级里有许多位学生，个别化的教学设计即是要设计一个班级一个学期的教学方法来达成全班同学的个别化目标。上述流程一学期一学期进行，保证了一个学校个别化教育的质量，也保障了学生未来适应生活的可能性。

图 1–1 标示了个别化教育实施流程：

图 1–1　个别化教育实施流程

学校教育，是正式而长期的教育。流程一确定教育理念，是实施教育首先要确立的，因为依据这个理想和目的，可以集中教育人员的认识和作为，才可以依此进行流程二。流程二规划课程，即选择教育内容。流程三实施教育评量是为了了解学生个别差异和需求，以便进入流程四。流程四为每位学生拟订个别化教育计划，然后在整个教育阶段展开流程五。流程五设计与执行教学，目的是教育成果能达到当初教育的理想。而是否达到教育的理想，即为流程六评鉴教育成果的重点。

本书所谓课程实施的四好模式，即是在培智学校个别化教育流程中的各个环节，用四好的思维来处理，以便最后回到培智教育培养学生成为自立自强、生活适应、服务社会的公民的教育理想。

本书"课程"篇主要探讨课程，"评量"篇主要介绍四好评量的做法；"个别化教育计划"篇主要介绍拟订个别化教育计划的方法；"教学策略"篇主要介绍有效的四好评量教学策略；"教学设计"篇主要介绍四好评量教学设计的方法。本书就是依照这个流程来编写各篇内容的。

第二节　培智学校义务教育课程目标与内容

一、培智学校义务教育课程目标

培智学校义务教育课程标准于 2016 年底颁布以后，作为全国以中度以下智力障碍学生为招收对象的培智学校施教的蓝本，换句话说，是进入培智学校就读的学生，其九年义务教育阶段所要学习的内容。姑且不论这些内容，智力障碍中度以下的特殊学生能不能学得会，我们要先确定学会以后的预期结果是什么。2007 年 2 月教育部公布的《培智学校义务教育课程标准》就开宗明义地揭示了国家培智课程的总目标：

"课程的总目标在于使智力残疾学生享有《中华人民共和国义务教育法》赋予所有适龄儿童少年的受教育权利，尊重其个别差异，发掘其潜力，康复其功能，促进其智能发展，推进其社会化进程，提升其生活实践能力，最终将他们培养成为自立自强、适应生活、服务社会的公民。"

因此，成为"自立自强、适应生活、服务社会的公民"是国家培养智力障碍学生的最终目的。而课标的内容，就成了达成目的的必备的知识技能和态度。它包括以下七门一般性课程和三门选择性课程（注：课程设置方案中的第二语言和校本课程没有课标的编制）。

二、培智学校义务教育课程内容及其组织

培智学校义务教育课程内容依据培智教育目标而选择，并以七加三（七门一般性课程和三门选择性课程）的形式加以组织编排，每个科目之下又分成几大"部分"（有的科目称"学习领域"，有的科目称"类别技能"），每个部分之下叙写了各科学习内容，作为学校各科教学的标准。

其科目与内容架构如附表 1 所示。

附表 1：培智学校义务教育课程内容各科对照表

生活语文	生活数学	生活适应	劳动技能	唱游律动	绘画手工	运动保健	信息技术	艺术休闲	康复训练
倾听与说话	常见的量	个人生活	自我服务劳动	感受与欣赏	造型与表现	运动参与	身边信息技术	休闲认知	动作康复
识字与写字	数与运算	家庭生活	家务劳动	演唱	设计与应用	运动技能	计算器应用	休闲选择	感知康复
阅读	图形与几何	学校生活	公益劳动	音乐游戏	欣赏与评述	身体健康	计算器网络应用	休闲技能	沟通交流
写话与习作	统计	社区生活	简单生产劳动	律动	综合探索	心理健康		休闲伦理	情绪行为
综合学习	综合与实践	国家与世界							
学习领域	部分	生活领域	类别技能	学习领域	学习领域	学习领域	模块	学习领域	模块

各科内容虽然以学科分类与顺序进行编排，但是编辑人员依据适应生活目标编选较简要而实用的项目，可算是一种广域课程的组织模式，因此判断培智学校义务教育课程的性质，是功能性课程的教育理念与目的，以广域课程的组织形式来提供教育内容，来教导各学科的重要知识与技能的一连串系统化设计，用来指引学校教学措施，长期影响学生，达成教育目的。

三、课程实施者的思考

让学生学会以上内容，成为服务社会的"公民"，是课程实施者的责任，徒课标不足以自行，必须全国培智学校老师发挥特殊教育的专业智慧和技术，让这些分散在各科的知识技能，能完整地被智力障碍学生所吸收，并能统整地应用，适应将来千变万化的社会生活，仅守一般普通教育的观念和做法是无以致之的！人类社会实践了两百多年的培智教育，目的就是设法让智障学生能学会，并且学会有用的专业理论和技术，融合是最终的理想，但不是为了融合而回避一切特殊手

段。课标的主编许家成老师特别提醒这套课程不是培智教育课程，而是"培智学校义务教育课程"，要让培智学校义务教育课程能实行并有效达成目标，最终还是要回过头来尊重培智学校学生的特性，应用个别化教育的手段，让课程目标满足学生的个别化需求，让教学方法适应学生的个别化差异，想方设法让各种资质的学生都能学会他能独立做到的生活技能，分别达到不同功能的生活适应的质量。

向阳儿童发展中心的"四好质量"的课程概念，包含"四好质量"的课程评量与四好的教学策略，正是为了解决如何有创意地帮学生学会课程内容，开发一种达成教育目标的课程实施模式，它能解决以下一连串的培智课标实施的问题：

（1）课标内容虽具有课程的理想，但对于智力功能越来越复杂的培智学校招生对象而言，学会课标的难度越来越大，尤其越往高年段越难学。难道要某些学生一直停留于低年段内容的学习？而降低学习内容，是否就达不到适应生活的目的？

（2）一个培智班级有6到15名学生，个别差异大，要用同样的九年，学习同样的内容，达成同样的服务社会的公民的质量，实在不切实际，如何让同班同学在相同的课程中，各取所需，各有所获？这是培智学校的课程实施者不得不面对的专业考验。

（3）课标内容将生活相关的知识、技能、情意，分别编写在不同学科，如何解决学生需统整各科内容以适应将来生活的问题？

（4）课标内容以学科逻辑形式编成，到了教学时一线老师如何合理组织成生活相关的主题，使学科内容显现出其功能性与意义性，让所学内容能直接丰盈学生的生活，而不是只有堆积在学生脑中的知识？这是各个学校需要发展有功能的教学模式的原因。

一线教学人员也是具有教学专业技能的课程实施者，他们需要有什么专业能力才能让课标内容变得有功能？让适应生活的教育目的显现？如何让教师也有课程发展的参与感？如果没有一套有效的教学模式作为参考，只求在教室里教教材，那么教师专业成长之路就会截然不同。

第二章

达成课程目标的四好生活质量

如何解决培智学校课标实施时可能遭遇的困难与问题，让培智学校义务教育课程得以有效实施，本书提出四好质量的课程实施模式，包含四好的教学模式，主要采取以下三大策略：

（1）将课程目标分级实现：分成四好质量。

（2）将达成目标的理想时间拉长：以终身课程的接力来实现。

（3）善用支持策略：从培智学生低年段开始，就要加入支持的概念，培养应用辅助措施适应生活的能力和习惯。

以下各节介绍此三个策略的概念以及为何可以达成课程的教育目的的原因。

第一节　将课程目标分成四个不同阶段的等级——四好质量

培智课程的目的在于培养自立自强、适应生活、服务社会的好公民。什么是好公民？好公民能有什么生活质量？这是课程实施者心中要有的期望。人人都在追求生活质量，全世界的特殊人群的教育康复服务也都在追求提高案主的生活质量。这就要先了解何谓"生活质量"。

一、生活质量的核心要素

所谓生活质量，其核心要素在于以下三点：

（1）独立性：能尽可能地独立自主地生活，被尊重，有选择个人事物的权利，安全无虑。一个人的独立性越高，生活质量就越高

（2）社会融合：居住于普通社区，被接纳，有归属感。使用社区设施和社区中的人有自然的互动，正常消费，平等享有一般公民的权利。一个人的社会融合程度越高，生活质量就越高

（3）生产力：有足以维生的经济来源。被需要，能感觉对他人有贡献的成就感。一个人的生产力越高，其生活质量就越高。

二、四好生活质量的分级

为了帮助智障学生将来能循序渐进地过上有质量的生活，我们试图将生活质量分为四个阶段，

每个阶段有不同的生活质量，方便学生一级一级地提高生活质量，并确保在每一级上享有该级应有的生活质量，不会因为到达不了好公民的生活质量而过着没有任何质量保障的生活。

我们在"好公民"之前先设定一个"好帮手"的等级，这是为尚无法完全达成好公民的标准的学生，规划一个"好帮手"的目标，让学生在课程完成之后能成为家务好帮手，可以管理好自己居住的家。如果达不到这点，我们可以期望他先成为生活自理的"好家人"，好家人起码能自己做好身边自理的事务，后面不用一直跟着一个大人。如达不到这点，还是终身需要专人照料，那么能有好的照顾者是很重要的，不能让照顾者不堪负荷以至排斥。我们至少要培养学生是情绪稳定，配合照料的"好照顾"者，让照顾他的人不费力，可以兼顾双方的生活质量，生命才能可持续发展。

由于四"好"代表四种不同能力，如何找到学生目前的起点，以便追求更高一级的四好质量，就需依此四好等级来设计每个课程目标的通过标准，形成培智学校课标的四好评量表。课标中每一科的目标，都依据四好的功能来描述通过标准：1分是好照顾的标准，2分是好家人的标准，3分是好帮手的标准，4分是好公民的标准。

这样的分级，也帮助我们制订课标的评量标准，帮助我们判断不同学生目前应该侧重追哪一级的能力。

而这四种"好"，也都有其一定的生活质量。

> （一）第一好：好公民阶段

与一般人一样的生活模式，其生活质量为：

（1）独立性：可独立居住，自主生活，只要重点支持。

（2）社会融合：独立居住于社区中，一切衣食住行娱乐皆和一般人一样在社区解决，参与一般人的社区活动，被平等对待。

（3）生产力：有自给自足的工作，能管理自己的财务。

如果学生在课程评量表中大都能达到4分标准，应能达到"好公民"的功能。

> （二）第二好：好帮手阶段

家庭中的得力助手，其生活质量为：

（1）独立性：可和家人同住，帮忙做大部分家务，是家庭的好帮手。若要独立居住，需有限的支持。

（2）社会融合：在有限支持下，可应用社区中资源，解决日常生活所需，是一个受欢迎的邻居。

（3）生产力：有例行的工作，并有成果以获得少许的报酬，能管理少量的财务，以满足成就感的需求。

如果学生在课程评量表上大都能达到 3 分标准，应能达到"好帮手"的功能。

> （三）第三好：好家人阶段

是家中稳定的一分子，其生活质量为：

（1）独立性：和家人一同居住，情绪稳定，行为不过激，家人可放心短暂外出，不至于饥饿或有安全顾虑。

（2）社会融合：在广泛支持下使用大部分社区设施和人互动，独立使用少数特定的社区资源，和熟人自然互动，是社区中被接纳的一分子。

（3）生产力：完成大部分自身自理工作，以及应急的家务工作（如饿时会蒸热家人为其准备的食物充饥），固定有一样别人交付的简单劳务，以得到奖励，能管理一次性购物的金钱。

如果学生在课程评量表上只能达到 2 分水平，起码保障了"好家人"的功能。

> （四）第四好：好照顾阶段

需要全面支持，但照顾者不费力，个人也能得到一定的生活质量：

（1）独立性：生活自理需要广泛支持，但会尊重其选择，生理功能维持在最佳状态，会配合别人的协助，使协助较容易。可能需要全面住宿服务。

（2）社会融合：在全面支持下参与某些社区活动，身心稳定，是社区中被优待的一分子。

（3）生产力：照顾者能为他创造生活的重心，使其对自己的生活有期待。

如果学生连课程评量表上的起码级的 2 分都通不过，那至少应保障其生活尊严及照顾者的生活质量。

附表 2 可清楚地对照四好的生活质量：

附表 2：四好的生活质量对照表

	好照顾	好家人	好帮手	好公民
独立性	需集体居住	可合住（别人陪住）	合住（陪别人住）、合租（与房客同住）	可独立居住
社会融合	被优待的一分子	被接纳的一分子	被欢迎的一分子	和一般人一样
生产力	有特别设计的工作	有特别提供的工作	有功能的工作	有正式工作
满意度	有（生活的）感觉	有（有足够的生活）经验	（感觉自己）有能力	（感觉自己）有权力

应用本四好概念来执行培智学校义务教育课程的学校或老师，必须对好公民、好帮手、好家人、好照顾的内涵非常清晰，才能在教导课程中的每一个目标时，找到它的功能和价值。

由于培智学校义务教育课程总目标放在"好公民"一级，好公民应能享有公民权力并承担公民义务，创造良好生活质量。但这就要求学生要学会每个课程目标的 4 分水平，这个高度，可能有许多学生在毕业时也达不成，因此应该退而求其次，先期待他们能达成每个目标的 3 分标准，以成为家庭"好帮手"，能为同住家人操持家务，是家庭中的重要成员，能享有好帮手的生活质量；如果连好帮手也达不到，起码可以教育他们具有 2 分的能力，成为家中生活自理的"好家人"，是家庭中被悦纳的成员，维持好家人的生活质量；万一有的学生入学时起点低，毕业时也无法生活自理，那么学校至少要培养他成为别人为他服务时候的"好照顾"，能获得尊重，确保被照顾时的生活质量，这就成为往好公民渐进的四个不同程度的阶段。好公民不是一日可跻的，要依循四好阶段一步一步养成，重要的是这四个阶段都各有其美好的生活质量。

而正因为有这四种不同程度的功能，才好指导一线老师的教学，在相同的目标下，让不同程度的学生各取所需，各有所获。

现以烹饪活动的例子说明如何以四好来教导同一个目标，例如：

当老师在教导烹饪技能时，全班同学都在进行"蒸蛋"的活动，最高目标是要教会学生能像一般人一样自己决定要不要蒸蛋，蒸的口味、变化，这些是对"好公民"级的要求。而"好帮手"一级的要求是要能为家人蒸固定量与口味的蛋。学不会蒸蛋的，就教育的功能而言，起码也要教会他：别人为他蒸好蛋在锅中，他要会自己拿出来吃，没有安全顾虑，也不会饿着，这才是"好家人"。最后班上可能还是有学生是连"好家人"一级都训练不出来的，那就只好训练他成为"好照顾"的人，例如在协助下自己吃蒸蛋或喂他吃蒸蛋时会配合，好喂，而且别人会尊重地问他的意见，例如烫不烫，咸不咸，他／她会有反应。

这样教育才有功能。

我们将课标本身的要求定为"好帮手"级的通过标准，称为标准级，但若到了要升年段时仍无法达到标准级，则只要通过"好家人"级也可以升年段，因此"好家人"级称为起码级，如此保证了同一年段的学生中不会有低年段通不过的目标被带到高年段，造成一个班级中目标悬殊的困难。

第二节   长期的教育养成——终身课程的概念

一、四好的能力可以跨不同求学阶段养成

达到好公民层级非一日之功，要通过几个教育阶段逐步养成，我们不必急于使一位入校时仍未达好照顾级的新生在毕业时就能达到好公民级，但是我们要有长期教育的打算，通过学生小学、初中、中职，甚至到了成人阶段，一直都在朝向好公民的生活水平发展，相信各阶段老师有计划的通力合作，必能一棒接一棒，让学生最后达成自立自强、适应生活、服务社会这样的目标。

因此，我们要为学生打造起一个贯穿一生的终身课程：

（1）在学龄前阶段，把学生教育成好照顾；

（2）在学龄期低年段，把学生教育成好照顾往好家人过渡；

（3）在学龄期中年段，把学生教育成好家人往好帮手过渡；

（4）在学龄期高年段，把学生教育成好帮手往好公民过渡。

如果在九年义务教育阶段仍不能达成好帮手的学生，那么还可以由中等职业学校的特教课程，帮助学生具备家务、劳动、工作技能与适应生活的能力，让他成为家务好帮手，然后在成人服务机构接受就业服务，成为好公民或者由成人机构的生活支持，发挥家务好帮手的能耐，经营自己好帮手的生活质量。

二、智力障碍学生的生涯发展

结合国内的智力障碍领域的服务情况，智障学生有可能在人生的各个阶段获得多元的服务（如附表3），因此只要有一个共同目标给各阶段的服务单位来规划服务内容与方向，从早期干预到长大成年，必定能达成好帮手、好公民的理想。智障学生也能和你我一样，享有完整的生涯发展。

智障学生的人生各阶段，也有不同的发展重点，是各阶段课程规划的主要内容，用终身课程的观念和措施，接力培养，终能从好照顾到好公民，在成年以后有机会在融合的生活场所享有更美好的生活。

附表3：智障学生生涯发展表

	0~3 岁	3~6 岁	6~15 岁	15~18 岁	18~60 岁	60 岁以上
教育阶段	早期干预	学前特教	学龄特教	职业教育	成年服务	老年福利
教育场所与未来安置	医疗康复中心	融合幼儿园 特校学前班	普小融合班 特校学龄班	普通职中 特校职中部	工作：庇护就业、支持性就业场所 生活：家人同住、小区家庭合租公寓、生态农家教养机构	生活：家人同住 小区家庭合租 公寓生态农家教养机构
课程重点	知觉动作	知觉动作	生活核心	工作核心	美好生活	生活重心
生活质量	好照顾	好家人 好照顾	好帮手 好家人 好照顾	好帮手 好家人 好照顾	好公民 好帮手 好家人 好照顾	好帮手 好家人 好照顾

<h1 style="text-align:center">第三节　善用支持策略</h1>

一、何谓支持

在特殊教育领域，"支持"是相对于"训练"的一种手段，用来协助特殊需要人士克服障碍，达成生活功能的设计。残障是既成事实，但是障碍却是环境条件对残障人士造成的不便或不利，大可以通过人为的支持，改造环境因素，让环境中的人都能适应环境的要求，完成个人在环境中的任务。

当然，通过训练，如果能增加障碍人士的能力，以达到环境的要求，则教师应该加强教学与训练技能来帮助学生能力的成长，这是给学生的最佳支持。但是如果有些学生某些活动的能力是无法训练出来的，那么教师就应该另辟蹊径，应用支持的策略，从环境设备等改变来帮助学生也能达到参与该项活动的能力。这也是为什么四好的课程模式敢认为：任何程度的智障学生，都能因着教育的作为，而享有独立满意的生活质量，就是因为特殊教育老师，除了会教，还会应用"支持"的策略，能提供给他的学生有效的支持。

二、支持的种类

由于智力功能的障碍，培智学校学生的学习除了靠个人的理解能力，还需借助各式各样的支持辅助措施，尤其是在一些抽象的知识、复杂的技能方面的学习和应用，老师只用讲授法、示范法、反复练习法是不可能让学生真正学会的，如果学不会又会影响其独立过好家人、好帮手或好公民的生活，那么善用辅助性的支持措施就是确保学生生活质量的好策略了。辅助性支持措施有很多，这里提供几个思路给老师们。

1. 生活辅助措施

四好中的每一好的通过标准都希望是学生"自己做到的"，即使像好照顾、好家人，其目标要求已经降低至实用但又非常简单的地步，仍有可能会有师长觉得孩子做不到而想动手动口去协助他提示他，但是四好评量的标准是不管哪一好，不管再简单，都要学生"能自己做到"才算，如果做不到就要定为目标，要教到他自己过关，而非提示下过关或协助下过关。

自己无法做到时，可以采取的办法是：一是降低要求，二是采用辅具支持。

例如，生活辅具已经开发很多，可以方便障碍者衣食住行无障碍，老师要经常关注相关资源与应用，不要说你的学生目标是好家人的"自己使用餐具进餐"，结果因为他动作困难你就一直把目标定在"协助下拿勺子吃饭"，你应该定在"自己拿改良过的辅具喂自己"，因为他要追好家人的生活质量，进餐的独立性越高，生活质量就越好。如果辅具公司卖的勺子也不适合你的学生用，你就要自己想方设法创造一个你的学生能用的勺子或餐具给他，然后目标就是教会他自己用，自己吃。在过程中不断改进，设计适合学生的个别状况的饮食辅具，这才叫个别化的特殊教育。

2. 行动辅助措施

这是为了帮助动作困难的学生在生活学习环境往来无障碍的设施和设备，包括斜坡道、各式轮椅等。请注意，对于好帮手而言，其解决独立生活中的行动问题，如果需要借助轮椅，也要教导他会自己安全有效地操控轮椅抵达短距离目的地，这样才能提高好帮手的生活质量。同样地，如果有的轮椅或交通辅具他操控不来，就要改造到他能操控，达成最大可能、最大范围的行动独立。

3. 休闲辅助措施

休闲生活应该会占学生很大一部分时光，因此学会休闲、自我休闲，是很重要的课程目标。如果学生学不会，就要有辅助设计帮他"精于休闲、乐于休闲"。如果一生的休闲都要有人教有人陪，那就成就不了好家人、好帮手、好公民的生活质量。因此，开发学生能独立完成的休闲活动，对学生的独立性至关重要，甚至有益于其社会融合。老师要能创意地改良玩法或休闲用品，例如，改良过的三轮自行车、游泳浮具、放大的棋牌、电子游乐器材、定位穿戴（预防休闲时走失）等，鼓励自主休闲，并且做到当学生参与团体休闲活动时能独立安全、不麻烦别人的功能。

4. 沟通辅助措施

对于有语言接收与表达障碍的学生而言，老师要使用学生能接收的语言或非语言方式来教导。非语言方式包括动作、手势、表情、语调和图画记号等，教师不能只会用口语讲授和课本来教学，也不能只教学生用口语来表达。重整教科书上的文字图片，制作学生能懂的沟通图卡，提供语音输出的电子沟通辅具，熟悉沟通辅助 APP 产品的应用等，都必须是老师的拿手功。

5. 工作辅助系统

在成人就业辅导领域已经发展出许多帮助智力障碍人士轻松上岗的工作辅助系统，包括工具的改造、工作程序的重组等，这些措施不只帮助智力障碍员工胜任其职，有些还能提高普通员工的良品率和工作效率，深获用工单位喜爱，但可惜有一些中等职校或职业训练单位的辅导员还不知道应用或改良，一味苦恼教导智障学员什么工作技能才实用。其实只要用上工作辅助支持，智障学生是能胜任一般工作的。我们希望义务教育阶段，老师要能知道工作辅助系统的效用，对将来学生的工作能力和就业机会保持希望，培养学生勇于适应环境、熟练操作各种辅具的基本能力（例如，准确点按设备，按图做事，看懂标志，配对颜色记号操作开关等），以免长大了有再好的辅具他也没有使用的本领。

　　以上所指只是特殊教育支持措施的一部分。支持的精神，会展现在每一位老师遇到个别学生在真实环境中的困难，为他创设探索各种解决途径，直到有效解决为止。

　　对一位以学习为主的培智学校学生而言，以上都是支持他学习无障碍的必要辅助措施。而对于四好中的好照顾、好家人，有许多目标就是针对将来这些辅具能对他发挥作用预做准备。简言之，学生需要在小时候就学习如何独立地使用辅具，具备独立使用辅具来解决问题、适应生活的能力与习惯。

小结：四好生活描述与所需学习能力

　　附表4能帮助教师清晰理解四好生活与四好能力，务求在教学中能方向明确，自己判断调整。

附表4：四好生活与四好能力的功能表现

	好照顾	好家人	好帮手	好公民
课纲的目标（四种角色有四种目的）	希望他有了能力之后，即使要人养护，也能：1. 有机会参与丰富的生活活动，别人带他参与不费力 2. 他也能有感觉感受 3. 别人尊重或问他意见时，能做"是、否"或二选一的表达	希望他有了能力之后，即使要和别人同住，或集体住宿，也能：1. 自己做最私密的生活自理 2. 解决生存攸关的几个问题（最简单的吃、拉、洗漱、穿脱等） 3. 能使用辅具达成生活休闲沟通所需	希望他以后能独立居住，或和房客合租，万一要住教养机构也具有最佳独立自由的待遇，在重点支持下，能：1. 自主管理自己的生活、家务与居家环境 2. 可以扩大活动范围 3. 体验最丰富的生活	希望他以后能自给自足，独立，自主工作与生活，思考判断自己人生的价值
需要学习的能力	他现在就要能培养对活动或用品的感觉喜恶，以及做出简单选择的动作。还要学习在别人没空陪他/她时，能安静地自己有事可做，或有事可想	他现在就要学习操作简易辅具的动作认知（注意模仿——一对应辨认记号）能力并学习使用辅具，当家中短暂无人时的安全与求救，个人休闲与生活自理	他现在就要学习除了好家人所需能力之外，还要有能独立做更多家务的能力，更多更熟练的安全技能，更广阔的休闲范围，以及更高阶能力来应用更复杂的辅具来解决认知不足的生活问题，方便别人为他设计所需辅助系统	现在每个能力都须独立正确熟练、泛化。且最好能真正理解而变化应用，甚至有些还比一般人突出，可以作为谋生之用，对重大事件有评鉴判断能力

　　教育是长期的耕耘，尤其智力障碍学生学习较迟缓，更要拉长他的学习年限，提供更长时间的教育，他才能学会对他独立生活有用的课程。从四好的功能来看，只要目标稳定，持之以恒，

支持有方，众志成城，智障学生必能在一生中逐步从好照顾发展出好家人的能力，再从好家人发展出好帮手的能力。长大成人以后，他可以多种形式地居住于普通小区，为社会做不同程度的服务，这就达成了培智学校义务教育课程的最终目标了。

期望课程实施者都能把四好的概念牢记于胸，清晰明白其四种不同功能的生活远景，逐步为学生建立四种不同的能力。

如何进行课程的四好评量

李宝珍

第三章

培智学校课标四好评量内容与评量标准

第一节　四好评量的内容

一、四好评量表的设计目的

四好评量表的设计目的是用来评量学生的学习起点，因此评量的内容以课程内容为主，完全依照培智学校义务教育课程标准的科目与架构进行编写，评量项目即是培智学校课标的各科目标，只是将每个目标给予编码，方便校内教学团队之间的沟通。

二、评量内容的架构

评量项目共分为四层，层层编码。

一码为7+3门学科：1生活语文、2生活数学、3生活适应、4劳动技能、5唱游与律动、6绘画与手工、7运动与保健、8信息技术、9艺术休闲、10康复训练。

二码为各科原来就有分类（学习领域或部分等），例如，1生活语文可分为：1.1倾听与说话，1.2识字与写字，1.3阅读，1.4写话与习作。

接下来的架构，本来要在二码之下再分三码，但是原课标各科有的只分成三层架构，第三层即是目标，有的科目在三层之后还有更下位的目标，形成四层架构。这样各科不统一，会不利于评量结果的横向比对和分析，为求评量表有统一的架构，在不改变原课程目标的情况下，对于原来只分成三层的科目，我们将目标稍加归类，作为三码，其原来的目标就变成四码，这样可以七科统一架构，都是一码代表科目，二码代表学习领域，三码代表类别，四码是学习目标。而学习目标才是我们要评量的项目（详见培智学校义务教育课程四好评量表）。

第二节　评量标准

一、四好评量的设计构想

既然四好评量的每个评量项目就是课标原来的最下位目标，那么要能体现出其个别化来适应不同程度学生的学习需求，就要将目标分出几个难易等级，以便评量出学生和目标标准之间的差距，成为其学习的起点线，以引导日后的教学设计，那么如何编排这个评量的等级，就是保持四好质量概念的评量编辑人员需要探求的。

首先，我们要抛弃掉原来教育评量常用的以"协助形式"来作为评量等级的编法。传统教育评量常常以类似形式评量：4分，能独立做到该项能力；3分，能在口头提示下做到；2分，能在示范下做到；1分，能在身体协助下做到。因为这样的评估标准，会让老师在为学生制订教育计划时，不是把目标定在协助下，就是示范下或提示下，使得学生达不到最高的4分独立做到该项能力时，就只能等待协助或提示，才能解决该项能力所需适应的问题。更麻烦的是有些学科老师在上课时，就直接依照这样的评量标准，把学生分成：高组，可独立学会教材；中组，在示范或口头提示下学会教材；低组，在身体协助下学习教材。这样使得中组和低组学生都无法习得独立做到的技能，到了毕业，大部分适应生活所需的各科能力都只在"需协助或需提醒"的程度，难怪他们终其一生，背后都要跟个大人。

因此，四好评量不采取这种以协助层级来作为量化的标准，而把"协助层级"的评量方式放在后面的教学阶段才用。在课堂教学过程中，教师才需要监控每一个教学目标学生所需的协助方式与程度，而在规划个别化教育计划阶段（也就是学生的课程规划阶段），我们需要判断的是他要学习的内容是要朝向哪种质量的生活，是好照顾、好家人，或是好帮手；现阶段应该把生活技能学习到什么水平才是对于适应其四好生活是有功能的。因此，我们对每个评量项目的分级，就要以四好质量的要求来描述，才是把课标的内容功能化。

另外，还有一个评量重点是每一级都要独立过关，这样学生长期学下来，才有独立适应其四好生活的能力。

为了成人之后能"独立"适应生活，课程评量也不能出现"部分通过（或50%通过）""少部分通过（或25%通过）"这样的评量标准，四好评量的每一个项目都要独立做到，而且至少要达到80%的纯熟度（亦即有80%的机会、做到标准的80%）。

对评量表编辑者的挑战就是：如何来设定每个评量项目在四好生活中的不同表现，并且简要描述出来，以便使用者参照？

为了让四好各科评量编辑者在脑中能有一致的四好概念，事先对四好生活景况的描述甚至具体到每一科目中了（见第五篇各科功能定位），这样各科编辑人员才能有一个共同的生活标准，做到各科评量间的校准。

二、四好评量的评量标准

培智学校课标是培智学校学生义务教育阶段一般性课程的学习内容，一共需学九年，分为三个年段来学，其最终目的是能培养学生成为自立自强、适应生活、服务社会的公民，因此课标所罗列的各科内容是通往这个教育目的不可或缺的能力。一般应该让学生尽量学会，至少要"学过"，有经验。但是学生起点不同，将来适应生活的情况不一，教育要保障学生将来的生活质量，因此不管学生学多学少，都要让他所学所会成为将来生活有用的能力，这才是把一般的课程内容教成有功能的内容。评量会引导教学，评量结果发现学生的适应功能处在哪一级，我们就可以提升学生生活适应往更高一级去追求。万一无法提升，他原来的能力也能保障他适应一定的生活环境，保有一定的生活质量。在此构想下，各科评量编辑人员试着为每一个课纲上的条目，进行好照顾、好家人、好帮手与好公民所需具备的四种等级的能力描述，然后好公民等级的能力给4分，好帮手能力给3分，好家人能力给2分，好照顾能力给1分。未达好照顾能力表现者，该题为0分。

1分通过了才有可能通过2分，2分通过了才有可能通过3分，3分通过了才有可能通过4分。因此，每个分数给分都要站在前一个分数的能力已经获得的基础之上。

我们认为，3分好帮手等级是课标本来的能力要求，因此其通过标准就以原课标的能力描述为主，不做修改。而好公民4分等级为课标基础之上的优异级，是留给中上智力水平的学生用的，因为考虑到培智学校的生源应该以中重度智障学生为主，能达好帮手水平已属不易，尚需要毕业以后终身课程的接力才能真正达到家务好帮手的生活功能，建议培智学校义务教育课程以追好帮手为主。但是各校仍有极少数本该随班就读的中轻度障碍学生因各种原因来到了培智学校，显然有些课标内容对他们就太简单了。因此我们就保留了好公民一级，描述为除了达到课标本来的标准之外，还能因势应变，创新做法，或者带头带动，达到和一般人一样甚至比一般人还好的质量，这就给予4分等级，让已达3分的目标可以有加深加广的空间。至于2分是好家人等级，是培智教育最起码的追求，我们称为起码级，意思是最起码要把学生培养到能有好家人的生活功能。好家人的生活功能是能情绪稳定、生活自理，当大人没空陪他时，能自己安全地完成自我照顾事项和打发休闲时光。要具备这样的功能，在生活适应科需达什么能力？在生活语文科需达什么能力？而绘画手工科又需要什么能力？这就是我们要费心去考虑的。1分是好照顾等级，是情绪行为不过激，不破坏，不干扰，能被接受的等级，也是任何科目学习的行为基础，如果学生在学校的学习生活能让他觉得安全，不紧张，他不需去防御环境中的刺激，不用去逃避课业上的困难，自然能放心自在地待在教室中不造成团体的干扰。只要各科老师能从专业角度理解学生，以专业技术教导学生，在态度上自然能真诚地悦纳每个学生，班上应该每个学生都能达到好照顾，让老师能开始教他好家人的本领，然后慢慢把他带到好帮手。

如果各科老师能调整师生互动模式，创造不紧张的教学，仍有学生达不到1分好照顾的表现，情绪行为极不稳定，明显干扰班级活动，那么学生应该有其他障碍无法以特教方式突破，此时建议要安排康复服务，由康复专业人员进行评估与训练，因此我们称1分为补救级，亦是未达1分的项目应该考虑增加康复或个别训练的服务，积极研发与加大教康整合的措施。

三、评量标准的等级

每个教学目标有四个等级：1分（补救级）、2分（起码级）、3分（标准级）、4分（充实级）。

1分，好照顾（补救级）：如果学生有生理方面的限制，实在无法达到起码级，则学校应关注其生活、心理的健康与权益，提供必要的康复或其他补救措施。

2分，好家人（起码级）：如果学生经过教学／支持，亦达不到标准级，则至少需教导具有起码级的能力。

3分，好帮手（标准级）：此系该目标所欲达到的标准，为老师教学／支持的主要目标。

4分，好公民（充实级）：若有的学生能力已超过标准级的要求，为了方便班级教学，以及提升学生该项技能的品质，可以往充实级发展。

由于四个等级代表四种不同能力，因此就依此四种等级来设计每个目标的通过标准。

一般要求通过标准级，但若到了要升年段时仍无法达标准级，则只要通过起码级亦可升年段，如此保证了同一年段的学生中不会有低年段通不过的目标被带到高年段，造成一个班级中目标悬殊的困境。

同一个班级在进行教学时，同样的目标，造就四好的能力，符合"生态"的实际。

生态是"一个环境对生存在其中的生命的要求是一样的，只是各个生命都要以他不同的能力去适应这个环境"。

不管你是大鱼还是小虾，

是青草还是青蛙，

月光下，

共同谱出一个池塘生态的奏鸣曲……

例如：生活适应科低年段的四分评量标准

3.1.1.1 认识常见的食物（低年段）

0分：未达1分表现

1分：能接受常见的食物不排斥

2分：能选择自己要吃的食物

3分：能选择家人要吃的常见的食物

4分：能认识生活中出现的各种常见食物

3.1.1.1 了解饮食安全常识（中年段）

0分：未达1分表现

1分：能配合饮食安全常识的活动，在指导下配合吃安全的食品（不吃不安全食品）

2分：了解一两种饮食安全常识（例如：分辨能吃与不能吃、能喝与不能喝的食品，掉地上食品不能吃，腐烂食品不能吃，有危险标志的食品不能吃，过食品安全日期的食物不能吃，油炸食品少吃，辛辣食品少吃，多吃水果蔬菜……）

3分：了解基本饮食安全常识，并注意饮食安全

4分：了解各种饮食安全常识

3.1.1.2 了解常见食物的营养价值（高年段）

0分：未达1分表现

1分：能配合了解常见食物的营养价值

2分：自己吃时能依照食物的营养价值搭配食物

3分：和家人吃时能依照食物的营养价值搭配食物

4分：能依据自己当时身体状况选择调理营养食物，并能给别人适当食物建议

另外，课标中有康复训练的选择性领域，一共分成感知觉、动作、沟通与交往、情绪行为四大模块，则不用四好评量标准，另有评量标准。因为康复训练是学生生理障碍的补救教学，其生理障碍对学习与生活造成影响者，即需要学校提供康复服务，不管是由学校康复师提供直接服务，或是融入班级进行补救措施，皆须经过评量，以便确定其是否需要康复服务与服务措施，拟订服务目标，因此本书对康复训练的评量是以学生该项能力影响学习的严重性为评量标准，是严重影响学习？或稍影响学习？或不影响学习？以便康复专业人员判断学生所需服务与服务措施。

例如：粗大动作的评量

评分标准：

0分：即使专用人力支持也很难做到——适合密集个训，或考虑环境中不用此能力

1分：需要大量支持、专用人力支持（例如专人帮全部动作协助）——适合个训

2分：只需要少量支持（例如只需人力帮近端固定，或协助使用辅具）——适合小组康复服务或定期咨询服务

3分：不需支持（可独力完成或独立应用辅具）——不需康复服务或视需求咨询服务

1.姿势控制计分：_____

1.1 坐位、立位下能维持头颈部直立计分：_____

0分：大量人力、物力协助下，亦难以维持头部直立

1分：大量人力、物力协助下，才能被动维持坐位、立位下头颈部直立

2分：坐位、立位下维持头颈部直立2秒，上课时仅需少许人力支持

3分：坐位、立位下能正确维持各种头颈部控制

本书提供康复训练评量表（见所附培智学校课标四好评量表），暂不介绍其训练方法或教康整合的教学模式。

第四章

培智学校课标四好评量方法

本评量表能作为课程起点评量的工具，其评量结果也能应用于决定学生的教育目标，或作为拟订个别化教育计划的重要依据，那学校教师如何一致性地做好评量，有赖于对评量内容、标准以及方法的了解，现介绍四好评量方法。

第一节　评量目的与方法

一、评量目的

四好评量可作为课程起点的评量，评量结果可呈现学生对本课程内容的掌握情况，以及其掌握的能力对生活质量的影响，使学校可以较客观地发现学生的教育需求，拟订学生的下一阶段的个别化教育计划，具有课程本位评量的功用。

四好评量可以累计记录，比较数次评量的进步情况，因此具有监控学生学习成果的评鉴作用，教育单位可以作为评鉴教学绩效与课程适用性的参考。因此四好评量表附有评量结果累计记录表（侧面图），将各科得分绘制成侧面图，以供各次各科评量结果的比较分析用。

如果有的学校不为学生拟订个别化教育计划（IEP），也可以参考四好标准来作为调整各科教材的原则，然后每年进行四好评量，以确保课标内容的实施，并监控每位学生的进步情形。

二、评量时机建议

根据各校个别化教育计划的期限（例如每学期或每年），在拟订个别化教育计划之前，进行本评量（本书主要以一学期为例）。

个别化教育计划实施之后（例如学期结束时），再次进行本课程评量，借着分析两次评量之间的差距分析教学因素，又可作为新一轮的课程起点的评量，以拟订新的教育计划，直至学生升到另一个年段（例如低年段升中年段，中年段升高年段），换评另一个年段的课程内容。

三、评量人员

培智学校学生的各科老师，熟悉培智学校课标，对评量的四好指标有共识者即可实施本评量。因此建议使用本评量表的学校最好提供各科老师相关培训与研讨，尽可能建立校内共识（可多阅读本书对四好的诠释），求取评量的一致性。

四、评量方式

（1）建议由各学段各科老师依据学生平日上课表现进行观察式、回顾式的评量。

（2）平日观察不到的项目，可组织一个以评量为主的教学主题活动，让班级活动聚焦在需评量的项目。也可以访谈家长得到相关信息，除非必要，不需要把学生叫到前面进行一对一的操作评量。

（3）学生现在是哪一年级的学生，就评量该年段的各科项目，本评量表不建议降级评量，同班同学应采用同年段的培智课标，并且到时间一起升级。

第二节　给分与计分方法

一、回顾学生的现况与表现，判断给分

每个项目都需要有一个分数，在四好评量表该项目前的"□"内做记号，并标示在各科评量结果侧面图上，最后可以加总各科的总分，以便绘制出课程评量结果的总图。

二、计算百分比

在总图之下需登记该生该科获得0-4分的项目数量，以便计算出该科得到4种分数的百分比。

三、分次标记

各次评量可以累计，因此要以不同颜色来标示，颜色最好由学校统一规定。例如，一学期评量一次，那每个年段就有六次六种颜色（例如黑、红、黄、绿、蓝、紫）或图案的侧面图。

四、评量标准与判断

　　评量人员需把握生活质量的四好标准的功能，一方面依据每个评量项目的四好分数的文字描述进行给分；另一方面在给分难以取舍时，依据如下的原则考虑给分，参照下表的区分方式进行判断，如果仍不能取舍，则就要：

　　（1）借助评量人员心中对生活质量的理解，以及对学生生活质量的现况与期待来做判断了。

　　（2）一般鼓励就低不就高的原则，宁选择给低分，这样会给学生留比较多的学习空间。

　　（3）可以参照同班同学的分数，若能和同学一致（但也要就低不就高），对以后的教学会比较方便可行。

附表 5：四好评量标准的参考表

评量标准 参考准则	1分（好照顾）	2分（好家人）	3分（好帮手）	4分（好公民）
不同层级的教育目标（学习任务）	被动参与 被动配合 简单拿、放等动作，不排斥、不破坏	（听从单一指令任务） 简单、单一操作 少量、短距离、短时间	（同时完成两个以上任务） 标准（基本、一般操作）中等数量、距离、时间	（同时完成多个任务） 复杂、细微、品质要求 大量、长距离、长时间
不同层级的教材内容（教学内容）	操作自己喜欢的事物	学习日常固定、特定事物 实物操作（实物、图片）	一般常见事物 半具体操作（实物、图片、文字）	不常用的各种事物 抽象操作（文字）
不同层级的增强物（动机操作）	正在享受增强物之下配合	进行有兴趣的任务（喜好的任务）原级增强（具体吃、玩等）	完成任务（一般不反感的任务）次级增强（代币）（+社会增强）	为了责任（可能是不喜欢的任务） 社会性增强（成就感）
不同层级的支持手段（辅导方式）	需要身体或手势协助 （本体觉、触觉等）	利用示范、手势与碰触的提示教导到独立操作，独立使用具象的辅助系统（以本体觉、触觉视觉等为主）	利用示范、演示、口头提示重点等支持，直到学生能独立操作，独立使用有记号的辅助系统（视觉、听觉等）	教导能自己借助视听媒介与自然提示、示范而学习（视觉、听觉等）
不同层级的参与方式（参与过程）	诱导 为自己的，随意配合选择	配合（被动） 小部分参与，选择自己喜欢的	主动 大部分参与 选择决定	积极、带动别人 全程参与、计划决策
不同层级的反应方式（反应内容）	注意、朝向	配对、选择、指认、仿说	分类、指认、选择、命名、表达	命名、自由表达、推理等
不同层级的成果表现（评量标准）	愿意动作感觉体验	完成简单的任务（单一操作）	完成达到基本标准要求（基本步骤、一般操作）	完成质量比基本标准更高（复杂、细微、品质要求）

自编培智课程四好评量表（低年段）　侧面图（一码）

	1生活语文	2生活数学	3生活适应	4劳动技能	5唱游律动	6绘画手工	7运动保健
4分-好公民：专业、变化、创新.达到就业水平。	120	84	232	72	56	60	52
3分-好帮手：达到常人日常生活标准。	90	63	174	54	42	48	39
2分-好家人：可生存、基本需求、特定（有意识）。	60	42	116	36	28	32	26
1分-好照顾：可接受、会关注、会选择（无意识）。	30 (24)	21 (18)	58 (45)	18 (5)	14 (1)	16 (4)	13 (12)
0分	0 1 2 3 4	0 1 2 3 4	0 1 2 3 4	0 1 2 3 4	0 1 2 3 4	0 1 2 3 4	0 1 2 3 4
	7 22 1	3 17 1	13 41 4	3 15	5 9	2 10 4	1 12

例：一位学生某科评量侧面图

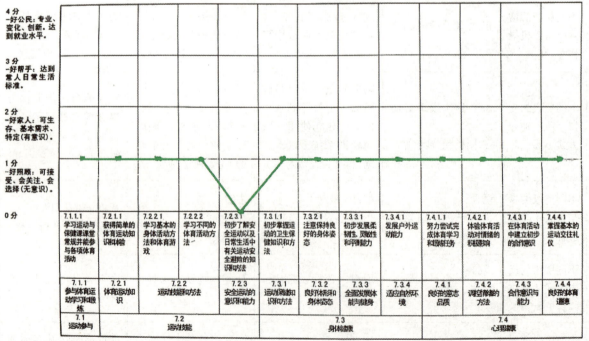

运动与保健（低年段）　侧面图（四码）

	7.1.1.1	7.2.1.1	7.2.2.1	7.2.2.2	7.2.3.1	7.3.1.1	7.3.2.1	7.3.3.1	7.3.4.1	7.4.1.1	7.4.2.1	7.4.3.1	7.4.4.1
4分 -好公民：专业、变化、创新.达到就业水平。													
3分 -好帮手：达到常人日常生活标准。													
2分 -好家人：可生存、基本需求、特定（有意识）。													
1分 -好照顾：可接受、会关注、会选择（无意识）。	学习运动与保健课堂常规并能参与各项体育活动	获得简单的体育运动知识和经验	学习基本的身体活动方法和体育游戏	学习不同的体育活动方法	初步了解安全运动以及日常生活中有关运动安全避险的知识和方法	初步掌握运动的卫生保健知识和方法	注意保持良好的身体姿态	初步发展柔韧性、灵敏性和平衡能力	发展户外运动能力	努力尝试完成体育学习和锻炼任务	体验体育活动对情绪的积极影响	在体育活动中建立初步的合作意识	掌握基本的运动交往礼仪
0分													
	7.1.1 参与体育运动学习和锻炼	7.2.1 体育运动知识	7.2.2 运动技能和方法		7.2.3 安全运动的意识和能力	7.3.1 运动卫生知识和方法	7.3.2 良好体态和身体姿态	7.3.3 全面发展体能与健身	7.3.4 适应自然环境	7.4.1 良好的意志品质	7.4.2 调空解脱的方法	7.4.3 合作意识与能力	7.4.4 良好的体育道德
	7.1 运动参与		7.2 运动技能			7.3 身体健康				7.4 心理健康			

第三节　评量结果的解释与应用

四好评量既然有四好的生活标准，那么，其评量结果代表学生在各科的能力目前可达哪一层级的要求，接着可以追求哪一层级的成就。因此，老师可以依据评量结果讨论出对学生最贴切的目前能力与接下来的教育需求。以下建议可以作为讨论的参考：

一、评量结果

评量结果不能解释为学生各科能力的高低，而是生活质量的功能。

1分，代表该项能力约达好照顾的功能；

2分，代表该项能力约达好家人的功能；

3分，代表该项能力约达好帮手的功能；

4分，代表该项能力约达好公民的功能。

下学期让学生提高一个分数是可期的，但是教学时间有限，还是要从其中选择适当数量的项目作为教学目标，选择原则见本书第五章第二节的"如何拟订个别化教育目标"。

二、评量结果解释

总图下登记各科的总分，代表该生该科能力已经达到的生活质量的水平。例如：

若该科4分的项目量超过全部项目量的三分之二，则可将目标放在追好公民的功能；

若该科3分以上（含3分）的项目量超过全部项目量的三分之二，则可将目标放在追好帮手的功能上；

若该科2分以上（含2分）的项目量超过全部项目量的三分之二，则可将目标放在追好家人的功能上；

若该科1分的项目量超过三分之二，则目标应放在追好照顾的功能上。

一直到超过该科五分之四，则可以开始追下一层级的功能。

对以上评量结果的解释，应由评量人员填写好摘要报告，以便在学生个别化教育计划会议上进行综合分析，拟订四好的个别化教育计划。

如何依据四好评量结果拟订个别化教育计划

李宝珍

第五章

达致四好质量的个别化教育计划

第一节　个别化教育计划的概论

　　培智学校的特殊教育，应探索个别化教育的有效性，努力让学校教育能满足每位学生的个别需求，追求学生个别化的最大学习利益。

一、什么是个别化？

　　个别化应从两个方面看：

　　一方面，由于进入培智学校的学生，其生理、心理、智力、动作、语言、社会情绪等发展有所不同，因此其学习的能力就有不同的优势和弱势条件，这就是他们的学习特质，如果要学生学会老师教的内容，当然应该以符合学生学习特质的方式来设计教学方法，这称作尊重个别差异的个别化。例如有动作弱势的学生，老师要为他设计其动作可行的操作方式来参与学习活动，有听力弱势的学生，老师要以其听力能及的讲解方式来参与学习，对于图片理解优于符号理解的学生，老师要以图文并列的方式来带动其符号理解的目标……都是在教学方法上符合学生学习特质的个别化措施，也是在教学方法上尊重个别差异的做法。

　　另一方面，同样一个学校的课程规划，由于学生的起点行为不同，环境需求不同，因此在选择教学内容时，也会有个别化的考虑，这称作满足学生需求的个别化。例如，同样需要学习交通安全的目标，在不同的城市地区，交通设施与环境不同，学生的学习内容也会不同，甚至有的学生连居家安全都还是问题，交通安全的学习就不会优先考虑。这就是在教学目标或内容的选择上，因应学生的生活或环境的不同，造成学习需求的不同，这是教学内容符合学生学习需求的个别化。

　　因此，所谓个别化教育，应该分为学生的"个别化教育目标"和"个别化教育方法"两部分。

二、个别化教育的不同层次

　　由于个别化的教育措施包括学生的个别化教育目标和教育方法，因此对个别化教育的规划可以在不同层次体现：

　　（1）目标的个别化处理；

（2）教材内容的个别化处理；

（3）教学方法的个别化处理；

（4）教学资源的个别化处理。

四好功能的构想，为这不同层次的个别化处理提供了有力又合理的依据，同一个班级的学生，既可以因个别化需求，学习不同的目标，更可以学习同样的教学目标，而选择不同的四好教材内容，亦可以同班同学学习相同的教材内容，只是采用不同的教学方法。只要满足学生的个别化需求，符合学生的个别差异，都是个别化教育的体现。而这样的不同层次处理的个别化，可以求取最大的共性，既考虑了同班同学的共同需求，也照顾到每个学生的个别需求，可以说是最符合教学实际的个别化教育模式。

各种共性等级的个别化措施图示如下：

	教育目标	教材内容	教学方法	教学资源（教具）
最大共性	＋	＋	＋	－
较多共性	＋	＋	－	－
较少共性	＋	－	－	－
无共性	－	－	－	－

注：＋相似，－不相似

举例：

	教育目标	教材内容	教学方法	教学资源（教具）
最大共性	＋能冲泡饮品，接待客人	＋能冲泡茶类与咖啡类等	＋工作分析、模仿	－好帮手用散装茶与咖啡粉和奶精、糖冲泡 －好家人用茶叶包、三合一、咖啡包冲泡
较多共性	＋能冲泡饮品，接待客人	＋能冲泡茶类与咖啡类等	－好帮手看完工作分析，模仿学习 －好家人除上述外，需一步步再示范	－好帮手用散装茶与咖啡粉和奶精、糖冲泡 －好家人用茶叶包、三合一咖啡包冲泡
较少共性	＋能冲泡饮品，接待客人	－好帮手能冲泡茶类与咖啡类等 －好家人能冲泡茶类	－好帮手看完工作分析，模仿学习 －好家人除上述外，需一步步再示范。还不会就先帮泡在大壶中，他只要倒出来	－好帮手用散装茶与咖啡粉、奶精、糖冲泡，用陶瓷杯 －好家人用茶叶包冲泡，用马克杯、不锈钢杯、大壶
无共性	－好帮手能冲泡饮品，接待客人 －好家人能洗杯子	－好帮手能冲泡茶类与咖啡类等 －好家人能自己洗自己的杯子	－好帮手看完工作分析，模仿学习。 －好家人用逐步养成法，先用清水冲洗杯子一下	－好帮手用散装茶与咖啡粉、奶精冲泡 －好家人用自己的不锈钢杯子或塑料杯子

第二节　如何拟订个别化教育计划

个别化教育计划是教育单位为每位学生实施满足个别需求的教育的计划案，这份计划案应在学生接受教育之前拟订好，实施教育之后进行计划案的评鉴，通常以一学期或一年为实施期限。因此这份计划案应在期限之内，包含这位学生的教育目标（分为长期目标和短期目标）与目标的评鉴办法，另外包含实施这份计划的目标的有效教学策略和需要提供的相关服务措施。这样就满足上一节所描述的个别化教育的两大内涵（目标与方法）。

四好评量的设计，即用以帮助学校在课程目标的范围内找到每位学生的学习起点（基线），适当选择出每位学生的长短期教育目标，以及有效教导目标的策略方法，叙写出每位学生的个别化教育计划。

一、依据四好评量表结果选择个别化教育目标

四好评量表可以绘制成各科的评量结果侧面图，以及七科的总图，我们可以依据侧面图进行各科的起点能力分析，进而帮学生拟订个别化的教育目标，叙写个别化教育计划。

＞（一）分析四好评量结果侧面图总图

侧面图的总图是七科评量结果的横向对照，可以看出学生目前的整体能力属于四好中的哪个阶段，是好照顾级、好家人级，还是好帮手级。如果从最佳发展区的观点来做决定的话，学生能有三分之二的科目（例如四科或五科）达到好帮手水平，那么下个学期，学生应该有追求成为好帮手的潜力，因此他的整体教育计划可以朝着好帮手的目标前进，而未达好帮手级的科目，应该列为该生的学习重点科目。已经达到好帮手的科目就可以列为次要学习科目。直到学生大多数科目（六科或七科）皆达好帮手，则可以开始追下一级（好公民）。这样建议的目的是要集中下学期的时间把落后于好帮手的科目赶快拉平，不然对于学生将来独立经营好帮手的各领域事务会有不足之处，进而影响学生的生活质量。

同样地，如果学生能有三分之二的科目达到好家人水平，那么下个学期，学生应该有追求成为好家人的潜力。因此，他的整体教育计划可以朝着好家人的目标前进，而未达好家人级的科目，应该列为该生的学习重点科目。已经达到好家人的科目就可以列为次要学习科目。这样建议的目的也是要集中下学期的时间把落后于好家人的科目赶快拉平。

学生如果有三分之二的科目还停留在好照顾，那么建议学生下学期应该多重视其情绪行为和常规适应的需求，各科不宜选择过难过多的目标，应该赶快把各科的 0 分，追为好照顾级的 1 分，共同帮助学生达到情绪稳定、学习适应的好照顾级。

三分之二的建议并非绝对标准，只是要提醒老师们：没有达到一定的量，学生也很难追这个水平的能力，反而会造成过难的要求，给学生制造紧张和压力，学不会你给他选的目标。

> （二）分析各科侧面图，选择学生需要的目标

建议选择目标的顺序：先从学生重点科目开始选。重点科目是学生追求四好的短板，先把该科未达其他科一样的能力追上来。然后第二步以生活适应科为核心开始选择目标，接着是基本科语文、数学。

每个科目选择目标，建议依据下列原则：在每个科目侧面图的基线之上，选择该生的目标：

（1）平行原则：先从总图考虑各科下学期要追的生活质量的水平，是好照顾、好家人、好帮手，还是好公民。未达此水平的项目可以考虑选为目标，已经超过该水平的项目可以先忽略。例如，学生要追的是好家人2分水平，那么未达2分的项目可以考虑优先选，已达3分的项目就先不选，以和其他项目平行发展。已达2分的就和原则（3）一起考虑。如果从单一科目的选择考虑，建议仍以该科侧面图上三分之二的项目通过某一等级，就以追该等级为原则，直到五分之四以上项目超过该等级，才考虑追更高一级。

（2）起码原则：各科未达1分的目标应考虑优先选择，赶紧使各项目有起码水平。未达1分的目标，通常不是教目标本身，而是学习常规泛化到各个教学活动中，因此应该优先考虑。

（3）符合教科书原则：已出版教科书的科目（目前为生活适应、生活语文、生活数学三科有教科书），应对照教科书的内容进行教学。教科书有编入的教材，其课标上的项目也应列为必选，这样好应用部编的教科书。

（4）发展原则：若是同一分数的项目太多，不能全选，可考虑从基本或较简单的项目选起，一般为从左到右原则，但也有些课标项目不一定越前面越简单，因此老师要有发展学的概念，判断应该先发展的项目先选。发展原则还要顾及各科之间目标的合理关联性，考虑其他科目已选目标，相辅相成，才能整体思考。

（5）重要原则：征询重要他人（含家人、任课教师、社区资源提供者等人）的意见，先选在生态环境中比较重要或常用的项目。

（6）补救原则：征询康复人员的意见（可参考该生的康复训练项目评量），如是否有严重影响生活与学习的能力需要补救的，需要列为康复目标的。

（7）共同需要原则：参考同班同学的目标，很多同学都选的目标，也符合该生要追的四好水平，就可以和同学选一样的。

（8）可行性原则：预估下学期教学时间与资源，选择有把握能教到并教会的目标与目标量。

（9）其他原则：各校可以依据本评量表的特色，自定义其他选择目标的原则让老师在为学生定目标时有更多依据。

依据以上原则为学生选择下学期需要促进的项目，形成个别化教育计划里的长期目标，而短期

目标应由各科老师依据长期目标的方向，自行叙写各科的短期目标（教学目标），大家对学生的长期目标有共识，这样有利于各科教学目标与教材的统整。

如果有的学校不突出个别化，也可以据此形成班级共同目标，制定属于该班的"个别化班级教育计划"有利于班级集体教学，既满足共性，又顾及特殊性。

依据以上建议原则为学生选择的课程目标，可以叙写为长期目标。

二、叙写个别化教育计划

长期目标经教学团队共同开会决定，之后就由各科教师依照长期目标的要求，着手叙写自己科目的短期目标（亦即教学目标），即完成每位学生个别化教育计划里最主要的长期目标、短期目标部分了。

> （一）叙写长期目标

长期目标的叙写可以直接把选择出来的课标填写在长期目标栏。例如，生活语文低年段的 1.1.1.1 目标为"能在别人对自己讲话时注意倾听"，也可以将学生要追的四好目标作为长期目标，更能表现出学生的需求。又如，上述目标的好家人标准"在别人对自己讲话时，知道讲的话是有信息的，会关注重要信息"。

1. 可以将课标的目标叙写为长期目标

（生活适应）3.1.1.1 认识常见的食物

（绘画手工）6.1.1.1 能尝试用点、线、图形和色彩进行涂画活动，初步学会涂色

2. 也可以将该目标学生的四好追求叙写为长期目标

（生活适应）3.1.1.1 认识常见的食物

1 能接受常见的食物不排斥（好照顾写此长期目标）

2 能选择自己要吃的食物（好家人写此长期目标）

3 能选择家人要吃的常见的食物（好帮手写此长期目标）

4 能认识生活中出现的各种常见食物（好公民写此长期目标）

（绘画与手工）6.1.1.1 能尝试用点、线、图形和色彩进行涂画活动，初步学会涂色

1 能不排斥绘画活动，不破坏不干扰（好照顾写此长期目标）

2 会尝试拿笔在纸上任意点或涂（好家人写此长期目标）

3 能尝试用点、线、图形和色彩进行涂画活动，初步学会涂色（好帮手写此长期目标）

4 会依指定画面进行涂色，控制良好（好公民写此长期目标）

长期目标的叙写应从学生需要角度叙写，不是从教师教学角度叙写，因此要避免"教导学生如

何如何，促进学生如何如何"的写法，建议用"学生能如何……""学生能具备什么能力……""学生需要增进 ×× 能力"等用语，从学生角度来写。当然用语只是表面，不用太苛求，有些用语也不好分清，例如"促进"和"增进"比起来，用"增进"是以学生为主；"培养"和"养成"比起来，用"养成"是学生本位，因此只要不是太明显以教师本位来叙写（例如教导、说明、介绍、帮助）就行了。而其所需的能力，也只要是一般性动词来描述即可，例如了解、知道、具备、遵守、养成，皆可用于长期目标的叙写。

> （二）叙写短期目标

各科教师在每条长期目标之下，依据自己的学科专业知能，分析该目标的下位目标（该目标包括哪些重要内容或细目），将之叙写为可观察可评量的"行为目标"，作为具体的教学目标。

例如，"在别人对自己讲话时，知道讲的话是有信息的，会关注重要信息"这个长期目标之下，包括：

1 会辨别别人说话的声量与声调

2 能辨别别人是在对自己说话

3 能以行动响应别人的三个信息，或者分析出别人说话的几个重要信息（例如喊他姓名，警告他危险，提示他物品等）

可以视学生能力与需要，选择一个或多个目标为短期目标。短期目标是将来的教学目标，其叙写最好要可观察可评量。拟订与叙写短期目标的原则如下：

（1）长期目标和短期目标并不是以教学时间的长短来分的，长期目标是预期学生本学期应发展的方向或需求，但它范围太广太抽象，因此需要具体分析出其下位目标（短期目标），才能进行教学。

（2）短期目标是长期目标包含的细目（例如注重餐饮礼仪的技能，能听懂常用的词语并做出适当回应等目标包含许多行为，但不是工作分析），一个长期目标可以包含一至数个行为表现，可选择作为该生的短期目标。

（3）短期目标是达成长期目标的具体表现（例如认识常见物品的颜色，认识的表现如何？是拿出、说出、分类出？），不同学生可能有相同的长期目标的需求，但是每人所需表现的短期目标却是不同的。

（4）短期目标是长期目标的评量标准，亦即该细目与具体行为要表现到什么程度才够生活所需？例如每日表现次数？或行为发生比率？每次时间多长？或是距离、数量等标准……

（5）短期目标最好具有功能性，甚至可以叙写出其用途。短期目标的能力确认后也可关注学生现实能力与需要，预想学生以后在什么情境可以使用到这个能力。例如，认识颜色预想以后在辅具上做记号，因此目标应加上一句"能辨别两种颜色以便生活中应用"或"能在生活中辨别两种颜色解决问题"，这样更具有功能性与教学指导性。

＞（三）叙写有效达成该生教学目标的教学策略

四好能力的学生有不同特质，如何学会各自的教学目标，需应用不同的教学策略。可以在个别化教育计划会议中，讨论出有效达成这些目标的策略，然后书写在 IEP 表上，供各科老师设计教学活动时引用。例如回馈策略："每次提供足够自我练习机会，并设计自我检查的辅具"，此策略可帮助该生提高学习各个目标的质量。

＞（四）叙写相关服务措施

服务措施是行政上需要配合，提供支持，以便有利于学生专心学习之处，让教育计划更容易实现，包含学生需要的人力配置、空间调整、辅助设计、康复模式，以及其他相关服务的安排等，并确定执行的人与时间。因此在个别化教育计划会议上就要商讨好。

以下为向阳儿童发展中心一位智力和听力障碍学生的四好评量以后所订个别化教育／服务计划。

附表 6：IEP 示例

个别化教育／服务计划

一、学生资料摘要

执行期限：2019 年 9 月—2020 年 1 月　叙写：赵思祺

姓名：珊 S 性别：女 出生日期：2010 年 3 月 入籍日期：2018 年 6 月	特别关注： 1. 肌张力低、全身本体感觉差 2. 听力障碍、有佩戴助听器 3. 情绪波动较大、有摇晃行为	班主任：赵老师 各科老师：赵老师、李老师、梁老师、浦老师
家庭现况：与外公、外婆同住，周末和节假日由父母照顾	照片：	历任班主任：陈老师
行为强化方式： 强化物：手机、平板、书、钱币、钟，本体觉活动	辅具： 助听器沟通板、重力背心	相关服务／负责人： 听力与助听器追踪／家长、浦老师

注：S 表示学生

二、环境背景描述

在学校，由于听力障碍，听理解能力较差，上课时能配合老师完成简单任务，不逃离、不抗拒，但有时因情绪控制不佳会有拍打、撞头、摇晃身体的行为。在家里，自主意识较强，玩电脑、手机，看动画片，家长不会刻意要求学生的行为。主要家人有父母、外祖父母、弟弟，相处融洽

三、远景描述

（1）16 岁离校后可继续参与青年部日间服务方案
（2）需要和家人或同伴一起居住，是生活自理的"好家人"，在部分支持下，能享有自己有兴趣的生活与休闲时光
（3）目前在学校时，能遵守学校作息，按要求独立完成一些必要的简单任务，为将来的自理能力与短暂独立的安全性打下基础

四、主要策略

（1）听理解方面：运用生活中常用的物品，提高对其的听辨能力，更好地掌握较多的词汇量

（2）利用视觉优势帮助他建立基础的认知概念，出示教具时减少干扰。教具需多元化，让学生通过手部操作来增加对物品的经验，并养成辨别一样、不一样的选择能力和习惯

（3）操作能力方面：建立有规律的活动模式，习惯自己喜欢的操作到规律中需要改变方式可程序的操作

（4）语言表达方面：尝试用 AAC 表达，以及不同发音不同音调的模仿

（5）增强生活经验，诱导对更多样物品的兴趣与探索，等待其对物品与活动的观察感知，利用日常生活逐步建立规律，自然而然配合要求

五、现阶段个人目标

领域	长期目标 （好照顾→好家人）	短期目标	教学活动	评鉴	
				期中	期末
生活语文	1.1 提升关注汉字，萌发识字的兴趣	1.1.1 能看到书本上的汉字时不撕书			
		1.1.2 当指墙上某字给他看时，会看 2 秒			
	1.2 提升阅读背景简单图画、了解大意的能力	1.2.1 能配合看到墙上贴的图			
		1.2.2 能仿指出图中常见的 5 种物品			
生活数学	2.1 提升感知物体的大小、长短、高矮等，会比较并排序的能力	2.1.1 能感知同一类实物的大小特性，做单一因素的配对分类			
		2.1.2 能感知同一类物品的长短，选择自己要用的			
	2.2 提升感知物体的粗细、厚薄、轻重、宽窄等量的特点，会比较并排序的能力	2.2.1 能感知不同实物的轻重特性，以不同力量移动			
		2.2.2 能感知同一类物品的粗细特性，选择自己喜欢的物品			
生活适应	3.1 提升戴帽子、手套的能力	3.1.1 能接受佩戴帽子、手套，而不扯下			
	3.2 提升听从父母和长辈的教导的能力	3.2.1 能在父母或长辈教导时耐心静坐等待 1 分钟，不发脾气			
	3.3 提升知道并远离家中的危险隐患的能力	3.3.1 能避开不动家里较危险的物品（如电插孔、刀、火）			
		3.3.2 能在警告下停止危险动作			
	3.4 提升认识班主任、任课教师、学校工作人员的能力	3.4.1 能认出自己的科任老师，跟随老师到不同教室上课			

续表

领域	长期目标 （好照顾→好家人）	短期目标	教学活动	评鉴	
				期中	期末
劳动技能	4.1 提升使用学习用品的能力	4.1.1 能在老师出示学习用品时，不损坏			
	4.2 提升使用家具、床上用品等房间中的物品的能力	4.2.1 正确使用五种以上家居、床上用品（如被套是用来盖的，茶几是用来放物品的）			
唱游律动	5.1 提升对音乐作出反应的能力	5.1.1 能听到音乐的有无，做出动作开始结束的反应			
		5.1.2 能听到音乐时会注意聆听信号，做简单动作（如蹲下，和老师对拍手，丢下音筒……）			
绘画手工	6.1 提升认识常见物品的颜色的能力	6.1.1 能通过各种活动进行三种颜色的配对			
运动保健	7.1 提升初步了解安全运动以及日常生活中有关运动安全避险的知识和方法的能力	7.1.1 能在老师示范、讲解运动常识时耐心静坐等待 3 分钟			
		7.1.2 参与运动活动时，助听器能正常运作，否则会找老师			

注：以上编码可依照四好评量表上的原码，亦可另行编码，只要方便查找沟通登录即可。

三、叙写个别化教育计划的实施成果评鉴

计划的评鉴以 IEP 长短期目标通过情形为评鉴对象，IEP 拟订时也要确定学期结束时对计划执行结果的评量标准（例如，通过百分比、原因分析）与办法（评量时间、负责人、方式）。

评鉴时的评量标准仍以 IEP 目标是否通过为主，加上重新做课程的四好评量的结果，作为下学期新的个别化教育计划拟订的参考依据。

不论学生学期结束时成果评鉴如何，只要每个目标都达 1 分好照顾级，建议应该跟全班同学一样升级，往下一年级或年段新的 IEP 学习。

如何依据四好的特质选用有效的教学策略

戴玉敏

第六章

四好教学策略所应用的理论基础

特殊教育老师在教学现场所面临的教学问题是"同一个班级或科目的学生之间差异性很大"。一是每位学生的能力水平差异大，有的学生能力水平低，完全学不懂现有的学习内容；有的学生能力水平高，班上大部分学生都跟不上他的学习内容。二是每位学生学习速度不同，有的学生学习速度快，有的学生学习慢或很慢。三是每位学生的学习方式不同，有的学生善于听觉学习，有的学生善于视觉学习，有的学生善于操作学习等。四是每位学生的情绪行为表现不同，有的学生情绪好，有的学生情绪差，有的学生积极主动配合，有的学生不理不睬，等等。五是每一位学生的教学目标不同，在同一教学活动中要教不同学生不同的教学目标；即使在学生的教学目标相同的情况之下，针对教学目标的学习困难、学习重点，每位学生也有所不同，有的学生是概念上学习困难，有的学生是操作上的困难，有的学生是不愿意学，等等。

特殊教育老师面临的是各种被学习因素困扰的学生，特殊教育个别化教学活动设计最核心的问题是：针对每一位特殊学生的学习能力与学习方式等差异性特别大，老师要如何才能确保每一位特殊学生在教学活动中能有效地参与且有意义的学习？简单来说，就是如何让每一位特殊学生在教学课堂中能坐得住，能听得懂教学内容，能参与教学活动，能完成学习任务，他的能力朝着好的方向不断地进步。

要在培智教学课堂里开展有效的教学，让每一个学生能参与到教学之中，老师不太可能只用一种教学方法与策略来进行教学。比如老师们常用的讲述教学法、视听媒体教学法等，以为是靠老师讲一讲，学生听一听、看一看、说一说、背一背、写一写，学生就能学会。但这可能只有少数学生能用这些方法参与学习，大部分学生对老师或视频里讲的内容，看不懂，也听不懂，或者他听到、看到、背得内容都是"纸上谈兵"，没办法进行操作、体验、验证，在理解上有困难，没有能力遵从完成学习指令及学习任务，老师很难以几句话引起学生愿意学习的动机与意愿，大部分学生在上课时不知道该做什么，也没有学习的意识以及学习的动机，因此学生无法参与课堂，不爱学习，没有学习的成就感，在课堂上没法达到有效的学习。

要确保每一位学生有效学习，需要为每一位学生提供适合他的教学方法与策略。特殊教育的教学方法与策略来源于普通教育的教学方法与策略，特殊教育老师应该熟悉掌握学习原理，研究儿童最初是如何学习的。从学习历程中的每个环节来看，有哪些因素会影响学习？有哪些因素的调整会提高学习效率？评估并掌握自己班级或科目学生的学习特质，思考用哪些教学方法与策略能帮助到班级里各种类型、各种能力层次、各种学习特质的学生进行有效的学习。

四好教学模式中，遵循儿童的学习历程、学习方式，依据教育心理学相关理论，整理出"好公民、好帮手、好家人、好照顾"之四好学生在不同阶段的有效学习策略与方法。四好教学策略特别关注到能力差的"不好照顾、好照顾、好家人"学习策略，确保他们在教学活动中，能参与、能理解、能操作、能完成、有学习动机及意愿，朝着好的方向不断地进步。

以下是本四好教学概念对相关学习理论的统整与应用，仅适合采用四好教学模式的教师参考。

第一节　应用"皮亚杰的认知发展阶段"论

皮亚杰的认知发展理论研究儿童从出生后在适应环境的活动中，对事物的认知、思维方式与能力表现的发展历程。特殊教育要遵循儿童认知发展历程，依据儿童的能力发展水平及学习特质，针对儿童心智发展快慢不一的现象实施个别化课程与教学。四好不同能力水平学生的学习方式，可对应皮亚杰的认知发展阶段与认知特征，寻求四种难度的学习策略：好照顾能力层次的学习方式在感觉动作期，好家人能力层次的学习方式在前运算期的前期，好帮手能力层次的学习方式在前运算期的后期，好公民能力层次的学习方式在具体运算期、形式运算期。

皮亚杰的认知发展阶段的认知特征与四好的大致对应整理如下，可供参考：

发展年龄阶段	皮亚杰的认知发展期的认知特征（思维方式、学习特质）	对应四好
感觉动作期 0～2岁	1. 应用感觉系统及动作行动来认识事物、解决问题 2. 主要是视觉、听觉、触觉等感觉，在动作操作中学习 3. 从具体实物中学习概念 4. 模仿人或动物的动作（立即模仿或延后模仿动作） 5. 对物体认知有物体恒存性概念	好照顾
前运算期 2～7岁	1. 知觉集中倾向、注意状态的改变 2. 开始使用环境中物体的表征能力（图像、语言符号代表实物） 3. 有直觉思考、眼见为信、思维不合逻辑、以自我中心的倾向	好家人
	4. 主要能力：模仿行为、象征装扮行为、指认物品或图片、从单一条件看事物特征、事物关系（例如简单配对、分类、顺序、相同、一一对应）	好帮手
具体运算期 7～11/12岁	1. 能根据具体经验思维以解决问题 2. 能理解可逆性的道理 3. 能理解守恒的道理 4. 主要能力：较多条件的分类、守恒概念、可逆性、顺序规律的掌握、发现关系、因果推理空间概念、相等、数概念、运算、想象、模拟（形象的、影像的、语言的、符号的等等）	好公民
形式运算期 11/12岁以上	1. 能做抽象思维 2. 按假设验证的科学方法解决问题 3. 按形式逻辑的法则思考问题（如归纳、演绎、假设、符号推理、道德自律）	

以上对应只是大致划分，中间会有过渡、重叠，另外也不排除有个别性。

第二节　应用"布鲁纳的儿童认知表征阶段"说

布鲁纳将人类对其环境中的周遭事物，经知觉将外在物体或事件转换为内在心理事件的过程，称为认知表征，个体是经由认知表征的过程获得知识。认知表征的方式随着年龄的发展而发展的，分为三个认知表征期：动作表征期、图像表征期和符号表征期。分析四好不同能力水平的学生获得知识的方式与过程，大致对应布鲁纳的儿童认知表征发展阶段，四好每个能力层次的表征系统可粗分为：好照顾能力层次在动作表征阶段，好家人能力层次在动作与图像表征阶段之间，好帮手能力层次在图像表征与符号表征阶段之间，好公民能力层次在进入符号表征阶段。

布鲁纳的儿童认知表征发展阶段、皮亚杰的认知发展阶段与四好的大致对应整理如下：

表征阶段	获得知识的认知表征特点	与认知发展阶段对应	四好对应	
动作表征阶段（3岁以下）	1. 靠感觉、动作获取经验与知识。靠具体的感觉－动作亲身体验认识了解周围的世界，如爬、翻、滚、抓、触摸、咬、舔、拿、折、打、丢、拍等动作方式 ——具体实物操作阶段	大致相当于皮亚杰的感觉运动阶段	好照顾	
	2. 动作性表征最早出现在幼儿期，动作表征是人类学习、求知的基础，人类终身都靠动作表征来获得知识		好家人	
形象表征阶段（图像表征）	1. 儿童经由对知觉留在记忆中的映像，或靠照片、图形等，即可获得知识。依据图像或表象去记住过去发生的事件或概念及想象推理将要再发生的事件及结果 ——半具体（平面图形）阶段	大致相当于皮亚杰的前运算阶段的早期	好家人	好帮手
	2. 此阶段能使用简单的语言及符号等表征外在事物，具有简单的推理能力，但不符合逻辑，以自我为中心 ——具体阶段进入抽象阶段的开始（启蒙）		好公民	好帮手
符号表征阶段（象征表征）	1. 指以动作符号、语言文字为依据的求知方式，最重要的是语言。此时儿童可按逻辑思维去推理解释周围的事物，假设他们从来没有经历过有关的人、地方、事件，不必再靠动作或图像的帮助，即可直接从事抽象思维，从彼此相关的事件中发现原理原则，从而解决问题 ——符号阶段（抽象思维阶段）	大致相当于皮亚杰的前运算阶段的后期，以及一直到以后的具体运算期、形式运算期		
	2. 认知发展至此程度，表示心智能力发展臻于成熟，符号的表征能力会一直再往下发展		好公民	

注：以上对应只是大致划分，中间会有过渡、重叠，也不排除有个别性。

第三节　应用"行为主义学习理论"的行为原理

一、经典制约作用原理

行为主义认为"学习是行为永久的改变",新行为的建立来自刺激 S 与反应 R 的联结。在建立新行为之前,先确定行为目标(即要教导的刺激—反应),再找出学生原来已有的非条件反应的行为模式(起点行为),然后在引发起点行为(非条件反应)的刺激出现的同时或稍前出现要教导的刺激,引发学生的注意(反应),二者长期、大量地做制约配对联结,最后即使不出现非条件刺激物,只出现要教导的刺激,也能引发要教导的行为出现。

经典条件作用的新行为建立的教学过程:

学习之前: (条件作用前) ——前提	中性刺激╳ (铃声)	漠然反应 (无唾液分泌反应)	1. 确定目标:要学习新的刺激—反应
	非条件刺激 (食物——增强物)	无条件反应 (分泌唾液)	2. 找到原来已有的无条件反应的行为模式
制约过程: (条件作用中) ——学习过程	条件刺激———→ (铃声) +	引起注意 (听) +	3. 与无条件刺激稍前或同时出现 4. 新的刺激引起感官注意 5. 大量配对、联结
	无条件刺激———→ (食物—强化物)	无条件反应 (分泌唾液)	
制约结果: (条件作用后) ——新行为建立	条件刺激———→ (铃声)	条件反应 (唾液分泌)	6. 新的刺激 – 反应产生 (达成目标)

针对四好能力层次的学生的教学,可利用条件反应原理发展出来的教学策略,先来实现教学目标。特别是情绪行为不稳定、学习能力弱的学生(如不好照顾的学生),在教学之前找到他已有的无条件刺激反应的行为模式。老师要观察分析学生会对哪些刺激、哪些活动、哪些人、哪些物品等有反应,能自动引发学生行为反应的人、事、物。例如,他喜欢感觉刺激,喜欢吃、喝、玩、乐等刺激为无条件刺激,也称为"增强物"。把这些无条件刺激与引发行为反应,作为学生学习的起点(基础能力)来设计教学活动,投其所好,顺势引导,把从"起点行为"到"终点行为(即教学目标)"之间分成多个小步骤、小目标,再按逻辑顺序,由易到难,循序渐进,逐步教导往高阶能力发展,直到"终点行为(即教学目标)"达成。教学方法有逐步养成法、工作分析法等。

二、操作条件作用的原理

行为模式"刺激 A →行为 B →结果 C"，通过操作行为产生后的结果，来控制此行为后继出现的频率（行为增加或减少）。如果行为的结果是愉悦的、满意的，行为出现率就会增加，行为的结果是不愉快的，或不满意的，行为出现率就会减少。

操作条件作用的行为的改变原理：

	增强物	
	正增强物 +	负增强物 –
给予 +	奖赏（获得的是他喜欢的事物） ——结果愉快，行为会增加 ※ 正增强原理	惩罚（获得的是他不喜欢的事物） ——结果不愉快，行为会减少 ※ 惩罚原理
拿掉 –	隔离、扣除（失去的是他喜欢的事物） ——结果不愉快，行为会减少 ※ 消弱原理	逃脱、避免（失去的是他不喜欢的事物） ——结果愉快，行为会增加 ※ 负增强原理

在教学过程中，对于情绪行为不稳定、学习能力弱的学生，可用行为增强原理（包括正增强与负增强），用愉悦的后果控制，激发学生表现主动参与学习行为，多次愉快的结果会让学生的情绪更稳定，学习动机更强。在教学过程中，一般不用惩罚性的后果控制，这会让学生产生不愉悦的负向情绪，负向情绪会使学生产生退缩、逃避、不信任、攻击等不利于学习的行为问题。

三、强化程序及增强物

控制学习行为改变关键因素是强化程序及增强物，依据学生不同的行为表现层次，建立增强系统—增强物与强化程序，并逐步撤离强化程序，达到与普通人一样的强化物与强化程序。

增强物层次有"原级增强物→次级增强物（代币）→社会性增强物（自然增强）"。

> （一）原级增强物

都是直接或间接和个体的基本需求（尤其是生理需求）有关的具体、实际的人、事、物。在行为建立初期一般使用原级增强物为主。

例如：食物类增强物。在婴幼儿学习初期都使用食物类增强物。使用食物类增强物时，每一次分量不宜太多，物以稀为贵。

例如：操作玩具类增强物。包括声光玩具、电视、乐器、平板电脑、积木等。使用操作玩具类增强物的时限不宜太长，否则易玩腻。兴致未尽时，即要停止，在他下次表现出希望的行为后再来玩。

例如：感官刺激活动类增强物。包括触觉（摸头、抱、拍、摸、压等）、前庭觉（摇晃、荡、翻等）、本体觉（用力扯、捏、敲等）、视觉（看发光物、旋转物等）、听觉（听音乐、某个发音等）等感官刺激活动。使用这些感官刺激活动类增强物，也是时限不宜太长，兴致未尽时，即要停止，让他下次表现出希望的行为后再来玩。

> （二）次级增强物（代币）

这类增强物是指曾经与"原级增强物"发生关联，而获得相等增强效果的刺激物或符号，行为可累积记分，可换取"原级增强物"，也称代币制，如图片、小红花、贴纸、积分卡、钱币、存款簿等。

> （三）社会性增强（自然增强）

这类增强物就是指在人际交往中表现关怀或赞美的动作、语言、表情等社会性的回馈（包括微笑、感谢、拥抱、聊天、口头赞美、奖牌、当成偶像、成就感等）。

自然增强，是指日常生活中的生活事物、学习习惯等，行为结果是为每天生活的吃、喝、玩、乐、住、睡等，为了日常生活需要，与普通人一样为生活而努力，即达到自然增强。

> （四）强化程序

强化程序包括增强的时间"立即增强→延宕增强"、增强的比率"固定比率→不固定比率"。强化程序要确保学生在行为记忆没有遗忘之前，给予增强。

例如，增强时间：

增强时间		增强物	时间
立即增强	完成立即→ 完成给图片或钱（次级增强物）立即→ 完成立即→ 完成立即→	给薯片（原级增强物） 换薯片（原级增强物） +赞美（社会性增强物） 自然增强	0秒 ? 秒 …… ↓
↓延宕增强	完成延长时间→ 完成给图片或钱（次级增强物）延长时间→ 完成多个任务指令（累积行为）延长时间→ 完成延长时间→	给薯片（原级增强物） 换薯片（原级增强物） +赞美（社会性增强物） 自然增强	30秒? 5分钟? 10分钟? 30分钟? 一天? 一周? 一月? 半年?

例如，增强比率：

增强比率		增强物	完成数量
固定比率 ↓	每完成 1 个→ 每完成 2 个→ 每完成 5 个→ 每完成 10 个→	给薯片（原级增强物） 换薯片（原级增强物） +赞美（社会性增强物） 自然增强	少 ↓ 多
不固定比率	有时完成 10 个，有时完成 5 个→ ? 个→	给薯片（原级增强物） 换薯片（原级增强物） +赞美（社会性增强物） 自然增强	不确定

四好的增强系统的大致对应

增强物的层次	强化程序		四好对应
	强化程序（时间）	强化程序（比率）	
—原级增强物（食物性、操作性、持有性、活动性增强物）	享受增强物、立即增强	享受增强物、固定比率	好照顾
—次级增强物（代币: 图片、小红花、积分、钱等）+ 原级增强物	延宕增强 – 时间短	固定比率	好家人
—次级增强物（代币）+ 原级增强物 —社会性增强物	延宕增强 – 时间长	固定比率、不固定比率	好帮手
—次级增强物（代币）+ 原级增强物 —社会性增强物	延宕增强 – 时间较长	固定比率、不固定比率	好公民

注：以上对应只是大致划分，中间会有过渡、重叠，也不排除有个别性。

第四节　应用"马斯洛的需求动机层次"说

　　如何培养学生的学习动机是教学过程中的最大难题，老师按照详细的教学活动设计尽全力把知识与技能教给学生，但学生不愿意学习，老师有认真地教，但不能保证学生喜欢学习。为了达到有效的学习效果，必须要维持学生的学习动机。

　　行为主义的学习动机论，主要由增强物能满足学生的需要而产生学习动机，学生愿意学习是基于学习之后会得到增强物，得到满意的结果。增强物是满足学生的外在需求，人本主义的学习动机论强调内在的需求层次，一般引用马斯洛的需求层次如生理需求、安全需求、爱与归属的需求、自尊需求、自我实现需求，来满足学生需求与促进其学习动机。

一、与学习动机相关的内在需求

满足生理感觉需求：学生从参与的教学活动（吃的、玩的、游戏、家务活动等）中，所带给学生的生理感觉（如视觉、平衡觉、听觉、本体觉、触觉、嗅觉、味觉、内脏感觉等）是愉悦的。如好吃、好听、好看、好舒服等。为了继续寻求这个愉悦的感觉而主动学习。

满足安全感需求：学生从参与的教学活动（吃的、玩的、游戏、家务活动等）中，感觉到了自己身体行动安全、行动自由、拥有自己的物品、有规律、在自己可以掌控的范围、让自己放心等愉悦心理。

满足社会归属感的需求：学生从参与的教学活动（吃的、玩的、游戏或家务活动等）中，感觉到了在这个团队中被认可、被肯定、被需要、被重视、被信任、被关爱、被接纳等，令自己感到放松、放心，有朋友、有稳定的人际关系等愉悦心理。

满足被尊重的需求：学生从参与的教学活动（吃的、玩的、游戏、家务活动等）中，感受到在社会、团队之中有自信、被尊重、被信赖、被高度评价等愉悦心理的满足。

满足自我实现的需求：学生从参与的教学活动（吃的、玩的、游戏、家务活动等）中，不断进步的感觉。自己掌握的知识技能越来越丰富，越来越深入等。

二、四好学习内在动机大致对应

学习动机		四好对应
需求层次	行为目的	
—生理需求、安全需求（基本需求）	只为自己的快乐而配合操作（获得感觉、食物、玩具、活动、关爱等）	好照顾
—生理需求、安全需求—爱与归属需求	为自己切身特定相关利益配合完成任务（获得感觉、食物、玩具、活动、关爱等）	好家人
（＋基本需求）—爱与归属需求、自尊需求	为自己及家人的相关利益主动完成任务（获得原级增强物、代币、认同、夸奖、有成就感等）	好帮手
（＋基本需求）—自尊需求、自我实现需求	为自己、家人及团队的相关利益主动完成任务（为自己、家人、团队、国家争取利益、荣誉等）	好公民

注：以上对应只是大致划分，中间会有过渡、重叠，也不排除有个别性。

第五节　应用认知心理学"信息加工论"的学习历程

认知心理学认为学习就是"感觉输入（感觉系统）→中枢神经系统信息加工（大脑）→动作输出（行为反应）"的过程。来自外界环境中的刺激首先进入各个感觉系统（如触觉、前庭觉、本体觉、听觉、视觉、味觉、嗅觉）的感受器，感受器接受的感觉刺激由感觉神经传导至中枢神经系统（脊髓、脑干、小脑、大脑皮质等），中枢神经系统注意到这些感觉刺激所提供的信息，进行辨别、归类、组织、记忆储存、检索提取等加工处理，做出如何反应的决定，形成动作计划，然后通过运动神经将反应传输给相关的运动器官（如身体各部位的肌肉、关节等）去执行，相关运动器官接受执行反应的命令后做出相应动作反应（表情、言语、动作等），并在执行动作反应的同时产生相应的感觉，又通过感觉神经传达反馈给中枢神经系统（感觉回馈），为下次的信息加工处理提供相应的信息参照，以便调整出新一轮的动作反应。以上每个历程都会受到动机的影响：需求与经验会影响个体对刺激的选择，对加工方式的选择，对反应方式的选择与对回馈的选择，交互影响，循环不已，形成封闭又多变的学习历程与结果……

感觉输入→→			中枢神经系统处理（加工）	→→动作输出	
一、刺激出现阶段 —引起动机策略	二、感觉输入阶段 —呈现教材策略		三、信息加工阶段 —教导教材策略	四、动作反应阶段 —教导反应策略	
环境中的刺激 S	→感受器 （感官收录） ——皮肤、肌肉、眼、鼻、舌、耳、前庭、内脏……	→传导神经	→中枢神经系统→ 注意→辨别、归类→组织贮存、记忆、提取、检索→思考、分析、判断、计划、决定……决策	→运动神经	→运动器官 （动作反应） ——肌肉、关节、骨骼的大肌肉、小肌肉、眼口颜……
（反馈）					
五、回馈修正阶段—反馈、自我修正策略					

信息处理加工过程的五大教学环节与策略：

我们基本把上述学习历程分为五个阶段。第一个阶段是刺激呈现阶段；第二个阶段是感觉输入阶段；第三个阶段是信息加工阶段；第四个阶段是动作反应阶段；第五个阶段是回馈修正阶段。

各科的教学活动设计原则上是参考上述五个阶段来安排教学活动，大致分为五大教学环节：一是"诱发动机，引起注意"，二是"提示目标，呈现教材"，三是"教导教材，确保理解"，四是"促进反应，辅助练习"，五是"强化与回馈改进"，以及维持与应用。

因此，四好策略分为五大类教学策略：

第一大类"诱发动机，引起注意"策略：对应学习的第一个阶段"刺激呈现阶段"（即教学第一环节），重点是引发学生的注意力，诱发内在动机。

第二大类"提示目标，呈现教材"策略：对应学习的第二个阶段"感觉输入阶段"（即教学第二个环节），重点是多感官操作体验，多种感觉去感知教材。

第三大类"教导教材，确保理解"策略：对应学习的第三个阶段"信息加工处理阶段"（即教学第三个环节），重点是概念理解策略、记忆策略、推理策略及解决问题策略等。

第四大类"促进反应，辅助练习"策略：对应学习的第四个阶段"动作反应阶段"（即教学第四个环节），重点是找到学生的行为起点，并符合学生动作表现能力，以及支持辅助策略。

第五大类"强化与回馈改进"策略：对应学习的第五个阶段"回馈修正阶段"（即教学第五个环节），重点是回馈、修正策略，学习动机的增强策略，以及维持与应用学习成果、类化应用于生活的策略。

学习的有效性就是要确保这五个环节的有效性，每个环节都要符合儿童学习的发展能力。四好的教学策略，特别关注儿童是如何产生有效的学习，关注儿童的现有能力的发展状况，评量儿童在学习过程中，大脑学习的哪个环节出现了问题，导致他学习困难。因此，四好依据分析大脑在信息处理加工过程，对应儿童学习的发展历程，整理好照顾、好家人、好帮手、好公民这四好每个环节所表现出来的能力和学习的主要方式，以帮助我们在教学活动时，可以从四好的每个能力层次学习特点，选择适合他这个能力层次产生有效学习的教学方法策略。

学习历程	教学阶段		教学策略		
	重要环节	教学活动流程	策略类别	重点	四好 分层次策略
第一阶段： 刺激呈现	一、诱发动机，引起注意	1. 引起动机	一、诱发动机，引起注意	降低学生紧张性，引发学生的注意力，诱发内在动机，诱导其对学习的正向决策	1. 好照顾的教学策略 2. 好家人的教学策略 3. 好帮手的教学策略 4. 好公民的教学策略
第二阶段： 感觉输入	二、提示目标，呈现教材	2. 提出目标 3. 回忆旧经验	二、提示目标，呈现教材	尝试多感官操作体验，鼓励探索感知教材，提高学生的感知成熟	1. 好照顾的教学策略 2. 好家人的教学策略 3. 好帮手的教学策略 4. 好公民的教学策略
第三阶段： 信息加工	三、教导教材，确保理解	4. 教导目标	三、教导教材，确保理解	重组或调整教材，促进概念理解、记忆、推理及解决问题等	1. 好照顾的教学策略 2. 好家人的教学策略 3. 好帮手的教学策略 4. 好公民的教学策略
第四阶段： 动作反应	四、促进反应，辅助练习	5. 练习（协助练习、独立练习）	四、促进反应，辅助练习	找到学生的行为起点，并且符合学生动作表现能力，以及支持辅助策略	1. 好照顾的教学策略 2. 好家人的教学策略 3. 好帮手的教学策略 4. 好公民的教学策略
第五阶段： 回馈修正	五、强化与回馈改进	6. 评量 7. 回馈 / 增强	五、强化与回馈改进	回馈、修正设计，利用感觉回馈尝试错误学习，创造完成任务的需求，以活动的意义性增强行为动机	1. 好照顾的教学策略 2. 好家人的教学策略 3. 好帮手的教学策略 4. 好公民的教学策略
	维持与应用	8. 整理	维持与应用学习成果、类化应用于生活，家校合作确保有计划的情境教学与非计划的随机教学		

第七章

依据学生四好特质选用教学策略

教学策略的应用，一是要符合学习者的学习特质，二是要符合教材的性质。

培智学校学生的学习特质个别差异大，但是以四好的观念，可以大致分为好公民、好帮手、好家人、好照顾的学习特质，方便教师归整教学策略。

本章教学策略依据学习理论，遵循教导过程中之教导动机→呈现教材→教导教材→促进反应→强化与回馈等五个阶段，针对四好学生的学习特质，整理出有效学习的五大类策略与方法，每类教学策略依据四好标准，又分四个层次分别列举可应用的教学策略与方法，以供老师们参考。

第一节　引起动机策略

一、动机与环境

教学环境中刺激很多，当老师提供的教学活动不是学生的需求、兴趣爱好等，学生不感兴趣时，学生是不会主动看或主动听，不会主动参与没有意义的教学活动。如何提供对学生有意义的教学活动（教学刺激）？要先诱发注意的动机和需求，因此教学第一个环节刺激出现阶段，既要讲究什么刺激能引起学生注意，还要讲究这刺激是否能引起学生继续注意的动机？否则后续的教学环节就无法有效进行。

二、引起动机的四好策略

每个学生的兴趣喜好不同，需求不同，动机不同，能引发他反应的事物也不同（例如不同的增强物）。引起动机的四好策略重点是：降低学生紧张性，引发学生的注意力，诱发内在动机，诱导其对学习的正向决策。依据四好学生不同层次的学习特点，总结出以下策略：

> （一）好照顾的策略

有一类学生是"从不好照顾往好照顾"能力发展，他所表现出来的行为可能是沉迷于自己喜欢的感觉刺激，或执着于自己规律性的程序或活动，或注意力易分心很难维持注意，或对任何事情都不喜欢、不主动、不动手操作、冲动、多动、随意走动，或稍不如意就产生情绪行为……教学的第一任务就是把他从沉迷自我的世界中吸引出来，让他开始注意教学环境、教学刺激。利用行为学习理念的"反应制约原理"，老师所选择提供的教学刺激（教学环境、物品、音乐、玩具、教具等），必须是学生喜欢的增强物，是他一看到或听到或闻到或吃到或摸到等，就能立即激发他原始、本能的感觉注意，激发他的需求（如生理需求），产生动机，引发他的有意注意，注意到老师及老师提供的教学刺激。

有一类学生现有能力是"好照顾"层次，虽然比不好照顾的学生情绪行为要稳定些，但仍需要在增强物的诱导之下，激发学习动机，有意地注意到老师的教学刺激。

"不好照顾追好照顾"及"好照顾"能力的学习动机策略，总结如下：

（1）先提供满足喜好需求的增强刺激（增强物）来开展活动，如先满足学生简单、有规律的感觉刺激（他喜欢的），应用"中断"策略，让他主动想要寻求这些刺激时与老师产生互动，激发学习动机，引发他的感觉注意。增强物选择是能引发他安全的、有规律的、愉快的感觉，如饼干、果汁、薯片等食物，电动汽车、积木、面娃娃等玩具，抱一抱、骑车、敲、拍等感觉活动。

（2）先带学生玩增强物有关的活动，再逐步加入我们教导的教学刺激（让他保持在增强环境中）。例如学生喜欢玩水，老师就提供水给他玩，带着学生玩水，等学生注意水是老师提供的，开始关注老师，老师这时可以加入要教导的刺激（如毛巾），学生也会注意老师手里的毛巾，此时老师让他接过老师手里的毛巾，放在篮子里，再提供水给他。

（3）先是提供简单、单一的教学刺激，让他看到很简单，只要简单操作一下就能完成，非常容易看到成功，预估到不需要费力、没有困难就可以完成，增强物唾手可得，例如"单击——玩具车就会动""向前走一步——可拿到喜欢的玩具""把挡在饼干上面的书拿开——可拿到喜欢的饼干""毛巾——放在篮子""笔——插进瓶子里""书——放在桌上"等。等待学生对单一刺激有反应行为之后，再逐步增加多个教学刺激，逐步增加难度。

（4）先是固定、结构、重复、有规律地呈现刺激，让学生掌握刺激出现的时间，建立学生习惯注意老师及老师出示的教学刺激等，例如每一次都练习"老师手里出现毛巾——学生看到——拿来放在篮子里——学生可以玩水"。等养成习惯去注意时，再逐步改变教学刺激出现的时间、次数等。

（5）先是夸张的、鲜明的刺激，从感官上吸引学生的注意，这些感觉的强度高于他自我沉迷的感觉刺激的强度，满足学生的感觉需求，如学生触觉撕纸，老师提供各种色彩、厚度的纸，并陪着学生一起玩，这种感觉比偷偷摸摸地撕某一种纸的感觉更强，更好玩。此时学生开始关注、依恋老师及老师的行为，因为老师是他愉快感觉的供应者。等学生开始主动注意老师提供的教学刺激时，再逐步改变成日常、普通的刺激。

（6）先是具体动作、实物、活动等的呈现教学刺激，此具体的物品、动作会去调动起学生对愉快的感觉体验的学习动机，例如直接出现增强物水、玩具、食物等。如果需要用到图片，建议用这些实物的模型、照片。

> （二）好家人的策略

一类学生是"好家人"能力层次，表示他们具备好照顾的能力，已养成关注老师及老师出示的教学刺激的能力，现在要追的是他注意到了教学刺激之后，愿不愿意学习，即学习动机。如果他发现教学刺激里面其中有部分内容，跟他自己有关、是自己喜欢的增强物，是可以满足自己的感觉需求、生存需求的，是自己特别喜欢的事物（如教具、活动、玩具等），并且很想要得到它，因此产生的学习动机，从而开始愿意看老师如何展示教材，看老师会在何时展示他最喜欢、最关注的增强物，为了等待这个增强物的出现，愿意配合做一些简单的行为反应（行为的因果，条件交换）。如学生愿意配合完成老师指令的某个小操作、小任务，因为他相信只要完成这些任务，老师就会给他喜欢的东西，因此他也就习惯关注老师呈现的教材及教学指令。

另一类学生是从"好照顾追好家人"能力，虽然他们的能力没有达到好家人，但为了提升他们的学习动机，也比照应用"好家人"的策略。

"好照顾追好家人"及"好家人"能力的学习动机策略，总结如下：

（1）在呈现要教导的教学刺激时先出示增强物。用增强物来吸引学生对老师要教导的教材内容的关注。例如要教导的教材是"认识班主任周老师"，当"周老师"出现之前，先让学生看到增强物"气球"，并向学生说明"气球"是周老师要送给大家的奖品，只要学生等待、关注"周老师"的出现，并配合与"周老师"互动或完成"周老师"的简单任务之后，"周老师"会送给学生一个气球（"周老师"出现时背包里装有"气球"）。

（2）先设计简单示范教学，让学生看到他人完成简单的操作之后，就得到增强物。用增强物来激发学习动机，引发他的感觉注意，愿意注意老师呈现的教材及指令。例如"请同学们把书包里的笔给周老师，周老师就给他一个气球"。这时，学生为了得到增强物，会主动关注教学刺激。

（3）可呈现1～3个简单教学刺激，让他做区辨学习，对不同教学刺激做出不同的行为反应，学生要在多个刺激中关注主要、重要的教学刺激，如"笔拿给周老师——有增强物，笔给王老师，没有增强物"或"笔拿给周老师——有增强物，书拿给周老师，没有增强物"。在"好家人"阶段开始学习养成关注主要教学刺激（重要的刺激），避开不必要的环境刺激，不受环境干扰。

（4）先是固定、结构、重复、有规律地呈现刺激，让学生掌握教学刺激及行为反应与增强物之间的关系。让他知道想得到增强物，有学习动机，就要主动注意老师的教学活动，完成学习任务。等他掌握因果关系后，再逐步改变教学刺激出现的时间、次数等。

（5）先是夸张的、鲜明的刺激，从感官上吸引学生的注意，如出其不意"从百宝箱中变出宝物""打开后的惊喜"。等学生开始主动注意老师提供的教学活动，再逐步改变成日常、普通的增强物。"好家人"增强物可能用到图片来代表，建议用这些实物的模型、照片，一张图片可分为几份，如每完成一个任务可得到一张图片，积到4张图片正好拼成一个完整图片，可换取增强物。

（6）先是用增强物来调动学生的学习动机，再呈现教学活动的具体操作活动等来激发学生的学习动机。这种具体操作活动会调动起学生对愉快的感觉体验，用有趣的教学活动来激发学生的学习动机。如刚开始是完成学习指令"把一样的找出来"得到增强物"饼干"，后来是"把一样的找出来"的活动是"丢沙包"，"丢沙包"太好玩了，想"丢沙包"就是他的学习动机，这个有趣的学习活动就是增强物，不再需要"饼干"作为增强物了。

> （三）好帮手的策略

一类学生是"好帮手"能力层次的，表示他已有主动关注教学环境中重要的刺激，并且有抗干扰的能力，区别不同教学刺激的能力。除了关注与自己相关的事物外，开始关注周围人、事、物的发展及变化过程，并且把多个刺激联系起来，一起关注，发现这些信息之间的关系。所以好帮手的教学刺激的呈现不需要做很多、很明显的增强物作为引子，可以直接呈现教学刺激，直接展示教材教具，学生便可以主动注意。在学习动机方面，可以为自己及家人的相关利益，为了自己及家人或班级争取得到钱、食物、玩具、活动而努力，主动完成日常的家庭事务或学习任务，这些责任成为他学习的动机，从而得到家人的认同、夸奖、有成就感等。另一类学生是从"好家人追好帮手"能力层级的，虽然他们的能力没有达到好帮手，但为了提升他们的学习动机，也比照应用好帮手的策略。"好家人追好帮手"及"好帮手"能力的学习动机策略，总结出呈现的教学刺激最好有以下特点。

（1）在呈现要教导的教学刺激（先布置学习任务）之后，告知学生完成教学之后可以为自己、家人或班级争取到增强。学生的重心在关注教学活动与教学任务，可以先让学生制定一个目标（也可称为奋斗目标——增强物），此时增强物可以出现，也可以用图片的方式出现。例如"在母亲节买花送给妈妈"，如老师呈现并说明教材内容及学习任务后，说明"大家学完之后，就可能去应聘××岗位，这个岗位工资是××元，想给妈妈买花，自己要积累到买花的钱"，学生的学习动机是为妈妈买花。

（2）学习动机的维持是一段时间，这一段时间都为了一个"人生目标"而奋斗努力，积极参与、主动关注教学活动、主动完成学习任务。如这一个单元（一周或一个月的时间或一学期的时间）都在为人生目标"挣钱买花送妈妈"而努力。老师只要带学生先定好目标之后，然后每次加以提醒其奋斗目标就可以了，不用每次调动动机诱导与增强。

（3）可呈现多个教学刺激，多种可能的选择、决策。在"好帮手"阶段开始学习养成关注主要任务（关键的刺激），避开不必要的事件的诱惑及干扰。如有人在玩他喜欢的游戏活动时，因为他有学习任务在身，他一直关注老师的教学活动的每个重要环节，不为外界诱惑而改变自己的关注力，这是好帮手很重要的策略。

（4）先是固定、结构、重复、有规律地呈现刺激，让学生掌握学习行为及结果与他个人的目标之间的相互影响关系。让他想实现自己的目标，有学习动机，就要主动注意老师的教学活动、完成学习任务。等他掌握行为及人生目标的相互关系后，再逐步改变教学刺激出现的时间，出现的次数等（与好家人的策略相似）。

（5）引发学生的学习动机先从为满足自己需求的目标努力，再逐步改变成为家人、为班级、为他人的需求而努力，再过渡到日常事物的自然后果。好帮手的增强物可以用图片、数字、积分、代币等可累积记录方式。

（6）先是满足自己或他人需求的目标作为增强物来调动学生的学习动机，再用对个人成就感、认同感的追求作为学习动机。如先是"为妈妈买花"而努力学习，到后来是"我会做了，得到100分，我好棒，我要争取多得100分"，或是"我都会做蛋炒饭了，我还要学做鱼香肉丝，我还可以做得更好"。

> （四）好公民的策略

如果是"好帮手追好公民"能力发展的学生，或者是好公民能力层次学生，表示他会主动去搜索环境中的重要刺激，发现教学活动的有趣味性、有挑战性、有研究性等，并能根据事件的发展预测出下一步或不久的将来会出现的刺激，然后综合分析这个环境刺激的前因后果，预设成功之后想要的荣誉，为利己或利他的学习动机主动参与学习。

可以引用好帮手策略，在好帮手策略之上加深加广。

综合以上四好策略整理（以供参考）如下：

教学环节		好照顾	好家人	好帮手	好公民
一、教学刺激呈现阶段	教学策略如：	*可满足愉快感觉的刺激（教学环境或教具） *中断策略 *单一刺激－反应－结果 *简单操作 *固定、结构 *重复、规律 *感觉动作操作 *操作性（实物操作） ……	*功能性（功利性，为了得到增强物，而关注教学刺激） *趣味性 *区辨刺激－反应－结果（关注重要刺激） *固定、结构 *重复、规律 *感觉动作操作 *操作性（实物平面操作） ……	*奋斗目标 *任务制约 *趣味性 *实用性（解决生活的问题） ……	*奋斗目标 *任务制约 *趣味性 *挑战性 *研究性 *实用性（解决生活的问题） ……
	教学活动如：	*玩声光玩具 *感官游戏 *制作食物 *音乐律动 ……	*做沙拉 *玩箱子 *装物品 *夹物品 ……	*比赛 *闯关 *送快递 *应聘 ……	*竞争 *猜谜 *破案 *找规律 ……

第二节　呈现教材策略

一、呈现教材与感觉

在教学的第二个环节"感觉输入阶段",感觉系统感觉到的感觉信息是大脑信息加工处理的材料来源,感觉系统提供的信息材料要正确、有效才能产生有效的学习,所以感觉刺激的输入要符合儿童的感知觉系统学习发展阶段。儿童的感知觉能力是在活动过程中和教育的影响下发展起来的。它是一个不断成熟和完善的过程,在这个过程中,丰富的感觉经验是促进感知觉发展的关键,感知觉的发展过程,也是认知发展的过程。

感知觉系统包括嗅觉、味觉、触觉、前庭觉、本体觉、听觉、视觉。从婴幼儿感觉系统功能发展成熟的过程看,从一出生,各个感觉系统同时都在相辅相成地发展,发展成熟的时间有先有后,近端感觉系统发展成熟后远端感觉系统才能发展成熟。近端感觉系统包括味觉、嗅觉、触觉、前庭觉、本体觉。味觉、嗅觉这些是与人的生存本能相关的原始、古老的感觉系统,大约在 6 个月以前就发展成熟。与后天学习有关的逐步发展成熟的是触觉、前庭觉、本体觉、视觉、听觉这五大感觉系统。

触觉、前庭觉、本体觉是帮助婴幼儿认识(基础认知能力)自己及外在环境(物理环境、社会环境等)的感觉系统,触觉系统是在 0 ~ 4 岁之间逐步发展成熟,前庭觉系统是在 0 ~ 7 岁之间逐步发展成熟,本体觉系统是在 0 ~ 9 岁之间逐步发展成熟。远端感觉系统包括听觉与视觉,只凭眼睛看、耳朵听就能理解。掌握事物概念的能力需要较高的认知水平,要等基础感觉系统逐步成熟,对自己及外在事物有足够多的基本认知概念,听觉系统与视觉系统才能发展成熟,所以听觉系统与视觉系统发展成熟是在 9 岁以后的青少期。

感觉系统的发展成熟,也是大脑神经发展成熟的过程。在教学过程中,就应该评估一下儿童的感知觉能力发展现况,不能比照同龄的普通儿童的教学方法给予儿童听觉、视觉的感觉输入,如老师们喜欢习惯性使用讲授教学法、PPT 课件等。如果该儿童的视觉、听觉系统都是在发展基础功能阶段(能力相当于普通儿童 0 ~ 3 岁之间),如果他"看到了,听到了,记得看到的,记得听到的",都是需要通过近端感觉系统的感觉与操作体验才能理解他所看到的、听到的。

对应四好的能力发展,大致对应感知觉的发展重要阶段,如下所示:

大致年龄	触觉	前庭觉	本体觉	听觉	视觉	四好
0 ~ 2 岁	★★★	★★	★★	★	★	好照顾
2 ~ 4 岁	★★★	★★★	★★★	★★	★★	好家人
4 ~ 7 岁	★★	★★	★★★	★★★	★★★	好帮手
7 ~ 9 岁及以上	★	★	★★	★★★	★★★	好公民

我们在教学过程中，重点是为学生提供大量的、丰富的、适合的各种感觉刺激，让多感官操作体验，多种感觉去感知教材，这些感觉信息内容也是教学目标的操作性定义的内涵。如"同学"定义就是：拉拉手的感觉、给我吃东西的感觉、传物品的感觉、一起抬桌子的感觉、挤在一起的感觉……

二、呈现教材的四好策略

在感觉输入阶段，如何呈现教材，让学生去感觉体验，形成知觉，呈现教材的教学策略重点是：提供给学生尝试多感官操作体验，鼓励探索感知教材，提高学生的感知成熟度。四好策略分析儿童的感觉系统的发展层次，总结出以下教学策略。

> （一）好照顾的策略

一类学生是"不好照顾追好照顾"能力层次，一类学生是"好照顾"能力层次，表示他们的感知觉系统还没有发展成熟，所有的感觉系统都在寻求满足本能的、原始的、愉快的感觉输入，沉迷于单纯的感觉刺激，表现出多动、喜欢怪叫、喜欢跑、喜欢跳，喜欢自我刺激、玩口水等寻求感觉刺激的行为。各个感觉系统发展初期较为敏感，对不熟悉的感觉刺激都会认为是"对生命生存有危险的"，而引发原始的保护防御性反应，会本能地表现出逃避、拒绝、排斥、攻击的行为反应，很难让他愿意接受学习新的事物，因为这有可能会打破他的舒适圈。

感知觉的发展必须要改变学生对陌生感觉刺激的恐惧感、心理不安全感。老师提供给学生安全的、放心的活动，让学生在愉快的情绪之下，接触陌生的感觉刺激（即教学活动中的操作），经过多次安全的、善意的感觉刺激（教学活动中的操作）引发愉悦的情绪反应后，才能逐渐降低对陌生感觉刺激（教学活动）的恐惧感、不安全感，逐步解除防御性反应，愿意主动去接触操作、感觉体验。当学生参与感觉体验的活动越多，感觉经验就越多，会促进感知觉的发展，感知觉能力发展越好，就提升了整体认知水平。

针对不好照顾及好照顾的学生，在感觉输入阶段，老师不要急着用口头说明（听觉）、电子课件（视觉）展示教学内容，而是从近端感觉输入着手开展活动。老师的教学重点是如何慢慢地把他们从沉迷、固执于自己的感觉刺激，带入到要学习的感知觉体验活动中。这时教学内容的概念的操作性定义内涵是粗略的、大致的（用具体的操作感觉）。顺应他的感觉系统发展，如何呈现教材提供感觉学习策略如下：

（1）教材呈现时，提供近端的感知觉体验（嗅觉、味觉、触觉、本体觉、前庭觉），把抽象的概念定义为具体的动作感觉经验。例如"同学"的概念，可以让他看到同学穿着红色衣服出现（视觉经验—颜色）；例如同学分给他饼干（味觉经验—好吃）、与同学手拉手进教室（触觉经验—触感）、传物品给同学（触觉＋本体觉经验—运动感觉）、与同学一起抬桌子（触觉＋本体觉经验—合作用力感觉）、与同学挤在一个箱子里（触觉＋本体觉经验—挤的感觉）等。

（2）教材呈现时，以动作操作活动为主。以大动作为主的动作操作体验。"有动就有感觉"，在动手、动脚、动身体的过程中（包括坐、站、蹲、爬、跪、走、伸手、摸、握、拿、放、夹、取、接、投、打击、推、拉等），触觉、前庭觉、本体觉、视觉、听觉等都是在产生感觉。如"大"的概念动作操作——大的物品"塞"不进去，"小"的概念动作操作——小的物品"塞"得进去；"有"的概念动作操作——容器里"有"球可以"投"，"没有"的概念动作操作——容器里"没有"球不可以"投"；"同学"的概念动作操作——笔"传"给同学。"孝顺"的概念动作操作——帮爸爸"端水"、帮妈妈"提"菜等。

（3）教材呈现时，以实物呈现为主。如"同学"是一个抽象的概念，但与这个"同学"有关的物品可以呈现，同学＋饼干（同学分给他饼干），同学＋手＋凳子（与同学手拉手进教室坐好），同学＋物品（传物品给同学），同学＋桌子（与同学一起抬桌子），同学＋箱子（与同学挤在一个箱子里）。

（4）教材呈现时，一次呈现一种感觉体验。等第一次感觉体验的经验够多之后，再加入第二种感觉体验。

……

> **（二）好家人的策略**

一类学生是"好照顾追好家人"能力层次，一类学生是"好家人"能力层次，表示他们的感觉系统学习还是处理近端的感觉学习，但他已不再是单纯地寻求感觉刺激，而是开始去区辨两种不同的感觉，这时教学目标的操作性定义的内涵更加明确、集中。顺应他的感觉系统的发展，如何呈现教材提供感觉学习策略如下（可继续应用好照顾的策略）：

（1）教材呈现时，提供近端的感知觉体验（嗅觉、味觉、触觉、本体觉、前庭觉）为主，把抽象的概念定义为集中在动作感觉经验的某种感觉定义上（知觉集中），再加入听觉、视觉基础的知觉能力，让他集中焦点看到或听到老师简单说明或示范的操作活动，明白重点要的是哪个知觉体验，并去模仿这个操作活动，模仿体验这些感觉。例如与"同学"有关的有很多感觉，同学穿着红色衣服出现（视觉经验）——重点是感觉到同学穿着色彩，而不是着重感觉红色好看；同学分给他饼干（味觉经验）——重点是感觉同学分享饼干的过程，而不是着重感觉饼干好吃；与同学手拉手进教室（触觉经验），传物品给同学（触觉＋本体觉经验）——重点是感觉同学所在方向，而不是着重感觉手里物品交出了；与同学一起抬桌子（触觉＋本体觉经验）——重点是感觉同学共同合作调控用力的合作关系，而不是着重感觉桌子好重；与同学挤在一个箱子里（触觉＋本体觉经验）——

重点是感觉同学是很亲近、一起玩的感觉，而不是着重感觉在箱子里很好玩……

（2）教材呈现时，以动作操作活动为主。以大动作＋细动作为主的动作操作体验。如爬、翻、滚、抓、旋转、坐、走、拿、折、打、丢、拍、抛等大肌肉的活动，加入小肌肉精细动作的拼、塞、放、撕等，配合触觉、听觉、嗅觉与味觉等来认识事物，同时在感受事物时形成较为简单的判断（可继续应用好照顾的策略）。

（3）教材呈现时，以实物呈现为主，可依视知觉能力水平，加入图片、照片、视频等来辅助呈现教材。此时的图片应以他用动作体验操作过的图片或照片（包括具体动作、物品、环境等）。

（4）教材呈现时，一次呈现一种感觉体验。第一次感觉体验的经验够多之后，再加入第二种感觉体验，然后几种感觉体验在一起，让学生做简单的区分辨别不同动作操作不同的感觉。

……

＞（三）好帮手的策略

一类是学生是"好家人追好帮手"能力层次，另一类学生在"好帮手"能力层次，表示他的感觉系统已发展出基础的能力，近端的感觉系统（触觉、本体觉、前庭觉等）逐渐发展成熟，已经积累非常多的感知觉经验，记忆形成很多知觉经验，只要老师用图片提示或语言简单说明，他马上就能回忆起以前操作的感觉，理解老师要讲的内容。"好帮手"可以进入远端感知觉（听觉、视觉）的发展学习历程，教材的呈现可以从远端的感觉系统来学习，听知觉——听得懂简单的教材呈现说明，视知觉——看得懂老师的示范操作与图片、文字说明。教学目标的操作性定义，老师可以用口头简单说明，或用图片说明，或用简单文字说明等。

如从儿童认知发展及感知觉系统的发展历程来看，"好帮手"的听知觉、视知觉虽然具备了基本的理解、记忆能力，但是发展不成熟，还需要用近端的感知觉系统来辅助他对教材的理解，所以呈现的教材是新的知识技能时，也会再次用近端感觉帮助他形成感觉经验。顺应他的感觉系统的发展，如何呈现教材提供感觉学习策略如下：（可继续应用好家人的策略）

（1）教材呈现时，提供远端感知觉（听觉、视觉）来学习。把抽象的概念定义用学生能听得懂的语言（简单的语言说明）来进行教材呈现，或用学生能看得懂（如示范操作、图片、视频）的视觉信息来说明教材呈现。如果教材内容是新知识，学生没有感觉体验过，则又回到好家人的教材呈现策略，用近端的感知觉体验（嗅觉、味觉、触觉、本体觉、前庭觉）辅助学生理解老师的说明。

（2）教材呈现时，视、听主，以大动作＋细动作操作为辅助，听一听、看一看之后，马上让学生去操作体验，巩固记忆所听到的、看到的内容。不能只看、只听，不去操作，这样很快就会忘记。

（3）教材呈现时，用视觉（图片、照片、视频、简单文字等）来辅助理解教材说明。此时的图片除了可以用他曾经用动作体验操作过的图片或照片（包括具体动作、物品、环境等）外，也可以用与他本人无关的图片，或用图形代表具体动作或物品等。

（4）教材呈现时，可以一次呈现所有教导的教材的系列内容，学生可以一心多用，让学生自己可以进行教材的简单的组织、记忆等。要一次呈现的教材内容的难易程度，要符合学生的理解能力。

……

> （四）好公民的策略

如果是"好帮手追好公民"能力层次的学生，或者是"好公民"能力层次的学生，表示他的感觉系统发展较好，接近于发展成熟，或已发展成熟，不管是通过近端的感觉系统信息输入，还是远端的感觉系统信息输入，如以语言说明（口语）、文字说明，都能有效地输入信息。可以引用好帮手策略，在好帮手策略之上加深加广。

综合以上四好策略整理（以供参考）如下：

二、感觉输入阶段		好照顾	好家人	好帮手	好公民
	教学策略如：	*概念操作性定义：以近端的感知觉体验为主（触觉、本体觉、前庭觉、味觉、嗅觉） *简单、鲜明感觉体验 *大动作操作为主 *实物操作 ……	*概念操作性定义：集中知觉经验（近端的几种感觉经验结合） *视觉、听觉（示范、语言理解） *以大动作+细动作操作为主 *实物呈现操作为主，图片、照片、视频等来辅助呈现教材 *一到三个感觉刺激呈现 *简单区辨 ……	*概念操作性+语言定义：语言理解、描述——远端感知觉(听觉、视觉)学习为主，近端的感知觉体验为辅 *以大动作+细动作操作为主 *平面图形简单符号方式呈现教材 *多个刺激呈现 *区辨、组织 ……	*概念语言定义：语言理解、描述——视觉、听觉 *文字、符号 *语言 ……
	教学活动如：	*大动作感觉（蹲走、跪走、摇、摸、吃、拿、走等） ……	*大动作感觉 *细动作感觉 *简单语言对话 ……	*日常常用单语言对话 ……	*语言对话、文字说明 ……

第三节　教导教材策略

一、教导教材与儿童的认知发展、信息加工、概念形成、记忆等有关

教学的第三个环节是"信息加工处理阶段"。在教学过程中，如果不了解学生信息加工处理的能力（即认知发展能力）水平，给予过高的要求，超出学生大脑能处理加工的能力，学生是没办法理解，完成学习任务的。熟悉掌握大脑信息加工处理的能力层次，掌握儿童认知发展的学习历程，才能依据学生的认知发展水平，教导教材，促进理解。

＞（一）依据皮亚杰的认知发展期与儿童学习特征

四好不同能力水平学生大致对应，好照顾能力层次的学习方式在感觉动作期，好家人能力层次的学习方式在前运算期的前期，好帮手能力层次的学习方式在前运算期的后期，好公民能力层次的学习方式在具体运算期、形式运算期。教学活动教导教材时，应该以感觉动作操作活动为主，特别是好照顾及好家人能力的学生。

＞（二）依据布鲁纳的儿童认知表征发展阶段

四好每个能力层次的表征系统大致对应：好照顾能力层次在动作阶段，好家人能力层次在图像表征阶段，好帮手能力层次在图像表征与符号表征阶段之间，好公民能力层次在符号表征阶段。教学活动设计的教材应该注意学生的表征阶段，教材教具可分为具体物操作阶段、半具体物操作阶段、符号操作阶段。

＞（三）依据信息进行加工处理理论

大脑的信息进行加工处理能力是在儿童发展过程中不断学习而逐步发展成熟的，每个发展阶段有信息的加工处理的方式，包括认知表征阶段也不同。信息进行加工处理的过程，一是感觉注意阶段（对感觉刺激有短时注意，感觉记忆过程），二是知觉阶段（从感觉注意中过滤、选择、放大重要的感觉信息，同时减少对不重要的感觉刺激的感觉注意），三是记忆阶段（储存记忆，或提取检索的过程），四是整合决策阶段（整合性信息加工，做计划、决策的过程）。在教学设计时，要分析所教导教材，有哪些概念是学生要学习的，针对这些概念，学生现在的学习能力在哪个阶段。

＞（四）依据凯伯的概念发展阶段

他认为儿童的概念学习须遵循"粗大动作期→动作－知觉期→知觉－动作期→知觉期→知觉－概念期→概念期"这六个发展阶段。

（1）通过大肌肉动作来认知：粗大动作期动作模式（动作感觉体验）是儿童发展过程中收集信息所必备的能力。动作模式包括：移动与姿势的维持的身体意识（走、跑、跑跳、单脚跳、旋转等）、动作操作（触觉接触的伸手、握、拿、放、投、打击、推、拉、撕、贴等操作物体的动作）——感觉操作。

（2）通过小肌肉或精细肌肉动作来认知：动作－知觉期儿童借由动作探索其周遭环境所积累的经验，已能了解到"环境"所具有的意义，开始知觉感觉信息的不同，而有不同的意义，如"看到墙壁，绕开走；看到门口，走过去"。开始试着用手移动物体，不断积极探索用手操作的结果，即尝试错误的学习阶段（尝试配对：如塞得进去，就是一样的；塞不进去，就不是一样的）。

（3）通过知觉—动作来认知：在此知觉—动作发展阶段，眼与手协调配合操作，眼睛会追视到手的动作操作及动作结果，由眼睛输入的信息赋予手输入的信息意义，即眼手协调的发展阶段（配对：如眼睛看到是一样的物品，就放一起，不是一样的拿开）——配对。

（4）通过知觉来认知：知觉期在此阶段的儿童不必经由动作即可掌握知觉与知觉间的关系。儿童可觉察到"物"皆具有知觉上的类似性，即分类的能力（不必刻意地意识自己在辨别某物，凭知觉印象就可以区别辨认物品之间的不同）。——分类。

（5）通过知觉—概念来认知：知觉－概念期随着儿童处理知觉上的类似性，概念也即将从知觉意象中形成，概念的形成是以知觉为基础的。此时也与语言、符号配合起来，选择指认表达出已理解了他听到的或看到的。如听到说"三角形"，他便可以用他以前对三角形的操作知觉经验，从圆形、长方形、三角形中，找出三角形。——选择、指认。

（6）通过概念以认知：概念期儿童已学会如何分类知觉资料，如何赋予知觉资料之间的关系或意义，甚至如何予以通则化，真正掌握"概念"，理解语言、抽象符号所代表的概念内涵的共通性。如数量概念3，代表3个杯子、3把刷子、3个圆圈、3个人、数字3……儿童掌握概念的内涵，就可以自由表达，在生活中应用，并会举一反三地解决类似的概念题，或用此概念去解释其他新的概念，即具有逻辑思维的能力。——命名、表达、逻辑思维推理。

例：圆形概念形成的教学策略

（1）通过大肌肉动作来认知：动作－感觉学习阶段（动作期）——全身动作与简单操作。

大动作：绕圆形（花坛、圆桌、呼啦圈等）走（跪走、蹲走等）。

（2）通过小肌肉或精细肌肉动作来认知：动作－知觉学习阶段（动作－知觉期）——模仿、尝试配对。

细动作（上肢、手部动作）：绕线球、在圆形上描（利用镂空板形成圆形的知觉／在形板上尝试错误）。

（3）通过知觉—动作来认知：知觉学习阶段（知觉－动作期）——配对。

手部活动：

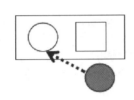

（4）通过知觉来认知：类化学习阶段（知觉期）——分类。

手部活动：掌握概念的意义特征（可知觉的特征，如三角形有三个角，圆形没有）将一堆物品依形状分类（包括具体的同种物品、图形，及不同物品、图形）。

（5）通过知觉—概念来认知：概念理解学习阶段（知觉—概念期）——指认。

手部动作：听理解，形成概念，认出各种 O 形，从选择提问中，找出 O 形的物品、图片（如听令找出教室中的 O 形，从几个图形中指出 O 形等）。

（6）通过概念以认知：逻辑思维学习阶段（概念期）——命名、表达。

口、手动作：听到 O 就知意义，甚至对圆形的抽象的概念（图形）与具体形象（物品）可以用语言描述，或用写、画等方式描述。

四好的能力层次与学习阶段的大致对应：

凯伯的儿童学习发展阶段	感知觉	学习表现	整理之后学习阶段	四好
概念表达	抽象语言、符号 —听觉、视觉	6.命名表达、解释概念 —口、手动作	6.逻辑思维学习阶段 （概念期）	好公民
↑ 概念理解	语言、符号 —听觉、视觉	5.指认 —手部动作	5.概念理解学习阶段 （知觉－概念期）	好帮手
↑ 知觉—概念	平面图片－符号 —听觉、视觉	4.分类 —上肢、手部动作	4.类化学习阶段 （知觉期）	好帮手
↑ 知觉	具体物－半具体(平面图片) —听觉、视觉	3.配对 —上肢、手部动作	3.知觉学习阶段 （知觉－动作期）	好家人
↑ 知觉—动作	具体物 —触觉、本体觉、视觉	2.尝试错误（模仿） —上肢、手部动作	2.动作－知觉学习阶段 （知觉－动作期）	好家人
↑ 动作—知觉	具体物 —触觉、本体觉、视觉	反复操作 —全身动作与简单操作	1.动作－感觉学习阶段 （动作期）	好照顾
↑ 大肌肉动作	具体物 —身体运动产生的感觉：触觉、前庭觉、本体觉、视觉			好照顾

学习（左侧纵向箭头）

> （五）依据大脑的记忆过程

大脑信息加工过程的记忆策略也需要重点分析。记忆的过程包括三个阶段：感官收录阶段→短期记忆阶段→长期记忆阶段

（1）感官收录阶段，受个人的需求、动机、曾经学习经验的影响。生活环境中每时每刻都有非常多的感觉刺激进入我们七大感觉系统，我们只会注意与我们个人的需求、动机、学习经验有关的感觉刺激（其他的感觉刺激都被忽略），形成短暂的感觉记忆，感官收录（感觉记忆）是有选择性的。

（2）短期记忆阶段，是在感官收录（感觉记忆）之后再加以注意，能保持短暂时间的记忆（一般几十秒时间），为了能延长记忆时间、记忆的内容，通常借助动作反映出来，或与以前的旧经验作联结才能从感觉记忆延长到短期记忆。如果感觉信息在短期记忆阶段，辅助动作反应及与旧经验联结，也很快遗忘。

（3）长期记忆阶段，在短期记忆过程中，不断地用动作反应或与旧经验联结比对，辅助记忆内容（编码、储存），让记忆的内容在大脑里保存更长的时间，达到长期记忆。到长期记忆阶段后，

如果长期不复习，也会遗忘，如果不断地复习使用，则有可能终身都不会遗忘。

依据以上的记忆阶段及特点，帮助学生的记忆策略有：调动学生的动机策略引发学生的感觉记忆（如可以吃的、玩的等）；与旧经验作联结帮助学生记忆（如配对、分类、比较异同、两事物的关联之处等）；动作操作加深记忆（如拿、放、体验操作、唱儿歌、写、画等）；反复练习巩固记忆（如动作操作、反复背诵等）。

二、教导教材的四好策略

在教学的第三个环节"信息加工处理阶段"，教导教材的教学策略重点是：如何重组或调整教材，促进学生对概念理解、记忆、推理及解决问题等能力的发展。教导教材的四好策略如下：

> （一）好照顾的策略

一类学生是"从不好照顾追好照顾"能力层次，一类学生是"好照顾"能力层次。教导教材的概念学习策略及记忆策略如下：

（1）动作－感觉学习阶段（愿意操作），以触觉、前庭觉、本体觉、视觉为主。

提供以学生身体动作体验为主的操作活动。依据概念操作性定义概念的属性，大肌肉活动接触了解概念（如爬、翻、滚、抓、旋转、坐、走、拿、折、打、丢、拍、抛等大肌肉的活动），在身体动作的基础上形成对概念的感觉。例如概念"多"的感觉：可以将物品（如苹果）一直往容器里装／塞，装／塞了很多次，直到再也装／塞不下，满了为止（提起来有点重重的感觉），这种感觉叫"多"，只装／塞一次就不装／塞了，就表示"少"；也可以用一个容器（如瓶子）作为标准，把"多"的一包／袋物品往容器里放，放不进去表示这包／袋是"多"的，放得进去表示这包／袋是"少"的，并用以此感觉体验，意识到"多"与"少"的不同之处，尝试区辨配对。

（2）以实物操作为主，如概念"多"是操作实物——苹果很多、球很多、笔很多。

（3）以概念的一个一个的单一感觉属性来学习、记忆。如概念"多"有一个感觉属性概念是"一直往容器里装物品，直到装不下了，这容器里面的物品是很多"，好照顾的学生就一直练习"往容器里装满物品、装多一点"的活动。装物品的活动练习熟练后，再换成下一个"多"的感觉属性练习，如"提起来很重"的感觉，好照顾的学生大量练习"提重的，提多的"活动。

（4）以学生喜欢的物品、活动等，吸引学生注意（感觉记忆），再加上大量重复内容的动作操作练习，形成短期记忆，到长期记忆。在没有形成长期记忆之前，可以用辅助记忆的提示系统，如感觉提示（塞不进去、提不起来等）、视觉提示（实物、照片等）、声音提示（口语、音乐、儿歌等）。

······

> （二）好家人的策略

一类学生是"好照顾追好家人"能力层次，一类学生是"好家人"能力层次。教导教材的概念学习策略及记忆策略如下：（新知的教导，先考虑使用好照顾策略，能力提升后再用好家人策略）

（1）好家人有两个学习阶段，以触觉、本体觉、视觉的操作为主。动作－知觉或知觉－动作学习阶段：提供以大动作＋细动作为主的动作操作体验活动。如爬、翻、滚、抓、旋转、坐、走、拿、折、打、丢、拍、抛等大肌肉的活动，加入小肌肉精细动作的拼、塞、放、撕等，配合触觉、听觉、嗅觉与味觉等来认识事物、了解概念。依据概念（如"多"）操作性定义的属性特点，同时在感受事物时形成较为简单的判断概念之间的异同。如模仿把几袋苹果中"多"的苹果袋子放在桌上的大盆子里，"少"的放到地上小盆子里，即为配对（模仿）活动。

知觉学习阶段：以区分经验中的对象差异、不同之处，如自己将面前一堆"多"与"少"的物品，挑出"多"的放在一起，"少"的放在另外一边，即为分类活动。

（2）以实物呈现为主，可依视知觉能力水平，加入图片、照片、视频等来辅助呈现教材。此时的图片应是他用动作体验操作过的图片或照片（包括具体动作、物品、环境等）。

（3）以概念一个一个的单一感觉属性来学习、记忆。第一次感觉体验的经验够多之后，再加入第二种感觉体验，然后几种感觉体验放在一起，让学生做简单的区分，辨别不同动作操作不同的感觉，如"多的感觉"与"少的感觉"。

（4）以学生比对两概念的不同（配对、分类），再加上大量重复内容的动作操作练习，形成短期记忆，到长期记忆。在没有形成长期记忆之前，可以用辅助记忆的提示系统，如感觉提示（塞不进去、提不起来等）、视觉提示（实物、照片、图片、图形等）、声音提示（口语、音乐、儿歌等）。

……

> （三）好帮手的策略

一类学生是"好家人追好帮手"能力层次，一类学生是"好帮手"能力层次。教导教材的概念学习策略及记忆策略如下（新知的教导，先考虑使用好照顾策略→好家人策略，能力提升后好帮手策略）：

（1）好帮手有两个学习阶段，以听觉、视觉学习为主，触觉、本体觉等为辅。

语言理解学习阶段（知觉－概念期）：让学生依据概念操作性定义概念的属性，回忆在知觉阶段操作过程中形成概念的感觉印象，在提供答案的情况下，作出判断，选择指认表达出已理解了他听到的或看到的，选择指出正确的答案，可以是二选一、三选一、二选二、三选二等。封闭性提问，如哪个是苹果？——选择、指认。

语言表达学习阶段（概念期）：没有提供答案的情况之下，让学生用理解语言、抽象符号所代表的概念内涵的共通性，用回答、说出、写出、画出等方式表达概念。开放式的提问，如这里有几个？这是什么？——即为命名、表达活动。

（2）用视觉（图片、照片、视频、简单文字等）来辅助听理解教材说明，以实物操作来辅助概念的理解。此时的图片除了可以用他曾经用动作体验操作过的图片或照片（包括具体动作、物品、环境等）外，也可以用他本人无关的图片，或用图形代表具体动作或物品等。

（3）以概念一个一个的单一感觉属性来学习、记忆。第一次感觉体验的经验够多之后，再加入第二种感觉体验，然后几种感觉体验放在一起，让学生依据这些属性进行选择、指认、命名、表达。

（4）可以一次呈现几个教材的概念属性，学生可以一心多用，让学生自己可以进行教材的简单的组织、记忆等。要一次呈现几个内容及难易程度要符合学生的理解能力。再加上大量重复内容的动作操作练习，形成短期记忆，到长期记忆。在没有形成长期记忆之前，可以用辅助记忆的提示系统，如感觉提示（塞不进去、提不起来等）、视觉提示（实物、照片、图片、图形、简单文字等）、声音提示（口语、音乐、儿歌等）。

……

> （四）好公民的策略

如果是"好帮手追好公民"能力层次的学生，或者是"好公民"能力层次的学生，他理解概念所表达的内涵，能逻辑推理，可以举一反三去推理解释新的概念。如以语言说明（口语）、文字说明等新知的教导，先考虑使用好照顾策略→好家人策略→好帮手策略，能力提升后使用好公民策略。

综合以上四好策略整理（以供参考）如下：

三、信息加工处理阶段		好照顾	好家人	好帮手	好公民
	教学策略如：	*一、动作–感觉期（感觉体验） *实物操作为主 *概念：单一感觉属性来学习、记忆 *感觉记忆（大量重复） ……	*二、动作–知觉期（模仿、试误） *三、知觉–动作期（模仿、配对） *四、知觉期（独立分类） *实物+平面操作 *单一概念学习 *两到三个概念的比较、区分 *重复练习记忆 ……	*五、知觉–概念期（语言理解–选择、指认） *六、概念期（语言表达–命名） *平面操作（图片、照片、视频、简单文字等） *单一概念学习 *多个概念的比较、区分 *重复练习记忆 ……	*六、概念期（语言表达–命名） *七、逻辑关系、规则推理 ……
	教学活动如：	*感觉体验 *知觉（试误） ……	*配对（一一对应） *分类 ……	*分类 *指认 *命名 ……	*命名 *比较 *推理 ……

第四节　动作反应阶段

一、动作反应与动作发展、能力逐步养成有关

在教学的第四个环节"动作反应阶段"，学生做出的行为反应，不只是动作技能的学习表现，也是教学目标的评鉴内容。

动作反应包括身体的大动作、细动作、脸部动作、眼球动作、发出声音、说话、表情等。正确的动作反应包括动作控制的力度、方向位置、速度、时间、动作变化等精准度都恰到好处，这样的反应能力是靠大量的、重复的、长时间的学习累积而来的，足够多的练习才能熟能生巧。而所有的目标都必须通过动作来表现，动作控制良好，才能表现出目标所需的能力，如果希望学生能表现出目标能力，须确定学生有足够的动作控制能力，否则须把目标调整为学生动作能做到的表现形式。

动作发展需要经历一个相当长的发育过程，并且遵循一定的发育规律（如发展的顺序性：从近端发展到远端，大肌肉动作发展到小肌肉动作发展）。在每个动作发展阶段所表现的动作能力，对教学目标（IEP目标）、教学活动设计以及对学生的生活与学习上都会产生重大的影响。儿童在2～3岁前以基础动作能力发展为主，大肌肉动作发展如翻身、坐、爬、高跪、站、走、跪走、交替半跪、蹲等，小肌肉动作发展手的拿、放、抓、握、堆、叠、画等，因此各科的教学目标都要符合学生当时动作或操作能力来作为行为目标的具体"行为表现"；4～7岁以基础动作及动作技巧发展为主，多个动作组合在一起表现（如剪开包装、搓橡皮成汤圆、放进瓶子等）拼成，在动作方面要求做到细致、精准一些（如要在规定的格子里画等），动作持续维持的时间会更长（如可以连续完成律动动作等），为以后入学打好基础。动作发展可参考感知觉发展历程，教学目标的行为表现也要利用上述学生已发展出来的动作能力来达成。

让学生有能力做出适当的、正确的动作反应（行为反应），不能拿"教学目标"进行直接教学，因为"教学目标"对于学生来讲，远远超出学生的能力范围，不管老师教多少遍，都可能教不会。老师要把教学目标分解，了解此"教学目标"是如何由易到难，一步一步循序渐进地发展出该目标能力。分析比对学生现在的能力水平，把当下能力表现作为学生的能力起点（起点行为），把从"起点行为"到"终点行为（即教学目标）"之间分成多个小步骤、小目标，再按逻辑顺序，由易到难，循序渐进，逐步教导往高阶能力发展，直到"终点行为（即教学目标）"。相应的教学方法策略有逐步养成法、工作分析法、协助策略、支持辅助策略、练习策略等，这些方法策略都可以在四好每一"好"的学生的身上，以下简单介绍，以供参考。

＞（一）逐步养成法——降低目标的动作难度，由易到难

在发展建立一项新的目标行为过程中，把复杂、难度较高的目标行为分成几个基本段落，从易

到难，从简至繁，由逐步教导到终点的复杂行为。即：逐步增强比终点行为稍易的行为，最后塑造出终点行为。难易程度可以从动作、时间、距离、数量、认知概念的形成、干扰环境等角度去分析，列出目标养成顺序。

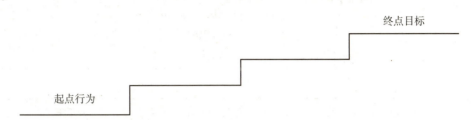

例：行为目标（教学目标）的逐步养成步骤分析

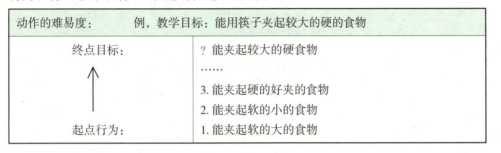

动作的难易度：	例，教学目标：能用筷子夹起较大的硬的食物
终点目标： ↑ 起点行为：	? 能夹起较大的硬食物 …… 3. 能夹起硬的好夹的食物 2. 能夹起软的小的食物 1. 能夹起软的大的食物

时间性的难易度：	例，教学目标：会专注看动画片 10 分钟
终点目标： ↑ 起点行为：	? 注意看动画片 10 分钟 …… 3. 注意看动画片 5 分钟 2. 注意看动画片 2 分钟 1. 注意看动画片 30 秒

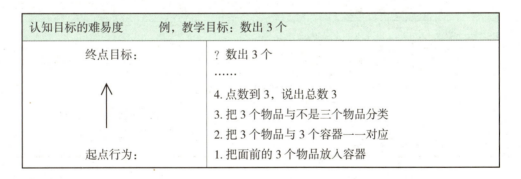

认知目标的难易度	例，教学目标：数出 3 个
终点目标： ↑ 起点行为：	? 数出 3 个 …… 4. 点数到 3，说出总数 3 3. 把 3 个物品与不是三个物品分类 2. 把 3 个物品与 3 个容器一一对应 1. 把面前的 3 个物品放入容器

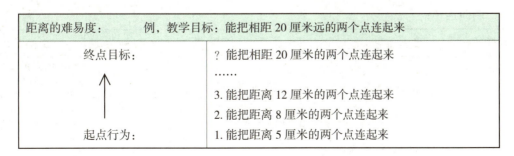

距离的难易度：	例，教学目标：能把相距 20 厘米远的两个点连起来
终点目标： ↑ 起点行为：	? 能把相距 20 厘米的两个点连起来 …… 3. 能把距离 12 厘米的两个点连起来 2. 能把距离 8 厘米的两个点连起来 1. 能把距离 5 厘米的两个点连起来

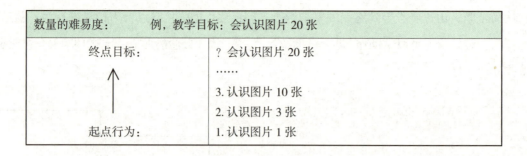

数量的难易度：	例，教学目标：会认识图片 20 张
终点目标： ↑ 起点行为：	？ 会认识图片 20 张 …… 3. 认识图片 10 张 2. 认识图片 3 张 1. 认识图片 1 张

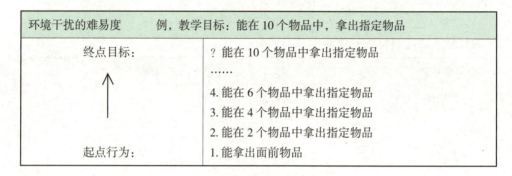

环境干扰的难易度	例，教学目标：能在 10 个物品中，拿出指定物品
终点目标： ↑ 起点行为：	？ 能在 10 个物品中拿出指定物品 …… 4. 能在 6 个物品中拿出指定物品 3. 能在 4 个物品中拿出指定物品 2. 能在 2 个物品中拿出指定物品 1. 能拿出面前物品

＞（二）工作分析法——分解目标动作，小步骤达成

教学目标的复杂行为过程拆分成较小的步骤，每次教导其中某个或几个小步骤，直到把所有步骤教完。教学方式可以是整体工作呈现法，可以是顺向连锁，也可以是倒向连锁。教学目标：会用香皂洗手。

例如，顺向连锁：

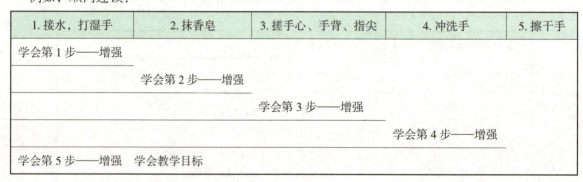

1. 接水，打湿手	2. 抹香皂	3. 搓手心、手背、指尖	4. 冲洗手	5. 擦干手
学会第 1 步——增强				
	学会第 2 步——增强			
		学会第 3 步——增强		
			学会第 4 步——增强	
学会第 5 步——增强　学会教学目标				

例如，倒向连锁：

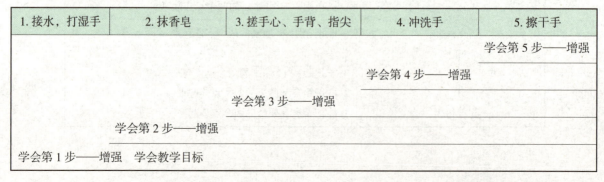

1. 接水，打湿手	2. 抹香皂	3. 搓手心、手背、指尖	4. 冲洗手	5. 擦干手
				学会第 5 步——增强
			学会第 4 步——增强	
		学会第 3 步——增强		
	学会第 2 步——增强			
学会第 1 步——增强　学会教学目标				

例如，整体工作呈现法：

1. 接水，打湿手	2. 抹香皂	3. 搓手心、手背、指尖	4. 冲洗手	5. 擦干手
教导第 1 步	教导第 2 步	教导第 3 步	教导第 4 步	教导第 5 步
每次教学都教导全步骤，直到学会全部步骤——增强　学会教学目标					

> （三）协助策略及撤离策略

动态评量与动态协助，找到学生最佳能力表现：

在学习新知识时，学生没有反应，或不知道该怎么反应，或出现反应错误时，不是用一遍一遍的重复教导就能教会，需要用到应用协助策略，帮助学生做出正确的行为反应，反复练习正确的行为，直到正确的行为反应学会为止。协助策略不是代替学生反应，或帮学生完成任务。协助的重点是逐步提升学生的行为反应能力，要依据学生的能力变化，随时调整协助方式，即动态评量与教学过程。在选择协助策略之前，先要做评估。先给学生目标指令，看他会做还是不会做（测独立反应能力）。如果不会做，降低难度看他会不会（如提示关键之处）；如还是不会做，再降低难度看他会不会（如示范给他看）；如果还是不会做，那再降低难度看他会不会（带着他做一遍）；如果还是不会，只能全程带着他完成。

教学与评估过程为：独立→提示→示范→身体的协助。协助方式就是在评估过程中找到协助策略。如果学生只要提示一下就会了，那就用提示的协助策略；如果学生要示范之下才会，那就用示范的协助策略；如果学生要在身体协助之下才会，那就用身体协助的协助策略。协助策略随学生的能力进步，会逐渐撤离协助，直到学生会独立反应，协助调整过程：身体的协助→示范→提示→独立（这个动态调整的四个过程称之为四段协助法）。

协助策略及撤离：

协助方式	协助的程度		
	全部协助之下完成→	→部分协助之下完成→	→独立完成
身体协助↓	学生不会做，需要身体辅助，手把手地教导，全程协助	学生部分已会做，只有部分不会做，不会部分需要身体协助（如协助大关节、协助动作方向、力度协助等）	学生独立做
视觉协助↓	学生不会做，需要每个步骤示范，视觉提示	学生部分已会做，只有部分不会做，不会部分需要示范，提示（如示范、图片提示、动作方向提示、手势提示、表情提示等）	学生独立做
听觉协助	学生不会做，需要每个步骤讲解、说明、语言提示	学生部分已会做，只有部分不会做，不会部分需要讲解、说明提示（如讲解、儿歌口诀提示、关键词提示、声音提示等）	学生独立做

协助策略是学生在学习新的内容时，帮助他认识、理解新知，帮助他做出正确反应，获得成功经验，减少错误的行为反应、错误的经验学习以及挫败的焦虑感（会让学生失去学习的动力）。不管是学生独立做出正确的反应，还是通过协助的方式做出了正确反应，都要给学生及时增强。

> （四）能力不足时，提供支持辅助策略，达到独立生活功能

如果学生一直都需要用到协助策略，一直都没办法独立完成，可能是受限于认知能力发展不好，怎么都学不会，也记不住；或是受限动作能力发展不好，无法做出这些动作，或做得不标准，此时可以使用支持辅助策略，让学生独立完成，达到独立的能力，特别是高年段及职高年段的学生，需要用到特别多的支持辅助策略。

支持辅助策略可以弥补学生在认知、动作等发展上的不足，利用学生现有的能力来设计生活用具、学习用具，把高难度的要求，转化成低难度的操作，变成学生可以独立做的操作。

1. 降低认知难度的支持辅助策略

如学生记不住学习任务、工作内容，或没有掌握这类认知概念，就可以用到降低认知难度的策略，依据学生的认知概念学习阶段支持辅助设计（配对、一一对应等能力）。

例如，学生购物时，不知道怎么算账时，可提供的支持辅助策略有：或提供计算器，让学生按计算器算账；或提供自然支持，请商店老板帮学生算；或提供微信、支付宝支付；或提供比购买物品的价格高的钱币的面值一张，一种物品对应一种面值（如1斤肉对应面值20元，一把青菜对应面值5元，一包方便面对应面值10元）。

例如，学生没有数量概念时，类似要包装10支笔、8把尺子等数学问题，都可以简化成一一对应或配对的操作。可提供的支持辅助策略有：要包装10支笔，准备10个插孔，让学生在每个插孔插一支笔，插满就是10支；8把尺子，画好8个长方形，让学生在一个长方形放一把尺子，放满就是8把。

例如，学生没大小概念能力，要把大的物品挑出来，可提供的支持辅助策略有：在瓶盖上打孔，孔的大小正好漏下去小的物品，留下的都是大的。

例如，学习扫教室时，不知道怎么开始和结束，可提供的支持辅助策略有：提供一些明显的标志（如教室的门槛到窗户边）—视觉记号。

例如，记不住扫地的流程，提供一些记忆策略，如编口诀"上面、下面扫一扫，退一步"，或提供扫地的流程图，自己完成以后检核或是记不住的时候去看。

例如，不知道扫干净没有，提供检验标准支持策略，如给一些地面干净的图片，自己扫完后去对照检查。

2. 降低动作难度的支持辅助策略

如果学生在学习的时候，特别是在学习一些技能性目标或是一些生活技能、劳动技能时，因为

自己动作能力不足，而影响学习时，就可以提供降低动作难度的支持策略。

例如：学习炒菜时，不能切小块、切片或切丝，支持策略有：提供切菜辅具（如宽度较小的菜刀、刨丝的工具、自动切菜机）；提供半成品（如超市里的净菜）；提供自然支持（如菜贩处可以绞肉、切肉或削皮等）

例如：学习理菜时，不能做出摘菜叶子的动作，支持策略有：提供辅具（如用剪刀剪断），提供摘法简单的蔬菜（如卷心菜、莴笋）。

二、促进反应的四好策略

在教学的第四个环节"动作反应阶段"，如何教导反应策略的重点是：找到学生的行为起点，并符合学生动作表现能力，以及支持辅助策略。教导学生动作技能学习，四好策略从动作发展的角度总结四好的教学策略。

＞（一）好照顾的策略

由"不好照顾"追"好照顾"能力的学生以及现有能力是"好照顾"的学生，只要愿意操作，以大动作或上肢的大动作反应为主。

（1）老师提供支持辅助策略，提供正确"答案"，让学生愿意配合把"答案"展示出来，不用学生思考，只要愿意操作反应便可以。例如，数 5 个，老师先每次都给学生 5 个物品，学生只要愿意配合把 5 个物品拿出来就行，老师帮他数数，不用要求学生去数数。

（2）要求学生的行为反应最好是以配合简单的（没有困难）、大动作的反应为主。例如，走过来坐下、蹲下、手举高、转个圈、拿起来放好、抓一把放好、翻一下、拍一下、丢过去、提着、抱着、塞进去等。

（3）先以单一任务指令为主，用简单的动作操作一下便可完成（没有困难），然后再过渡到多个任务指令。从认知反应的难度来讲，是愿意配合操作，尝试配对及一一对应阶段。

（4）动作反应后让学生看到明显的结果（见回馈策略），并立即增强（见增强策略）。

（5）运用工作分析法、逐步养成法，要求学生反应符合学生的能力水平，从低难度逐步渐增难度要求学生反应，确保学生每次都能成功。例如，从没有干扰（都是正确答案）的情况之下让学生反应，然后逐步提供干扰物让学生配合做出正确反应；从近距离要求学生配合反应，然后逐步拉长距离要求学生配合反应；从短时间要求学生配合反应，然后逐步延长时间要求学生反应；从只要求学生配合完成一个步骤，逐步要求学生配合完成多个步骤等。

……

> （二）好家人的策略

由"好照顾"追"好家人"能力的学生以及现有能力为"好家人"学生，以简单的大动作与精细动作反应为主。

（1）老师提供支持辅助策略，提供正确"答案"示范，让学生把正确"答案"与错误"答案"作区分，依照示范样本，把正确的"答案"找出来。学生要做简单思考，以模仿反应、知觉区辩（配对）为主。例如，数5个，老师先准备好数量5的提示辅具（5个格子），学生从一堆物品中拿出5个物品，放在数量为5的提示辅具（5个格子）里，一个格子里放一个物品，5个格子放满表示数量是5个，学生做出一一对应的行为反应就行，用辅具支持完成学生数数，不用要求学生去数数。学生还以把数量为5个一包物品与数量为1或其他数量一包的物品区分开（配对），包括相同图片的配对。

（2）要求学生的行为反应最好是以大动作与精细动作反应为主，如大动作爬、翻、滚、抓、旋转、坐、走、拿、放、打、丢、拍、抛、塞等，细动作拼、折、撕、贴、画、涂等双手协调操作。

（3）先以单一任务或几个以内的简单指令为主，每个任务都是简单的动作操作几下便可完成（只有一点点小困难、小挑战），然后再过渡到多个难度大一点的任务指令。从认知反应的难度来讲，是动作模仿、配对、一一对应、分类阶段。

（4）动作反应后让学生看到明显的结果（见回馈策略），并可延宕增强（见增强策略）。

（5）运用工作分析法、逐步养成法，要求学生反应符合学生的能力水平，从低难度，逐步渐增难度，要求学生反应，确保学生每次都能成功。例如，从没有干扰（都是正确答案）的情况之下让学生反应，然后逐步提供干扰物让学生配合做出正确反应；从近距离要求学生配合反应，然后逐步拉长距离要求学生配合反应；从短时间要求学生配合反应，然后逐步延长时间要求学生反应；从只要求学生配合完成一个步骤，逐步要求学生配合完成多个步骤等。

……

> （三）好帮手的策略

由"好家人"追"好帮手"能力的学生以及现有能力为"好帮手"学生，除了大动作与精细动作反应外，还可以用到与语言表达有关的动作反应。

（1）如果学生独立做出正确反应，老师可提供支持辅助策略，提供多个"答案"，为学生提供行为反应的参考范围或答案线索，让学生思考之后选择出正确"答案"。学生要做出思考判断之后，做出行为反应。例如，数5个，老师先准备好数量为1或2或5或10的提示辅具（1或2或5或10个格子），学生在这一堆提示辅具中找出数量为5的提示辅具，再用一一对应的能力数出5个物品。

（2）要求学生的行为反应除了以大动作与精细动作反应之外（如好家人的动作反应），也可以要求学生用语言表达有关的动作反应如用指认、命名，写出，画出、仿说、说出等方式反应。

（3）先以单一的任务指令为主，每个任务都是按要求保质保量地完成（有一点小困难，小挑战），再过渡到多个难度大一点的任务指令。从认知反应的难度来讲，是指认、命名阶段。

（4）动作反应后让学生自己评价结果(见回馈策略)，并可延宕增强、社会性增强(见增强策略)。

（5）运用工作分析法、逐步养成法，要求学生反应要符合学生的能力水平，从低难度，逐步渐增难度要求学生反应，确保学生每次都能成功。例如，从没有干扰（都是正确答案）的情况之下让学生反应，然后逐步提供干扰物让学生配合做出正确反应；从近距离要求学生配合反应，然后逐步拉长距离要求学生配合反应；从短时间要求学生配合反应，然后逐步延长时间要求学生反应；从只要求学生配合完成一个步骤，然后要求学生配合完成多个步骤等。

……

> （四）好公民的策略

由"好帮手"追"好公民"能力的学生以及现有能力为"好公民"学生，认知能力、动作能力发展较好，大动作与精细动作的反应要求更细致、更精确、更有品质的反应动作，如写出、说出、描述出，设计规划、创意创新的表现等（教学策略可用好家人策略或好帮手策略）。

综合以上四好策略整理（以供参考）如下：

四、动作输出阶段		好照顾	好家人	好帮手	好公民
	教学策略如：	*提供正确"答案" *简单大动作操作（没有困难） *单一任务 *愿意配合反应 *明显的结果 *逐步养成法 *工作分析法 ……	*提供正确"答案"示范 *简单大动作与精细动作操作 *单一任务或几个简单任务 *动作模仿、配对——对应、分类 *明显的结果 *逐步养成法 *工作分析法 ……	*提供多个"答案"参考、选择 *简单思考判断之后反应 *多个简单任务 *简单语言表达（指认、命名、写出等） *自己评价结果 *逐步养成法 *工作分析法 ……	*独立思考 *独立反应 *复杂、细微、品质要求 *自我检查 *逐步养成法 *工作分析法 ……
	教学活动如：	*配合操作感觉－知觉过程体验活动 *移动：走、跑、跑跳、单脚跳、旋转等 *手动作：握、拿、放、取、投、打击、推、拉等 ……	*配对、分类 *双手协调 *仿说、夹、塞、剪、涂画等 ……	*指认、命名 *说 *做 *写、画	*命名、表达 *说 *写 *画 *舞 ……

第五节　强化与回馈策略

一、强化、回馈与感觉回馈、动机需求有关

教学的第五个环节"反馈、修正阶段"，目的是学生检查上一次行为反应的方式，做出对下一次的行为反应的维持、调整、改变。

大脑指挥做出动作反应的同时产生相应的感觉，通过感觉神经传达反馈给中枢神经系统，为下次的信息加工处理提供相应的信息参照。大脑在做计划时，会先预想一个结果（目标），在行为反应之后，来检核行为的结果是不是与预想的结果一致。如果是一致的，这些动作反应的方式（如力度、方向、速度、时间等）被记在脑海里，下一次还是做同样的行为反应；如果不一致，但这个结果也是自己想的、要的，下一次还是做同样的行为反应（新的行为产生）；如果不一致，没有达到自己要想要的结果，反思修正下次的行为反应，如动作的力度不对——决定下一次要多一点的力或少一点的力？如动作的方向不对——决定下一次往哪个方向调整一下？

反馈分为两种，一种是感觉回馈，一种是增强回馈（强化）。

＞ （一）感觉回馈

感觉回馈是感觉系统提供的回馈，包括嗅觉、味觉、触觉、本体觉、前庭觉、视觉、听觉、内脏感觉（八大感觉系统）。所有的教材呈现、动作反应都要让学生有感觉，而且是很明显的感觉，比如"塞进去与塞不进去""有声音与没有声音""轻轻就提得起来与很费力地提起来"等，与行为做出的结果之间比较异同，来决定调整下次行为反应。

学习动机影响学生关注感觉的侧重点，以及行为修正的决定。如学生特别想吃，学生会预想的结果是吃的结果，他可能会忽略老师设计让他关注视、听、动的感觉（如看形状、捏软硬、听声音几下等）。

例：感觉回馈与行为修正过程

动作反应	预想结果（目标）预想的感觉	反馈修正过程		
		感觉回馈与预想结果（目标）一致—决策	感觉回馈与预想的结果（目标）不一致	
			意外结果是自己喜欢的	想要达到预想的结果（目标）
看"同学"	视觉——红色衣服，好看	"同学"穿红色衣服（视觉回馈——好看）—下次再看"同学"	"同学"穿绿衣服（视觉回馈——好看）—下次再看"同学"，不同衣服都好看	"同学"穿绿色衣服（视觉回馈——不好看）—下次不看"同学"—下次不要看衣服，看他手里拿的手机
把图片给老师	味觉——吃到饼干，好吃	吃到饼干（味觉回馈——好吃）—下次再拿图片给老师	没有吃到饼干，但老师给我唱歌（味觉回馈——没吃到）（听觉回馈——好听）—下次再拿图片给老师，老师会唱歌	没有吃到饼干，但老师给我唱歌（味觉回馈——没吃到）（听觉回馈——不想听）—下次拿图片拿糕点？或走到老师面前给他图片？—下次不拿图片给老师了
慢点写字（和写在格子里无关）	视觉——写在格子里，整齐	写在格子里（视觉回馈——整齐）—下次继续慢点写字	没有写在格子里，但字形很好看（视觉回馈——好看）—下次慢点写字，字会写得好看	没有写在格子里（视觉回馈——不整齐）—下次再写慢点？—下次写笔画时写短点？
麻将塞进圆孔瓶子里	视觉——"麻将"在瓶子里	塞进圆孔瓶子里（视觉回馈——"麻将"在瓶里）—下次继续塞	没有塞进圆孔瓶子里，但掉在地上咚的一声，还滚了几下（视觉回馈——"麻将"在地上滚了几下，好玩）（听觉回馈——"咚"的声音，声音好听）—下次继续塞不进去，让掉在地上。	没有塞进圆孔瓶子里（视觉回馈——"麻将"没有在瓶里）（听觉回馈——"咚"的声音）—下次塞时，调整一下方向？或多用点力塞？—下次塞时，把圆孔盖子拿掉，直接放在瓶子里？

> （二）增强回馈（强化）

行为反应之后，外在环境给学生的回馈，一般是获得或逃避相关的人、事、物，如食物、玩具物品、游戏、工作、活动、人及人的互动（如拥抱、碰触、注意、赞美等）、地点位置等，即增强物。依据行为改变原理，行为反应之后，带来满意的结果，行为就会增加，不满意的结果，行为就会减少。满意结果是满足了学生的内在需求（生理需求、安全需求、爱与归属的需求、自尊需求、自我实现的需求）。

学生做出行为反应之后，以得没得到增强物作为回馈，得到增强物，表示行为做对了，如果没有得到增强物，那就要检讨是哪个动作没做好，或动作没做完成，没得到增强物；如果想得到增强物，就要调整、改变自己的行为。增强物与四好层次对应如下：

增强物		强化程序	四好
内在需求	增强物的层次		
—生理、安全需求（基本需求） —只为自己的快乐而配合操作（获得感觉、食物、玩具、活动、关爱等）	—原级增强物（食物性、操作性、持有性、活动性增强物）	—享受增强物 —立即增强 —固定比率	好照顾
—生理、安全需求 —爱与归属需求 —为自己切身特定相关利益配合完成任务。 （获得感觉、食物、玩具、活动关爱等）	—次级增强物（代币：图片、小红花、积分等）+原级增强物	—延宕增强 —时间短 —固定比率	好家人
（+基本需求） —爱与归属、自尊需求 —为自己及家人的相关利益主动完成任务 （获得原级增强物、代币、认同、夸奖、有成就感等）	—次级增强物（代币） +原级增强物 —社会性增强物	—延宕增强 —时间长 —固定比率 —不固定比率	好帮手
（+基本需求） —自尊、自我实现需求 —为自己、家人及团队的相关利益主动完成任务 （为自己、家人、团队、国家争取利益、荣誉等）	—次级增强物（代币） +原级增强物 —社会性增强物 —自动增强	—延宕增强 —时间较长 —固定比率 —不固定比率	好公民

二、强化与回馈的四好策略

　　教学的第五个环节"强化与回馈改进"，教学策略的重点是：对学生做出行为反应之后如何回馈？行为如何修正？利用感觉回馈尝试错误学习，创造完成任务的需求，以活动的意义性增强行为动机。"强化与回馈改进"教学策略的目的是帮助学生行为反应的维持、调整、改变。四好学生的反馈修正策略可以对应参考："行为主义学习理论"的行为原理的增强原理，引发动机策略，呈现教材策略。

　　每个学生的兴趣喜好不同、需求不同、动机不同，能引起他反应的事物也不同（例如不同的增强物），依据四好学生不同层次的学习特点，总结四好的强化与回馈改进策略如下：

＞（一）好照顾的策略

　　现有能力是"好照顾"或是"从不好照顾往好照顾"能力发展的学生，为了让他们配合学生，做出反应，并在下一回合做出同样的反应，维持下一次学习的动机与反应，愿意持续配合做出反应，对应策略总结如下：

（1）立即增强享受增强物。先提供满足喜好需求的增强刺激（增强物）来开展活动引发他安全的、有规律的、愉快的感觉。先得到增强物，尝到增强物的甜头之后，老师利用中断策略，辅导学生做出行为反应后，立即给学生增强物。

（2）配合固定比率增强策略，用固定、结构、重复、有规律的"行为反应—增强物"回合式教学，让学生容易掌握行为反应与增强物之间的因果关系。

（3）原级增强物（食物性、操作性、持有性、活动性增强物）为主，以满足生理、安全需求，只为自己的快乐而配合操作（获得感觉、食物、玩具、活动、关爱等，如饼干、果汁、薯片等食物，电动声光玩具、积木、面娃娃、布等玩具，抱一抱、骑车、敲、拍等感觉活动）。

（4）不管学生听不听得懂，老师都要鼓励、赞美学生所做出的努力，给予社会性增强，让学生慢慢意识到自己的行为表现获得的正向结果，让学生原来只对原级增强物感兴趣，慢慢潜移默化到对社会性增强物的喜欢以及对自己成就感的追求。

（5）行为反应之后让学生看到明显的行为结果，而且是很明显的感觉回馈，比如"塞进去与塞不进去""有声音与没有声音""轻轻就提得起来与很费力地提起来"等，与行为做出的结果之间的比较异同，来决定调整下次行为反应。让学生看到行为的结果，带给他的回馈是愉悦的感觉。例如：手拍一下桌子，就会掉下食物；放下手里的物品，喜欢的玩具出现；按下开关，启动电动玩具；摆放在机关上的图片或数字或数量对了，门就会打开等。

（6）活动的开始与结束有明显的信号。例如视觉提示：面前摆了 10 个物品，拿走 1 个物品就少了 1 个物品，10 个物品拿完了，活动就完成了；拼图分成 5 块，做完一次得到一块拼图，得到 5 块拼图时就可完成拼图，活动就结束了。

……

> ## （二）好家人的策略

"好照顾"追"好家人"及"好家人"能力的学生，这个增强物的出现，愿意配合做一些简单的行为反应，对应策略总结如下：

（1）延宕增强，延宕时间不适宜太长，可以是几分钟之后，或本节课结束之后，也可以是几个小时之后。可以先出示增强物，或让学生先得到增强物，尝到增强物的甜头，然后老师布置给学生学习任务，以及获取增强物交换条件，当学生完成任务之后符合交换增强物条件时，让学生换回增强物。例如，累积到 5 朵小红花或 5 元钱可以换取荡秋千的机会。

（2）配合固定比率增强策略，用固定、结构、重复、有规律的"行为反应—增强物"回合式教学，让学生容易掌握行为反应与增强物之间的因果关系。

（3）次级增强物以"代币"为主，用"代币"来换取原级增强物（食物性、操作性、持有性、活动性增强物）。以满足生理、安全需求，以及爱与隶属需求，为自己切身特定相关利益配合完成任务。例如，获得感觉、食物、玩具、活动、关爱、赞美等。

（4）老师要鼓励、赞美学生所做出的努力，给予社会性增强，让学生开始对自己的行为有认同感、成就感，让学生原来只对代币换取原级增强物感兴趣，慢慢潜移默化到对行为结果的认同感、成就感的追求。

（5）行为反应之后让学生看到明显的行为结果，除了应用"好照顾"的回馈策略之外，还可以让学生比对正确答案（视觉回馈为主），修正自己的行为。

（6）活动的开始与结束有明显的信号。例如视觉提示：任务板上有5张任务图片，完成一个任务就撕下该图片，5件任务图片都撕完了，任务就完成了。

……

> （三）好帮手的策略

"好家人追好帮手"及"好帮手"能力的学生，可以为自己及家人的相关利益，为了自己及家人或班级争取得到钱、食物、玩具、活动而努力，主动完成日常的家庭事务或学习任务，这些责任成为他学习的动机，从而得到家人的认同、夸奖、有成就感等。对应策略总结如下：

（1）延宕增强，延宕的时间可以是半天、一天、一周或更长时间。可以跟学生制定人生目标（想要的结果—增强物），然后老师布置给学生学习任务，以及获取增强物交换条件、可以兑换的时间、可以享用增强物的时间。当学生完成任务之后符合交换增强物条件时，让学生约定好的时间、地点等兑换增强物。例如，累积到5朵小红花或5元钱之后，可以在星期五下午的"彩票抽奖"活动时，购买彩票；或是积累到20元钱就可以在本月底外出吃饭。

（2）配合固定比率与不固定增强策略，先用让学生掌握自己行为与增强物之间的因果关系，然后用不固定增强策略，让学生习惯随时保持努力学习，努力完成任务的状态。

（3）社会性增强与次级增强物"代币"为主，用"代币"来换取原级增强物（食物性、操弄性、持有性、活动性增强物）。除了满足生理、安全需求以外，更着重于爱与归属、自尊需求，为自己及家人的相关利益主动完成任务（获得原级增强物、代币、认同、夸奖、有成就感等，以及爱与归属需求，为自己切身特定相关利益配合完成任务）。

（4）老师引导学生为满足自己需求的目标努力，再逐步改变成为家人、为班级、为他人的需求而努力，培养学生的责任感、荣誉感，慢慢潜移默化养成学生自动自发、不断进步的人生追求（终身学习的追求）。

（5）行为反应之后让学生看到明显的行为结果，让学生比对正确答案（视觉回馈为主）自我检查，修正自己的行为。

（6）活动的开始与结束有明显的信号。例如视觉提示：今天有10件事情要做，做完一件事情就删掉一件事，10件事情做完了，今天的任务就完成了。

……

> **（四）好公民的策略**

如果是好帮手追好公民能力发展的学生，或者是好公民能力层次的学生，表示他会主动去搜索环境中的重要刺激，发现教学活动的趣味性、挑战性、研究性等，并能根据事件的发展预测出下一步或不久的将来会出现的刺激，然后综合分析这个环境刺激的前因后果，预设成功后想要的荣誉，为利己或利他的学习动机主动参与学习，以达到自动自发、不断进步的人生追求（终身学习的追求）。可以引用好帮手策略，在好帮手策略之上加深加广。

综合以上四好策略整理（以供参考）如下：

五、回馈增强修正阶段		好照顾	好家人	好帮手	好公民
	教学策略如：	*立即增强享受增强物 *固定比率增强 *原级增强物为主 *鼓励、赞美学生的努力 *明显的感觉回馈 *开始与结束有明显的信号 ……	*短时间的延宕增强 *固定比率增强 *次级增强物"代币"为主，换取原级增强物 *鼓励、赞美学生所作出的努力 *依行为结果修正行为 *开始与结束有明显的信号 ……	*长时间的延宕增强 *固定比率与不固定增强 *社会性增强与次级增强物"代币"为主 *责任感、荣誉感 *明显的行为结果，修正行为 *开始与结束有明显的信号 ……	*长时间的延宕增强 *固定比率与不固定增强 *责任感、荣誉感 *自然回馈 *自我检核系统 *自我修正 ……
	教学活动如：	如：单击玩具，玩具就会亮、发声；拿起杯子就可以喝水；一同开心，为他欢呼旁白，代言 ……	擦了桌子可吃饭、工作，做完可回家，学一个字可看报纸，夸奖他为自己所做的努力 ……	赞美，他为别人所做的努力，得到别人的认同，为日常生活顺利进行而努力表现 ……	自定目标，自我认同，自我成就，自我反思，团体制约与酬偿 ……

三、学习成果的维持、类化应用于生活

如何让学生能维持学习成果，将所学的知识、技能、态度习惯类化应用于生活之中，最有成效的就是应用情境教学策略，家校合作是确保有计划的情境教学与非计划的随机教学的重要因素。

情境教学，适合与自然生活情境有密切相关的技能、习惯等目标的学习，如认知方面的学习、动作技能的学习、社会行为目标（情意、态度）的学习。例如，打招呼、讲礼貌（如厕前先敲门）、爱劳动、体谅、道歉、帮助他人、购买、坐公车、工作态度、责任心、体贴……

情境教学可以利用现有的情境，例如自然情境"大自然、动物、花草、自然的规律、作息……"，日常生活事件"日常作息、进餐、如厕、睡觉、洗漱、家务……"，学校教学时段"上学、放学、

下课、晨间、体育、间食……"，社区场所"商场、电影院、公车、医院、学校、朋友家……"。

老师也会刻意安排或布置某个情境，为了某些教学目标更好地学习、维持与应用，即为创设情境。老师在学校或教室的场所，创设、布置出与真实情境相似的情境（模拟情境），例如依据大自然、日常生活、社会环境的环境特点，从中选取某一典型场景，在学校或教室的某个区域布置，代表该环境。如体育馆、公园、家、厕所、人行道、法院、医院、商场、餐厅、超市、公车、大海、运动会、世博会、飞机场、美容院、旅游景点、餐厅、宴会、彩票兑奖、表演、工作职场、竞赛场……

在生活场所、时间、具体事件的情境中，学生依自己在情境中所承担的角色所赋予的角色需求、角色任务、角色责任等，触发学生的学习动机，而愿意主动学习，随着情境中的事件的发展，学生因自己的行为可得到直接结果，依据这些结果的利与弊，学生决定如何再现、如何修正、坚持维持自己的行为。在日常生活情境下活动中，直接教导学生的学习行为，避免了学生类化迁移的困扰。而且在情境教学活动中，可进行随机指导，让学生少量多次地重复练习，特别是在长期、持续例行的情境活动中，更容易培养学生良好的生活行为习惯。

第八章

依据各科目的教材性质选用教学策略

生活是统整的，任何科目的教材都涵括认知、技能与情意态度的能力组合，但是不同科目的教学目标（与相应教材）也会有不同性质的侧重。例如：语文、数学科教材偏认知概念；生活适应、劳动技能、运动保健科的教材偏动作技能；而唱游律动、绘画手工等科的教材则偏情意陶冶。教学策略的选用除了要适应学生的学习特质，也必须符合学科中不同教材的不同性质，才能把该教材有效地教给学生。

教师在设计教学时，还需要分析教学目标（教材）的性质，分析学生的错误类型，搜寻相应的教学策略。

第一节　动态评量及因素分析

老师在教学活动设计之前，应该先对教学目标进行教材分析（因素分析），分析为了达成此目标，需要哪些方面的因素，需要具备哪些方面的先备能力因素，需要哪些环境因素、情境因素等，是否有机会学习，练习多少次才能学得会，等等。

学生要学会一个教学目标的教材内容，必须具备一定的能力，包括：感官知觉的能力，能感觉到信息并输入大脑；有一定的认知能力，能进行辨识、记忆、理解、决策；有一定的语言能力，能懂语言描述的内容或表达想法；有一定的社会互动能力，愿意听从、配合他人，或与团体合作、分享等；有一定的学习动机，有主动学习的意愿，为自己而努力的意愿；有一定的动作能力，能做出教学目标要求的动作能力……另外，教学环境（或生活情境）也是促进教学目标达成的重要内容。

依据对教学目标的因素分析，再来评估本班级的学生，依据在完成本教学目标过程中的能力表现，了解学生现有的能力是哪个教材层次（起点行为），分析学生容易产生错误的地方，分析错误的原因，初步判断错误类型。

一、教材因素分析的内容举例

感官 知觉	粗大动作 精细动作	认知		语言	社会互动	情意态度	环境 （情境）
– 味觉 – 嗅觉 – 触觉 – 前庭 – 本体 – 视觉 – 听觉 – 敏锐 – 辨别 – 记忆 ……	– 姿势控制（躺、坐、站、蹲、跪等） – 动态控制（爬、走、跪走、蹲走跑、跨等） – 上肢动作控制（肩关节、肘关节、腕关节） – 手部动作（掌、指、前三指拿放等） – 眼手协调 – 双手协调 – 工具使用 – 力度、速度、耐力 – 持久性、协调性、灵活性 ……	– 感觉动作 – 知觉辨别 – 概念（物品、形状、颜色、数量） – 关系（比较相同、不相同、多少等概念） – 规则（原则） – 解决问题 – 时间概念 – 金钱概念 – 因果概念 – 顺序概念 – 短期记忆 – 长期记忆 – 记忆单位 – 动作表征 – 图像表征 – 符号表征 ……		– 语言理解（非语言、语言） – 听、读 – 语言表达（非语言、语言） – 说、写 – 肢体动作、表情 – 声调 – 口语 – 图片 – 文字 – 字、词、句、篇 ……	– 关注 – 调控 – 模仿 – 合作 – 游戏 – 互动（等待、轮流、分享、礼让、礼貌、尊重……） – 规则 – 责任 ……	– 动机（增强物、需求层次） – 行为（接受、配合听从、主动……） – 独立性（依赖、独立自信） – 坚持度（固着行为） – 受挫折能力 ……	– 干扰度 – 复杂度 – 物理环境（温度、光线、声音等） – 人物 – 事件 – 时间 – 地点场所 – 物品 – 教具、图片的大小、清晰度、厚度 ……

二、教学目标的教材因素分析举例

教学目标 的内容	因素分析						
	感官知觉	粗大动作 精细动作	认知	语言	社会互动	情意 态度	环境 （情境）
"学生听到老师说拿5个苹果，就到苹果篮子里拿5个苹果给老师（数量概念5）"	– 视觉：看到苹果、篮子、老师 – 听觉：听到说5个苹果、给老师 – 触觉：苹果的感觉 – 本体觉：拿、放5个苹果的感觉 – 区别：苹果与其他物品	– 走过去 – 拿5个 – 放（给老师）	5个 苹果 老师 短期记忆（记住苹果、数量、给老师）	– 听理解（拿苹果，给老师）	– 共同注意（看到对面桌子上的苹果） – 调控（看老师，给老师）	– 配合完成	– 老师与学生在同一个地方 – 对面桌子上的两篮子（距离2米远） – 两个篮子里分别放多个苹果、土豆（二选一，复杂度）

三、学生的错误类型分析举例

学生 1：小明

教学目标的内容	因素分析						
	感官知觉	粗大动作 精细动作	认知	语言	社会互动	情意态度	环境 （情境）
"学生听到老师说拿 5 个苹果，就到苹果篮子里拿 5 个苹果给老师（数量概念 5）"	– 视觉：看到苹果、篮子、老师 – 听觉：听到说 5 个苹果、给老师 – 触觉：苹果的感觉 – 本体觉：拿、放 5 个苹果的感觉 – 区别：苹果与其他物品	– 走过去 – 拿 5 个 – 放（给老师）	5 个苹果老师 短期记忆（记住苹果、数量、给老师）	– 听理解（拿苹果，给老师）	– 共同注意（看到对面桌子上的苹果） – 调控（看老师，给老师）	– 配合完成	– 老师与学生在同一个地方 – 对面桌子上的两篮子（距离 2 米远） – 两个篮子里分别放多个苹果、土豆（二选一，复杂度）
	√	√	× 数量概念	√	√	√	√

小明的错误原因是没有数量概念，那老师的应对策略就是教导概念。

学生 2：小红

教学目标的内容	因素分析						
	感官知觉	粗大动作 精细动作	认知	语言	社会互动	情意态度	环境 （情境）
"学生听到老师说拿 5 个苹果，就到苹果篮子里拿 5 个苹果给老师（数量概念 5）"	– 视觉：看到苹果、篮子、老师 – 听觉：听到说 5 个、苹果、给老师 – 触觉：苹果的感觉 – 本体觉：拿、放 5 个苹果的感觉 – 区别：苹果与其他物品	– 走过去 – 拿 5 个 – 放（给老师）	5 个苹果老师 短期记忆（记住苹果、数量、给老师）	– 听理解（拿苹果，给老师）	– 共同注意（看到对面桌子上的苹果） – 调控（看老师，给老师）	– 配合完成	– 老师与学生在同一个地方 – 对面桌子上的两篮子（距离 2 米远） – 两个篮子里分别放多个苹果、土豆(二选一，复杂度）
	√	√	√	√	√	× 不配合	× 跑开、分心

小红的错误原因是不配合，容易分心，那老师的应对策略就是如何让学生配合教学，完成教学任务。

学生 3：小宇

教学目标的内容	因素分析						
	感官知觉	粗大动作精细动作	认知	语言	社会互动	情意态度	环境（情境）
"学生听到老师说拿 5 个苹果，就到苹果篮子里拿 5 个苹果给老师（数量概念 5）"	－视觉：看到苹果、篮子、老师 －听觉：听到说 5 个苹果、给老师 －触觉：苹果的感觉 －本体觉：拿、放 5 个苹果的感觉 －区别：苹果与其他物品	－走过去 －拿 5 个 －放（给老师）	5 个苹果老师 短期记忆（记住苹果、数量、给老师）	－听理解（拿苹果，给老师）	－共同注意（看到对面桌子上的苹果） －调控（看老师，给老师）	－配合完成	－老师与学生在同一个地方 －对面桌子上的两篮子（距离 2 米远） －两个篮子里分别放多个苹果、土豆（二选一，复杂度）
	× 触觉敏感、注意力分散	√（动作操作灵活）	× 没有数概念（会唱数 1 到 10）	√（会认苹果、老师）	× 没有看或听老师所指地方或物品	× 不配合	√

小宇的错误原因是触觉敏感，平时手不爱拿东西操作，注意力分散，易分心，老师给他指令任务时，不愿意看或听，不配合完成指令，喜欢安静地坐着，也没 5 的数量概念。

第二节　教学目标性质与教学策略

一、教学目标性质

依据布鲁姆的教育目标分类，教育目标可分为三大领域：认知领域、情感领域和动作技能领域。有关"认读、记忆、理解、方法、程序、概念、推理、判断、应用、结合分析"这类目标是属于认知领域类教学目标，有关"基本动作、知觉能力、体能能力、技巧动作、沟通表达、生活技能、劳动技能、工作技能"这类的目标属于动作技能领域教学目标。有关"学习动机、注意力、配合指令、主动性、遵守常规、态度、习惯"这类的目标为情意态度领域的教学目标。

任何一个教学目标都涵盖认知、技能、情意三个领域。对于每个学生来讲，他们不能达到这个目标的因素是不同的，教学目标的性质要因人而异。针对教学目标的学习，学生的错误类型分析对应该教学目标的性质，可大致对应如下：

例如，教学目标"认识餐桌食物肉、蛋、奶，表现良好的用餐行为"：

对于 A 生，不认识肉、蛋、奶，对 A 生来讲，这个目标就是认知领域的目标。老师在设计教学时，重在认知方面的教学及提升，注意应用相应的教学方法与策略。

对于 B 生，他虽然也不认识肉、蛋、奶，但他一见到蛋就扔或见到奶就哭，那他就是要学习在餐桌上如何表现好的用餐行为，这个目标对 B 生来讲，就是情意态度领域目标。老师在设计教学时，重在情意态度方面的辅导及培养，注意应用相应的教学方法与策略。

对于 C 生，他虽然认识肉、蛋、奶，但不会在餐桌上为自己夹肉、剥蛋等，这个目标对 C 生来讲，就是动作技能类的目标。老师在设计教学时，重在动作技能方面的教学及辅助，注意应用相应的教学方法与策略。

对于 D 生，可能以上三种情况都有，那对 D 生来讲，教学目标"认识餐桌食物肉、蛋、奶"具有三种目标性质，老师在设计教学时，在认知、动作技能、情意态度三个方面都要教学，并在这三个方面应用相应的教学方法与策略。

二、依据不同目标性质确定教学策略

依据学生的不同目标性质确定其教学策略，并将策略运用在教学的每个环节。

1. 四好策略与信息加工五大教学环节的对应

情意态度领域的教学目标表现在"一、刺激呈现阶段"与"五、回馈、修正阶段"，可以应用"如何引起动机策略""反馈修正策略（回馈增强策略）"。

认知领域的教学目标表现在"二、感觉输入阶段"与"三、信息加工处理阶段"，可以应用"如何呈现教材策略""如何教导教材策略"。

动作技能领域的教学目标表现在"四、动作反应阶段"，可以应用"如何教导反应策略"。

阶段	一、刺激呈现阶段	二、感觉输入阶段	三、信息加工处理阶段	四、动作反应阶段	五、回馈、修正阶段
策略	（一）引起动机策略	（二）呈现教材策略	（三）教导教材策略	（四）教导反应策略	（五）反馈修正策略（回馈增强策略）
因素分析	感官知觉 情意态度 环境（情境） 社会性	感官知觉 认知 语言	感官知觉 认知 语言	感官知觉 粗大动作 精细动作	感官知觉 情意态度 环境（情境）
目标性质	情意态度领域	认知领域		动作技能领域	情意态度领域

2. 七个科目的教学目标性质及参考的教学策略

如果教学目标性质是情意态度领域的，可以参考（一）引起动机策略、（二）呈现教材策略及（五）反馈修正策略。

如果教学目标性质是认知领域的，可以参考（二）呈现教材策略、（三）教导教材策略。

如果教学目标性质是动作技能领域的目标，可以参考（四）教导反应策略。

科目	教学目标的主要性质	重点使用的教学策略				
		（一）引起动机策略	（二）呈现教材策略	（三）教导教材策略	（四）教导反应策略	（五）反馈修正策略
生活语文	认知领域	※	※※※	※※※	※※	※※※
生活数学	认知领域	※	※※※	※※※	※※	※※※
生活适应	认知领域 动作技能领域 情意态度领域	※※※	※※	※※	※※※	※※※
劳动技能	动作技能领域 情意态度领域	※※※	※	※	※※※	※※※
唱游与律动	动作技能领域 情意态度领域	※※	※	※	※※※	※※※
绘画与手工	动作技能领域 情意态度领域	※※	※	※	※※※	※※※
运动与保健	动作技能领域 情意态度领域	※※	※	※	※※※	※※※

注：※ 表示可能侧重的教学策略的程度。

3. 组织教学策略用于一节课的教学环节中

在教学活动设计过程中，教学策略要涵括认知、情意、技能三个领域的教学策略，教学活动环节主要包括：

（1）引起注意——诱发动机的策略；

（2）呈现目标（介绍教材）——呈现教材策略（形成概念、技能、情意）；

（3）指导练习——教导教材、教导反应、反馈修正策略（形成概念、技能、情意）；

（4）巩固练习——反馈修正策略（形成概念、技能、情意）；

（5）奖励与回馈——动机、增强策略；

（6）泛化应用。

因此本书在教学设计篇介绍一个教学循环（或一节课）时，会大致分成：准备活动→暖身活动→主活动→练习活动→整理活动几个环节。

小结：四好的评量标准与教学策略的活动建议

附表 7：四好的教学策略的活动建议

教学环节		好照顾	好家人	好帮手	好公民
一、教学刺激呈现阶段	教学策略如：	*可满足愉快感觉的刺激（教学环境或教具） *中断策略 *单一刺激－反应－结果 *简单操作 *固定、结构 *重复、规律 *感觉动作操作 *操作性（实物操作） ……	*功能性（功利性，为了得到增强物，而关注教学刺激） *趣味性 *区辨刺激－反应－结果（关注重要刺激） *固定、结构 *重复、规律 *感觉动作操作 *操作性（实物平面操作） ……	*奋斗目标 *任务制约 *趣味性 *实用性（解决生活的问题） ……	*奋斗目标 *任务制约 *趣味性 *挑战性 *研究性 *实用性（解决生活的问题） ……
	教学活动如：	*玩声光玩具 *感官游戏 *制作食物 *音乐律动 ……	*做沙拉 *玩箱子 *装物品 *夹物品 ……	*比赛 *闯关 *送快递 *应聘 ……	*竞争 *猜谜 *破案 *找规律 ……
二、感觉输入阶段	教学策略如：	*概念操作性定义：以近端的感知觉体验为主（触觉、本体觉、前庭觉、味觉、嗅觉） *简单、鲜明的感觉体验 *大动作操作为主 *实物操作 ……	*概念操作性定义：集中知觉经验（近端的几种感觉经验结合） *视觉、听觉（示范、语言理解） *以大动作＋细动作操作为主 *以实物呈现操作为主，图片、照片、视频等来辅助呈现教材 *一到三个感觉刺激呈现 *简单区辨 ……	*概念操作性＋语言定义：语言理解、描述——远端感知觉（听觉、视觉）学习为主，近端的感知觉体验为辅——以大动作＋细动作操作为主 *平面图形简单符号方式呈现教材 *多个刺激呈现 *区辨、组织 ……	*概念语言定义：语言理解、描述——视觉、听觉 *文字、符号 *语言 ……
	教学活动如：	*大动作感觉（蹲走、跪走、摇、摸、吃、拿、走等） ……	*大动作感觉 *细动作感觉 *简单语言对话 ……	*日常常用单语言对话 ……	*语言对话、文字说明 ……

续表

教学环节		好照顾	好家人	好帮手	好公民
三、信息加工处理阶段	教学策略如：	*一、动作－感觉期（感觉体验） *实物操作为主 *概念单一感觉属性来学习、记忆 *感觉记忆（大量重复） ……	*二、动作－知觉期（模仿、试误） *三、知觉－动作期（模仿、配对） *四、知觉期（独立分类） *实物＋平面操作 *单一概念学习 *两到三个概念的比较、区分 *重复练习记忆 ……	*五、知觉－概念期（语言理解－选择、指认） *六、概念期（语言表达－命名） *平面操作（图片、照片、视频、简单文字等） *单一概念学习 *多个概念的比较、区分 *重复练习记忆 ……	*六、概念期（语言表达－命名） *七、逻辑关系、规则推理 ……
	教学活动如：	*感觉体验、 *知觉（试误） ……	*配对（一一对应） *分类 ……	*分类 *指认 *命名 ……	*命名 *比较 *推理 ……
四、动作输出阶段	教学策略如：	*提供正确"答案" *简单大动作操作（没有困难） *单一任务 *愿意配合反应 *明显的结果 *逐步养成法 *工作分析法 ……	*提供正确"答案"示范 *简单大动作与精细动作操作 *单一任务或几个简单任务 *动作模仿、配对、一一对应、分类 *明显的结果 *逐步养成法 *工作分析法 ……	*提供多个"答案"参考、选择 *简单思考判断之后反应 *多个简单任务 *简单语言表达（指认、命名，写出等） *自己评价结果 *逐步养成法 *工作分析法 ……	*独立思考 *独立反应 *复杂、细微、品质要求 *自我检查 *逐步养成法 *工作分析法 ……
	教学活动如：	*配合操作感觉－知觉过程体验活动 *移动：走、跑、跑跳、单脚跳、旋转等 *手动作：握、拿、放、取、投、打击、推、拉等 ……	*配对、分类 *双手协调 *仿说、夹、塞、剪、涂画等 ……	*指认、命名 *说 *做 *写、画 ……	*命名、表达 *说 *写 *画 *舞 ……

续表

教学环节		好照顾	好家人	好帮手	好公民
五、回馈修正决策阶段	教学策略如：	＊立即增强享受增强物 ＊固定比率增强 ＊原级增强物为主 ＊鼓励、赞美学生的努力 ＊明显的感觉回馈 ＊开始与结束有明显的信号 ……	＊短时间的延宕增强 ＊固定比率增强 ＊次级增强物"代币"为主，换取原级增强物 ＊鼓励、赞美学生所作出的努力 ＊依行为结果修正行为 ＊开始与结束有明显的信号 ……	＊长时间的延宕增强 ＊固定比率与不固定增强 ＊社会性增强与次级增强物"代币"为主 ＊责任感、荣誉感 ＊明显的行为结果，修正行为 ＊开始与结束有明显的信号 ……	＊长时间的延宕增强 ＊固定比率与不固定增强 ＊责任感、荣誉感 ＊自然回馈 ＊自我检核系统 ＊自我修正 ……
	教学活动如：	单击玩具，玩具就会亮、发声；拿起杯子就可以喝水；一同开心，为他欢呼旁白，代言 ……	擦了桌子可吃饭、工作，做完可回家，学一个字，可看报纸，夸奖他为自己所做的努力 ……	赞美，他为别人所做的努力，得到别人的认同，为日常生活顺利进行而努力表现 ……	自定目标，自我认同，自我成就，自我反思，团体制约与酬偿 ……

如何设计教学以达四好目标

李宝珍

教学设计是一个班级、全科目、全学期的设计，不是某个科目一节课的教学设计。

因为各校教学模式不同，其教学设计方式也会有不同。因此一个班级的教学设计，始于其教学模式的确定，再来是一个学期的教学规划，然后才是一个科目的一个教学主题的教学活动设计。

不管什么教学模式，当全班学生的个别化教育目标拟订出来以后，各科教师就要统整班级目标，规划一个学期的教学计划。形成一学期的几大教学主题，然后才进行每个教学主题的教学活动设计。有了教学活动方案，才能执行教学。这是每个学期教学设计的必要工作和流程，不能混乱或省略。即使是不采用个别化教育模式的学校，也是需要利用课标内容进行一学期的教材规划，才能进入一个教学主题的活动设计。

因此所谓教学设计，需要包括下列三个工作：

（1）科目定位——决定班级教学模式，安排课程表（第一节介绍）。

（2）学期规划——统整一个班级的教学目标，进行学期教学规划（第二节介绍）。

（3）活动设计——设计一个主题的教学活动（第三节介绍）。

第一节　科目定位——决定班级教学模式，安排课程表

科目定位是课程表上各科在教学设计之前，首要明确自己科目在课程中的位置，对于完成课程目标具有什么功能，才能把握自己任教科目的教学方向与范围，在整体教学中发挥各科整合的力量，而不同的教学模式，会有不同的课表安排与科目定位。因此任何教学设计，都要先决定你这课程是要以何种教学模式来运行。

一、如何决定教学模式

教学模式是实施课程时，用来设计与组织教学目标、教学内容、教学方法、教学形式、教学活动等要素的比较固定的方法与程序。

每个教学单位或学校，都有自己选择或发展出来的教学模式，或需要在课程实施之前，确定自己单位适用的教学模式，才能进行后续一系列教学设计的工作。

> （一）教学模式有哪些?

教学模式的分类，可从几个维度划分：

依课程内容的组织分，有从课程内容分化最细的分科教学模式，到最统整的主题式教学模式，中间有许多不同组织的模式，可大分为：

分科教学模式↔统整教学模式

依教学方法分，有从重视教导目标与教材的目标导向教学模式，到重视学生学习经验的过程导向教学模式，中间有许多不同偏重的模式，可大分为：

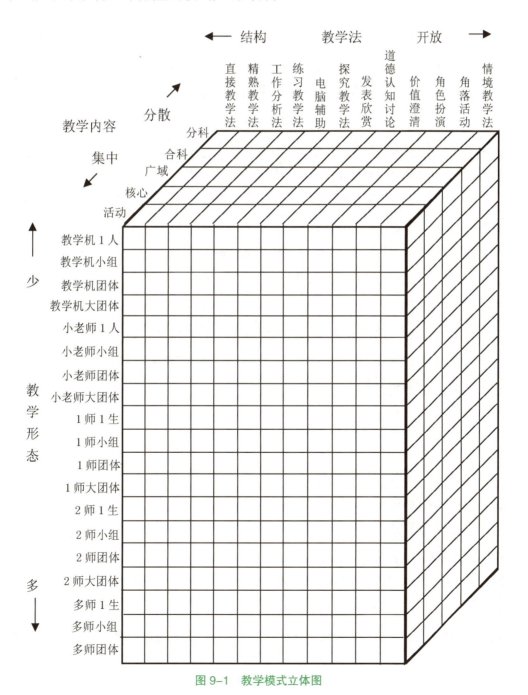

图 9-1　教学模式立体图

目标导向教学模式↔过程导向教学模式或

教师导向教学模式↔教材导向教学模式↔学生导向教学模式

依教学形式划分：有从最单纯的一对一个别教学模式，到两个以上教学人员合作教两个以上班级的协同教学模式，中间也有不同的师生组合模式，在培智学校可大分为：

科任模式↔协同教学模式

从以上维度来看不同处理教学的模式，至少可以有以下多种教学设计的组合模式。

> （二）决定教学模式的原则

培智学校义务教育课程的实施适合以上任何教学模式，但是各校依据各自实情，也要尽量做专业考虑，一方面选择对学生学习最有利的教学模式，另一方面以另一种教学模式的优点来引导自己教学模式的方向，因此特教从业人员必须随时保持对各种教学模式的关注和学习。

目前，四好教学设计建议采取以下教学模式：

（1）从中度智力障碍学生的学习特质而言，将性质或功能相近的科目统整处理，一开始便将各科教材以生活主题分类好，有利于学生在生活中的统整应用。

（2）从学生的障碍程度越来越复杂的现况而言，学校应采取教学团队协同作战的模式，而非强调个别教师的单科教学能力。

（3）依据科目的不同性质与学生的学习特质选择有效的教学方法，原则上实用性学科应采取目标导向的教学模式，强调教师的教学效能，与艺术素养有关的科目可探索较开放的过程模式，强调学生情绪心理的充分发展。

综上，本四好教学模式建议采用"统整—目标导向—协同教学"组合的教学设计模式。而统整式模式可以以生活适应为核心，因此四好的教学设计可以称作"以生活为核心的统整式教学模式"。本书的介绍案例也以此模式为主。

> （三）以生活为核心的统整式教学的主要特征

· 以生活适应领域为各科教学的核心。

· 以让学生学习解决生活中的某些问题为主。

· 找出学生的生活环境中需面对的问题形成单元主题。

· 基本假设：每个学生面临的生活问题是一样的，只是他们要以各自不同的能力来适应环境。

· 考虑学生解决问题时，会用到哪些基本能力（语文？数学？动作技能？），即各科需联系的教材内容。

此种教学模式在规划一学期班级教学计划时，先规划生活适应科的教材和教学主题，然后需要和该科统整的其他科目，才着手拟订各科的相关教材与教学主题，以便共同完成具有功能性的生活主题目标。

二、如何安排课程表

课程表即学生在校的学习作息表，主要包括排哪些科目、各科节数、排在哪个时段、排谁来教、教学地点安排等内容。

不同的教育理念，不同的教学模式，会有以上安排时不同的考虑，形成不同的课程表。以下是学校安排各班级课程表的方法：

＞（一）参照培智学校义务教育课程设置标准安排课程表

课标既然是以适应生活为目的，课程表上安排的每个科目或活动，皆应有利于生活能力的养成。2007 年培智学校义务教育课程设置是公办校安排课程表的依据，各校应参照教育部培智学校义务教育课程设置来安排科目与节数。而以生活为核心的教学模式需要将课程设置中的每一个科目的生活功能定位好，即先让各科教师知道自己科目的功能，对于培养学生成为自立自强、生活适应、服务社会的公民有什么作用，为什么能在课程表上占有一席之地，这样才能发挥课程表上安排的各科的教学绩效。

＞（二）确定课程表上各科功能

不同的教学模式，带来不同的课程表安排，以及不同的科目定位。以生活为核心的教学模式，强调各科围绕生活适应的主题展开各科教学，因此各科在一个课程表下如何分工，亦即一个核心式教学的课程表是如何组成的？

核心科目：即生活适应科，以增进生活知识与技能，解决生活问题，适应生活为目的。

基本科目：以解决生活问题时所需的基本能力的教导为主。例如生活语文科、生活数学科、劳动技能科。

艺术科目：以丰富生活内涵、怡情悦性、陶冶情操、锻炼身心为主的科目。例如唱游与律动科、绘画与手工科、运动与保健科等。

特殊科目：以补救个人障碍，或满足个人的兴趣专长的需求而定的科目。例如康复训练、艺术休闲、信息技术等（信息技术的实用性越来越高，因此也可考虑作为基本科目之一）。

例行时间：学校生活的每日每周例行发生的活动，会影响学生行为习惯。例如朝会、大课间活动、值日劳动时间、下课时间、午餐午休时间等。用以利用例行发生时间进行情境教学或随机教学，具有练习或类化应用生活技能的效果。

当依据生活统整的需要来设置课程表上各科时，四好教学模式会要求各科老师进一步确认清楚自己科目在学生过上四好生活中的作用（见下面几章各科教学设计示例）。

> （三）安排课程表

课表安排主要牵涉到：排哪些科目、各科节数、排在哪个时段、排谁来教、教学地点安排等。

1. 排哪些科目

已于上述各科功能定位的考虑，确保课程表上各科皆对达成生活适应有功能，想不出功能的科目就不用排。反之，还缺什么功能就补上什么科目，确保教学团队中每位老师都能说出自己的教学目的，这是达成教育绩效的初步。

2. 各科节数考虑

应先参考教育部颁布培智学校义务教育课程设置的占比原则，但是既然以生活适应为核心，应该让生活适应科进行的节数与时段符合生活主题正常化的需求，必要时建议加上劳动技能科整合处理，再不够的话，建议把协同教学的生活语文与生活数学科时间也一起整合计算，主要原则是每个生活主题的进行有足够的时间与优先的时段安排。

3. 时段安排

各科安排在一周中哪天哪节上课也是有讲究的，一般排课人员只考虑教师每周的工作量、场地冲突等条件来拼凑课程表的各个时段，似乎情非得已，导致一个中度智力障碍学生的班级课程表上杂乱无章，不顾智障学生的学习心理。例如本来以为每天早上会看到语文老师，结果星期二语文课又排到下午去了。由于没有系统的课表安排，不利于生活主题的统整设计，结果造成各科各行其是，甚至造成一节课一节课来设计教学，试问学生的学习成果一节课就能达成吗？学生带着一节课尚未精熟的知识概念，能主动和其他概念统整应用吗？要让学生真正学会生活能力，从学习时间表的组织，就能帮助学生更好地组织其生活的感觉与规律。建议排课时，尽量让各科老师理解以下专业原则，不能过于计较个人的爱好与需求，影响学生的学习。

（1）时段安排首要有规律性，每周每天发生的课堂活动使学生能发现其规律，预期其经验，获得上学的稳定性与安全感，久而久之，学生自己归纳出时间的概念，不用因为每周各科目人工的穿插变化，老师得天天提醒。

（2）次要尽量正常化，依据生活事件发生的自然时段或顺序合理安排各科上课时段，例如有烹饪活动的科目应安排在午餐之前，以便学生能享用劳动成果，基本学科应该分别和生活适应科时间连续地上。生活适应科应该发生在每周固定的时段，并且有足够时间进行户外活动或技能练习，以达经验的连续完整。

（3）各科时段安排最好能有利核心统整模式的施行，商讨相关科目出现的顺序，或者不同班级相同科目的能力分组的协同教学需求，作为教学空间和人力调配的最高考虑原则。

（4）每天第一个班级活动和最后一个班级活动，必须是班主任和同学的情感交流和互相鼓励的时段。

课程表安排妥当，有强调生活功能的，有强调基本能力的，有强调怡情悦性的，有强调障碍补救者，有每日例行出现者……各科定位，各就各位，各科老师形成一个班级教学团队，就能进行以下教学设计实务工作。各科做好学期教学计划，拟订好一学期的教学主题，然后一个个主题进行教学活动设计。

第二节　学期规划

统整一个班级的教学目标，进行学期教学规划。

各科的教学设计不是一节课一节课设计，而是应该先做整学期的规划，是各科对一整学期班级教学的设计，包括该学期要教的目标与相应教材的选择与组织，因此也有将此工作称作："教材的组织""教材编选"，本书统称"学期教学规划"，规划结果是形成一个学期的几个教学主题。

生活核心教学模式强调各科统整，因此在各科教师规划其学期教学计划之前，应该先共同讨论，归纳整理各科目标，形成一个核心的教学主题，又以此主题的需求来统整各科教材内容的编选与发生的顺序，因此教学设计要先统整各科的教学目标与教材组织，预设一学期的教学主题，以免后续各行其是，不成体系。

如何统整一学期的教学目标与教材，进行学期教学规划与形成教学主题

> （一）何谓一学期的教学规划与教学主题？

不论从各科各年段课标或个别化教育计划来看，各科教师一学期要完成的教学目标繁多，如何安排出一个进度，将目标合理有序地分布到一个学期的每个月份或星期去教，并且大致安排相应的教材内容，此之谓"学期教学规划"或"教材组织"，组织就是统整各项数据（目标教材等），从纵的联系和横的联系双向思考，最终组织成几个教学主题，让一个学期的教学按部就班，系统连贯，这应该是各科老师在每学期开学之前就要做好的规划，避免单一目标教学或片段教学。

为方便教学团队之间的沟通，此工作可简称为各科的"学期教学规划"。即是：各科教师统整全班学生学期教学目标归纳成几类，形成有序的教学单元或教学主题，选入相应的教材内容，作为

教学前进行一个教学主题的教学活动设计的蓝本，是有计划、有系统的教学的基础。全校共同设计出一个学期计划表格，好将学期计划统一思考研究，统一填写，方便沟通执行。

例如：学期教学规划（教学主题计划表）

附表 8：学期教学规划的格式

领域	主题 目标统整	单元一 横轴填入该科教学主题	单元二	单元三	单元四	单元五
	纵轴填入班级各生之该科 IEP 目标	依据目标初选教材				

举例一：生活适应科二上学期计划

续表

附表 9：学期教学规划教学主题统整（生活适应科）
——二年级上册

学生 IEP 目标统整	第一单元：学校生活 1. 遵守课堂纪律及公共秩序 2. 能和同学（朋友）一起活动 3. 参加少先队活动	第二单元：个人生活 1. 认识餐桌上食物的类别（肉类、蛋类、奶类）选择食物 2. 了解衣物的结构（衣领、裤腰的前后）3. 自己穿鞋、戴帽、戴手套	第三单元：家庭生活 1. 了解家庭成员之间的关系，知道姓名、手机号 2. 与家人一起过中秋节并适当表现（吃月饼、说祝福）	第四单元：社会生活 1. 熟悉小区与小区周围的设施（超市、公园）2. 认出邻居，与邻居较好相处（有礼貌交往）	第五单元：我是中国人 1. 知道国名、国旗、国歌、首都 2. 了解春节的习俗并适当参与（贴春联、看晚会、放鞭炮、逛庙会、走亲访友、拜年）
生活适应科主要目标 1. 能知道自己与家庭成员主要的关系（如爸爸、妈妈、爷爷、奶奶等）王 S、姗 S、苏 S、贤 S、甘 S、又 S、馨 S			与家人（爸爸、妈妈、爷爷、奶奶、姐姐、弟弟）分享食物 / 祝福	与家人同行去社区；与家人同行问好邻居	与家人（爸爸、妈妈、爷爷、奶奶、姐姐、弟弟）分享食物 / 祝福
2. 能选择家人要吃的常见的食物 王 S、姗 S、苏 S、贤 S、甘 S、又 S、馨 S		家人喜欢的几种食物	爸爸 / 妈妈喜欢吃 ×××		
3. 能认识常见的衣物 王 S、姗 S、苏 S、贤 S、甘 S、又 S、馨 S		外套、裤子、鞋子、帽子			穿适当的衣物过春节
4. 能穿好、脱好常见的简便的衣服、鞋袜（如穿与脱、正反、位置、衣服整理等适当美观）王 S、姗 S、苏 S、贤 S、甘 S、又 S、馨 S		穿戴整齐，衣服、裤子、鞋子分清正反，能找到领口、裤头		穿戴整齐、正确、美观去拜访邻居	穿戴整齐、正确、美观进行走亲访友
5. 能知道社区周边的几个与自己相关的重要标志物（如小区门口雕塑）王 S、姗 S、苏 S、贤 S、甘 S、又 S、馨 S			社区周围的重要标志物（如楼牌、树、雕塑）	社区周围较明显的重要标志物（如楼牌、树、雕塑）	

续表

学生 IEP 目标统整		第一单元：学校生活 1. 遵守课堂纪律及公共秩序 2. 能和同学（朋友）一起活动 3. 参加少先队活动	第二单元：个人生活 1. 认识餐桌上食物的类别（肉类、蛋类、奶类）选择食物 2. 了解衣物的结构（衣领、裤腰的前后） 3. 自己穿鞋、戴帽、戴手套	第三单元：家庭生活 1. 了解家庭成员之间的关系，知道姓名、手机号 2. 与家人一起过中秋节并适当表现（吃月饼、说祝福）	第四单元：社会生活 1. 熟悉小区与小区周围的设施（超市、公园） 2. 认出邻居，与邻居较好相处（有礼貌交往）	第五单元：我是中国人 1. 知道国名、国旗、国歌、首都 2. 了解春节的习俗并适当参与（贴春联、看晚会、放鞭炮、逛庙会、走亲访友、拜年）
生活适应科主要目标	6. 能了解我国传统节日、民间活动与习俗 王 S、姗 S、苏 S、贤 S、甘 S、又 S、馨 S				中秋节：做月饼、打糍粑		春节：贴春联、看晚会、放鞭炮、逛庙会、走亲访友、拜年
	7. 愿意和老师同学交往，能使用文明用语 王 S、姗 S、苏 S、贤 S、甘 S、又 S、馨 S	配合老师指令完成活动；和同学合作完成活动 上、下课仪式的问好	配合老师指令完成活动；和同学合作完成活动 上、下课仪式的问好	配合老师指令完成活动；和同学合作完成活动 上、下课仪式的问好	配合老师指令完成活动；和同学合作完成活动 上、下课仪式的问好	配合老师指令完成活动；和同学合作完成活动 上、下课仪式的问好
	8. 了解少先队相关知识，参加少先队活动 王 S、姗 S、苏 S、贤 S、甘 S、又 S、馨 S	知识：戴红领巾、敬队礼、认识队旗				
	注：（副目标） 生活适应科可以附带教的其他科相关目标可以在主题活动设计时才安排进去					
预设统整活动 （注：主题活动设计时有可能更改统整活动）		少先队入队仪式，或国庆校园游行	自助餐厅或秋游	全家福（过节的）照片欣赏	小区寻宝	跟着爸妈去拜年

注：S 表示学生

附表 10：学期教学规划教学主题统整（绘画与手工科）
——二年级上册

设计人：李宝珍

该科 IEP 目标统整			单元一 我上学了（黏土纸工）	单元二 我（涂色贴）	单元三 我家（线条黏土）	单元四 我住在……（模板纸工）	单元五 过年了！（颜色线条）
造型表现	绘画	涂鸦		O 我的名字			
		涂色		O 我的脸、衣服	O 桌椅(线条涂色)		O 新衣、红包、橘子（着色）
		线条			O 窗户楼梯桌脚椅脚（仿画线条）		画红包上的线条代表"春"
	手工	撕贴	O 撕（仿撕桌椅）	O 贴		O 撕贴（小区图照）	O 贴
造型表现	手工	搓压揉	O 桌椅（黏土仿做课桌椅）		O 桌椅碗（黏土仿做餐桌椅）		
		折				O 折（楼房公园椅子）	O 折
	元素	物品颜色		O 衣物颜色			O
		颜色配对				O	O 新衣、红包、橘子（找到一样颜色笔着色）
	动作	坐姿站姿		O			
		握笔			O		
		手眼协调				O	O
设计应用	感知	形状			O 碗		O 橘子红包（形状整理）
		大小			O* 大 / 小碗 大 / 小桌子		
	模仿	模板模仿				O 照小区图片撕贴	
		视觉模仿					O 仿写"春"字
	创作	组合装饰					O 创作红包袋
		应用所学					O 多做几个红包袋
欣赏评述		6.3.1.1 初步感受自然界与生活中美的事物	O 观察探索自己课桌椅			O 选出自己小区图片，指出自己喜欢去哪里？	

续表

该科 IEP 目标统整			单元一	单元二	单元三	单元四	单元五
			我上学了（黏土纸工）	我（涂色贴）	我家（线条黏土）	我住在……（模板纸工）	过年了！（颜色线条）
欣赏评述		6.3.1.2 观察绘画作品，表达自己的感受			O 比较学校家庭桌椅：是什么？哪里不一样？你喜欢哪个？做第二次你会改哪里？		O 比较红包信封，新衣服：是什么？哪里不一样？你喜欢哪个？观赏年画
综合探索		6.4.1.1 了解绘画与手工的不同表现形式		O 体验绘画与手工不同感觉	O 体验绘画与手工不同的工具	O 选择用手工或绘画方式制作	

> （二）如何进行一学期的教学规划，形成教学主题

培智学校若采用统整教学模式，则强调将课程表上全部时间都用来完成每个学生的个别化目标，各科合力，教师协同，才能符合智障学生将来统整应用的需求。

已出版的培智学校教科书上的教材编辑，即是采用以生活适应、生活语文、生活数学三学科统整设计的模式，因此建议各培智学校教材的学期规划，至少要以上述三科统整，其他科联系的原则，规划各班级的各科教材内容。其他艺术科目（或非学科），其学期教材的选择可以联系生活主题，形成各科大统整教学的模式，亦可以各依该科教材体系，自行归纳整理成几个教学主题，形成分科教学模式。

教学是运用有效的教学策略，教导重要的教材内容，达成教学目标的过程，教学不是直接拿目标来反复练习而可得的。什么内容才是重要的教材？需要教师先行选择，一个班级目标众多，每个目标又有许多教材内容要选择，选择出来的内容又要加以安排顺序，构思一学期的教学进度，因此需要教师在寒暑假期中先做好一个学期的教材规划，才能依进度教学。

再次强调：教学设计不是从一节课的设计开始，教学设计是从一个班级的一个学期教材规划出发，才能在学期末时导向全班学生个别化目标的达成。

如何在开学前做好各科的学期教学规划，可以分为有既定教材和无既定教材两类说明。

1. 有既定教材的科目如何进行学期规划

2016 年培智学校课标中有三科（生活语文、生活数学、生活适应）已经出版教科书，属于教材既定的科目，在教科书编选的教材中，三科老师需要将教材和学生的个别化目标进行比较与整合，调整出适合该班学生的教材。

以下简要说明三科统整教学模式的学期规划方法。

学期规划步骤：

（1）参考三科教科书中的教材内容，统整出四至五个类别。

已出版的三科教科书，皆分为"学校生活""个人生活""家庭生活""小区生活"以及"国家和世界"等单元，各单元各科目也已选择了一些教材内容，因此可以作为三科学期规划的基础。

（2）将每个单元给予更具体的单元主题名称，以缩小单元的范围。

原教科书的单元（学校生活、个人生活等）比较广泛，而且各年级都一样，无法看出各年级的重点，因此教师必须从各单元的各课内容，进一步缩小范围，甚至以该班学生的特点，或个别化教育计划的目标需求，另拟订一个具体的单元主题，例如"学校生活"的"我是少先队员"。

（3）将三科学生个别化教育计划中的目标，分配到相应的单元中。

先依照三科教科书的单元规划好后，才来处理学生个别化教育计划中的目标。

依据四好评量与拟订目标的原则，学生个别化计划的目标既来自课标，又优先选择了教科书中有的目标，因此所谓个别化目标应该大多已包括在基础规划之中了，也就比较好归类到各单元。如果还有其他目标的话，可以放到相关性比较高的单元中。

举例：（二年级上学期）学期规划"三科统整"教学主题表，将 IEP 分配至各单元。

附表 11：学期教学规划"三科统整"教学主题表
——二年级上册

时间	单元主题	主题情境（活动）	主题名称（学生能懂）	生活适应（各课教材内容）	生活语文（各课教材内容）	生活数学（各课教材内容）
9.1—9.30（5周）	学校生活	国庆校园大游行	我是小小兵	1. 知道自己是二年级小学生（升班了） 2. 遵守课堂纪律 3. 在父母的陪伴下完成作业 4. 知道好朋友的名字和性别 5. 愿意认识新朋友 6. 喜欢和朋友一起活动 7. 认识红领巾，知道自己是少先队员 8. 自己系红领巾 9. 会敬队礼 10. 参加少先队活动 IEP 补充： 听从老师、父母教导（菱 S）	听：学生、少先队员、红领巾、秋天 说：上课时、我们要（） 我是（）、我爱（） 秋天来了、树叶（）、校园（） 读：生、上、手、学生、上课认真听、说话先举手、我是好学生 巾、我、少先队员、红领巾、我是少先队员、我爱红领巾 秋天、秋天来了、树叶黄了、校园更美了 写：上、巾、天 笔画：横、竖、撇、捺 IEP 补充： 1. 翻看图画书休闲 5 分钟（字 S） 2. 指认校园图片 10 个（字） 听：注意倾听、听懂词语、句子 说：短句 读：跟读、独立读字、词语、短句 认：借助图片认字 写：描写、抄写	1. 理解 6、7、8 各数的含义 2. 能数、认、读、写，并能手口一致地点数物品，认识 6、7、8 IEP 补充： 一一对应（字 S）

续表

时间	单元主题	主题情境（活动）	主题名称（学生能懂）	生活适应（各课教材内容）	生活语文（各课教材内容）	生活数学（各课教材内容）
10.8—10.29（3周）	个人生活	秋游我要带什么午餐?（会自己选择秋游食品，自己会用）	我要去秋游	1. 认识餐桌上常见的肉类食物 2. 认识餐桌上常见的蛋类食物 3. 认识餐桌上常见的奶制品 4. 能找出饭菜中的肉蛋奶类食物，认识衣裤组件，分辨衣裤前后 5. 认识常见的帽子 6. 会戴常见的帽子 7. 认识常见的手套 8. 会戴常见的手套 9. 知道天冷时出门要戴帽子和手套 10. 会穿脱搭扣鞋 11. 能把脱下的鞋子整齐放好 IEP补充： 进餐礼仪（菱S）	听：苹果、香蕉、西瓜、米饭、手指 说：水果店里有、我爱吃、本领大、手指头、我用手 读：西、大、苹果、香蕉、西瓜、苹果圆、香蕉弯、大大的西瓜甜又甜 米、我、米饭、米饭和面条、蔬菜和水果、样样都爱吃、我们不挑食、十、个、手、手指、小手本领大、十个手指头 写：大、米、十、点、撇、横折勾、横折 IEP补充： 1. 翻看图画书休闲5分钟（字S） 2. 指认生活图片10个（字S） 3. 结合情境，用辅具表达需求（字S）	1. 理解9、10各数的含义，能数、认、读、写，并能手口一致地点数物品 2. 感知物体的大小、长短的特点，并会比较分类、排序（吸管、盒子、苹果、帽子） IEP补充： 1.平面图形的拼图（菱S、字S） 2．一一对应（字S） 3.按粗细排序（大中小、长中短）（菱S）
11.1—11.26（4周）	家庭生活	家庭相本展	我的全家福（中秋回忆）我会看照片向人介绍照片内容（中秋、秋游、国庆）	1. 记住爸爸妈妈的姓名和电话 2. 知道自己是爸爸妈妈的儿子（女儿） 3. 知道爸爸是爷爷奶奶的儿子 4. 知道妈妈是外公外婆的女儿 5. 知道农历八月十五是中秋节 6. 与家人一同赏月 7. 请家人吃月饼 8. 向亲人表达节日问候 IEP补充： 1. 听从老师、父母教导（菱S） 2. 进餐礼仪（菱S）	听：儿子、女儿、中秋节、月饼、爬山 说：我是（ ）、我是爸爸妈妈的（ ）八月十五（ ）、赏（ ）、吃（ ）、全家一起（ ）我和爸爸妈妈去（ ） 读：儿、子、儿子、女、女儿、乐乐是爸爸妈妈的儿子、兰兰是爸爸妈妈的女儿 八、五、月、中秋节、月饼、八月十五中秋节、赏月亮、吃月饼、全家一起乐团圆 山、天、爬山、今天天气真好、我和爸爸妈妈去爬山 写：儿、月、山笔画：竖弯钩、竖折 IEP补充： 1. 翻看图画书休闲5分钟（字S） 2. 指认生活图片10个（字S） 3. 结合情境，用辅具表达需求（字S）	1.认识数字0，理解0的含义 2. 会比较10以内数的大小 3. 感知物体的高矮特点，并会比较排序 IEP补充： 1. 按粗细排序（高、中矮）（菱S） 2.一一对应(字S）

续表

时间	单元主题	主题情境（活动）	主题名称（学生能懂）	生活适应（各课教材内容）	生活语文（各课教材内容）	生活数学（各课教材内容）
11.29—12.31（5 周）	社区生活	小区寻宝	我会自己在小区玩	1. 知道自己家小区的名称 2. 知道小区周边重要的标志物 3. 认识邻居，会正确称呼 4. 见到邻居，主动问好 5. 邻居问话，礼貌应答 6. 与邻居适当交往 IEP 补充： 能独立行走一段路(菱S)、参照3个重要标志物往返（字S）	（自然与社会） 听：土、雪人 说：（ ）和（ ）是邻居、下雪了、我们在小区里（ ） 读：土、土地、泥土、木、木头、树木、火、火苗、烟火、石、石头、玉石、田、田地、农田、水、水花、河水、小、下、人、雪人、我和乐乐是邻居、下雪了、我们在小区里堆雪人 写：土、下 IEP 补充： 1. 翻看图画书休闲5分钟（字S） 2. 指认生活图片10个（字S） 3. 结合情境，用辅具表达需求（字S）	1. 排列1到10的数序（电梯楼层） 2. 比较粗细（小区地树） IEP 补充： 将三个物体按粗细排序（菱S）
1.1—1.14（2 周）	国家与世界	跟着爸妈去拜年	我是中国人，我过中国年	1. 知道自己是中国人 2. 知道我的国名 3. 认识国旗，向国旗敬礼 4. 知道我国的首都是北京 5. 学唱国歌 6. 知道除夕和大年初一的重要习俗 7. 知道春节期间的其他习俗 8. 会给长辈拜年 9. 参与春节期间的各种家庭活动 IEP 补充： 听从老师、父母教导（菱S）	听：中国 说：我是（ ）、我爱（ ） 读：中、人、我 中国，中国人、我是中国人、我爱祖国. 写：中 IEP 补充： 1. 依据事件发生的前后和因果关系排序（王S） 2. 阅读特定的图画的习惯（王S） 3. 观察校园环境，表达观察所得（王S） 4. 指认生活图片10个（字S） 5. 结合情境，用辅具表达需求（字S）	复习

2. 无既定教材的科目如何进行学期规划？

以上生活三科的生活主题规划好之后，才开始着手其他各科的教学主题的学期规划。由于其他各科（劳动技能、唱游与律动、绘画与手工、运动与保健）教育部并未出版教科书，因此无法像生活三科一样去参考既定教材的分类，反而可以有更大空间去自编教材，更符合学生的特点和需求。

无教科书的科目的学期规划，又会分成有个别化教育计划（IEP）和无个别化教育计划（无IEP）两种做法。

有IEP者，各科教师应该先把一个班级学生该科个别化目标的长期目标进行统整分类，每一类就是一个教学主题，可以联系生活三科的主题，也可以依照各科的特点自己另定教学主题。规划步骤如下：

（1）统整该班该科本学期IEP长期目标，或者其下的更细的（短期）目标，加以归类整理，分成几类，每类为一个教学主题。

绘画与手工科的IEP可以分类到几个教学主题中：

附表12：IEP分类形成主题（例：绘画与手工科）

IEP目标	细目标	第一单元 值日生技能大赛	第二单元 早游、午游	第三单元 六一抽奖	第四单元 科技馆、图书馆 半日游
6.1.1.1 能尝试用点、线、图形和色彩进行涂画活动，初步学会涂色	1.点的涂色 2.线的涂色 3.图形的涂色 4.不同色彩的涂色	（预订教材）图形图色（抹布、扫把、畚箕、桌子）			线涂色（厕所男女标志、电梯按钮）
6.1.2.1 能通过简单的撕、贴、折、粘、压、揉、搓等方法，进行简单的造型活动	1.撕 2.贴 3.折 4.粘 5.压 6.揉 7.搓		撕、贴（早餐餐垫、午餐餐垫、早餐食物、午餐食物、餐具）	揉、搓、压（电风扇、电视、空调、微波炉电饭煲模型）、撕、贴（抽奖箱）	科技馆的展品目录，剪贴制作

（2）每个教学主题可以和生活适应主题联系，例如生活适应主题是春游，绘画与手工主题也可以是与春游相关的主题，例如"春游的回忆"。唱游与律动科可以是"春游中的表演"，也可以依照该科的特点形成，依据教材难易程度来安排教学主题。例如，绘画与手工科先进行黏土类主题，然后进行绘画类主题，再进行剪贴类主题……逐步发展学生的美术能力，唱游与律动科先进行"音色自然界声音"主题，再进行"节奏律动"类主题。

（3）在每个教学主题之下，大致构想可以教导的教材。例如，绘画与手工科黏土类主题之下为"创作教室里的课桌椅"或者是"春游回忆"主题之下的"树叶拓印"；唱游与律动科自然界声音主题之下教材为"数青蛙"，但是此阶段各主题要教的教材不用定得太具体或确定，让教师有个全面的蓝图即可。因为教学是动态的，到了要教某个主题，在进行其教学活动设计时，才可能真正确定该主题所要教的教材。例如到了教学活动设计时，发现春游回忆应该以剪贴能力的教导才能让全班学生都"有事可做"，那就会改成剪贴与其他。

见唱游与律动科学期规划（教学主题例）。而之后一个主题的教学活动设计请见本章第三节。

例：唱游与律动科（二年级上册）学期规划（教学主题）

附表13：学期教学规划（唱游与律动科）
——二年级上册

IEP 目标		第一主题	第二主题	第三主题	第四主题	第五主题
	生活主题	学校生活	个人生活	家庭生活	社区生活	节日
		国庆校园大游行	秋游	我的全家福	小区寻宝	过中国年
	音乐主题	要素				
		歌曲	郊游			
5.1.3.1.1 能聆听自己喜欢的 4 首音乐进行休闲			全班聆听郊游类歌曲	两人一起听《我的家》歌曲	独自一人时聆听歌曲	注意环境中过年歌曲类音乐
5.1.1.2.1 能对发出的特别明显的 2 种声音快慢作反应		跟着歌曲快慢踏步走	跟着歌曲快慢踏步走			
5.1.1.2.1 能对发出的特别明显的 2 种声音强弱作反应（同种声音强弱、其他声音强弱）		跟着歌曲强弱踏步走			跟着歌曲强弱舞狮律动	
5.3.1.1.1 能简单地使用乐器，参与音乐活动（拍打、摇晃、敲打）		鼓类乐器	散响乐器类	散响乐器类	身体乐器	鼓类乐器 散响乐器类
5.2.1.1.1 能配合参与唱歌活动（排队站姿、固定的点、坐姿等）并模仿口型唱歌（a、o）			跟唱郊游歌曲部分	跟唱家庭有关歌曲部分	自己哼唱喜欢的歌曲部分	跟唱新年歌曲部分
5.3.1.1.2 能主动参与特定的 2 种音乐游戏并有正向的体验						
5.3.1.1.1 能在音乐游戏活动中，遵守规则至少 3 种以上（如听从要求、等待轮流）			音乐活动中感觉到开始与停止	音乐活动中感觉到指定注意的部分（例如门铃声）做出反应		过年音乐表演活动中轮流做自己该做的部分

　　如果一个学校没有为学生制订该科的个别化教育目标，又没有既定教科书可以参考，则该科老师只有依据该年段培智课程的目标，自行归纳分类，组织成六个学期的教材内容（见下例，先把一个年段的课标，有序分为六个学期），再从其中找到本学期的内容，和上述有 IEP 者的学期规划一样的方式，编辑为几大教学主题，也同样能做出无 IEP 者的学期教学规划。

例：唱游与律动科低年段教材分为六学期的规划

附表 14：低年段六学期教材规划 – 教材系统（唱游与律动科）

	低年段课标	第一学期	第二学期	第三学期	第四学期	第五学期	第六学期
5.1 感受 与欣 赏	5.1.1.1 能对自然界和生活中的声响感兴趣	生活中声响 动物声	生活中声响 动物声	生活中声响 生活中动物 自然界声响	生活中动物 自然界声响		
	5.1.1.2 能初步感受声音的强弱、快慢	明显大小声	大小声 明显快慢声	快慢声明显 强弱声	强弱声 以上组合		
	5.1.2.1 能对音乐做出反应	发现、接受 改变动作	改变动作	区别动作	区别动作	自发性动作	自发性创造 性动作
	5.1.3.1 初步养成聆听音乐的习惯	接受 音乐背景	靠近 辨别音乐讯 号	配合 配合音乐讯 号	参与配合两 个以上音乐 讯号	选择习惯	选择习惯
5.2 演唱	5.2.1.1 初步练习唱歌的口型和姿势，学习正确唱歌的方式		开口仿唱一句	开口仿唱几句	歌唱姿势 （坐站）注 意看口型	正确姿势唱	正确姿势唱
	5.2.1.2 能有节奏地念简单的童谣		迭音	迭音三字	三字	五字	五字
	5.2.1.3 能聆听示范唱，用自然的声音模仿唱歌		开口模仿哼唱至少一句	开口模仿哼唱几句	注意听范唱	模仿哼唱整首	试着哼唱整首
	5.2.1.4 每学期学唱 2～3 首简单的儿歌	听儿歌音乐 听别人唱歌	一共模仿哼唱二首以上儿歌	一共模仿哼唱二首以上儿歌	一共模仿哼唱二首以上儿歌	一共模仿哼唱二首以上儿歌	一共模仿哼唱二首以上儿歌
5.3 音乐 游戏	5.3.1.1 愿意参加音乐游戏活动，体验游戏的乐趣	接受	靠近	参与配合	参与配合		
	5.3.2.1 在音乐游戏中能对各种声音做出听觉反应	有无	音色	音色歌词	音色歌词	旋律歌词	旋律歌词
	5.3.2.2 在游戏中能初步配合音乐做出对节奏、速度、力度的反应		大小	快慢	强弱	节奏	节奏

续表

	低年段课标	第一学期	第二学期	第三学期	第四学期	第五学期	第六学期
5.4 律动	5.4.1.1 能随音乐合拍地做各种简单的动作		声势（身体乐器：手）上肢动作	声势（手）上肢动作二拍四拍	声势（脚）下肢动作二拍四拍	声势（手）上肢动作三拍	声势(手脚)上肢下肢动作三拍
	5.4.2.1 能结合日常生活动作进行有节奏的模仿和练习					模仿生活动作（动态）	模仿生活动作（动态）
	5.4.3.1 能配合音乐做简单的表演动作				配合表演动作（以上组合）	记住表演动作（以上组合）	记住表演动作（以上组合）
附：乐器	探索操作乐器控制乐器	散响类小乐器（甩摇）	铃鼓类（拍）身体累	组合左二	木鱼类金属类(敲)	金属类吹奏雷	组合左列

> （三）注意事项

在统整各科学期教材计划、形成教学主题的阶段，是以全班学生目标或三科教科书既有单元主题为主，先不用管四好的区别（等各个教学主题进行活动设计时才关照四好的不同处理），这样会让学期计划单纯些，也符合班级统整原则：让四好学生都能在同一的教学主题之下进行学习活动，以各自的能力来适应相同的生活情境。

各教学主题之下列出的教材，不管是整理既定教材或 IEP 目标，都只是初步计划，到了要设计该主题活动时，将会因为主题目标更具体而调整该主题真正要教的教材。

第三节　设计一个主题的教学活动

教学主题是一个科目一段时间内教学的范围和重点，用一个题目来方便沟通，因此主题要有名称，用以和相关人员沟通，让教学团队一看主题名称就知道大致要教的内容，如果要和学生沟通，则可以在"告知"学生时用另外一个学生较能理解和喜欢的名称。

如果是采用单元教学法的科目（例如生活适应科），其教学活动设计基本以单元为限，因此教学主题亦可以称作单元主题。在平日沟通中，教学团队也经常混用"教学主题"和"单元主题"。

各科做好学期规划，初步编排了一个学期的教学主题之后，就可以进行一个主题的教学活动设计，或单元活动设计。一个教学主题可能横跨几节课，如何有序地进行活动，让学生在活动中有效学会该主题的教材，达成该主题的目标，这就需要接着进行主题的教学活动设计。

一个主题的教学活动设计又可以分成下述流程：

流程一：确定教学主题与主题目标

流程二：分析主题目标，选择本主题教材

流程三：选用有效教学策略

流程四：设计教学活动

流程五：选用教学资源

流程六：设定教学前后评量

为适合班上学生不同的四好目标与程度，以上每个流程都要进行四好的调整。

因此，四好的教学活动设计流程亦可为：

流程一：确定教学主题与主题目标

流程二：依据主题目标与四好调整与选择本单元教材

流程三：选用符合四好程度的教学策略

流程四：设计四好学生能参与的教学活动

流程五：准备每位学生的教学资源

流程六：设定四好教学评量

本节依此流程介绍各科教学活动设计方式，第二章起各科的主题教学活动设计，亦按照此流程介绍。

一、确定教学主题与主题目标

本流程包含两项工作：确定教学主题和拟订主题目标。

> （一）确定教学主题

如果各科已经做了学期规划，便已经拟订了一个学期的几个教学主题，开学前就应该把第一个主题的活动设计好。

活动设计的第一步，就是确认此主题，叙写出主题名称，以及本主题教学所要达成的功能性目标。

统整式的教学主题原则上生活语文、生活数学科要和生活适应科统一教学主题，例如二年级上学期第一个主题"学校生活：争当升旗手"。以此来确定学习此主题的目标，据以设计教学活动。

但是艺术科不一定要和生活适应主题联系，那么在着手该主题的活动设计第一步，也是要再确认或完善本主题名称，例如运动与保健的"列队与行进"主题。然后确定此主题要达成的目标，才有原则来编选本主题教材内容与设计教学活动。

> （二）拟订主题目标

主题目标不是具体的教学目标，也不是 IEP 目标。主题目标指的是"学习了这个主题之后，学生要有什么改变"或者"要具有什么生活功能"。

教学主题既是归纳全班的 IEP 目标或课标内容而来，具有统整这些目标在一个生活情境下的作用，因此主题目标就是进一步指出期望学生在这个情境的表现，假设学生能在这段时间内学会他的 IEP 里的诸多目标，那么他应该能在此情境中表现出怎样的适应功能（主题目标）这是需要预设的。主题目标预设得当，才能引导后面设计出有生活功能的教材和教学活动。

四好教学以达成每个学生四好质量的生活为目的，这需要一个又一个教学主题的长期累积，每个主题都要有生活功能，要把这功能叙写成主题目标，才能让教材的学习对将来四好生活有用。例如，生活适应二年级上学期拟订"秋游"这个主题，主要是可以借秋游这个情景来统整学生们需要学习肉蛋奶、主食等教材内容，那么我们就要思考这个生活单元结束之后，学生能有什么表现，可以作为主题目标，以后他生活中出现春游之类的事件，他就能自己适应些什么。例如，可以选择春游要带的食品，或可以保管好秋游要带的食品，或可以在秋游时享用并分享肉蛋奶。以上几种想法都可以设定为秋游的主题目标。到了二年级下学期，又出现一个春游的主题，这时主题目标结合生活适应教材内容有关三餐的学习，则可以把功能性目标订为"能在家早餐后，参加春游吃午餐"，同样去郊游，因应不同教科书或 IEP 内容，可以达成不同主题目标。这个目标才是整个单元要追求的有功能的成果，而不是只有把教科书里或 IEP 里的内容教完就好。我们希望教完后能用在真实生活中的某个场景（例如秋游中），用来解决某个问题（例如自己保管好野餐食品）。凡采用四好教学模式的班级，都要能叙写出单元或主题的功能性目标，才能让学生学有所用。

二、分析主题目标，选择本主题教材

本流程所谓教材，是本单元（主题）所要教的具体内容，无既定教科书的科目，可以经由主题目标的分析而来，有教科书的科目，还要考虑教科书上已经有的教材。教师要掌握两种教材分析方法加以整合。一是如何分析主题目标，形成教材；二是如何调整既定或选定的教材，进行四好调整以适合不同程度的学生。

本书首先介绍如何依据一个有功能的教学主题来分析教材，再尝试将已有教科书上的教材进行四好的调整，然后才能整合以上技术，编选出既能具有功能性又合乎教科书内容的教材。

> （一）分析主题目标

不管哪个科目，一个教学主题或单元会连续上几节课，那么要上什么内容才能达到主题的功能性目标，并能符合学生 IEP 目标的需求？换句话问：要达到主题目标，需要具备什么知识、技能和情意态度？这就需要对主题目标进行分析，然后从中选择必要的教材。虽然有些科目有既定教科书的教材，但是生活统整式教学设计模式应该先满足生活单元目标的功能，再顾及教科书的内容，做法如下：

首先，教师要先学会以单元目标为主的教材分析方式。

培智学校常用的教材分析有几种形式：

方法一：教学目标本身包含的要素能力分析（条列式）。

以三维目标方式列举本主题所要教的教材，有什么知识类教材、技能类教材和情意类教材，这样的列举法能比较依照学科逻辑顺序来发展教材内容，不容易漏失掉重要的教材。强调目标导向的学校比较会采用此种教材分析方式。

教材分析例：主题"养成健康的饮食习惯"

认知方面的能力：健康、营养、规律、量、时间、三高（血脂、血糖、血压）（少油、少盐、低热量）、体重。

技能方面的能力：细嚼慢咽，健康体检（量体重、血压、体脂），烹调方式（蒸煮烫）。

情意态度方面的能力：控制食欲、愿意吃健康食品、愿意选择健康食材。

方法二：由学校以团体头脑风暴方式，借由思维导图，共同从主题发展出来相关的教材内容，形成主题网，这样的网状式教材能让主题产生比较丰富的活动（见下二例），强调学生本位的学校会尝试用这种教材分析方式。

例一：以主题能发展出什么学生有兴趣又有意义的活动来发展主题内容？

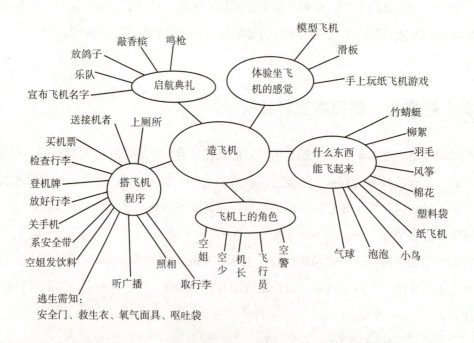

例二：以学生需要的能力，可以长期养成学生什么能力来发展主题内容。

方法三：以画"关系图"形式来帮助老师分析出主题目标的下位目标，既可以层层逻辑分析目

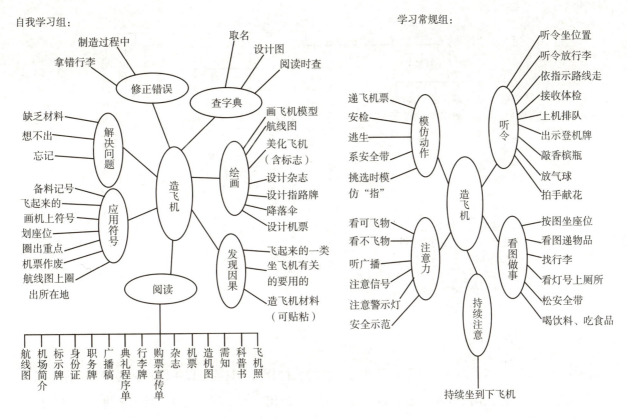

标之下包含的下位能力，还可以清楚看到哪些教材是必要的、必增的（例如是教科书上的既定教材，会教到学生 IEP 目标的教材）；哪些教材是多余的、可删的（例如没有学生的 IEP 目标需要教此教材）。

关系图分析法是将主题目标中的关键能力框起来，再来以学生的状况去分析此能力包含的次能力（下位目标），甚至再分析出更具体的内容。由于关系图是以主题的功能性目标为分析对象，又可以考虑孩子的个别状况，因此分析出来的教材比较切合主题活动的需求，又可符合教材的逻辑顺序，可以说是介于条列式和网状式教材分析之中的一种方式。见以下二例：

例一：高年段某主题目标为"养成健康的饮食习惯"

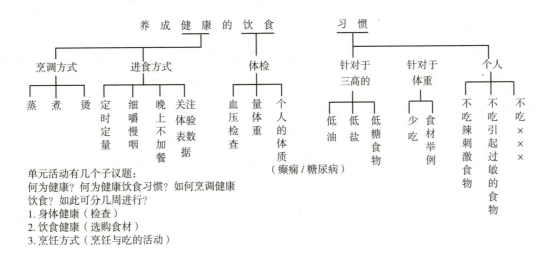

例二：二年级下册，"春游之早午餐"的主题目标为：能够做到个人健康生活习惯，参加春游。

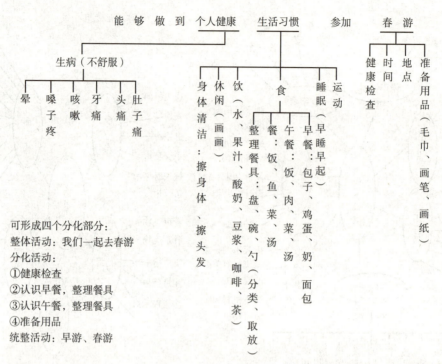

可形成四个分化部分：
整体活动：我们一起去春游
分化活动：
①健康检查
②认识早餐，整理餐具
③认识午餐，整理餐具
④准备用品
统整活动：早游、春游

注意：不管是以上述的哪种形式来进行主题的教材分析，只要是以主题目标为分析对象，最终分析出来的结果是大同小异的。有兴趣的教学团队可以用一个主题尝试以三种形式进行教材分析，互相比较补充，从中选择或整合出自己学校的教材分析形式。

> ## （二）以四好需求来调整教材

教材的具体内容从何而来？如何考虑到培智学校课标与教科书的内容，符合不同能力学生的需求？此时应以四好概念来调整该主题的教材内容。

由于有的科目有出版教科书，就有既定教材；有的科目没有出版教科书也无既定教材，在进行一个教学主题的教材选择与调整，要分成有既定教材和无既定教材两种做法，分别介绍如下：

1. 有既定教材科目的主题教材分析与调整

目前生活语文、生活数学、生活适应三科有既定教材出版，四好教学模式希望既能符合教材要求又能让所学教材具有生活功能；如果该班级学生是有个别化教育计划的，还要能教到计划中的目标，因此可以下述步骤完成教材分析工作：

（1）分析教科书中的教材，找到它背后所要教的该科课程目标（可能不止一个）。

（2）将课程目标中好照顾、好家人、好帮手，甚或好公民四好等级目标拷贝下来，成为四好在本主题的教材选择依据。

（3）以这四好目标来调整原教材为好照顾、好家人、好帮手，甚或好公民等级可以学习并有功能的教材内容。

一般培智学校学生，很少有好公民级的学生，因此通常我们在调整教材时，大都只有三级教材，好帮手级就是学习原教科书上的教材，但是把它用在主题活动上，而好家人和好照顾就要依据目标降低教材难度，降到学生能学与并学了可用在参与主题活动上。

例一：生活适应二年级上册第一单元四好教材调整

附表 15：四好教材调整（生活适应科）
——二年级上册第一单元

设计人：李宝珍

单元	课次	原教材	对应课标	学生 IEP 四好目标		学生教材调整
一、学校生活	1. 我升班了	1. 知道自己是二年级小学生 2. 遵守课堂纪律(端正坐好，认真听讲，听从要求举手发言遵守公共秩序) 3. 在父母陪伴下完成作业	3.3.3.3 遵守纪律，养成基本的学习习惯	好照顾	1. 能配合学习活动要求，不捣乱、不破坏（如上课不乱跑）	上课待在教室内给选择时愿意任意做出选择，不破坏、不乱扔教具，老师带着排队，将作业带回家（能完成观察式作业：例如观察妈妈给哪位朋友发微信）
				好家人	2. 能遵守几种纪律要求，有基本的习惯（如上课注意教学活动、完成作业、排队等，不逃课等）	愿意到二年级教室上课坐着，对感觉鲜明易懂的教材介绍会关注，给选择时会做出选择听从两个最常见要求，服从老师带领排队后不离队，将作业（简单反复操作式）带回家拿出来收起来
				好帮手	3. 能遵守纪律，养成基本的学习习惯	同原教材视需要调整作业
				好公民	（略，下同）	
	2. 我的好朋友	1. 知道好朋友的名字、性别 2. 愿意认识新朋友（介绍自己、介绍朋友） 3. 喜欢和朋友一起活动（玩球、玩车、看书、吃饭、扫地、跳绳、庆生）	3.3.1.2 认识班级同学，记住名字，能分辨同学性别	好照顾	1. 能对班级较熟悉同学不排斥（出现、靠近、陪伴等）	建立一位到二位固定熟悉的同学的互动行为（同坐、同吃、同看、帮他），能以情绪或操作表示愿意和谁一起（功能：看到某人照片能有情绪表现，以表示能辨别人）
				好家人	2. 能认识与自己有关的、重要的几位班级同学，记住名字并分辨同学性别（如同桌、班长、玩伴等）	建立一位到二位固定熟悉的同学的互动行为，在老师呼名并手势提示或照片提示时指认出刚刚互动的同学（功能：从熟人开始指认照片，以备日后需要指认人时会指认）
				好帮手	3. 能认识班级同学，记住名字，能分辨同学性别	同原教材，视需要调整和朋友一起的活动，指出刚和他一起活动的是哪位

续表

单元	课次	原教材	对应课标	学生 IEP 四好目标		学生教材调整
一、学校生活	3. 我是少先队员	1. 入队（戴红领巾敬队礼，认队徽、队旗、唱队歌） 2. 活动（队会、参观劳动服务）	3.3.3.4 了解少先队相关知识，积极参加少先队活动	好照顾	1. 能在少先队活动中，不干扰，不排斥	愿意佩戴红领巾不破坏，愿意和老师队友站在一起不乱跑（功能：日后有机会参加特别的活动时能安静）
				好家人	2. 能理解几个少先队知识，配合参加少先队活动（如佩戴红领巾、少先队员敬礼手势等）	愿意佩戴红领巾，能模仿敬礼（功能：日后有机会参加特别的活动时能模仿一两个仪式性动作）
				好帮手	3. 能了解少先队相关知识，积极参加少先队活动	同原教材视需要调整班级的少先队活动
二、个人生活	1. 餐桌上的肉奶蛋	1. 认识肉类（猪肉、牛肉、鸡肉、鱼肉、虾肉、螃蟹、腊肠、羊肉） 2. 认识蛋类 3. 认识奶类（牛奶、酸奶） 4. 辨认出一道菜中的肉蛋奶（西红柿炒鸡蛋、青菜炒鸡丁、红烧鱼……）	3.1.1.1 认识常见的食物	好照顾	1. 能接受常见的食物不排斥	给他食物（有肉蛋奶类）时，适当表示要吃和不吃
				好家人	2. 能选择自己要吃的食物	在三样食物中选出要吃的
				好帮手	3. 能选择家人要吃的常见的食物	在几样食物中分别选给不同家人，家人也爱吃
	2. 衣物的组成	1. 认识上衣裤子的前后 2. 认识上衣裤子的各部分 3. 认识鞋袜各部分（本课教材难度超出课标）	3.1.3.1 认识常见的衣物	好照顾	余略	余略
				好家人		
				好帮手		
	3. 帽子和手套		3.1.3.2 能戴帽子、手套	好照顾		
				好家人		
				好帮手		
	4. 学穿鞋		3.1.3.3 能穿脱简便的衣服、鞋袜	好照顾		
				好家人		
				好帮手		

单元	课次	原教材	对应课标	学生 IEP 四好目标		学生教材调整
三、家庭生活	1. 我的大家庭	（其他单元可以等该单元活动设计时才填写；亦可在寒暑假中把各单元既定教材与课标对应先查好填写备用）				
	2. 团圆过中秋					
四、小区生活	1. 我生活的小区					
	2. 我的邻居					
五、我是中国人	1. 我是中国人					
	2. 欢乐中国年					

例二：生活语文二年级上册第一单元四好教材调整

附表 16：四好教材调整（生活语文科）
——二年级上册第一单元

设计人：李宝珍

单元	课次	原教材		对应课标	学生 IEP 四好目标		学生教材调整
一、学校生活	1.好学生 2.红领巾 3.秋天的校园	听	学生 少先队员 红领巾 秋天	1.1.1.2 能听懂常用的词语，并作出适当回应	好照顾	听到声音或某些语调，能不排斥，并能作出本能的回应	对明显语调作出反应
					好家人	听到特定的词语（如停!不行!拿好!）能做出适当回应	听懂几个重要指令，如立正、敬礼
		说	上课时我们要_____ 我是_____ 我爱_____ 秋天来了树叶___ 校园_____	1.1.2.1 能模仿运用生活中的常用语言	好照顾	模仿少量或特定的常用语言或特定的语音	模仿发音
					好家人	能模仿少数常用语言（如名字、老师、妈妈、吃、玩具等）	模仿几个重要词语，如上课、下课、红领巾、树叶
		认读	生、上、手、巾、我、天	1.2.1.3 能认读生活中常用汉字 10～50 个	好照顾	看到生活中常用汉字有反应、不排斥认读汉字的活动	朝向阅读声源
					好家人	能指认生活中特定汉字 10～30 个（如姓名、学校等）或认读的汉字可以解决日常生理需求（如吃、穿、玩）	认读我手
		跟读	学生上课认真听，说话先举手，我是好学生/少先队员，红领巾，我是少先队员，我爱红领巾，秋天，秋天来了，树叶黄了，校园更美了	1.1.2.1 能模仿运用生活中的常用语言	好照顾	1. 模仿少量或特定的常用语言或特定的语音 2. 对用普通话朗读简单句不排斥	能朝向朗读处或看着字
				1.3.3.1 能用普通话朗读简单句	好家人	1.能模仿少数常用语言（如名字、老师、妈妈、吃、玩具等） 2.能用普通话朗读特定简单句或跟着集体朗读	我是好学生 红领巾 树叶黄了

续表

单元	课次	原教材		对应课标	学生 IEP 四好目标		学生教材调整
一、学校生活	1. 好学生 2. 红领巾 3. 秋天的校园	写	上、巾、天	1.2.1.4 认识常用汉字的笔画 1.2.2.1 能用铅笔描写或抄写生活中的常用汉字 1.2.3.1 能按从左到右的格式书写	好照顾	1. 对汉字笔画的呈现有反应、不排斥参与书写的活动或看别人写字 2. 能用铅笔随意涂画或不排斥拿笔的活动 3. 不排斥拿笔书写的活动	看别人写字 试着拿笔涂鸦
					好家人	1. 认识特定几个汉字的笔画（如自己的名字、喜欢的吃的、玩具等） 2. 能用铅笔描写或抄写特定笔画少量汉字（如自己的名字的缩写、偏旁、表达需求的文字"可、不""一、二、三"等简单记号） 3. 能按特定格式书写（如写在线上、写在大格子里）	用自己能懂的方式写画，做记号 能在格子里写画，有起点有终点
二、个人生活	4. 好吃的水果 5. 不挑食 6. 我有一双手	（其他单元可以等该单元活动设计时才填写；亦可在寒暑假中把各单元既定教材与课标对应先查好填写备用）					
三、家庭生活	7. 儿子女儿 8. 中秋节 9. 爬山						
四、自然与社会	10. 土木火 11. 堆雪人						
五、国家与世界	12. 中国人						

例三：生活数学二年级下册第一单元四好教材调整

附表 17：四好教材调整（生活数学科）
——二年级下册第一单元

设计人：李宝珍

单元	课次	教材	对应课标	学生 IEP 四好目标		学生教材调整
一、学校生活	1.整洁的校园（数学）多彩的活动	早晨：到学校 起床 上午：上课做操 中午：午餐放餐盘 下午：放学再见	2.1.3.1 在现实情境中，认识早晨、中午和晚上，认识上午、下午 2.5.2.1 结合自己的生活经验，会判断早晨、中午和晚上，会判断上午、下午	好照顾	能结合相对应的情境，感受早晨、上午、中午、下午、晚上时间段变化	关注有关上午、下午、晚上的活动
				好家人	能在特定生活情境中，结合相对应的情境，区分出早晨、上午、中午、下午、晚上时间段	参与选择有关上午、下午、晚上的活动照片
				好帮手	能在现实情境中，认识时间，如早晨、中午、晚上、上午、下午等	
	2.今日我值日（数学）我是值日生	得数是2的加法：扫把 毛巾 板擦儿	2.2.1.2 通过动手操作，了解10以内数的组成与分解 2.2.2.1 借助实际情境和操作，理解"加"和"减"的实际意义 2.2.2.2 认识"＋""－""＝"三种符号，知道加、减法算式中各部分的名称 2.2.2.3 能口算和笔算10以内的加法、减法和加减混合运算	好照顾	能参与跟随动手操作组合、分解等数学活动，不排斥 能参与跟随实际情境和操作加、减的数学活动，不排斥	关注分发工具的活动 感觉工具的特点
				好家人	能通过动手操作，了解5以内数的组成和分解（如动手将4个物品分为两堆，了解到4可以分成1和3） 能依"加、减"的信号做相应的操作反应（如听到或看到加或＋1个，就拿1个进来；听到或看到减或－1个，就拿1个出去） 能依"＋、－"的信号做相应的操作反应(借助实物或图形，如3＋1，就把3个和1个放在一起，说出最后数；3－1，就数出3个，再拿1个出去，说出最后数) 能依"10以内的加法、减法和加减混合"的算式，做相应的操作反应(借助实物或图形等)	一个人一个板擦儿 二人合作工作 一人一只扫把 一人一个板擦儿 将板擦儿和人一一对应 中间贴上＋号 尝试将上述情景图案化
				好帮手	能通过动手操作，了解10以内数的组成和分解（如动手将8个物品分为两堆，了解到8可以分成5和3） 能借助实际情境和操作，理解"加"和"减"的实际意义 能认识"＋""－""＝"3种符号，知道加、减法算式中各部分的名称 能口算和笔算10以内的加法、减法和加减混合运算	2个人2个板擦儿将上述情景图案化，甚至符号化，中间贴上或写上＋号和＝号

续表

单元	课次	教材	对应课标	学生IEP四好目标		学生教材调整
一、学校生活	3.多彩的活动（数学）整洁的校园	得数是3的加法：笔、乒乓球、水桶、木棒、桌子、叶子、花、珠子	同上	好照顾		
				好家人		1个人、1个水桶、1个板擦
				好帮手		3个人、3个水桶、3个板擦

（4）依据本单元主题的功能性目标进行教材分析，将上述教材纳入单元的主题活动进行。

例如，以关系图法来分析主题目标。

"能遵守学习常规，争当升旗手"的关键词为"学习常规"，本单元要教的常规行为有哪些？参考上面调整过的四好教材表常规部分进行分析，"升旗手"这个关键词下包含升旗之时、地、人、事、物，要列出哪天要升旗，在哪里升旗，谁来参加升旗，谁升旗，如何升旗，要准备什么，如何穿着等具体事项，这是本单元教学期间要精选出来的具代表性的教材内容和知识技能，也是参照上面的内容调整过的四好教材表。

（5）最后用本班学生的IEP目标中适合在本单元活动教的目标，进行教材的增删。

例一：主题"认识与使用家居家具电器"，最后确定的教材内容为：

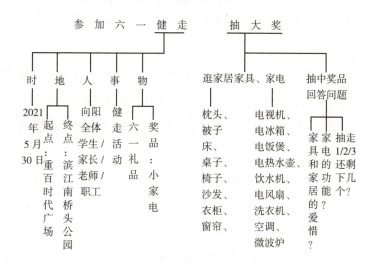

例二：养成健康的饮食习惯主题，其教材分析本来有：

认知方面的能力：健康、营养、规律、量、时间、三高（血脂、血糖、血压）（少油、少盐、低热量）体重。

技能方面的能力：细嚼慢咽、健康体检（量体重、量血压体脂）、烹调方式（蒸、煮、烫）。

情意态度方面的能力：控制食欲、愿意吃健康食品、愿意选择健康食材。

最后定案要考虑学生的能力特质与可行性，筛选出本主题需要的教材：（先多方考虑，最后选择最适合、最重要的教材内容教给学生。）

认知方面的能力：健康、营养、规律、量、时间、算热量、体重。

（最后留下要教的：体重、血糖、血压）

技能方面的能力：细嚼慢咽、健康体检、量体重、体脂、烹调方式。

（最后留下要教的：健康体检、烹调方式蒸煮烫等）

情意态度方面的能力：控制食欲、愿意吃健康食品、愿意选择健康食品。

（最后留下要教的：控制食欲、愿意吃健康食品）

2. 无既定教材科目的教材分析与编选

劳动技能、唱游与律动、绘画与手工、运动与保健四科，教育部没有出版教科书，就无既定教材，教师自行分类的学期规划中的该主题教材可以作为基本教材，再看该主题所要达成的目标（主题目标）来调节或增删教材。

（1）确认本主题和教材：从本科目的学期规划中找到本主题的名称及大致预订的教材。

（2）确认本主题目标：再次确认本主题的功能性目标，如果是和生活适应主题联系的话，更要把该科在该主题的功能叙写清楚，以便选择所需教材，例如唱游与律动（二年级下册）主题"春游"的功能性目标是"春游时能参与音乐活动"，这就会影响教材的选择。

（3）选择本主题需要的教材：依据主题目标进行分析，欲达此目标需要什么能力？例如，唱游与律动科的音乐知识，音乐技巧，音乐情意，才能让好照顾、好家人、好帮手能在春游时参与或享受音乐活动。如果预订教材是歌唱类，则设想可以边走边唱什么歌。如果预订教材是律动类，则可设想在春游休息时做什么律动游戏；如果两类都要选，则学生既要学习边走边唱，还要学习在草地上的团体律动。

（4）以个别化目标来过滤教材，最后才把学生的个别化目标拿来对照，是否有漏失什么目标？或有什么教材是多余的？这样就能确保有订 IEP 的学生其目标能在各科教学规划时被规划进去。

目标是"死的"，但活动是"活的"，教学设计就是要能创造灵活的活动来包含学生所需的各种目标。

例如，唱游与律动科（二年级下册）的春游主题，其教材可依唱游与律动的主题目标，分析为：

1. 能在郊游途中边走边哼唱

好照顾：在专人陪同下情绪稳定参与，并有喜欢、不喜欢的表示。

好家人：会跟着大部队走听到特定信号做特定行为反应。

好帮手：以下为好帮手应学习的教材：

（1）聆听：①对不同节奏的音乐反应；②听不同乐器、音乐做反应。

（2）律动：跟着歌曲《郊游》的律动行进。

（3）演唱：跟随团体一起模仿唱歌口型，唱《郊游》。

2. 能在郊游休息时，参加音乐活动或表演

好照顾：在休息时自娱自乐情绪稳定无危险举动，大人可以远远陪着。

好家人：跟着同学参与音乐活动，在特别设计的环节做相应表演。

好帮手：学习以下教材：

（1）乐器：①跟随音乐敲打乐器；②看指挥与别人一起合奏歌曲《郊游》。

（2）演唱：①跟随团体一起模仿唱歌口型；②模仿发音（独唱或合唱表演）歌曲《郊游》。

（3）律动：不同曲式的律动，歌曲《小小波罗乃滋》。

教材选择好以后就确定了本主题要教的内容对学生是重要的，但是重要而学不会，也达不成主题目标，因此接着我们要研究用什么方法才能有效来教这些教材内容。而且是所有四好程度的学生要都能学会他的教材，因此教学活动设计的下一个流程就进入"教学策略的选用"这个环节。

三、选用有效教学策略

每个主题活动的教材确定后，就确定了"教什么"，接着就要考虑"如何教"。

教学策略的选用也要考虑两个向度：

一是要符合学生的学习特征。每位学生的动作、感觉、认知、语言等能力不同，学习时会有不同的理解与表现模式，这是属于他的学习特征，四好教学模式大致把他们分为好照顾的学习特征、好家人的学习特征、好帮手的学习特征、好公民的学习特征等四类，方便老师规划。老师在教学时除了调整教材，还会为学生调整教学方法。

二是要符合该单元教材的性质。教材来自教学目标，至少有知识类教材、技能类教材和情意类教材三种不同性质，适合用不同的教学策略来设计活动。

依据本教学主题教材的性质，与学生的四好特质，应用合适的教学策略，成为本主题有效的教学方法，才能生成后面的教学活动。

> （一）符合学生特质的四好教学策略

好照顾、好家人、好帮手、好公民各有不同的学习能力，如何因应四好学生个别学习特质，要学会四好教材，选择相应的教学策略。

原则上：

好照顾的教学策略：须有固定反复的环节，以特定的感觉输入，诱发特定的行为反应，利用学生能接受感兴趣的事物开始，形成有规律的活动让学生不紧张防御；因此教具须突出明显，差异大，以激发学生的感觉注意与辨别。

好家人的教学策略：利用助教和同学起示范作用，让学生先放心。可同时联结具体到平面教具，但仍须区别明显，有暗示与感觉回馈作用，给予多次操作，尝试错误，探索练习。

好帮手的教学策略：先同好家人，再过渡到和教科书上一样的平面图画到图形操作。

例一：生活适应教学策略。

附表 18：四好教材调整与教学策略（生活适应科）
——二年级上册第一单元

设计人：李宝珍

单元	课次	教材调整（续上表）		符合学生四好学习特征的教学策略
一、学校生活	1. 我升班了	好照顾	上课待在教室内，给选择时愿意任意做出选择，不破坏、不乱扔教具，老师带着排队将作业带回家（观察式作业）	1. 活动中适时发教具，给予教具选择权，不时增强拿着教具的行为 2. 教具选择能吸引学生区别明显者、好恶差别明显者 3. 做好家长作业交代工作，作业以观察家人在做什么为主。例如，观察妈妈给哪位朋友发微信？观察爸爸晚餐先吃哪道菜？由家人问他以后帮忙记下来，也算是交作业
		好家人	愿意到二年级教室上课坐着，对感觉鲜明易懂的教材介绍会关注，给选择时会做出选择听从两个最常见要求，服从老师带领排队后不离队 将作业（简单反复操作式）带回家拿出来收起来	1. 活动中适时发教具给予教具选择权，可用照片 2. 教具选择能吸引学生区别明显者，可用照片、视频教导活动区分 3. 区分后进行活动照片的分类 4. 带领排队从诱导到手势参照，尽量不用牵手 5. 做好家长作业交代工作，有明显作业包
		好帮手	同原教材，视需要调整作业	1. 看少先队视频模仿少先队活动拍照，照片分类 2. 活动中正反例行为区分、照片中正反例行为分类 3. 排队从手势参照到眼神参照到主动 4. 家庭作业完成自己打钩
	2. 我的好朋友	好照顾	建立一位到两位固定熟悉的同学的互动行为（同坐同吃同看帮他某活动） 能表示愿意和谁一起	1. 教这位同学如何和他人互动 2. 每次都问他要和谁一起 3. 活动结束时请他对同学评价
		好家人	建立一位到两位固定熟悉的同学的互动行为在老师呼名并手势提示或照片提示时能认出	1. 有时会让他选择他要和谁一起（用照片选） 2. 活动结束时请他对同学评价
		好帮手	同原教材需要调整和朋友一起的活动，指出刚和他一起活动是哪位？	玩动态和桌上游戏两人一组或三人一组 以照片或口语回答
	3. 我是少先队员	好照顾	愿意佩戴红领巾不破坏，愿意和老师队友站在一起不乱跑	组织少先队活动，如升旗唱队歌、做红旗操时，问他要在哪里和谁站一起，谁帮他系红领巾
		好家人	愿意佩戴红领巾能模仿敬礼	组织少先队活动如升旗唱队歌、做旗操时指定他排哪里和谁站一起，谁帮他系红领巾
		好帮手	同原教材视需要调整班级的少先队活动	

例二：生活语文的教学策略。

附表 19：四好教材调整与教学策略（生活语文科）

——二年级上册第一单元

设计人：李宝珍

单元	课次		学生四好目标	教材调整	教学策略建议
一、学校生活	1. 好学生 2. 红领巾 3. 秋天的校园	好照顾	听到声音或某些语调，能不排斥，并能作出本能的回应	对明显语调做反应	在每个活动转换时给予明显语气加手势或实物让他发现活动或人的转变 在帮他时，等他有注意力才帮他
		好家人	听到特定的词语（例如：停！不行！拿好！等）能做出适当回应	听懂几个重要指令，如：立正、敬礼	在情境中，加强对某些用语的注意和反应，例如排队情境、升旗情境、上下课仪式、共餐情境、当别人帮他系红领巾时
		好照顾	模仿少量或特定的常用语言或特定的语音	模仿发音	当给他选择时，等他有动作或模仿发声表示 同学朗读到某个段落时，他要出个声音衔接，让整个阅读完整
		好家人	能模仿少数常用语言（例如：名字、老师、妈妈、吃、玩具等）	仿几个重要词语，如：上课、下课、红领巾、树叶	跟着朗读课文中某词语 或者以语音沟通板跟读
		好照顾	看到生活中常用汉字有反应或不排斥认读汉字的活动	朝向阅读声源	在他耳边大声读，让他感觉注意同学在认读 让他猜是哪一排同学在认读 让他抽字给同学进行认读 （请他不能抽到图画）
		好家人	能指认生活中特定汉字10～30个（例如：姓名、学校等）或认读的汉字可以解决日常生理需求（例如：吃、穿、玩）	认读：我、手	配对分类生字 并让按语音沟通板"我""手"来回应老师提问 养成按沟通板回答问题的习惯
		好照顾	模仿少量或特定的常用语言或特定的语音 对用普通话朗读简单句不排斥	能朝向朗读处或看着字	当给他选择时，等他有动作或模仿发声表示 同学朗读到某个段落时，他要出个声音衔接，让整个阅读完整
		好家人	能模仿少数常用语言（例如：名字、老师、妈妈、吃、玩具等） 能用普通话朗读特定简单句或跟着集体朗读	我是好学生 红领巾 树叶黄了	先从听觉上辨别两个句子之不同，指出听到什么 跟着朗读课文中某词语、简单句 或者以语音沟通板跟读
		好照顾	能用铅笔随意涂画或不排斥拿笔的活动 不排斥拿笔书写的活动	看别人写字 试着拿笔涂鸦	把玩笔，放好笔，选择笔和本子，给出笔和本子，送人笔和本子，边看别人书写，边点头或出声音赞美

续表

单元	课次	学生四好目标		教材调整	教学策略建议
一、学校生活	1. 好学生 2. 红领巾 3. 秋天的校园	好家人	认识特定几个汉字的笔画（例如：自己的名字、喜欢的吃的、玩具等） 能用铅笔描写或抄写特定笔画少量汉字（例如：自己的名字的缩写、偏旁、表达需求的文字"可、不""一二三"等简单记号） 能按特定格式书写（例如：写在线上、写在大格子里）	以能懂的方式写、画、做记号 能在格子里写画，有起点有终点	以简单笔画或形状，代表自己的基本资料，如姓名、年龄、喜欢吃的、喜欢衣服的颜色、想要记住的事物等 可以用粗字笔描写，在较大的格子里，先用单张，写一张一个笔画，就放入容器里，避免重复画

> （二）符合教材特质的四好教学策略

依据主题目标所分析出来的教材，必定包括知识类教材、技能类教材或情义类教材，因此需要运用相应的教学策略。例如：

认知方面的能力：健康、营养、规律、量、时间、三高（血脂血糖血压）（少油、少盐、低热量）体重。

技能方面的能力：细嚼慢咽、健康体检（量体重、量血压体脂）、烹调方式（蒸、煮、烫）。

情意态度方面的能力：控制食欲、愿意吃健康食品、愿意选择健康食材。

1. 知识策略

怎么教健康知识、健康食品、胖（体重）。可应用：

· 直接教学法（正例、反例，体重、血脂、血糖、血压、健康与不健康的食品）。

· 精熟教学法（分层的练习）。

· 直观教学（做出样本，如做出血管、胖瘦的样本，这个方法很重要，把摸不着看到的血脂、血压、血糖、健康等知识形象化。）

· 类比法（讲述、比喻法，让学生明白什么叫三高）。

· 探究式、问题解决法（相关知识名词，上网查，三高是什么，健康饮食是什么）。

2. 技能策略

怎么教烹制、食用健康食物的技能？可应用：

· 工作分析法（先教蒸，蒸比煮简单，再教煮、烫等）。

· 练习法（学校练习、家庭练习，练习的场所工具、方法上要尽量一致）。

· 精熟学习法（好照顾、好家人、好帮手、好公民的练习内容）。

・工作检核（今天做了哪几个健康食品）。

・造成心像（教时要以上个步骤的结果为启动下个动作的刺激）。

・做标记、视觉策略（看检查报告，制作学生看得懂的体检报告，红箭头表示，体重机上做标记）。

3. 情意态度策略

情意态度很重要，放在第一位要想的策略，只要这个策略想先出来，活动设计也大约出来了。为什么愿意吃健康食品，为什么愿意减肥？可应用：

・价值澄清法（选择健康的饮食，做出明智的选择）。

・道德认知讨论教学法（面对大鱼大肉，要不要吃？）。

・角色扮演（贪吃小熊及后果，不同饮食的人不同的结果）。

・楷模学习（看楷模都这样，可以得到赞美）。

・只教健康的烹饪方法（当他擅长蒸、煮、烫的方法，他就会习惯用这个方法做健康饮食）

・让健康食品可口好吃，让吃的情境愉悦。

・习惯养成策略：设法让学生在一段时间内多吃健康饮食，逐渐改变口味。

・酬偿策略(后果策略，例如体检数据达到某标准才能去从事某项他喜欢的活动。而为达此标准，要进行某项健康饮食）。

如何让学生关注数据，看懂数据。如果学生有按照老师教的方法健康饮食：在每天或每周，都要做体检（老师可以依照学生表现制造相应的健检数据，例如，学生只要按着老师设计的某项健康饮食做，就让他体重数据减少，如没有按健康的饮食去做，体重就长了）。让学生具体看到行为和数据的关系——体检表数学老师要负责设计好，如果学生数学目标是 100 以内的数，那他的数字表就是 100 以内的数字代表（例如体重），如果学生的数学目标是 10 以内的数，就用这个数值去设计体检表（例如血糖），鼓励学生健康饮食。

最后就留下这个策略来让学生去长期维持行为。

四、设计教学活动

教学活动设计是设计一个教学主题几节课的完整而有序的师生与环境互动过程，这是学生在学校真正体验到的学习经验，累积九年的学习经验以造就一位好照顾、好家人、好帮手、好公民的有质量的生活。前面老师所做的教材分析、教学策略等工作，都是为了保障能给学生设计出一个可参与、可感受、可理解的互动经验。

课程表上不同的科目有不同的功能定位，因此其教学活动的过程也会有不同模式。四好教学活动大致分为单元式、贯通式与随机式三种。

> （一）单元式活动设计

培智课标上有些科目是生活功能性较高的科目，例如生活适应科，以教导生活实用知识与技能，以达成将来学生能独立适应生活为目的。注重长期的活动过程下来带给学生的经验与体会，因此其教学活动进行的方式，应以"单元活动设计"为主。

"单元活动设计"的特点是在一段期限内，以整体—分化—统整的渐进阶段，教导一群性质相关的目标，以达成解决某个问题的完整经验，一个教学主题的学习要经过"整体—分化—统整"的阶段，然后进入下一个主题的体验。这是人类在生活适应的过程中认知生活的自然又生态的过程，完形心理学在个体认知外界概念从粗略印象到统整理解给出了一个完整的心理过程的理论，教育人员就能应用此过程来发展出学生对生活事务的"整体—分化—统整"的学习阶段，将一个主题的教材分布在整体阶段、分化阶段，最后统整阶段来体验。

·整体阶段的活动是引起动机以及对单元要探讨的主题有粗略的整体印象；

·分化阶段是通过几个分化活动让学生集中学习，练习主要的教材内容；

·最后利用一个统整活动的情境，让学生对所学进行统整认知与表现。

例如：以单元活动设计模式，设计生活适应二年级上期"争当升旗手"单元的活动进程。完整的学习经验，必须经历整体学习阶段—分化学习阶段—统整学习阶段。先构想统整活动，再设计分化活动，最后设计整体活动，则应：

1.（先确定）统整活动

参加升旗典礼，争当升旗手（届时完善升旗典礼进行计划）。

2.（再安排几个）分化活动

（1）买红领巾，学系红领巾。

（2）选择红领巾，分类系红领巾。

（3）排队与敬礼练习，分类排队敬礼。

（4）认识谁系红领巾，同学照片分类。

（5）升旗典礼练习，选升旗手、护旗手。

（6）升旗：看布告，谁是升旗手、护旗手。

（以上是为了练习参加升旗活动的几项能力。）

3.（回过头去想如何预告知）整体活动

（1）预告升旗典礼，争当升旗手，看少先队升旗视频。

（2）告知需学习事项，以及准备事物（红领巾、国旗、队旗）。

以上述活动进程，让学生学会教材。

一个单元活动设计案，即把单元名称、单元目标、教材分析、教学策略与教学活动过程设计好后填入各校的表格，一份好的教学活动卡也能引导教师脑中思考设计的流程。如下例：

（以上顺序有可能互相影响而调动，例如想好统整活动之后又回过头去改变教材和教学策略。生活单元活动应该是生活化：重视情境中的自然合理需求而变化。）

例：主题"争当升旗手"二年级上册上午班生活适应教学活动案

附表 20：教学活动设计（生活适应科）
——二年级上册第一单元"争当升旗手"

设计人：李全容

教学单元	学校生活	主题目标	遵守学习常规、争当升旗手	教学日期	2020.9.2—9.30 10：50—11：30 （14课时）	教师	主教：李全容 助教：赵思祺、戴伟丽、李亚蔚等		
学生教学目标与评量	学生		IEP 目标					前中后	
	好帮手	甘S	1. 能了解少先队相关知识，积极参加少先队活动				2	2	3
			2. 愿意和老师同学交往，能使用文明用语				2	2	3
	好家人	贤S	1. 能了解少先队相关知识，参加少先队活动				2	2	3
			2. 愿意和老师同学交往，能使用文明用语				2	2	2
		宇S	能了解少先队相关知识，参加少先队的活动				2	2	3
		苏S	1. 愿意和老师、同学交往，能使用礼貌用语				2	2	2
			2. 能了解少先队相关知识，参加少先队活动				2	2	2
		俊S	1. 能了解少先队相关知识，积极参加少先队活动				2	3	3
			2. 愿意和老师、同学交往，能使用礼貌用语				2	3	3
		馨S	1. 能了解少先队相关知识，积极参加少先队活动				2	3	3
			2. 愿意和老师、同学交往，能使用礼貌用语				2	3	3
	好照顾	珊S	1. 愿意与自己有关的、重要的几位老师、同学交往				1	1	2
			2. 能理解几个少先队知识，配合参加少先队活动（例如：佩戴红领巾、少先队敬礼手势）				1	2	2
教学策略	1. 工作分析 2. 视觉提示 3. 情境教学								

活动流程	活动内容	个别活动目标	教学资源
20210901 周三整体活动：争当升旗手			
1. 始活动	（1）上课准备：学生陆续进入教室，端椅子坐下 （2）二年级学生签到	好帮手： 甘S：在观摩活动中仔细观察到红领巾、站立排队，并能大致说出新知内容 好家人： 馨S、俊S、贤S、宇S：在活动中表现出好奇心，发现红领巾的不同处 好照顾： 苏S、姗S：在位置配合参与观摩、看一看、摸一摸的动作	签到牌、音乐、点名（老师、学生照片）、国旗、旗杆、军衣3套
2. 主活动	（1）引起动机：老师正准备拿出教具时，就听见了升旗典礼的音乐声，老师、学生闻声走去 （2）观摩：进入剧场观摩升旗典礼的活动，问学生想不想参加升旗典礼，比较与自己的不同之处 （3）引出整体新知：仪式结束后学生回到自己的班级，询问学生想不想参加展示刚才观摩的图片，进行对比 （4）展示整体新知：不同之处①有系红领巾②有排队、敬队礼③有升旗手、护旗手 （5）告知接下来的一个月我们就要为参加升旗典礼做准备		
3. 结束活动	（1）收拾整理场地 （2）下课		
第一类：认识红领巾类			
20210902 周四分化活动1：认识红领巾（买+选择红领巾）			
1. 始活动	（1）上课准备：学生陆续进入教室，端椅子坐下； （2）二年级学生签到	好帮手： 甘S：保管钱到指定商铺付款购买红领巾 好家人： 馨S、俊S、贤S、宇S：保管钱和红领巾的图片购买红领巾 好照顾： 苏S、姗S：拿红领巾到对应的店铺找到红领巾并购买回来	签到牌、观摩视频、电脑、电子白板、红领巾、1元钱币若干
2. 主活动	（1）导入：回顾昨日观摩升旗典礼的视频（主要为系红领巾片段），对比明显处，他们参加升旗典礼有系红领巾 （2）感知：老师拿出一条红领巾给予学生感受（①红色的②滑滑的），但一条红领巾不够，所以需要去购买 （3）引出今日内容：购买红领巾 （4）购买：老师带领学生购买红领巾，每人2元钱，到学习用品店铺购买 （5）校对：请学生将购买后的红领巾配对、分类放到相应物品的箱子里 （6）总结学生购买红领巾的情况，请学生提前试戴，感受		
3. 结束活动	（1）总结今日活动，预告明天的活动内容 （2）下课		
20210903 周二、三分化活动2：认识红领巾（系红领巾）			

续表

活动流程	活动内容	个别活动目标	教学资源
1. 始活动	（1）上课准备：学生陆续进入教室，端椅子坐下 （2）二年级学生签到	好帮手： 甘S：模仿系红领巾的步骤，练习时独立做出几个步骤的动作 好家人： 馨S、俊S、贤S、宇S：愿意模仿系红领巾的简单动作，并且佩戴的位置正确 好照顾： 苏S、姗S：配合将红领巾披肩上，保持小段时间	签到牌、观摩视频、电脑、电子白板、红领巾、1元钱币若干
2. 主活动	（1）选择红领巾：老师请学生选择出昨日购买的红领巾 （2）尝试戴红领巾：学生尝试用自己的方式戴红领巾，并与典礼上的旗手戴红领巾的方式进行对比 （3）模仿示范：旗手到进行示范系红领巾的步骤 第一遍：旗手做动作＋念口诀：拿红领巾—披肩上—绕一绕—穿一穿—拉一拉；第二遍：旗手做动作＋念口诀，学生模仿做 （4）协助练习：每人拿红领巾进行练习，旗手、老师进行巡回协助指导练习 （5）检验：学生对镜子进行自我检验，旗手来检验学生红领巾系得合格与否，并进行拍照记录 （6）展示活动成果：合格的学生照片展示给大家看，提供榜样的示范		
3. 结束活动	（1）总结今日活动，预告明天活动内容 （2）下课		

第二类：认识新朋友类				

20210908、10、11周二、三分化活动3：认识新朋友（名字、性别）

活动流程	活动内容	个别活动目标	教学资源
1. 始活动	（1）上课准备：学生系好红领巾陆续进入教室，端椅子坐下 （2）二年级学生签到	好帮手： 甘S：介绍自己的姓名和性别，并示范系红领巾的动作，念口诀 好家人： 馨S、俊S、贤S、宇S：说出自己的名字，简单示范重点的步骤（披肩上、拉一拉等） 好照顾： 苏S、姗S：配合上台展示系红领巾的成果	签到牌、观摩照片、学生大照片（名字、性别）、透明投票筒、红领巾若干、争当升旗手的流程图
2. 主活动	（1）导入：老师展示昨天系红领巾合格所拍下的照片，并抛出问题这是谁（信息：名字、性别）； （2）新朋友展示：请系红领巾标准的同学进行简单的自我介绍并展示系红领巾的步骤或展示系红领巾的成果（单独上台—两两上台—多人上台） （3）投票：其他老师、同学进行投票，觉得他系红领巾好的就将手里的票投给他 （4）成果展示：选出票数多的前3名同学，进行体验升旗手的活动（升旗仪式） （5）总结本周活动：拿出活动进程板，争当升旗手，系红领巾的活动已经完成了并张贴上，接下来要开始常规训练了		
3. 结束活动	（1）总结今日活动，预告明天活动内容 （2）下课		

续表

活动流程	活动内容	个别活动目标	教学资源
第三类：排队、敬礼类			
20210915 周二、三分化活动 4：常规（排队＋列队＋听从要求＋认真听讲）			
1. 始活动	（1）上课准备：学生系好红领巾陆续进入教室，端椅子坐下 （2）二年级学生签到	好帮手： 甘 S：主动地进行排队、列队的动作练习，分清楚各个方向的转动 好家人： 馨 S、俊 S、贤 S、宇 S：积极配合排队、列队的各个方向转动，对简单的列队语言立即作出反应 好照顾： 苏 S、姗 S：对简单熟悉的列队语汇能有反应，可做出动作反应	签到牌、流程板、音乐、地面位置的标识
2. 主活动	（1）直接导入：老师拿出本月活动进程板，回顾昨日系红领巾，引出今日活动内容"排队、列队练习" （2）确定场地：听从老师要求，排队到相应场地集合，准备练习活动 （3）感受排队和列队：听到音乐就立即按照刚开始的队形排队进行绕场，停止后听从要求开始列队（如：立正、稍息、向右看齐、向前看等） （4）练习排队和列队：每排进行列队内容的练习 （5）整体排队、列队：整体跟随音乐进行排队、列队练习		
3. 结束活动	（1）总结今日活动，预告明天活动内容 （2）下课		
20210916、17 周二、三续分化活动 5：常规（入队排队、列队、听从要求、认真听讲）			
1. 始活动	（1）上课准备：学生陆续进入教室，端椅子坐下 （2）二年级学生签到	好帮手： 甘 S：听到音乐就将手举起来并看向国旗 好家人： 馨 S、俊 S、贤 S、宇 S：听到音乐，模仿老师同学敬队礼 好照顾： 苏 S、姗 S：配合敬队礼、排队、列队的动作	签到牌、流程板、音乐、地面位置的标识、国旗、旗杆
2. 主活动	（1）准备：学生系好红领巾，排队到进行活动的场地 （2）正式活动：听到音乐就开始按队形排队，跟随音乐进行绕场活动 （3）列队：音乐结束后，进行列队活动（如立正、稍息、向右看齐、向前看等） （4）看升国旗，行队礼：看旗手升国旗，学生模仿行队礼的动作 （5）挥队旗、唱队歌 （6）总结本周活动：拿出活动进程板，争当升旗手，常规训练也结束了接下来要选择出升旗手和护旗手		
3. 结束活动	（1）总结今日活动，预告明天活动内容 （2）下课		
第四类：升旗典礼类			
20210922、23 周二、三分化活动 6：练习升、护旗动作			

续表

活动流程	活动内容	个别活动目标	教学资源
1. 始活动	（1）上课准备：学生陆续进入教室，端椅子坐下 （2）二年级学生签到	好帮手： 甘 S：找到组内的好朋友并模仿升旗的动作，拉、甩、敬礼 好家人： 馨 S、俊 S、贤 S、宇 S：跟随组员到指定的场地进行拉旗、拿旗、抛旗的动作 好照顾： 苏 S、姗 S：配合与朋友参与升国旗活动，跟随走、拉的动作	签到牌、流程板、音乐、地面位置的标识、国旗、旗杆
2. 主活动	（1）导入：邀请旗手带领国旗到班级上，告知二年级的学生可以报名参与升、护旗手 （2）登记信息并分组：学生排队登记信息（姓名、性别）并分组 （3）旗手示范：旗手示范步骤，供预备的升、护旗手观察学习 （4）分组练习：划分场地进行练习，升旗手—拉国旗，护旗手—拿国旗、挥国旗，旗手进行指导 （5）相互展示成果		
3. 结束活动	（1）总结今日活动，预告明天活动内容"选升旗手、护旗手" （2）下课		

20210924 周二、三分化活动 7：选升、护旗手

活动流程	活动内容	个别活动目标	教学资源
1. 始活动	（1）上课准备：学生陆续排队入场 （2）二年级学生签到	好帮手： 甘 S：主动找到组内朋友带去相应场所进行比赛，组内起着带头示范 好家人： 馨 S、俊 S、贤 S、宇 S：可跟随集体到场地进行排队、列队的简单动作 好照顾： 苏 S、姗 S：配合与朋友参与选拔跟随走、拉、转的动作	签到牌、流程板、音乐、地面位置的标识、国旗、旗杆、评分表 6 份
2. 主活动	（1）预告：旗手预告今日将要选出升旗手、护旗手，请参赛选手做好准备 （2）选拔标准向度：①系红领巾；②排队；③列队；④升、护国旗 （3）正式比赛：两组进行选拔，评委打分选出整体表现较优异的一组（系红领巾，排队，列队，升、护国旗四个向度） （4）结果：选出今日分数高的那组（最符合升旗手、护旗手标准） （5）展示：①升旗手、护旗手，张贴到公布栏；②旗手传递国旗 （6）展示本月的流程板，已全部完成，同学们可以去参与学校的升旗典礼了，明天我们将进行升旗典礼的彩排		
3. 结束活动	（1）总结今日活动，预告明天活动内容彩排，请升、护旗手做好准备 （2）下课		

20210930 周二、三分化活动 8：彩排

续表

活动流程	活动内容	个别活动目标	教学资源
1.始活动	（1）上课准备：学生陆续排队入场 （2）二年级学生签到	好帮手： 甘S：积极地观看升旗典礼，升旗、护旗也能及时进行动作的反应 好家人： 馨S、俊S、贤S、宇S：跟随集体观看升旗典礼，并且升、护旗时有重点的几个动作，大致能够表现出 苏S、姗S：配合参与升旗典礼，配合拿、放、手举高的动作	签到牌、流程板、音乐、地面位置的标识、国旗、旗杆、评分表6份
2.主活动	彩排		
3.结束活动	（1）总结今日活动，预告明天将进行升旗典礼，请升、护旗手做好准备 （2）下课		

20210930周二、三统整活动：参与升旗典礼

活动流程	活动内容	个别活动目标	教学资源
1.始活动	（1）上课准备：学生陆续排队入场 （2）二年级学生签到	好帮手： 甘S：积极地观看升旗典礼，升旗、护旗也能及时进行动作的反应 好家人： 馨S、俊S、贤S、宇S：跟随集体观看升旗典礼，并且升、护旗时有重点的几个动作，大致能够表现出 苏S、姗S：配合参与升旗典礼，配合拿、放、手举高的动作	签到牌、流程板、音乐、地面位置的标识、国旗、旗杆、评分表6份
2.主活动	（1）入场：听到典礼活动的音乐就排队到相应地点 （2）主持人宣布：主持人宣布"升旗典礼正式开始！" （3）升、护旗手出列：请组内升、护旗手手持国旗出列，其他同学跟随升、护旗手进行排队、绕场3圈走 （4）列队：进行队伍的简单调整（立正、稍息、向前看、向右看齐等） （5）升国旗，敬队礼：升、护旗手准备，音乐开始拉绳、甩国旗，其他学生敬队礼 （6）归队：升、护旗手归队 （7）队旗、队歌：少先队员挥队旗、唱队歌 （8）退场：各位老师、同学依次排队退场		
3.结束活动	（1）总结本月活动，表希望 （2）下课		
教学总结	开学后第一个生活适应的单元主题，根据以往经验，学生的课堂常规会稍差，所以开始第一周就是简单常规的要求，第二周常规要求的基础上稍加难度，第三周就逐渐在为统整活动做各种准备，最后一周就是本月的高潮周，也是学生最有兴趣的，在本月活动实践中我也总结了利与弊： 利：1.上课流程较熟悉，教具也能准备足够 　　2.在主、助教配合上较为默契 弊：1.会注意活动流程，而忽视学生主动在活动中的反应 　　2.上课过程中会忘记提醒的重点，语言上不够精简，会说很多学生没有经验的词汇，以至达不到重点 　　3.不同层次的学生没有兼顾，常常会忽视能力稍差的学生，或是低估学生的能力		

生活单元活动设计是教育领域常用的教学模式，但是对于中度智力障碍学生而言，可以统整其学习经验，直接模拟将来生活情境，稍改进其设计方法，便可成为最适合培智学校生活适应课程的教学活动模式。

> （二）贯通式教学活动设计

贯通式教学活动是每节课以相同的活动结构，循环来教一个概念直到学会的模式，从教材组织的形式看，它是一种直线式或分枝并进式的教材分布，教材之间有较强逻辑顺序。

语文、数学科的教材内容以语文概念和数学概念为主。数学概念需要一个基础概念学会了才能进入更复杂的概念；而一个语文概念则要通过听说读写四个分支来学习。对中重度智力障碍学生而言，概念与符号都是抽象的，不易感觉，难以理解，因此需要以简单有规律的架构，反复举例操作，在一节课或几节课之中，只以一个概念教学为主，其他为辅，直到学生掌握此概念才换新的目标。此之谓"贯通式教学设计"。

贯通式教学活动不论什么教学主题，皆采取每节课的例行的活动架构，一般如下：

准备活动：包括每节课打招呼、暖身等活动，进入引起动机、复习或联结旧经验等环节。

主活动：包括提出目标、呈现教材、教导教材环节。提供反复例行的具体感觉活动，逐步过渡到平面阶段活动 – 符号阶段活动。

练习活动：包括协助下练习、独立练习、回馈与增强等环节。

整理活动：包括本节课成果回馈、学习内容小结、作业交代、教具收拾、再见等环节。

例一：唱游与律动科二年级下册"春游"主题的教学活动设计

附表21：教学活动设计（唱游与律动科）
——二年级下册第二单元"春游"

设计人：冯莎

教学主题		主题目标	1.能在郊游途中边走边哼唱 2.能在郊游休息时，参加音乐活动或表演	教学日期： 2021年4月	教师：冯莎 助教：王思羽、李冬婷
学情分析（现有能力）	优势：能注意到明显的声音有无、快慢的变化，并能做出相应的动作调整；可以有意识地发出简单的声音，能跟随团体配合歌词或配合节奏简单律动/敲打乐器；可以和同学相互调控完成简单音乐活动 弱势：发音不清晰，哼唱儿歌、童谣的能力差，团体注意力稍差				
	优势：听到音乐和乐器声会去寻找声源，能注意到明显的声音有无、快慢的变化，并能做出相应的动作调整；可以有意识地发出简单的声音，能跟随团体配合歌词或配合节奏简单律动/敲打乐器；可以和同学相互调控完成简单音乐活动 弱势：发音不清晰，哼唱儿歌、童谣的能力不佳，团体活动中常规稍差				
	优势：能注意到明显的声音有无、快慢的变化，能大致做出相应的动作变化，可自由创作一些自己能做到的动作，模仿唱歌词一句中的最后几个字，能明白简单的音乐游戏规则，可根据明显的节奏敲打乐器 弱势：动作幅度不大，以及耐力不足，时常需要老师提醒，哼唱童谣的能力不佳				
	优势：能注意到明显的声音有无、快慢的变化，并能做出相应的动作调整；可以模仿唱简单、有规律的儿歌，能跟随团体独立做歌词或配合节奏简单律动/敲打乐器；可以和同学相互调控完成简单音乐活动，能在简单音乐游戏中起到带头作用，可参与简单的表演活动 弱势：发音不清晰，哼唱儿歌、童谣的清晰度不佳，团体活动中常规稍差				
	优势：能根据音乐的节奏做出相应的动作变化及敲打乐器，可以主动与同学进行简单的互动，能用自己的方式哼唱简单的儿歌、童谣 弱势：发音不清晰，课堂常规稍差，动作幅度不大				
	优势：注意到明显的声音有无、快慢的变化，并能做出相应的动作调整；可以模仿唱简单、有规律的儿歌，能跟随团体独立做歌词或配合节奏简单律动/敲打乐器；可以和同学相互调控完成简单音乐活动，可参与简单的表演活动 弱势：有自己的想法，老师不能满足时会发脾气，注意力的时间不长				
	优势：听到音乐和乐器声会主动寻找声源，能注意到声音有无、快慢等的变化，并能做出相应的动作调整，可以在老师原有的动作变化上进行简单创编；可以自己唱几首儿歌；能独立做歌词或配合节奏简单律动/敲打乐器，并能按照节奏/歌词变化敲打乐器；可以和同学相互调控完成简单音乐活动，参与简单的表演活动 弱势：团体活动中持续专注活动的能力稍差				

教学目标与教学评量	学生	IEP目标	评量		
			学前	学中	学后
	程	1.能在固定的一两种音乐游戏中配合音乐的节奏/速度/力度的一种变化作出特定反应			
		2.能配合一两首音乐用自己会的动作表演			

续表

教学目标与教学评量	学生	IEP 目标	评量		
			学前	学中	学后
	李 S	1. 能模仿一两个唱歌的口型和特定的姿势（例如：a\o音的口型、双手叠放等）			
		2. 能用一两个固定的节奏形态念简单的童谣			
		3. 能配合一两首音乐用自己会的动作表演			
	甘 S	1. 能用一两个固定的节奏形态念简单的童谣			
		2. 能配合音乐做简单的表演			
	简 S	1. 能模仿一两个唱歌的口型和特定的姿势（例如：a\o音的口型、双手叠放等）			
		2. 能用一两个固定的节奏形态念简单的童谣			
	王 S	1. 能用一两个固定的节奏形态念简单的童谣			
		2. 能配合一两首音乐用自己会的动作表演			
	陈 S	1. 能用一两个固定的节奏形态念简单的童谣			
		2. 能聆听一两首固定的范唱并用单音跟着哼唱			

教材分析与选择、教学策略	教材分析	教学策略
	1. 能在郊游途中边走边哼唱《郊游》 （1）聆听：①对不同节奏的音乐反应；②听不同乐器、音乐做反应 （2）律动：跟着歌曲的律动行进 （3）唱：跟随团体一起模仿唱歌口型 2. 能在郊游休息时，参加音乐活动或表演 （1）乐器：①能跟随音乐敲打乐器；②与别人一起合奏 （2）演唱：①跟随团体一起模仿唱歌口型；②模仿发音（独唱或合唱表演） （3）律动：不同曲式的律动（小小波罗乃滋）	1. 选用节奏明显的ABC曲式音乐或节奏等变化明显的音乐，便于区分：（身体触觉）在音乐B段给予舒服的身体按摩；（视觉）动作示范反复，勿变太快，并且确定学生能做到的动作 2. 选用音色区别较大的乐器 3. 动作多以简单的、需要大的身体控制、协调的动作为主；两个到四个动作的变化，并且动作区辨大，学生能做到的，做了有不同感觉（本体、视觉或听觉）回馈 4. 老师的身体、口型、律动等示范尽量清晰、明确等

音乐素材	《郊游》、《小松鼠进行曲》、《小小波罗乃滋》			

时间	共同活动流程	个别活动		教学资源
		好家人	好照顾	
10：20 — 11：00	《郊游》 一、进入教室 学生在音乐教室门口排一列，音乐老师站在教室门口一一和学生用音乐方式打招呼。学生一一进入教室找到一个自己喜欢的乐器（三种）坐等老师进来 二、暖身活动 《小松鼠进行曲》：（为郊游演奏表演准备）			小音箱 小椅子 乐器：铃鼓（加筷子） 木马沙锤 歌曲：《郊游》 《小松鼠进行曲》 《波罗乃滋》

续表

时间	共同活动流程	个别活动		教学资源
		好家人	好照顾	
10：20 — 11：00	1. 熟悉乐曲：在老师指挥下，学生各以自己的乐器任意演奏，欢快就好！（可在小鼓处大家暂停） 2. 分类演奏：演奏相同乐器的学生坐在一起，老师指挥哪区就谁演奏（第二周起） 三、上课点名 1. 认识乐器：点到名就将乐器归类放回 2. 向大家介绍乐器名称（或仿说） 四、主活动：学唱歌曲《郊游》的前四小节至"一同去郊游" 1. 老师先示范把食物装进背包，开心地背起背包行走 2. 然后每次带着一个学生走，听到哨子声就靠墙壁站好 3. 两两学生手拉手任意走，听到哨子声就赶快靠边走（车子来了） 4. 两两学生手拉手排队走，听到哨子声就赶快靠边走（车子来了） 5. 自由地坐地板上休息，自由跟唱《郊游》前面四小节，老师站起来唱其他部分（为郊游日表演准备） 五、发展活动 接《小小波罗乃滋》，只要跟音乐走简单路线 1. 两两手拉手前进后退拉大小圆圈（第一周） 2. 两两手拉手前进，又分为左右两队，又会合（第二周） 3. 两人一组，分为左右分开后又会合，手拉手形成拱桥，别人过桥后也成为拱桥（第三周起） 4. 挥手通过两列同伴（第三周起） 5. 最后又回到活动1 六、整理活动 又回到原来休息处，蹲着，听音乐，帮忙传递书包，大家都有书包了，就起立再见。两两手拉手出教室			

例二：绘画与手工科二年级下册"春游"主题的教学活动设计

附表 22：教学活动设计（绘画与手工科）
——二年级下册第二单元"春游"

设计人：李亚蔚

教学主题	家庭生活：郊游	主题目标	能在郊游时参加美术活动	教学日期	2021 年 4 月	教师：蔚 T		助教：容 T、徐 T
学情分析	好帮手	程 S	优势：能选择喜欢的笔进行简单的绘画，能进行点线连接，正确地在范围内涂色，常规较好，在活动中能进行简单的颜色的搭配。用撕、折、揉、搓、压、粘、贴等方法进行简单的造型活动 弱势：手部力量较弱、使用工具的技巧性不足					
	好帮手	顾 S	优势：上课常规较好，会选择喜欢的工具，进行简单的颜色的搭配，有几种简单的方式镜像造型活动 弱势：表达不适当，偶尔不如意时会吵闹					
	好家人	李 S	优势：在活动中会选择喜欢的材料，自己搭配颜色，利用非语言表达喜好 弱势：手部力量较弱，工具技巧性不佳，触觉敏感					
	好家人	简 S	优势：上课常规较好，能配合参与部分活动 弱势：主动性不高，表达较少，害羞					
	好家人	王 S	优势：上课常规较好，能遵守活动规则，认识部分媒材 弱势：手部力量较弱，工具技巧性不佳					
	好家人	陈 S	优势：活动中有自己的想法，能使用简单的工具进行造型活动 弱势：手部力量较弱，使用工具技巧性欠佳					
	好家人	甘 S	优势：能参与到大部分活动中，模仿能较好，对部分工具有一定的使用技巧 弱势：上课常规有待加强，活动中部分指令较难理解					

教学目标与评量	学生	IEP 目标	前	中	后
	程 S	7.1.1 能大致说出绘画与手工活动制作的形式至少 2 种（如黏土造型、剪贴画等）			
	顾 S	4.1.1 能在简单的绘画观赏中做简单的选择，至少 2 种（如两幅作品喜欢哪个；从特定媒材中选择做某种作品的媒材）			
		4.2.1 能大致说出绘画与手工活动制作的形式至少 2 种（如黏土造型、剪贴画等）			
	李 S	6.1.1 能按不同要求进行图画活动			
		6.2.1 能自己用 2 种以上方式做造型活动			
		6.3.1 能正确握笔进行图画活动			
		6.4.1 用手拿放不同大小的物品至少 10 种			
		6.5.1 能自己搭配颜色做描画、涂色等基本绘画活动			
		6.6.1 能关注不同造型方式作品，并能选择自己的喜好			

续表

教学目标与评量	学生	IEP 目标	前	中	后
	简 S	7.1.1 能通过观察、触摸初步了解两种及以上身边常见的简单物品（如形状、颜色、大小与用途）			
		7.2.1 能自己主动使用剪刀剪纸，使用画笔画画，进行玩耍			
	王 S	6.1.1 能用彩笔在范围内进行描画、涂色等基本绘画活动			
		6.2.1 能关注 1~2 种特定的物品，表达自己的喜好			
	陈 S	6.1.1 能进行颜色的配对分类并指认 2 种颜色			
		6.2.1 能用涂画的方式来打发休闲时光			
	甘 S	7.1.1 能在简单的绘画观赏中做简单的选择，至少 2 种（如两幅作品喜欢哪个；从特定媒材中选择做某种作品的媒材）			
		7.2.1 能画出常见的物体基本特征，至少 2 种（如房子、国旗、树叶、多层蛋糕等）			

教材选择	教学策略
1. 能在郊游时参加美术活动：捡树叶、贴（树叶）、拓印（树叶）、涂色、剪下（树叶）、分颜色穿串（树叶） 2. 用前三指握大小适中的笔涂画 3. 对作品有一种感受（好看、赞） 4. 认识物品的单一颜色和形状的物体特征 5. 多种绘画形式（涂、画、刷） 6. 会双手取放、按压物品等基本动作，促进手眼协调	1. 提供不同材质、颜色明显的笔（硬的、软的）进行活动 2. 正确的示范，部分协助，视觉提示 3. 提供学生易操作、喜欢的教具，表达时可以加上比手势 4. 提供的物体颜色、大小、形状特征单一，差异性大而且明显 5. 记忆方法：看到纸笔，画；看到排刷，刷；看到水彩颜料，涂、洒 6. 创造情境，提供大量的机会 先在学校练习各种贴、拓、涂、剪、分类，才可能在郊外有信心自己创作。前面几节课，每节分别练习贴、拓、涂、剪，直至敢自己动手 好帮手：示范、模仿、独立操作 好家人：使用辅具、帮固定媒材或使其更好操控

第一、二节：贴树叶

时间	活动流程	个别活动		教学资源
		好帮手	好家人	
10：00 — 10：40	一、上课准备 1.上课仪式：学生陆续进入教室 2.坐到安排的相应位置 二、暖身活动 1.点名签到：每个学生选择一片树叶，老师点名，进行树叶签到（贴到树枝上） 2.手指操： 动作顺序：抬放手－伸弯手肘－搓手－招手－转手腕－握放拳－抓－抓－点－点 动作活动：模拟挖土机－划船－洗手－招手－点鼻子等动作，配合音乐口诀 3.笔操：每人拿着一只彩笔，在纸上点点、画线、画圆圈等配合音乐动作 4.纸操：每人一张报纸，模仿飘、抛、对折撕一个洞、撕断、揉团、抛接等活动 （从个人做到两人一组互动……） ＊以上可视当日媒材进行选择 三、主活动：贴树叶 1.展示：老师将做好的小树展示出来，让学生了解今天要做的内容，要让学生觉得"贴树叶"有意义，例如本节课是以要去郊游画树叶为诱因 2.老师示范：老师铺好纸，将树叶贴在画好的树枝上，不能盖住树枝，再用红色的笔画出花 3.学生制作： 步骤一：练习将树叶排在树枝上或下 不能压到树枝 排好再贴（用白胶或胶水笔或糨糊） 每张先练习贴两片树叶 老师帮画上小红花 共练三张 步骤二：给完整树枝图 让学生一枝枝排树叶，再贴 贴完一枝老师帮画小红花 最后帮写上日期、姓名	观察并选择叶子 想郊游画树叶的人举手 传阅作品 想要树叶举手跟老师要 步骤一：逐渐自己独立贴 步骤二：自己选要几片树叶，先摆好再贴	坐后倾式摆位椅 两片叶子中选一片 看看传来的作品 一张小厚卡纸上贴一片树叶，贴好放入容器再贴一张，共数张，全贴好老师帮六张组合做成有盖小盒子，可以装糖果或钱 继续上述活动	桌椅 树叶 树枝画 白纸 红画笔 小容器 白胶 胶水棒或糨糊 小张树枝图 A4完整树枝图

续表

时间	活动流程	个别活动		教学资源
		好帮手	好家人	
10：00 — 10：40	步骤三：跟着老师回顾如何完成作品 （老师再做一次步骤二） 4.展示作品： 老师挨个欣赏学生画的作品，指出贴的位置，把盖到树枝的作品放到另一边（等下次上课提醒改进），正确位置作品老师一块钱买走（包括好家人的盒子，问他卖不卖），并和学生一起贴到走廊的美术作品墙，学生整理用具和桌面 四、下课仪式 1.起立、再见 2.学生收椅子下课，看课程表到下个课堂	关注并回答 区分正不正确	关注 收好钱，放口袋	一元若干张

第三四节：拓印树叶

时间	活动流程	个别活动		教学资源
		好帮手	好家人	
10：00 — 10：40	一、上课准备 1.上课仪式：学生陆续进入教室 2.坐到安排的相应位置 二、例行活动 同上节课 三、主活动：拓印树叶 回顾上节课作品 1.老师示范：拓印树叶 （1）将树叶贴在树干上 （2）将白纸覆盖上用油画棒拓画 （3）用白板笔将树叶轮廓描出来 2.学生制作： 步骤一：先练习单张树叶拓印（贴一张拓一张） 步骤二：再练习整枝树枝树叶拓印 拓好之后老师帮用白板笔描出树叶轮廓并写上名字、日期、备用 四、展示作品 让学生介绍自己怎么做的? 用什么做的?（指出用品）并和学生一起贴到走廊的美术作品墙上，也可以学生自己选一片叶子回去跟家人表达 收拾用品 五、下课仪式 1.起立、再见 2.收椅子下课，看课程表到下个课堂	说出拓印出什么了 完成步骤一、二 上节课没有贴对的学生此次要指导贴对	轮流传阅老师做好的作品 完成步骤一 指出用具	

第五六节：剪树叶

时间	活动流程	个别活动		教学资源
		好帮手	好家人	
10：00 — 10：40	一、上课准备 1. 上课仪式：学生陆续进入教室 2. 坐到安排的相应位置 二、例行活动 同上节课 三、主活动：剪树叶 1. 老师示范：老师将上次大家做好的树叶拓印展示出来，让学生了解今天要做的内容——剪树叶。（依树叶轮廓剪） （1）将单张拓印树叶涂色（各三片、三种颜色） （2）将涂好色的树叶沿边剪下 （3）将树叶依颜色分类 2. 学生制作： （1）将单张拓印树叶涂色（三种颜色） （2）将涂好色的树叶沿边剪下 （3）将树叶依颜色分类，每生一种颜色，轮流贴在一棵大树上的三枝干，看看哪个颜色比较多？ ——收拾用具。 3. 展示作品： 大家一起欣赏大树，回顾怎么做的，并和学生一起保护大树，拿到大门口布置 四、下课仪式 1. 预告生活适应课要去郊游画树叶，也可以捡几片树叶回家制作作品 2. 原地鞠躬，再见 3. 各自回下节课课室	认出是谁的作品 分类树叶颜色 依树叶轮廓剪 安排制作顺序的照片 回家后简单跟家人表达：要和老师去公园画树叶	传阅作品 大致剪下树叶	

第七八节：模拟到公园（在巷道里）捡树叶

五、选用教学资源

　　包括人力、物力资源，以及环境规划。在教学资源一栏中填入活动所需的教具、学具、媒材、座位安排、人力需求等，以方便准备。教学资源事先准备妥当合宜，并且让每位学生都能得到他能动手操作感觉的教具，是教学活动顺利进行的保障。

六、设定教学评量

教学评量是一个教学主题结束后的成果评鉴，主要评量各生的教学目标达成情况。可以每节课都评量，或是主题活动中、主题结束后做评量，或是每个分化活动做评量，以活动设计案上记载的教学目标进行检核或评分。

评分标准应该以学生所需协助的程度来划定。例如，某目标学生需要身体协助，为 1 分；如果需要示范协助，则为 2 分；如果只需口头提示，则有 3 分；能独立做到该项目，则为 4 分。以此评分来改进学生的协助方式，并评估教师教学效果，务求每个学生目标都能够独立通过。

教师对自己设计与执行本单元教学的结果也可在最后加上"教师反思"一栏。

生活适应科的教学设计

李宝珍

本篇第十章至第十五章介绍各科教学设计，皆大致分为下列工作流程介绍：

- ·该科的科目功能定位（第一节）
- ·该科的学期教学计划（第二节）
- ·该科一个主题的教学活动设计（第三节）

第一节　生活适应科的四好功能定位

教学设计首先要确定教学模式，然后就可以安排符合该模式的课程表，最重要的是可以让课程表上各科老师了解自己科目的功能定位。生活适应科在课程表上占有重要位置和时段，其对学生的课程总目标：成为服务社会的公民，有何功能，可以从培智学校课标对生活适应科的学科目标和将来四好生活的需求两个方面来探求。

一、培智学校课标生活适应科总目标

生活适应课程旨在帮助学生了解基本的生活常识，掌握必备的适应性技能，养成良好的行为习惯，形成基本的生活适应能力及良好的品德，成为适应社会生活的公民。

二、生活适应科的四好功能

即生活适应科对好照顾、好家人、好帮手、好公民的作用。

在培智学校课标生活适应科原来的课程目的上，更具体地描述好照顾、好家人、好帮手和好公民学习生活适应的作用，预期四好学生未来生活中会如何应用到其不同的生活能力，这样会让生活适应的教学设计更能达此功能。各科的四好功能都已描述在各科四好评量表之前，既供评量人员参考，又可以提醒教学设计者，复制如下：

1分，好照顾：以在动作操作阶段（前感觉动作期）为准，设想其能对感觉有区辨与表示选择的能力来应付生存上有关的需求。在大人忙碌时，他可以自己玩一会儿，不干扰大人，大人为他劳

动时能配合一下。

2分，好家人：以在具体操作阶段（前运算期）（学前成就）为准，设想大人不在家时，他可以为自己做几件生活必需之务（完成自理项目，让自己不饿、不冻、不脏乱），不会有危险，大人带他一起时可以参与部分家务。

3分，好帮手：为在平面操作进入符号操作阶段（具体运算期前或后段）（学龄一、二年段），可以在家人委托下独自完成室内家务劳动以及几样户外劳动，不会有危险。为了完成家务能使用小区资源。

4分，好公民：为符号操作阶段（具体运算期后段或符号运算期前段）（学龄三年段），可自己安排生活中必需的活动范围与种类，接近一般人（其中他能自己进修学习，为了提高生活品位），也可能因生活技能有质量而独立居住。

确立了生活适应的功能，就能以此来编选本学期的生活适应教材，以及有效能的教学活动。

第二节　生活适应科的学期教学规划

四好教学建议采取以生活为核心的统整式教学模式，每学期开学之前，利用四好评量结果帮学生拟订好"个别化教育计划"，内容涵括各科长短期教育目标。其中生活适应、生活语文、生活数学三科的目标应该统整教学，三科教师必须一起将三科教材加以组织成一个学期的教学进度，即订出三科统整的学期教学计划，形成三科统整的教学主题。之后各科教师才能按进度设计一个主题的教学活动。

由于生活适应、生活语文、生活数学三科的低中年段都有教科书出版，教材既定，因此学期计划建议先以既定教材为主来分类，最后再去整合 IEP 目标。

三科统整的学期计划步骤：

一、分析教科书上生活适应、生活语文、生活数学三科的教材内容

教科书上三科基本都是以学校生活为第一单元，个人生活为第二单元，家庭生活、社区生活为第三、第四单元。有时有第五单元，通常为国家与世界。三科教师要事先列出三科的既定单元主题，以及其下的各课课名，各课的大致内容，制成一个对照表（如示例），以便找出其共通部分。

例：三科教材对照表（以一年级上册为例）

附表 23：学期教学规划"三科统整"教材对照表

——一年级上册

设计人：李宝珍

单元	单元主题	单元目标或主题目标	情境（统整活动）	生活适应	生活语文	生活数学
一	学校生活（待三科老师在此主题之下，统整出更具功能的主题）	（待三科老师统整规划）	（待三科老师统整规划）	1.我上学了（讲讲课程表与一天活动） 2.老师同学（介绍老师、同学） 3.学习用具(买书包、笔袋、铅笔、橡皮擦、书本) 4.我的学校（向爸爸妈妈介绍：教室、图书室、音乐室、美工室、食堂、操场、厕所等）	听（指图） 说（看图说） 认读（指字） 跟读（仿读） 写 老师、同学 学校（一、二、学校、一年级、二年级） 教室（教室、桌子、椅子）	我上学了（1） 我的老师和同学（有没有、多少） 我的学校（图形、比大小）
二	个人生活			1.我的身体（认识四肢、五官） 2.洗手（洗手时机、洗手步骤、洗手用品） 3.洗脸（洗脸时机、洗脸步骤、洗脸用品） 4.上厕所（我要上厕所、我会上厕所） 5.主食（米、面） 6.衣物（上衣、裙子、裤子）	人（人、头、手） 男生、女生 讲卫生（洗手、洗脸、刷牙）	讲卫生（2） 常见的食物（有没有、多少） 常见的衣物（大小）
三	家庭生活			爸爸妈妈 我的玩具 我的家（客厅、厨房、卧室、卫生间、书房、阳台、餐厅）	爸爸妈妈（爸爸妈妈、我、三口人） 大人、小孩 我的房间（房间、床、我）	我和爸爸妈妈（3） 我的玩具（多少） 我的家（白天、黑夜）
四	社会生活			元旦(日期、活动:庆祝会、聚餐、购物、走亲访友、新年祝福……)	太阳、月亮、蓝天、白云、元旦	

二、以生活适应科为核心，先讨论出生活适应课具功能性的教学主题，作为三科共同主题

建议先构想出这既定的四五个生活适应科的主题内容，可以用一个什么有吸引力的生活情境来作为主题结束时的高潮活动？既能教到教科书上的所有教材内容，又能总结为一个有意义有功能的生活情境，让全班学生可以在单元的最后活动用到单元所学的知识和技能。例如（二下）学校生活中的值日类教材，可以用"选拔最美值日生"或"值日生执证上岗的征聘活动"；（一上）认识学校生活类教材，可以用"小朋友带领家长参观校园课室"等有趣或有意义的统整活动来吸引学生的学习意愿。

如果光靠生活适应一科的课文内容不足以形成有意义的主题活动，此时可以加入生活语文与数学的课文内容一起考虑，必能生成每个主题有意义的统整活动。例如，生活适应科（二下）的值日生内容想不到什么有吸引力又有功能的统整活动时，发现生活数学正要学 2 和 3 的数量概念，因此可以把生活主题改为"和好朋友一起值日"，统整活动可以进行"选择好朋友，两人一起值日"，若生活语文科正要学"男、女"的教材，则学校生活单元可以变成"一男一女一起值日"，若是在一上举行庆生会，则可以男生请女生先吃蛋糕，这样就可以大致拟订各单元的主题了。

例：试编三科统整学期单元教学主题表（以一年级上册为例）

附表 24：学期教学规划"三科统整"教学主题表
——一年级上册

设计人：李宝珍

单元	单元主题	单元目标或主题目标	情境（统整活动）	生活适应	生活语文	生活数学
一	学校生活之家长开放日	能适应小一学校生活、习惯上学	迎新会＋家长参观日（说明：从入学迎新会校长送学生书包、书本、文具、课表，到一个月后学生陪家长参观学校，家长送老师花和谢卡，让学生对学校产生熟悉感、归属感）	1.我上学了（讲讲课程表与一天活动） 2.老师同学（介绍老师、同学） 3.学习用具（买书包、笔袋、铅笔、橡皮擦、书本） 4.我的学校（向爸爸妈妈介绍：教室、图书室、音乐室、美工室、食堂、操场、厕所等）	听（指图） 说（看图说） 认读（指字） 跟读（仿读） 写 老师、同学（一、二、学校、一年级、二年级） 教室（教室、桌子、椅子）	我上学了（认识1） 我的老师和同学（有没有、多少） 我的学校（图形、比大小）
二	个人生活之庆生会	能做到小一学校生活自理，增加独立性	为国家同学庆生（庆生是让同学们了解自己、关注同学）	1.我的身体（认识四肢、五官） 2.洗手（洗手时机、洗手步骤、洗手用品） 3.洗脸（洗脸时机、洗脸步骤、洗脸用品） 4.上厕所（我要上厕所、我会上厕所） 5.主食（米、面） 6.衣物（上衣、裙子、裤子）	人（人、头、手） 男生、女生 讲卫生（洗手、洗脸、刷牙）	讲卫生（认识2） 常见的食物（有没有、多少） 常见的衣物（大小）
三	家庭生活之秋游	能认识自己的家庭，做好小学生在家中的工作	家庭秋游、家长联谊会（通过老师组织的家庭活动让学生认识自己家人和同学的不同，并听听家人互聊口中的自己日常生活表现）	爸爸妈妈 我的玩具 我的家（客厅、厨房、卧室、卫生间、书房、阳台、餐厅）	爸爸、妈妈（爸爸、妈妈、我、三口人） 大人、小孩 我的房间（房间、床、我）	我和爸爸妈妈（认识3） 我的玩具（多少） 我的家（白天、黑夜）
四	社会生活之新年加冕礼	能感受新年的意义，表现小学生适当的过年行为	全校过年加冕礼（校长庆贺校内师生，每人都长一岁给予加冕的仪式，学生可了解练习自己的年龄和过年行为）	元旦（日期、活动：庆祝会、聚餐、购物、走亲访友、新年祝福……）	太阳、月亮、蓝天、白云、元旦	

三、将学生 IEP 目标分配至相关单元主题中

处理各个学生的个别化目标。依据各单元的性质，将性质相近的目标编排在该单元时间进行教学（见下例）。

例：安排各学生 IEP 的进度（第几单元要教）（以一年级上册为例）。

附表 25："学生 IEP 的进度"安排表
——一年级上册

领域	长期目标	短期目标	教学情境	评鉴	
				期中	期末
生活语文	1.1 能关注汉字，萌发识字的兴趣	1.1.1 能看到书本上的汉字时不撕书	单元一、二		
	1.2 能阅读简单背景的图画，了解大意	1.2.1 能看懂图中常见的 5 种物品	单元一、二、三、四		
生活数学	2.1 感知物体的大小、长短、高矮等量的特点，会比较并排序	2.1.1 能感知不同实物的大小特性，做单一因素的配对分类	单元一、二		
	2.2 感知物体的粗细、厚薄、轻重、宽窄等量的特点，会比较并排序	2.2.1 能感知不同实物的轻重特性，做单一因素的配对分类	单元三、四		
生活适应	3.1 能戴帽子、手套	3.1.1 能接受身上佩戴帽子、手套，而不扯下	单元二		
	3.2 听从父母和长辈的教导	3.2.1 能在父母或长辈教导时耐心静坐等待 1 分钟，不发脾气	单元三		
	3.3 知道并远离家中的危险隐患	3.3.1 能避开、不动家里较危险的物品，如电插孔、刀、火	单元三		
		3.3.2 能在警告下停止危险动作	单元三		
	3.4 认识班主任、任课教师、学校工作人员	3.4.1 能认出自己的科任老师，跟随老师到不同教室上课	单元一		
劳动技能	4.1 使用学习用品	4.1.1 能在老师出示学习用品时，不损坏	单元一		
	4.2 使用家具、床上用品等房间中的物品	4.2.1 正确使用五种以上家居用品，如衣柜、鞋柜、茶几、书桌、餐桌可以摆放什么	单元三		
		4.2.2 正确使用两种以上床上用品，如自己用被子、枕头	单元二、三		
唱游律动	5.1 能对音乐作出反应	5.1.1 能听到音乐的有无，做出动作开始、结束的反应	单元一		
		5.1.2 能听到音乐时会注意聆听信号，做简单动作，如蹲下、和老师对拍手、丢下音筒…	单元三		

续表

领域	长期目标	短期目标	教学情境	评鉴	
				期中	期末
绘画手工	6.1 认识常见物品的颜色	6.1.1 能通过各种活动进行三种颜色的配对	单元一		
		6.1.2 能将同样颜色物品分类放一起	单元二		
	6.2 能初步尝试涂剪贴活动	6.2.1 能在一个范围内着色	单元三、四		
		6.2.2 能尝试使用贴的一种用品	单元二、四		
运动保健	7.1 初步了解安全运动以及日常生活中有关运动安全避险的知识和方法	7.1.1 能在老师示范、讲解运动常识时耐心静坐等待 3 分钟	单元一		
		7.1.2 能在运动休闲时听从大人的危险警告	单元四		

由于受到既定教材的限制，采取优先教导既定教材的原则，这样的学期教学计划方式和原来只处理学生 IEP 目标的做法稍有不同（原来做法是三科教师先统整全班学生的 IEP 目标，分为几类，形成几个教学主题），但是规划出来的教学主题内容会相近，因此教学团队可以自行决定用哪种方法来形成一学期生活教学主题。重要的是：规划学期教学主题是要让三科的教学有实用的生活场景可以模拟，让各科教材的选择或活动设计更具有功能性，而非只是按照教科书内容来教。

上述是三科统整的学期教学计划的做法，主要是要先从已出版的教材进行汇总比较，表格呈现的形式不拘，各校可自行设计学期计划表。例如，以下也是统整三科既定教材而来的学期计划教学主题表，只是表格呈现不同而已。

例：2021 年 9 月—2022 年 1 月，二年级上期，三科统整的学期规划（下表也可改格式为目标在 Y 轴、主题在 X 轴，学校自定义）

格式一：配合二年级上册教材，融入学生 IEP 目标。

附表 26：学期教学规划"三科统整"教材对照表 +IEP
——二年级上册

（来源：受评山庄 24 期咨询教师工作营作业）

时间	单元主题	主题情境（活动）	主题名称（学生能懂）	生活适应（教材内容）	生活语文（教材内容）	生活数学（教材内容）
9.1——9.30（5 周）	学校生活	国庆校园大游行	我是小小兵	1. 知道自己是二年级小学生（升班了） 2. 遵守课堂纪律 3. 在父母的陪伴下完成作业 4. 知道好朋友的名字和性别 5. 愿意认识新朋友 6. 喜欢和朋友一起活动 7. 认识红领巾，知道自己是少先队员 8. 自己系红领巾 9. 会敬队礼 10. 参加少先队活动 学生 IEP 相关内容补充：听从老师、父母教导（菱 S）	听：学生、少先队员、红领巾、秋天 说：短句——上课时，我们要（ ）、我是（ ）、我爱（ ）、秋天来了、树叶（ ）、校园（ ） 读：生、上、手、学生、上课认真听、说话先举手、我是好学生、巾、我、少先队员、红领巾、我是少先队员、我爱红领巾、秋天、秋天来了、树叶黄了、校园更美了 写：上，巾，天 笔画：横、竖、撇、捺 IEP 补充： 1. 翻看图画书休闲 5 分钟（字 S） 2. 指认校园图片 10 个（字 S）	1. 理解 6、7、8 各数的含义 2. 能数、认、读、写，并能手口一致地点数物品认识 6、7、8 IEP：一一对应（字 S）
10.8——10.29（3 周）	个人生活	秋游 我要带什么午餐？（会自己选择秋游食品，会用）	我要去秋游	1. 认识餐桌上常见的肉类食物 2. 认识餐桌上常见的蛋类食物 3. 认识餐桌上常见的奶制品 4. 能找出饭菜中的肉蛋奶类食物 5. 认识衣裤组件 6. 分辨衣裤前后 7. 认识常见的帽子 8. 会戴常见的帽子 9. 认识常见的手套 10. 会戴常见的手套 11. 知道天冷时出门要戴帽子和手套 12. 会穿脱搭扣鞋 13. 能把脱下的鞋子整齐放好 IEP 补充： 进餐礼仪（菱 S）	听：苹果、香蕉、西瓜、米饭、手指 说：水果店里有、我爱吃、本领大、手指头、我用手 读：西、大、苹果、香蕉、西瓜、苹果圆、香蕉弯、大大的西瓜甜又甜、米、我、米饭、米饭和面条、蔬菜和水果、样样都爱吃、我们不挑食、十、个、手、手指、小手本领大、十个手指头 写：大、米、十 笔画：点、撇、横折勾、横折 IEP 补充： 1. 翻看图画书休闲 5 分钟（字 S） 2. 指认生活图片 10 个（字 S） 3. 结合情境，用辅具表达需求（字 S）	1. 理解 9、10 各数的含义，能数、认、读、写，并能手口一致地点数物品 2. 感知物体的大小、长短的特点，并会比较分类、排序（吸管、盒子、苹果、帽子） IEP： 1. 平面图形的拼图（菱 S、字 S） 2. 一一对应（字 S） 3. 按粗细排序（大中小、长中短）（菱 S）

续表

时间	单元主题	主题情境（活动）	主题名称（学生能懂）	生活适应（教材内容）	生活语文（教材内容）	生活数学（教材内容）
11.1—11.26（4周）	家庭生活	家庭相薄展	我的全家福（中秋回忆）我会看照片向人介绍照片内容（中秋秋游，国庆假期）	1.记住爸爸妈妈的姓名和电话 2.知道自己是爸爸妈妈的儿子（女儿） 3.知道爸爸是爷爷奶奶的儿子 4.知道妈妈是外公外婆的女儿 5.知道农历八月十五是中秋节 6.与家人一同赏月 7.请家人吃月饼 8.向亲人表达节日问候 IEP补充： 1.听从老师、父母教导（菱S） 2.进餐礼仪（菱S）。	听：儿子、女儿、中秋节、月饼、爬山 说：我是（），我是爸爸妈妈的（）。八月十五（），赏（）、吃（）、全家一起（）、我和爸爸妈妈去（） 读：儿、子、儿子、女、女儿、乐乐是爸爸妈妈的儿子、兰兰是爸爸妈妈的女儿、八、五、月、中秋节、月饼、八月十五中秋节、赏月亮、吃月饼、全家一起乐团圆、山、天、爬山、今天天气真好、我和爸爸妈妈去爬山 写：儿、月、山 笔画：竖弯钩、竖折 IEP补充： 1.翻看图画书休闲5分钟（字S） 2.指认生活图片10个（字S） 3.结合情境，用辅具表达需求（字S）	1.认识数字0，理解0的含义 2.会比较10以内数的大小 3.感知物体的高矮特点，并会比较排序 IEP补充： 1.按粗细排序（高、中、矮）（菱S） 2.一一对应（字S）
11.29—12.31（5周）	社区生活	小区寻宝	我会自己在小区玩	1.知道自己家小区的名称 2.知道小区周边重要的标志物 3.认识邻居，会正确称呼 4.见到邻居，主动问好 5.邻居问话，礼貌应答 6.与邻居适当交往 IEP补充： 能独立行走一段路（菱S）、参照3个重要标志物往返（字S）	（自然与社会） 听：土、雪人 说：（）和（）是邻居、下雪了，我们在小区里（） 读：土、土地、泥土、木、木头、树木、火、火苗、烟火、石、石头、玉石、田、田地、农田、水、水花、河水、小、下、人、雪人、我和乐乐是邻居、下雪了，我们在小区里堆雪人 写：土、下 IEP补充： 1.翻看图画书休闲5分钟（字S） 2.指认生活图片10个（字S） 3.结合情境，用辅具表达需求（字S）	1.排列1到10的数序（电梯楼层） 2.比较粗细（小区的树） IEP补充： 将三个物体按粗细排序（菱S）

续表

时间	单元主题	主题情境（活动）	主题名称（学生能懂）	生活适应（教材内容）	生活语文（教材内容）	生活数学（教材内容）
1.1—1.14（2周）	国家与世界	跟着爸妈去拜年	我是中国人，我过中国年	1. 知道自己是中国人 2. 知道我国的国名 3. 认识国旗，向国旗敬礼 4. 知道我国的首都是北京 5. 学唱国歌 6. 知道除夕和大年初一的重要习俗 7. 知道春节期间的其他习俗 8. 会给长辈拜年 9. 参与春节期间的各种家庭活动 IEP补充： 听从老师、父母教导（菱S）	听：中国 说：我是（ ）、我爱（ ） 读：中、人、我、中国、中国人、我是中国人、我爱祖国 写：中 IEP补充： 1. 依据事件发生的前后和因果关系排序（王S） 2. 养成阅读特定的图画的习惯（王S） 3. 观察校园环境，表达观察所得（王S） 4. 指认生活图片10个（宇S） 5. 结合情境，用辅具表达需求（宇S）	复习

（若要将上表改格式为目标在 Y 轴，主题在 X 轴，样本如下，格式不拘，只是一个学校各科主题表格须统一）

例：格式二

附表 27：统整 IEP 与教材的"三科统整"学期规划
——二年级上册

统整科目	统整目标	主题一 学校生活	主题二 个人生活	主题三 家庭生活	主题四 小区生活	主题五 国家
		主题名称	（待订）			
		主题情境	（待订）			
		主题目标（功能）	（待订）			
生活适应	学生 IEP 目标 1. 知道自己与家庭成员主要的关系（如爸爸、妈妈、爷爷、奶奶等） 2. 能选择家人要吃的常见的食物 3. 能认识常见的衣物 4. 能穿好、脱下常见的简便的衣服、鞋袜（如穿与脱、正反、位置、衣服整理等适当美观） 5. 知道社区周边的几个与自己相关的重要标志物（如小区门口雕塑） 6. 了解我国传统节日、民间活动与习俗 7. 愿意和老师同学交往，能使用文明用语（余略）	各课文 1. 我升班了 2. 我的好朋友 3. 我是少先队员 每课有评价	4. 餐桌上的肉蛋奶 5. 衣物的组成 6. 帽子和手 7. 学穿鞋	8. 我的大家庭 9. 团圆过中秋	10. 我生活的小区 11. 我的邻居	12. 我是中国人 13. 欢乐中国年
生活语文	1. 翻看图画书休闲 5 分钟（字 S） 2. 指认校园图片 10 个（字 S） 3. 指认生活图片 10 个（字 S） 4. 结合情境，用辅具表达需求（字 S）（余略）	1. 好学生 2. 红领巾 3. 秋天的校园 每单元有评价	4. 好吃的水果 5. 不挑食 6. 我有一双手	7. 儿子、女儿 8. 中秋节 9. 爬山	10. 土、木、火 11. 堆雪人	12. 中国人
生活数学	1. 一一对应（字 S） 2. 平面图形的拼图（菱 S、字 S） 3. 按粗细排序（大中小、长中短）（菱 S）（余略）	1. 我升班了，认识 6 2. 我的好朋友，认识 7 3. 我是少先队员，认识 8 单元有考试题	4. 常见的副食，认识 9、10 5. 整理衣物比大小、长短	6. 我的家，认识 0 7. 友爱大家庭、比高矮 8. 我的房间真整洁，比数的大小	9. 我生活的小区，1~10 的序数 10. 小区大家庭，比粗细	复习与补救
统整活动		国庆校园大游行	秋游	家庭相薄展	小区寻宝	跟着爸妈去拜年

以下是以统整全班学生的 IEP 目标，来对应该科既定教材的做法。

例一：统整全班学生的 IEP 目标，搭配到相应的教科书的教学主题（二年级上册）

附表 28：统整 IEP 与教材的"生活适应"学期规划
——二年级上册

设计人：李宝珍

学生 IEP 目标统整	第一单元：学校生活 1. 遵守课堂纪律及公共秩序 2. 能和同学（朋友）一起活动 3. 参加少先队活动	第二单元：个人生活 1. 认识餐桌上食物的类别（肉类、蛋类、奶类），选择食物 2. 了解衣物的结构（衣领、裤腰的前后） 3. 自己穿鞋、戴帽、戴手套	第三单元：家庭生活 1. 了解家庭成员之间的关系，知道姓名、手机号 2. 与家人一起过中秋节并适当表现（吃月饼、说祝福）	第四单元：社会生活 1. 熟悉小区与小区周围的设施（超市、公园等） 2. 认出邻居，与邻居较好相处（有礼貌交往）	第五单元：我是中国人 1. 知道国名、国旗、国歌、首都 2. 了解春节的习俗并适当参与春节活动（贴春联、看晚会、放鞭炮、逛庙会、走亲访友、拜年）
生活适应科主要目标 1. 能知道自己与家庭成员主要的关系（如爸爸、妈妈、爷爷、奶奶等）——甘 S、姗 S、王 S、苏 S、贤 S、又 S、馨 S			与家人（爸爸、妈妈、爷爷、奶奶、姐姐、弟弟）分享食物/祝福	与家人同行去社区环境，与家人同行问好邻居	与家人（爸爸、妈妈、爷爷、奶奶、姐姐、弟弟）分享食物/祝福
2. 能选择家人要吃的常见食物——王 S、姗 S、苏 S、贤 S、甘 S、又 S、馨 S		家人喜欢的几种食物	爸爸/妈妈喜欢吃……		
3. 能认识常见的衣物——王 S、姗 S、苏 S、贤 S、甘 S、又 S、馨 S		外套、裤子、鞋子、帽子			穿适当的衣物过春节
4. 能穿好、脱下常见的简便的衣服、鞋袜（如穿与脱、正反、位置、衣服整理等适当美观）——王 S、姗 S、苏 S、贤 S、甘 S、又 S、馨 S		穿戴整齐，衣服、裤子、鞋子分清正反，能找到领口、裤头		穿戴整齐、正确、美观，去拜访邻居	穿戴整齐、正确、美观，走亲访友

续表

学生 IEP 目标统整	第一单元：学校生活 1.遵守课堂纪律及公共秩序 2.能和同学（朋友）一起活动 3.参加少先队活动	第二单元：个人生活 1.认识餐桌上食物的类别（肉类、蛋类、奶类），选择食物 2.了解衣物的结构（衣领、裤腰的前后） 3.自己穿鞋、戴帽、戴手套	第三单元：家庭生活 1.了解家庭成员之间的关系，知道姓名、手机号 2.与家人一起过中秋节并适当表现（吃月饼、说祝福）	第四单元：社会生活 1.熟悉小区与小区周围的设施（超市、公园等） 2.认出邻居，与邻居较好相处（有礼貌交往）	第五单元：我是中国人 1.知道国名、国旗、国歌、首都 2.了解春节的习俗并适当参与春节活动（贴春联、看晚会、放鞭炮、逛庙会、走亲访友、拜年）
生活适应科主要目标 5.知道社区周边的几个与自己相关的重要标志物（如小区门口雕塑）——王S、姗S、苏S、贤S、甘S、又S、馨S			社区周围的重要标志物（如楼牌、树、雕塑）	社区周围的较明显的重要标志物（如楼牌、树、雕塑）	
6.了解我国传统节日、民间活动与习俗——王S、姗S、苏S、贤S、甘S、又S、馨S		中秋节：做月饼、打糍粑		春节：贴春联、看晚会、放鞭炮、逛庙会、走亲访友、拜年	
7.愿意和老师同学交往，能使用文明用语——王S、姗S、苏S、贤S、甘S、又S、馨S	配合老师指令完成活动；和同学合作完成活动；上、下课仪式地问好	配合老师指令完成活动；和同学合作完成活动；上、下课仪式地问好	配合老师指令完成活动；和同学合作完成活动；上、下课仪式地问好	配合老师指令完成活动；和同学合作完成活动；上、下课仪式地问好	配合老师指令完成活动；和同学合作完成活动；上、下课仪式地问好
8.了解少先队相关知识，参加少先队活动——王S、姗S、苏S、贤S、甘S、又S、馨S	知识：戴红领巾、敬队礼、认识队旗				
注：（副目标）生活适应科可以附带教其他科相关目标，可以在主题活动设计时才安排进去					
预设统整活动（注：主题活动设计时有可能更改统整活动）	少先队入队仪式或校园游行	自助餐厅或秋游	全家福相片展	小区寻宝	跟着爸妈去拜年

（只要紧抓生活功能的原则，不管是先整理既定教材，还是整理IEP，来规划一学期的教学主题，其做法结果是一致的）。

＊对于尚无教科书的既定教材限制的高年级，鉴于生活适应高年段教科书已在出版中，本处不再赘言无既定教材的学期教学计划的设计方法。目前可以以班级学生的IEP目标进行归纳整理来解决这个问题。方法请参考第六章以后"唱游与律动"等无教科书的科目的学期规划方法。

教学团队如果能在学期之初就先把生活适应科的教学主题安排好，有利于各科的学期教学主题的产生，以及之后可以按部就班，逐个主题地设计教学活动。

下一节进入生活适应课一个教学主题的活动设计的介绍。

第三节　一个教学主题的生活适应科教学活动设计

一、生活适应科的单元活动设计概说

生活适应科以教导生活实用知识与技能，以达成将来学生能独立适应生活为目的，因此其教学活动进行的方式，应以"单元活动设计"为主。

生活单元活动设计是以一个生活中的常见问题为核心，展开一个期限内的完整生活经验学习，应用完形心理学的概念形成原则，将一个单元的生活经验分成"整体阶段—分化阶段—统整阶段"来进行，以逐步达成对该生活主题的体验、练习与了解。通常这个期限在培智学校约为两周至四周，视学生的年龄、特质与生活主题的难度而定。

生活单元活动设计是教育领域常用的教学模式，但是对于中度智力障碍学生而言，可以统整其学习经验，直接模拟将来生活情境，稍改进其设计方法，便可成为最适合培智学校生活适应课程的教学活动模式。

其相关概念说明如下：

＞（一）单元活动设计的相关概念

1. 生活主题

单元活动的生活主题是将一群性质相近的目标提炼成一个班上学生共同需要适应的生活问题或主题，如"如何做好值日生工作？""过春节应该怎么表现？"这些性质相近的目标从何而来。

（1）可以从全班学生个别化教育计划的长短期目标中归纳整理而出（先以长期目标不足再参考短期目标）。

（2）可以配合学校一学期行事历中的重要活动、节庆活动、季节特点、生活规律等情境，进行相应的单元活动。

（3）如果是有既定教科书的科目（如低中年段生活适应科），其单元已是经过分类的课标内容，因此可以在教科书既定单元中加以功能化，编写出更具体有用的单元主题。例如，生活适应教科书第三册第一单元只是以学校生活作为单元主题，范围较大，功能化做法可以同时查看其他三课教材内容与背后的课程目标的意图，整合出一个学校生活之下更适合该班学生需求的单元主题，如"我会遵守学习常规，争当少先队员"，仍属于学校生活范围。

（4）亦可以针对上述几类主题，先大致构思其单元结束时的统整活动（学生较喜欢的情境活动，如升旗仪式、校园游行），以此活动作为主题。

（5）其他考虑：如果有为班上每位学生拟订个别化教育计划，则可以进一步将学生个别化目标对应该单元主题，相关的能力可以在这个单元活动中进行学习。

2. 一个期限

所谓一个期限是指一个单元主题活动是在一段既定的时间段内完成，单元所要教导的教材应在该时段内呈现完毕，下个单元原则上不再教该教材。这样做的目的是让某些生活知识技能在一定时间内密集学习，并预估应能在此时段内学会，然后在其他教学情境练习，最后在生活中应用。该技能可以在其他单元或科目出现，但是属于旧知复习或练习。对于中度智力障碍学生而言，我们可以稍改变此原则。当有些学生的目标未能在单元时间内学会，可以在下个单元继续学习。

一个单元进行多久？上多少节课？在培智学校约为两周至四周，视学生的特质与生活主题的难度而定。这样可计算出其单元总教学节数，如果一周有四节生活适应课，那么一个生活单元就要进行8~16节，方便老师规划单元活动各阶段进行的时间，最后达成单元目标与教学目标。

3. 单元活动的整体阶段、分化阶段与统整阶段

这是依据完形心理学的学习理论。学习者对一个新的概念或技能的精熟，首先经历一个模糊的整体认知阶段，然后须有一段时期的亲身经历，分别了解该事件的各个组成部分，才能进入对该概念技能的真正统整性理解掌握。在班级教学里，就是要让学生经历这完整的三个阶段，因此这三个阶段的活动设计，就是单元活动设计的基本架构。建议在标榜统整式教育的学校应倡导各科老师，在每个单元之初，先一起讨论生活适应的单元活动的三个阶段大致构想，再各自去安排各科的教材内容，达到该校以生活为核心的教育模式的统整学习效果。若标榜分科教学的学校，最好也先让生活适应科老师先拟订其功能性单元主题之后，分享给其他科老师，至少达到共享交流的目的，将分科教学的片段学习之弊减到最小。

> （二）生活主题（单元）活动设计流程

一般生活单元活动设计可依照下述六个步骤（流程）完成。

流程一：完善各单元的教学主题与单元目标；

流程二：分析本单元的教材；

流程三：选用本单元的教学策略：依据教材的性质；依据学生四好的学习特质；

流程四：设计单元教学活动；

流程五：决定教学资源；

流程六：设定学前学后评量；

以下按照这个活动设计流程，介绍各个步骤的设计方法。

二、生活单元主题的教学活动设计

> （一）确定教学主题与主题目标

当全班学生的个别化教育计划都拟订好，表示各生有符合其四好质量的个别化教学目标，这些目标有共同需要部分，也有少数是个别学生的特殊需要部分，生活适应科教师已经统整归纳，分为几大类，形成一个学期几个教学主题，此时教师只要将本单元主题进行活动设计即可。

但是在学期的初拟订的教学主题只是腹案，也可能在设计该主题活动时更动主题或完善主题，因为此时主题已经是现下要进行学习的核心，学习之后要获得什么生活功能，取决于教学主题与主题目标的设定，从而决定教材如何选择与调整，因此主题与主题目标的叙写必须明确而有功能。

教学主题的叙写：依据学期教学计划的教学主题，确定出一个能吸引学生的活动，如"升旗仪式""家长参观日"，再将此活动叙写为单元主题。此主题名称最好既能吸引学生，又能让教学团队一看就能记起是为了教导什么内容。例如，"争当升旗手""谁来参观"。由于当初在安排学期规划时有参考各科教科书的主题与课文（学校生活、个人生活等），因此这些活动导向的主题也能吻合教科书的内容。

主题目标（单元目标）的叙写：生活适应科采用单元教学活动设计，因此主题目标直接可称"单元目标"。单元目标是本单元教学完毕之后希望达成的目标，需具有解决或适应某项生活问题的功能，而非建立一些笼统概念。因此目标的叙写须明显可见其功能性与目的性，是学生经历了一个完整学习过程之后的成果，表现在最后的统整活动，以及有望泛化应用于以后相近的生活情景的能力表现，因此建议以"如何……"或"能具备……（能力），以参与……（活动）"来精准叙写，如"能具备基本学习常规，以参加少先队升旗活动"。这样的单元目标写法，有异于传统从知识、技能、情意三个维度来叙写单元目标，更统整也更具功能，当然叙写成知识、技能、情意三维目标亦无不可。

> （二）选择与调整本单元教材

"本单元教材"是指为达本单元目标，要选择哪些代表性的教材内容来教。

本单元预订教材已经在学期规划中粗订，到了本单元活动设计时必须再具体决定：本单元要教的教材内容有哪些？

由于生活适应科有些年级已经有既定教科书，记载了所要教的教材内容，因此各班教师应该在此基础上，依据学生四好需要，进行教材的选择与调整。而对于尚未出版教科书的年级，则可以更自由地直接以单元目标进行教材分析。因此以下分别介绍有教科书既定教材者，如何编选或调整本单元所要教的教材内容，以及无教科书的教材分析方法。

1.有教科书者的教材调整方法

有教科书者，其教材已订，但是为让教材具有达成四好生活质量的实用功能，通常要从三个维度去编选本单元最终要教的教材。一是参考教科书该单元内容，进行调整。二是导向该单元主题目标的内容，进行增删。三是依据 IEP 目标，进行筛选。

（1）依据教科书内容调整。

第一，整理教科书上的教材内容，找到其背后要达成的教学目标。

可以用表格整理。教科书上的教材一般是依据课程标准编排出来的教学内容，如果教材不适合学生，需要进行调整，调整的原则是什么，当然是要回到教学目标去调整，因此要回溯教科书上的教材是为了达到什么课程目标而编选的，因而可以帮学生重编教材以达其目标。

例如，生活适应教科书第三册第一单元：学校生活，教材内容包括端正坐好、举手发言等内容，对应课标是为达成"3.3.3.3 遵守纪律，养成基本学习习惯"，那么学习习惯和纪律，对某生而言，就可以重新选择对他比较适合的纪律和习惯的表现作为教材内容，像离座后自己回座等，可能比举手发言更重要，更易行。

第二，复制该课程目标的四好指标。

要将该课程目标降低难度以适合班上不同程度学生的需求，可以应用课标的四好标准，让该目标适合好帮手、好家人或好照顾学生学习。因此将课标的四好评量指标复制下来即可。

例如，课标"3.3.3.3 遵守纪律，养成基本学习习惯"，可以调整为：好照顾级，能配合学习活动要求，不捣乱、不破坏、不影响教学活动进行（如上课不乱跑）；好家人级：能遵守几种纪律要求，有基本的习惯（如上课注意教学活动、完成作业、排队、不逃课等）；好帮手级才是原目标"能遵守纪律，养成基本的学习习惯"。

（由于拟订 IEP 时很少有学生须追好公民目标，因此将教科书原内容定在好帮手级为主，好家人与好照顾级学生在此标准上降低难度。）

第三，依据四好指标调整原教材为四好教材。

此时教材要教的内容就可以分成好帮手级、好家人级、好照顾级需要学习的教材内容，也加大了学会的可能性。

例如"3.3.3.3 遵守纪律，养成基本学习习惯"原教材：端正坐好、认真听讲、听从要求、举手发言、遵守公共秩序、轻声排队、轮流等行为适合对好帮手的要求，而好家人则从中选择少数基本的学习习惯，而好照顾只需学习在少量人力支持下，关注并感觉活动中的视、听、触、等媒材，辨认老师同学，不破坏，不紧张，必要时做出选择即可。

例如，生活适应主题"争当升旗手"。

附表 29：四好教材调整（生活适应科）

——二年级上册第一单元"争当升旗手"

教材来源：二年级上册《生活适应》教学时间：202009—202101　设计人：李宝珍

单元	课次	原教材	对应课标	学生 IEP 四好目标		学生教材调整
一、学校生活	1. 我升班了	1. 知道自己是二年级小学生 2. 遵守课堂纪律（端正坐好、认真听讲、听从要求举手发言、遵守公共秩序——轻声、排队、轮流） 3. 在父母陪伴下完成作业	3.3.3.3 遵守纪律，养成基本的学习习惯	好照顾	1. 能配合学习活动要求，不捣乱、不破坏（如上课不乱跑）	上课待在教室内给选择时愿意任意做出选择，不破坏，不乱扔教具，老师带着排队，将作业带回家（能完成观察式作业：例如观察妈妈给哪位朋友发微信）
				好家人	2. 能遵守几种纪律要求，有基本的习惯（如上课注意教学活动、完成作业、排队、不逃课等）	愿意到二年级教室上课坐着，对感觉鲜明易懂的教材介绍会关注，给选择时会做出选择，听从两个最常见要求，服从老师带领排队后不离队，将作业（简单反复操作式）带回家拿出来收起来
				好帮手	3. 能遵守纪律，养成基本的学习习惯	同原教材，视需要调整作业
				好公民	（略，下同）	
	2. 我的好朋友	1. 知道好朋友名字性别 2. 愿意认识新朋友（介绍自己、介绍朋友） 3. 喜欢和朋友一起活动（玩球、玩车、看书、吃饭、扫地、跳绳、庆生）	3.3.1.2 认识班级同学，记住名字，能分辨同学性别	好照顾	1. 能对班级较熟悉同学不排斥（出现、靠近、陪伴等）	建立一位到两位固定熟悉的同学的互动行为（同坐、同吃、同看、帮他做某活动） 能以情绪或操作表示愿意和谁一起 （功能：看到某人照片能有情绪表现，以表示能辨别人）

续表

单元	课次	原教材	对应课标	学生 IEP 四好目标		学生教材调整
一、学校生活	2. 我的好朋友	1. 知道好朋友的名字、性别 2. 愿意认识新朋友（介绍自己、介绍朋友） 3. 喜欢和朋友一起活动（玩球、玩车、看书、吃饭、扫地、跳绳、庆生）		好家人	2. 能认识与自己有关的、重要的几位班级同学，记住名字并分辨同学性别（如同桌、班长、玩伴等）	建立一位到两位固定熟悉的同学的互动行为，在老师呼名并手势提示或照片提示时指认出刚刚互动的同学 （功能：从熟人开始指认照片，以备日后需要指认人时会指认）
				好帮手	3. 能认识班级同学，记住名字，能分辨同学性别	同原教材，视需要调整和朋友一起的活动，指出刚和他一起活动是哪位
	3. 我是少先队员	1. 入队（戴红领巾、敬队礼、认队徽和队旗、唱队歌） 2. 活动（队会、参观劳动服务）	3.3.3.4 了解少先队相关知识，积极参加少先队活动	好照顾	1. 能在少先队活动中，不干扰，不排斥	愿意佩戴红领巾不破坏，愿意和老师、队友站在一起不乱跑（功能：日后有机会参加特别的活动时能保持安静）
				好家人	2. 能理解几个少先队知识，配合参加少先队活动（如佩戴红领巾、少先队员敬礼手势等）	愿意佩戴红领巾，能模仿敬礼（功能：日后有机会参加特别的活动时，能模仿一两个仪式性动作）
				好帮手	3. 能了解少先队相关知识，积极参加少先队活动	同原教材，视需要调整班级的少先队活动
二、个人生活	1. 餐桌上的肉奶蛋	1. 认识肉类（猪、牛、鸡、鱼、虾、螃蟹、腊肠、羊） 2. 认识蛋类 3. 认识奶类（牛奶、酸奶） 4. 辨认出一道菜中的肉蛋奶（西红柿炒鸡蛋、青菜炒鸡丁、红烧鱼等）	3.1.1.1 认识常见的食物	好照顾	1. 能接受常见的食物不排斥	给他食物(有肉蛋奶类)时，适当表示要吃、不吃
				好家人	2. 能选择自己要吃的食物	在三样食物中选出要吃的
				好帮手	3. 能选择家人要吃的常见的食物	把几样食物分别选给不同家人

续表

单元	课次	原教材	对应课标	学生 IEP 四好目标		学生教材调整
二、个人生活	2. 衣物的组成	1. 认识上衣、裤子的前后 2. 认识上衣、裤子的各部分 3. 认识鞋、袜的各部分（本课教材难度超出课标）	3.1.3.1 认识常见的衣物	好照顾	余略	余略
				好家人		
				好帮手		
	3. 帽子和手套		3.1.3.2 能戴帽子、手套	好照顾		
				好家人		
				好帮手		
	4. 学穿鞋		3.1.3.3 能穿脱简便的衣服、鞋袜	好照顾		
				好家人		
				好帮手		
三、家庭生活	1. 我的大家庭	（余略）				
	2. 团圆过中秋					
四、小区生活	1. 我生活的小区					
	2. 我的邻居					
五、我是中国人	1. 我是中国人					
	2. 欢乐中国年					

（2）依据本单元主题的功能性目标进行教材分析，将上述教材纳入单元的主题活动进行。

例如，以关系图法来分析主题目标："能遵守学习常规，争当升旗手"的关键词为"学习常规"，本单元要教的常规行为有哪些？参考上面调整过的四好教材表常规部分进行分析，"升旗手"这个关键词下包含升旗的时、地、人、事、物，要列出哪天要升旗，在哪里升旗，谁来参加升旗，谁升旗，如何升旗，要准备什么，如何穿着等具体事项。本单元教学期间要精选出来的具代表性的教材内容或知识技能，也要参照上面调整过的四好教材表（见下列关系图）。

（3）最后用本班学生的 IEP 目标中适合在本单元活动教的目标，进行教材的增删。

例一：单元目标"能遵守学习常规，争当升旗手"

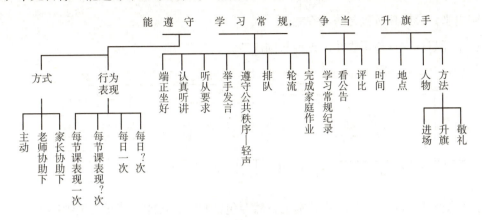

2. 无教科书的教材编选方法

无既定教材可参考者，则可以直接以功能性的单元目标来分析教材，思考欲达单元目标须教什么教学内容的编选，具体而言：学生需要拥有什么知识，具有什么技能，具备什么情意态度，才能达成单元目标的要求？

（1）确定单元主题的功能目标：例如"能具备用餐礼仪来参与国庆节宴会""能养成健康的饮食习惯"。

（2）分析欲达功能性目标所需的下位能力：可以用三维目标来叙写，再分析出其具体内容，包括要达此目标（例如：能具备用餐礼仪来参与国庆节宴会）学生需要具备什么相关知识、技能、情意习惯。（例如：国庆活动相关知识？选择并舀取食物的技能？养成安静用餐的行为习惯？……）教学团队可以讨论，依据教材的体系，先列出认为重要的内容。

例如，能具备用餐礼仪来参与国庆节宴会的教材可包括：

需具备知识：

·国家知识：1.1 国名；1.2 首都；1.3 庆祝活动有哪些。

·国庆节知识：2.1 国庆节的意义；2.2 日期；2.3 庆祝活动有哪些。

需具备技能：

·用餐技能：1.1 自助餐式取食（选择食物、使用公筷、公勺、盘子等）；1.2 进食技能（使用勺子、筷子、盘子、碗、细嚼慢咽）

·用餐礼仪：2.1 注意卫生类（洗手、擦嘴、小心舀取饭菜汤、不吃掉落食物、适当取放餐具）；2.2 注意礼节类（等候、排队、不抢不玩食物、安静、请用、举杯、交流用语、穿着）

需具备情意态度：

·养成上述用餐礼仪的行为习惯。

·有动机参加班级国庆餐会。

（3）参考全班学生的个别化教育计划中的目标，筛选个别化教育目标。没有的部分可以删去，突出学生的需求。

（4）教学团队讨论时亦可以用上述关系图来有效分析单元目标之下的教材。先把单元目标中的关键词圈出来，分析其所包含的关键能力。

例二：单元目标"具备用餐礼仪来参与国庆节宴会"

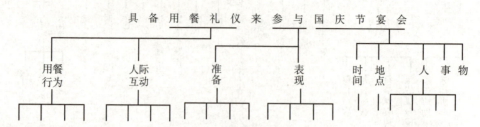

（从关系图分析出来的教材内容基本上自然会包括知识、技能、情意三类内容）。

（5）同样地，仍然要以学生IEP目标来增删所分析出来的教材内容。例如，某学生的IEP有"选择个人特殊体质的实物"，那么菜单中就要加入"选择低糖食品"或"无豆类、内脏类食品"的学生健康需要的内容。

> （三）选用教学策略

每个单元活动的教学策略的选用要考虑两个向度：

一是要符合该单元教材的特点：教材来自教学目标，生活适应科的特点为所学是为了适应生活中的某个情境（主题），因此教材是从单元目标衍生而来，一般分为知识类教材、技能类教材和情意类教材，适合用不同的教学策略来设计活动。

二是要符合学生的学习特征：每位学生的动作、感觉、认知、语言等能力不同，学习时会有不同的理解与表现模式，这是属于他的学习特征，教学时教师除了调整教材，还要为学生调整教学方法。四好教学概念建议将学生的学习特质分为好照顾、好家人、好帮手、好公民四种，必须对应四种教学策略。

依据本单元教材的性质与学生的四好特质，应用合适的教学策略，成为本单元有效的教学方法，才能生成后面的教学活动。

1. 符合教材性质的教学策略

任何教学设计模式都要寻找最适合教教材的方法，每个教学主题都会要求设计者填写教学策略或方法，如何填写？生活适应科的教材可以大致分为：要达成单元主题的生活功能，学生需要具备什么知识？什么技能？什么情意态度？因此设计教学活动时，要先思考：

（1）用什么方法才能有效教会学生这些生活知识？这需要应用到教育心理学里教知识概念有关的教学原理，例如如何让学生了解上课常规或教室常规？如何让学生了解国庆节有哪些活动？（策略可参考本书第四篇四好的教学策略。例如，利用角色扮演、情景模拟、反复活动制造经验，再将经验平面化成照片或影片进行复习等方法来教导国庆节活动相关知识。）

（2）用什么方法才能有效教学生学会这些生活技能？这需要应用到教育心理学里教技能有关的教学原理，例如有礼貌的用餐技能、升旗的技能。例如，应用逐步养成法，先学习三步骤的卫生取餐技能，再教四步骤卫生取餐技能，等等。

（3）用什么方法才能有效教学生学会这些生活态度？这需要应用到教育心理学里培养情意态度有关的教学原理，例如如何让学生愿意遵守餐桌礼仪？遵守上课常规？例如，用餐桌礼仪行为的正反例照片各五张供学生分类，等等。

2. 符合学生特质的四好教学策略

例如，如何因应四好学生个别学习特质，选择教学策略。

· 好照顾的教学策略：教具须突出明显，差异大，以激发学生的感觉注意与辨别。

· 好家人的教学策略：可同时联结具体用平面教具，但仍须区别明显，给予多次操作探索练习。

· 好帮手的教学策略：先同好家人，再过渡到和教科书上一样的平面图画到图形操作。

例：二年级上册《生活适应》第一单元教材的教学策略

附表 30：四好教材调整与教学策略（生活适应科）
——二年级上册第一单元"争当升旗手"

设计人：李宝珍

单元	课次		教材调整（续上表）	符合学生特征的教学策略
一、学校生活	1. 我升班了	好照顾	上课待在教室内，给选择时愿意任意做出选择，不破坏、不乱扔教具，老师带着排队，将作业带回家（观察式作业）	1. 活动中适时发教具，给予教具选择权，不时增强拿着教具的行为 2. 教具选择能吸引学生，区别明显者、好恶差别明显者 3. 做好家长作业交代工作，作业以观察家人在做什么为主，例如观察妈妈给哪位朋友发微信，观察爸爸晚餐先吃哪道菜。由家人问他以后帮记下来，也算是交作业
		好家人	愿意到二年级教室上课坐着，对感觉鲜明易懂的教材介绍会关注，给选择时会做出选择，听从两个最常见的要求，服从老师带领排队后不离队 将作业（简单反复操作式）带回家，拿出来，收起来	1. 活动中适时发教具，给予教具选择权，可用照片 2. 教具选择能吸引学生区别明显者，可用照片、视频教导活动区分 3. 区分后进行活动照片的分类 4. 带领排队，从诱导到手势参照，尽量不用牵手 5. 做好家长作业交代工作，有明显作业包
		好帮手	同原教材，视需要调整作业	1. 看少先队视频模仿少先队活动，拍照，照片分类 2. 活动中正反例行为，区分照片中正反例，进行行为分类 3. 排队，从手势参照到眼神参照到主动 4. 家庭作业做完，自己打钩
	2. 我的好朋友	好照顾	建立一位到两位固定熟悉的同学的互动行为（同坐同吃同看，帮他做某活动），能表示愿意和谁一起	1. 教这位同学如何和他互动 2. 每次都问他要和谁一起 3. 活动结束时请他对同学评价
		好家人	建立一位到两位固定熟悉的同学的互动行为，在老师呼名并手势提示或照片提示时能认出	1. 有时候让他选择要和谁一起（用照片选） 2. 活动结束时请他对同学进行评价
		好帮手	同原教材，视需要调整和朋友一起的活动，指出刚和他一起活动的是哪位	玩动态和桌上游戏，两人一组或三人一组，以照片或口语回答
	3. 我是少先队员	好照顾	愿意佩戴红领巾不破坏，愿意和老师、队友站在一起不乱跑	组织少先队活动，如升旗、唱队歌、做旗操，问他要排哪里，和谁站一起，谁帮他系红领巾
		好家人	愿意佩戴红领巾，能模仿敬礼	组织少先队活动，如升旗、唱队歌、做旗操，指定他排哪里和谁站一起，谁帮他系红领巾
		好帮手	同原教材视需要调整班级的少先队活动	

＞（四）设计单元教学活动的过程

生活适应科的教学活动由"整体活动→分化活动→统整活动"构成：

建议在构思生活单元活动设计时，大家（教学团队）先针对单元功能性主题，创想能吸引学生、促进学习动机的高潮活动，作为单元最后统整阶段的统整活动。再分析必要的教材，以教材的数量与单元总时间总节数，形成几个分化活动，作为分布练习本主题重要技能的几个部分。最后构思如何在单元最开始时进行整体活动，用以引起动机。

简而言之，先构想统整活动，再设计整体活动，最后设计分化活动。

例如，"遵守学习常规，争当升旗手"单元。

1. 统整活动

"参加升旗典礼，争当升旗手"，这是预想单元结束时的高潮活动设计，应是学生向往的活动，也就是本单元结束的最后几节课的一个接近真实情境的活动。可以让学生感觉整个月都在为这个高潮活动做准备，而学习以下几个分化活动的教材。通常统整活动可以用到单元结束的最后三天（或三节），一天是统整活动的预演或彩排，一天进行统整活动，最后一天用来回顾、总结单元所学，留下可以回忆的纪录。

2. 分化活动

是单元的主要活动内容，可分为几大部分。例如：

（1）认识红领巾类：可进行"买红领巾""学系红领巾""选择红领巾""分类系红领巾正反例"等活动。

（2）排队与敬礼类：可进行"排队列队行进队伍练习"和"分类排队敬礼正反例"等活动。

（3）认识同学类：可进行"谁系红领巾""同学照片分类"等活动。

（4）升旗典礼类：可进行"升旗护旗练习""选升旗手护旗手""查看布告谁是升旗手护旗手"等活动。

以上分化活动是学生为了成功进行统整活动而做的学习练习和准备，每个分化活动进行 2 ~ 4 节课。

3. 整体活动

例如，可进行：

（1）预告升旗典礼，争当升旗手，看少先队升旗视频。

（2）告知须学习事项以及准备事物（红领巾、国旗、队旗）等活动。这是在单元一开始预告目标与结果（统整活动是什么？），以引起动机，准备进入一个单元的学习，或者带学生一起计划这个单元的进度，一至二节课即可完成。

以上活动过程应先填写在单元活动卡中，再确定班级共同活动，然后将每个活动进行变化以符合有些学生的个别化目标。

过程中需要用什么教学资源，需要填写在活动教案的教学资源一栏中里，最后留一栏做教学评量与教学反思。

例：二年级上册《生活适应》第一单元"争当升旗手"教学活动设计

附表31："教学活动设计"（生活适应科）

——二年级上册第一单元"争当升旗手"

设计人：李全容

教学单元	学校生活	主题目标	遵守学习常规、争当升旗手	教学日期	2020.9.2—9.30 10：50—11：30（14课时）	教师	主教：李全容 助教：赵思祺、戴伟丽、李亚蔚			
学 生 教 学 目 标 与 评 量	学生			IEP 目标				前	中	后
	好帮手	甘S	1. 了解少先队相关知识，积极参加少先队活动					2	2	3
			2. 愿意和老师同学交往，能使用文明用语					2	2	3
	好家人	贤S	1. 了解少先队相关知识，参加少先队活动					2	2	3
			2. 愿意和老师同学交往，能使用文明用语					2	2	3
		宇S	了解少先队相关知识，参加少先队的活动					2	2	3
		苏S	1. 愿意和老师、同学交往，能使用礼貌用语					2	2	2
			2. 了解少先队相关知识，参加少先队活动					2	2	2
		俊S	1. 了解少先队相关知识，积极参加少先队活动					2	3	3
			2. 愿意和老师、同学交往，能使用礼貌用语					2	3	3
	好家人	馨S	1. 了解少先队相关知识，积极参加少先队活动					2	3	3
			2. 愿意和老师、同学交往，能使用礼貌用语					2	3	3
	好照顾	珊S	1. 愿意与自己有关的、重要的几位老师、同学交往					1	1	2
			2. 理解几个少先队知识，配合参加少先队活动（如佩戴红领巾、少先队敬礼手势）					1	2	2
教 学 策 略	1. 工作分析 2. 视觉提示 3. 情境教学									

活动流程	活动内容	个别活动目标	教学资源
20210901 周三整体活动：争当升旗手			
1. 始活动	（1）上课准备：学生陆续进入教室，端椅子坐下 （2）二年级学生签到	好帮手： 甘S：在观摩活动中仔细观察到红领巾、站立排队，并能大致说出新知内容 好家人： 馨S、俊S、贤S、宇S：在活动中表现出好奇心、发现红领巾的不同处 好照顾： 苏S、珊S：在位置配合参与观摩、看一看、摸一摸	签到牌、音乐、点名（老师、学生照片）、国旗、旗杆、礼服3套
2. 主活动	（1）引起动机：老师正准备拿出教具时，就听见了升旗典礼的音乐声，老师同学闻声走去 （2）观摩：进入剧场观摩升旗典礼的活动，问学生想不想参加升旗典礼，比较与自己的不同之处 （3）引出整体新知：仪式结束后，学生回到自己的班级，询问学生想不想参加，展示刚才观摩的图片，进行对比		

续表

活动流程	活动内容	个别活动目标	教学资源
2. 主活动	（4）展示整体新知：不同之处 ①系红领巾 ②排队、敬队礼 ③有升旗手、护旗手 （5）告知接下来的一个月我们就要为参加升旗典礼做准备		
3. 结束活动	（1）收拾整理场地 （2）下课		

第一类：认识红领巾类

20210902 周四分化活动 1：认识红领巾（购买＋选择红领巾）

活动流程	活动内容	个别活动目标	教学资源
1. 始活动	（1）上课准备：学生陆续进入教室，端椅子坐下 （2）二年级学生签到	好帮手： 甘 S：保管钱，到指定商铺付款购买红领巾 好家人： 馨 S、俊 S、贤 S、宇 S：保管钱和红领巾的图片，购买红领巾 好照顾： 苏 S、姗 S：拿红领巾，到对应的店铺找到红领巾并购买回来	签到牌、观摩视频、电脑、电子白板、红领巾、1 元钱币若干
2. 主活动	（1）导入：回顾昨日观摩升旗典礼的视频（主要为系红领巾片段），对比明显处，他们参加升旗典礼有系红领巾 （2）感知：老师拿出一条红领巾给予学生感受 ①红色的 ②滑滑的 ＊但一条红领巾不够，所以需要去购买 （3）引出今日内容：购买红领巾 （4）购买：老师带领学生购买红领巾，每人 2 元钱，到学习用品店铺购买 （5）校对：请学生将购买后的红领巾配对、分类放到相应物品的箱子 （6）总结学生购买红领巾的情况，请学生提前试戴，感受		
3. 结束活动	（1）总结今日活动，预告明天活动内容 （2）下课		

20210903 周二、三分化活动 2：认识红领巾（系红领巾）

活动流程	活动内容	个别活动目标	教学资源
1. 始活动	（1）上课准备：学生陆续进入教室，端椅子坐下 （2）二年级学生签到	好帮手： 甘 S：模仿系红领巾的步骤，练习时独立做出几个步骤的动作 好家人： 馨 S、俊 S、贤 S、宇 S：愿意模仿系红领巾的简单动作，并且佩戴的位置正确 好照顾： 苏 S、姗 S：配合将红领巾披肩上，保持小段时间	签到牌、观摩视频、电脑、电子白板、红领巾、1 元钱币若干

续表

活动流程	活动内容	个别活动目标	教学资源
2. 主活动	（1）选择红领巾：老师请学生选择出昨日购买的红领巾 （2）尝试戴红领巾：学生尝试用自己的方式戴红领巾，并与典礼上的旗手戴红领巾的方式进行对比 （3）模仿示范：旗手示范系红领巾的步骤； 第一遍：旗手做动作＋念口诀，拿红领巾—披肩上—绕一绕—穿一穿—拉一拉 第二遍：旗手做动作＋念口诀，学生模仿做 （4）协助练习：每人拿红领巾进行练习，旗手、老师巡回协助指导练习 （5）检验：学生对着镜子进行自我检验，旗手检验学生红领巾系得合格与否，并拍照记录 （6）展示活动成果：将合格的学生照片展示给大家看，提供榜样的示范		
3. 结束活动	（1）总结今日活动，预告明天活动内容 （2）下课		
第二类：认识新朋友类			
20210908、10、11 周二、三分化活动 3：认识新朋友（名字、性别）			
1. 始活动	（1）上课准备：学生系好红领巾陆续进入教室，端椅子坐下 （2）二年级学生签到	好帮手： 甘 S：介绍自己的姓名和性别，并示范系红领巾的动作，念口诀 好家人： 馨 S、俊 S、贤 S、宇 S：说出自己的名字，简单示范重点的步骤（披肩上、拉一拉等） 好照顾： 苏 S、姗 S：配合上台展示系红领巾的成果	签到牌、观摩照片、学生大照片（名字、性别）、透明投票筒、红领巾若干、争当升旗手的流程图
2. 主活动	（1）导入：老师展示昨天系红领巾合格所拍下的照片，并抛出问题"这是谁？"（信息：名字、性别） （2）新朋友展示：请系红领巾标准的同学进行简单的自我介绍，并展示系红领巾的步骤或成果（单独上台、两人上台、多人上台） （3）投票：其他老师、同学进行投票，觉得他红领巾系得好的就将手里的票投给他 （4）成果展示：选出票数多的前 3 名同学，体验升旗手的活动（升旗仪式） （5）总结本周活动：拿出活动进程板，争当升旗手，系红领巾的活动已经完成了并张贴上，接下来要开始常规训练了		
3. 结束活动	（1）总结今日活动，预告明天活动内容 （2）下课		
第三类：排队、敬礼类			
20210915 周二、三分化活动 4：常规（排队＋列队＋听从要求＋认真听讲）			

活动流程	活动内容	个别活动目标	教学资源
1. 始活动	（1）上课准备：学生系好红领巾陆续进入教室，端椅子坐下 （2）二年级学生签到	好帮手： 甘S：主动地进行排队、列队的动作练习，分清楚各个方向的转动 好家人： 馨S、俊S、贤S、宇S：积极配合排队、列队的各个方向转动，对简单的列队语言立即做出反应 好照顾： 苏S、姗S：对简单熟悉的列队语汇能有反应，可做出动作反应	签到牌、流程板、音乐、地面位置的标识
2. 主活动	（1）导入：老师拿出本月活动进程板，回顾昨日系红领巾，引出今日活动内容"排队、列队练习" （2）确定场地：听从老师要求，排队到相应场地集合，准备练习活动 （3）感受排队和列队：听到音乐就立即按照刚开始的队形排队进行绕场，音乐停止后听从要求开始列队（如：立正、稍息、向右看齐、向前看等） （4）练习排队和列队：每排进行列队内容的练习 （5）整体排队、列队：整体跟随音乐进行排队、列队练习		
3. 结束活动	（1）总结今日活动，预告明天活动内容 （2）下课		

20210916、17 周二、三续分化活动5：常规（入队排队、列队、听从要求、认真听讲）

活动流程	活动内容	个别活动目标	教学资源
1. 始活动	（1）上课准备：学生陆续进入教室，端椅子坐下 （2）二年级学生签到	好帮手： 甘S：听到音乐就将手举起来并看向国旗 好家人： 馨S、俊S、贤S、宇S：听到音乐，模仿老师同学敬队礼 好照顾： 苏S、姗S：配合敬队礼、排队、列队的动作	签到牌、流程板、音乐、地面位置的标识、国旗、旗杆
2. 主活动	（1）准备：学生系好红领巾，排队到进行活动的场地 （2）正式活动：听到音乐就开始按队形排队，跟随音乐进行绕场活动 （3）列队：音乐结束后，进行列队活动（如立正、稍息、向右看齐、向前看等） （4）看升国旗，行队礼：看旗手升国旗，学生模仿行队礼的动作 （5）挥队旗、唱队歌 （6）总结本周活动：拿出活动流程板，争当升旗手，常规训练也结束了，接下来要选择出升旗手和护旗手		
3. 结束活动	（1）总结今日活动，预告明天活动内容 （2）下课		

第四类：升旗典礼类

20210922、23 周二、三分化活动6：练习升旗、护旗动作

续表

活动流程	活动内容	个别活动目标	教学资源
1. 始活动	（1）上课准备：学生陆续进入教室，端椅子坐下 （2）二年级学生签到	好帮手： 甘S：找到组内的好朋友并模仿升旗的动作，拉、甩、敬礼 好家人： 馨S、俊S、贤S、宇S：跟随组员到指定的场地进行拉旗、拿旗、抛旗的动作 好照顾： 苏S、姗S：配合与朋友参与升国旗活动，跟随走、拉的动作	签到牌、流程板、音乐、地面位置的标识、国旗、旗杆
2. 主活动	（1）导入：邀请旗手带领国旗到班级上，告知二年级的学生可以报名参与升旗手、护旗手 （2）登记信息并分组：学生排队登记信息（姓名、性别）并分组 （3）旗手示范：旗手示范步骤，供预备的升、护旗手观察学习 （4）分组练习：划分场地进行练习，升旗手—拉国旗，护旗手—拿国旗、挥国旗，旗手进行指导 （5）相互展示成果		
3. 结束活动	（1）总结今日活动，预告明天活动内容"选升旗手、护旗手" （2）下课		

20210924 周二、三分化活动 7：选升旗手、护旗手

活动流程	活动内容	个别活动目标	教学资源
1. 始活动	（1）上课准备：学生陆续排队入场 （2）二年级学生签到	好帮手： 甘S：主动找到组内朋友到相应场所进行比赛，组内起着带头示范作用 好家人： 馨S、俊S、贤S、宇S：可跟随集体到场地进行排队、列队的简单动作 好照顾： 苏S、姗S：配合与朋友参与选拔，跟随走、拉、转的动作	签到牌、流程板、音乐、地面位置的标识、国旗、旗杆、评分表 6 份
2. 主活动	（1）预告：预告今日将要选出升旗手、护旗手，请参赛选手做好准备 （2）选拔标准项度： ①系红领巾 ②排队 ③列队 ④升、护国旗 （3）正式比赛：两组进行选拔，评委打分选出整体表现较优异的一组（系红领巾、排队、列队、升国旗、护国旗等向度） （4）结果：选出今日分数高的那组（最符合升旗手、护旗手标准） （5）展示： ①升旗手、护旗手，张贴到公布栏 ②旗手传递国旗 （6）展示本月的流程板，已全部完成，同学们可以去参与学校的升旗典礼了，明天我们将进行升旗典礼的彩排		
3. 结束活动	（1）总结今日活动，预告明天活动内容彩排，请升旗手、护旗手做好准备 （2）下课		

续表

活动流程	活动内容	个别活动目标	教学资源
20210930 周二、三分化活动 7：彩排			
1. 始活动	（1）上课准备：学生陆续排队入场 （2）二年级学生签到	好帮手： 甘 S：积极地观看升旗典礼，升旗、护旗也能及时进行动作的反应 好家人： 馨 S、俊 S、贤 S、宇 S：跟随集体观看升旗典礼，并且升旗、护旗时有重点的几个动作，大致能够表现出 好照顾： 苏 S、姗 S：配合参与升旗典礼，配合拿、放、手举高的动作	签到牌、流程板、音乐、地面位置的标识、国旗、旗杆、评分表 6 份
2. 主活动	彩排		
3. 结束活动	（1）总结今日活动，预告明天将进行升旗典礼，请升旗手、护旗手做好准备 （2）下课		
20210930 周二、三统整活动参与升旗典礼			
1. 始活动	（1）上课准备：学生陆续排队入场 （2）二年级学生签到	好帮手： 甘 S：积极地观看升旗典礼，升旗、护旗也能及时进行动作的反应 好家人： 馨 S、俊 S、贤 S、宇 S：跟随集体观看升旗典礼，并且升旗、护旗时有重点的几个动作，大致能够表现出 好照顾： 苏 S、姗 S：配合参与升旗典礼，配合拿、放、手举高的动作	签到牌、流程板、音乐、地面位置的标识、国旗、旗杆、评分表 6 份
2. 主活动	（1）入场：听到典礼活动的音乐就排队到相应地点 （2）主持人宣布：主持人宣布"升旗典礼正式开始！" （3）升旗手、护旗手出列：请组内升旗手、护旗手手持国旗出列，其他同学跟随升旗手、护旗手排队，绕场 3 圈走 （4）列队：进行队伍的简单调整（立正、稍息、向前看、向右看齐等） （5）升国旗，敬队礼：升旗手、护旗手准备，音乐开始拉绳、甩国旗，其他学生敬队礼 （6）归队：升旗手、护旗手归队 （7）队旗、队歌：少先队员挥队旗、唱队歌 （8）退场：各位老师、同学依次排队退场		
3. 结束活动	（1）总结本月活动，表希望 （2）下课		

教学总结	开学后第一个生活适应的单元主题，根据以往经验，学生的课堂常规会稍差，所以开始第一周就是简单常规的要求，第二周在常规要求的基础上稍加难度，第三周逐渐为统整活动做各种准备，最后一周是本月的高潮周，也是学生最有兴趣的，在本月活动实践中我也总结了利与弊
	利：1. 上课流程较熟悉，教具也能准备足够
	    2. 主教、助教配合较为默契
	弊：1. 会注意活动流程，忽视学生在活动中的主动反应
	    2. 上课过程中会忘记提醒的重点，语言上不够精简，会说很多学生没有经验的词汇，以至达不到重点
	    3. 不同层次的学生没有均兼顾，常常会忽视能力稍差的学生，或是低估学生的能力		

> （五）决定教学资源

教学资源包括单元活动中需用的环境布置、设备、器材、用品以及人力资源等。

> （六）设定教学评鉴

单元活动的评鉴是单元结束后的成果评鉴，主要评量学生的教学目标达成情况。可以每节课都评量，或是对每个分化活动进行评量，对每个教学目标进行评量，评量标准应该以学生所需协助的程度来评分。

例如，某目标学生需要身体协助，为1分；如果需要示范协助，则为2分；如果只需口头提示，则有3分；能独立做到该目标，则为4分。以此评分来改进学生的协助方式，并评估教师教学效果。教师对自己设计与执行本单元教学的结果也可在最后加上"教师反思"一栏。

（*以上顺序有可能互相影响而调动，例如想好统整活动之后又回过头去改变教材和教学策略。生活单元活动应该是生活化，重视情境中的自然合理需求而变。）

另附二年级下册生活适应设计案例，以供参考：

二年级下册《生活适应》学期教学规划

二年级下册《生活适应》第一单元"值日生技能大赛"的教材调整及教学活动设计

附表 32：统整 IEP 与教材的"生活适应"学期规划
——二年级下册

生活主题 主题内容（目标） 好照顾1：姗S、成S、程S 好家人2：又S、馨S、宇S、贤S、钦S、轩S、怡S 好帮手3：迪S、岩S、萱S 好公民4：		第一单元： 学校生活 1. 整洁的校园 2. 今天我值日 3. 多彩的活动（妇女节）	第二单元： 个人生活 1. 常见的饮品 2. 我的三餐 3. 整理自己的餐具（劳动节） 4. 身体不舒服	第三单元： 家庭生活 1. 家具 2. 家用电器	第四单元： 社区生活 1. 使用公共厕所 2. 使用直梯
教材目标	1. 能表现出几种爱护校园公共设施，保持校园环境整洁的简单行为 （钦S、轩S、姗S、贤S、宇S、又S、馨S-2；萱S-3）	轻开、轻关、不乱涂乱画、轻搬轻放、摆放整齐；节约用水、爱护花草、垃圾入桶、擦净、扫净；做好值日生职责			
	2. 知道几个节日的简单内容 （苏S、轩S、姗S、贤S、宇S、怡S、又S、翔S、馨S-2）	3月8日是妇女节；送妈妈礼物	5月1日是劳动节		

续表

生活主题 主题内容（目标） 好照顾1：姗S、成S、程S 好家人2：又S、馨S、宇S、贤S、钦S、轩S、怡S 好帮手3：迪S、岩S、萱S 好公民4：	第一单元： 学校生活 1.整洁的校园 2.今天我值日 3.多彩的活动（妇女节）	第二单元： 个人生活 1.常见的饮品 2.我的三餐 3.整理自己的餐具（劳动节） 4.身体不舒服	第三单元： 家庭生活 1.家具 2.家用电器	第四单元： 社区生活 1.使用公共厕所 2.使用直梯
教材目标 3.能在自己进餐时有基本的进餐习惯，或养成个人能接受的良好进餐习惯。（苏S、轩S、馨S-2）		习惯：进餐不着急、不喝生水、不喝过热和过冷的饮品		
4.能选择家人常见的食物（迪S-3）		饮品：果汁、豆浆、牛奶 食物：油条、米饭、蛋、包子、肉类、鱼肉、青菜等		
5.能在别人询问身体不适回答（表达）身体的不适（宇S、姗S、贤S、馨S、怡S-2；迪S、顾S、萱S-3）		头痛、牙疼、肚子疼、擦伤、咳嗽、流鼻涕、头晕、发烧、嗓子疼		
6.能表现出几种爱惜与自己相关的家具和物品的整洁、完好的简单行为（钦S、轩S、宇S、怡S、又S、翔S、馨S-2；迪S、萱S、顾S-3）		整理餐具：动作轻、分类放	家具：沙发、桌椅、柜子、抽屉 电器：电视机、电冰箱、洗衣机、电风扇、空调、微波炉、饮水机等 行为：不在床上和沙发上蹦跳、不在桌面上乱写乱画、椅/凳轻搬轻放、开关柜门和推拉抽屉力度适中、拉窗帘不要太用力	
7.能使用熟悉环境中的几个公用设施（苏S、轩S、怡S-2；萱S-3）				公共设施：公共厕所的标识，乘坐直梯 注意事项：有大人陪同、不坐维修电梯、满员不强入、不打闹嬉戏、保持电梯整洁

续表

生活主题 主题内容（目标） 好照顾1：姗S、成S、程S 好家人2：又S、馨S、宇S、贤S、钦S、轩S、怡S 好帮手3：迪S、岩S、萱S 好公民4：	第一单元： 学校生活 1.整洁的校园 2.今天我值日 3.多彩的活动（妇女节）	第二单元： 个人生活 1.常见的饮品 2.我的三餐 3.整理自己的餐具（劳动节） 4.身体不舒服	第三单元： 家庭生活 1.家具 2.家用电器	第四单元： 社区生活 1.使用公共厕所 2.使用直梯
教学目标 · 8.用恰当的方式向家长或老师寻求帮助。（苏S、贤S-2；萱S、顾S-3）	方式：可用图片、手势	方式：可用图片、手势、手势+语言进行表达		方式：可用图片、手势、手势+语言进行表达
教学目标 · 9.了解少先队相关知识，积极参加少先队活动（轩S、怡S、馨S-2；迪S、萱S-3）	队旗、队歌、队徽、戴红领巾、唱少年先锋队队歌			
其他IEP目标 · 了解社区环境安全隐患，且危险时能躲避			√	√
其他IEP目标 · 能认识人民币，建立钱与物的交换意识（姗S-2）		√	√	√
其他IEP目标 · 能在日常学习活动中配合老师要求，认真听老师教导（成S-2）				
其他IEP目标 · 遇到困难或意外时能主动且及时向家人、邻里求助			√	√
其他IEP目标 · 能用声音+动作表达日常生活中的简单需求（姗S-2）	√			√
其他IEP目标 · 能在活动中双手持续用力，如端重教具、手撑地、端水盆、提书包等	√	√	√	√
其他IEP目标 · 能与2位熟悉的人有交往意愿（如家人、同学、老师、邻居等）（怡S-2）		√	√	√
主题活动	值日生技能大赛	秋游	六一健走之家电抽奖	参观江津科技馆

附表 33：四好教材调整（生活适应科）

——二年级下册第一单元"值日生技能大赛"

设计人：李全容

单元	课次	教材	对应课标	学生 IEP 四好目标		学生教材调整
一、学校生活	1. 整洁的校园（语文）我的学校（数学）多彩的活动	1. 爱护校园公用设施：轻开轻关门窗、轻搬轻放桌椅、小心使用玩教具、爱护环境、节约资源（关水龙头、用二手纸）2. 保持校园环境整洁：爱护花木、垃圾扔垃圾桶、不乱写乱画、物品用完要放回原位	3.3.2.4 爱护校园公共设施，保持校园环境整洁	好照顾	能在要求下配合使用公共设施、保持校园环境整洁的简单行为（如垃圾放到垃圾桶，坐在椅子上而不推倒椅子等）	1. 配合别人搬移桌子、椅子，挪动身体 2. 选择值日伙伴、工作伙伴，做工作时做出选择，表示谢意
				好家人	能表现出几种爱护校园公共设施，保持校园环境整洁的简单行为（如不乱丢垃圾，椅子倒了扶起来等）	1. 选择工作伙伴和工作项目 2. 和伙伴合作搬桌椅、擦桌椅 3. 搬自己的椅子，关水龙头
				好帮手	能爱护校园公共设施，保持校园环境整洁	同原教材
				好公民	能主动维护校园公共设施，爱护校园环境整洁并能起示范作用（如在校园公共设施坏掉时进行通报，在校园环境脏乱时主动清理或告知相关人员处理清洁，活动中认真完成）	带动好照顾、好家人，完成值日工作
	2. 今日我值日（语文）我是值日生（数学）我是值日生	1. 知道自己哪天值日，早点到校 2. 知道值日生的职责：开窗、扫地、擦黑板、摆桌椅、倒垃圾 3. 当好值日生早点到校	无对应课标	好照顾		
				好家人		
				好帮手		
	3. 多彩的活动（语文）操场上（数学）整洁的校园	1. 了解学校活动：生活技能大赛、节日庆祝会（六一中秋）、运动会、校外活动、郊游、动物园 2. 愿意参与学校活动	3.3.3.1 了解学校一日安排，愿意参与学校活动	好照顾	在学校一日安排中，愿意参加至少一种学校活动，不排斥，对其他活动不干扰	乐于参加学校活动，不干扰、会鼓掌、会特别为自己的伙伴鼓掌
				好家人	有上学意识，学校一日安排中，愿意参与几种学校日常例行活动(音乐活动、体育活动、点心活动、语文活动、课间活动、音乐活动、游戏活动等)	至少有一项活动能独立参加（值日活动、颁奖活动）
				好帮手	能了解学校一日安排，愿意参与学校活动（如知道有什么活动安排等）	同教材

附表 34："教学活动设计"（生活适应科）
——二年级下册第一单元"值日生技能大赛"

设计人：李全容

活动流程	活动内容	个别活动目标	教学资源
20210302 周二整体活动：争当值日生（好处、条件）			
1. 始活动	（1）上课准备：学生陆续进入教室，找到位置坐下 （2）点名	好帮手： 迪 S、顾 S、甘 S：活动中能主动挑选出队友，进行收拾整理、擦洗的活动 好家人： 又 S、馨 S：能跟随随团体进行收拾整理、擦洗活动（与同学合作进行）； 苏 S、贤 S、怡 S、宇 S：能参与部分收拾整理、擦洗的活动 好照顾： 珊 S：陪同下参与收拾整理、擦洗的活动，可完成简单步骤的活动	点名板、标语条、手机、一沓钱、篮子、教玩具、小红花、毛巾、盆子、扫把、拖把、板子若干
2. 主活动	（1）老师从钱包里拿出一沓钱，请学生看一看、摸一摸，并指着标语说只有成为值日生才能得到这笔钱 （2）公布当选值日生的条件： ①两人合作（一男一女） ②能力（收拾整理物品、擦洗物品、美化物品） （3）两人合作：挑选自己的队友 （4）能力测试（前）： ①收拾整理物品 ②擦洗物品 ③美化物品 （5）分组评价：对各组学生的表现进行评价，并进行奖励		
3. 结束活动	（1）用提示板总结今日活动，并预告明日活动 （2）分组撕照片，下课		
第一类：归类整理类			
20210303、04 周三、四分化活动 1：归类整理物品（轻搬轻放、轻开轻关、摆放整齐）			
1. 始活动	（1）上课准备：学生陆续进入教室，找到自己的同伴并坐下 （2）各组进行点名签到	好帮手： 迪 S、顾 S、甘 S：活动中带领队伍去对应场所去整理物品，轻搬轻放、摆放整齐 好家人： 又 S、馨 S：主动跟随团体进行摆放、轻拿轻放物品的活动（与同学合作进行） 苏 S、贤 S、怡 S、宇 S：能参与部分整理、摆放的活动 好照顾： 珊 S：陪同下进行简单步骤的摆放、传递	点名板、电脑、手机、PPT、标语条、一沓钱、教玩具、小红花、板子若干
2. 主活动	（1）介绍今日活动，归类整理物品，注意要轻搬轻放、轻开轻关、摆放整齐 （2）公布场地，学生选择： ①剧场（好帮手＋好家人）：摆放玩具车、鞋柜、桌椅等 ②运动室（好帮手＋好家人＋好照顾）：教具箱、三角垫、滚筒等 ③教室（好家人）：桌子、椅子、花草盆等 （3）分组行动：将各个场所的物品进行归类整理，整理好后集合 * 留有老师拍照记录，便于展示与回顾 （4）评价：老师对各组活动时的表现进行评价并进行奖励		
3. 结束活动	（1）总结今日活动，预告明天的活动内容 （2）分组撕照片，下课		

续表

活动流程	活动内容	个别活动目标	教学资源
20210308 周一分化活动2：归类整理物品+三八妇女节			
1. 始活动	（1）上课准备：学生陆续进入教室，找到自己的同伴并坐下 （2）各组进行点名签到	好帮手： 迪S、顾S、甘S：妇女节活动上能主动对家人说出祝福语"三八妇女节快乐！" 好家人： 又S、馨S：能主动跟随团体向家人说出"三八妇女节快乐！"； 苏S、贤S、怡S、宇S：参与妇女节的部分，如简单说"节日快乐"或送花 好照顾： 姗S：陪同下参与简单步骤的活动（如将花送给熟悉的家人、弯腰、点头表示祝福）	点名板、电脑、手机、PPT、标语条、一沓钱、教玩具、鲜花若干、板子若干、各场地的图片
2. 主活动	（1）介绍今日活动，读标语条，我把校园变整洁，庆祝三八妇女节 （2）公布场地，学生选择： ①剧场（好帮手+好家人）：摆放玩具车、桌椅、早操箱等 ②运动室（好帮手+好家人+好照顾）：整理摆放教具、三角垫、滚筒等 ③教室（好家人）：桌子、椅子、花草盆等 （3）分组行动：将各个场所的物品进行归类整理，整理好后集合 （4）家人入场：观察学生在学校收拾整理时的动作和表现 *留有老师拍照记录，便于展示与回顾 （5）评价：老师对各组活动时的表现进行评价，此时家人加入评价，并奖励鲜花 *此时家长们可以悄悄入场看孩子的上课表现 （6）庆祝妇女节： ①送祝福、鲜花 ②表达希望		
3. 结束活动	（1）总结今日活动（三八妇女节），预告明天的活动内容 （2）分组撕照片，下课		
20210309 周二分化活动3：评选优秀值日生（小统整）			
1. 始活动	（1）上课准备：学生陆续进入教室，找到自己的同伴并坐下 （2）各组点名签到	好帮手： 迪S、顾S、甘S：活动中有竞争和合作意识，且动作标准 好家人： 又S、馨S：主动参与评选值日生活动（如摆放物品速度快、在意奖赏等）； 苏S、贤S、怡S、宇S：参与协同合作的活动（如传递物品、抬物品摆放） 好照顾： 姗S：能按照老师要求做事，提示下有摆放物品的动作反应	点名板、电脑、手机、PPT、话筒、5元钱、袖章、领奖台、教具、教具篮、教具箱板子若干
2. 主活动	（1）提问今日活动，邀请同学回答 （2）优秀值日生的好处： ①袖章 ②奖金5元 （3）评选流程： ①介绍一、二、三项比赛内容，并请考官做标准示范 ②分发活动内容，并告诉学生每一项做得好就可以得到小红花，做完了就可以交到汇总处 ③每组同学依次进行项目比赛 *每一项任务完成后根据表现奖励小红花 （4）评选优秀值日生： ①实操成绩（所得小红花数量的多少） ②教师投票 （5）颁奖：到领奖台—颁发奖金、袖章—发表感想		

续表

活动流程	活动内容	个别活动目标	教学资源
3.结束活动	（1）总结今日活动，表达希望 （2）分组撕照片，下课		
第二类：擦洗类			
20210310、11、16周三、四一分化活动4：擦各场所+归类			
1.始活动	（1）上课准备：学生陆续进入教室，找到自己的同伴并坐下 （2）各组进行点名签到	好帮手： 迪S、顾S、甘S：活动中主动按流程完成活动，需帮助时正确告知老师 好家人： 又S、馨S：主动参与擦物品的活动，必要时能提示下同学； 苏S、贤S、怡S、宇S：能参与协同合作的活动（两人配合、合作完成） 好照顾： 姗S：能跟随老师进行擦扫、拖活动，帮忙简单端、传、拉物品	点名板、标语条、手机、一沓钱、篮子、教玩具、小红花、抹布、盆子、扫把、拖把、板子若干
2.主活动	（1）介绍今日活动，擦各地方，注意要擦干净 （2）公布场地： ①剧场（好帮手+好家人）：擦：玩乐器材和柜子 ②运动室（好帮手+好家人+好照顾）：擦：三角垫、地垫 ③教室（好家人）：擦：桌子、椅子等 *两组为一个场所，待熟练后可更换需擦的物件 （3）分组行动：将各个场所进行擦拭打扫并且归放整齐，完成后集合 *留有老师进行拍照、录像记录、便于展示与回顾 （4）评价：老师对各组活动时的表现进行展示和评价，最后进行奖励		
3.结束活动	（1）总结今日活动，预告下次活动 （2）下课		
20210317周三分化活动5：评选优秀值日生（小统整）			
1.始活动	（1）上课准备：学生陆续进入教室，找到自己的同伴并坐下 （2）各组进行点名签到	好帮手： 迪S、顾S、甘S：活动中有竞争和合作意识，且按标准执行 好家人： 又S、馨S：主动参与评选值日生活动（如主动选择队友、合作完成、在意奖赏）； 苏S、贤S、怡S、宇S、姗S：参与协同合作的擦物品、搬运物品 好照顾： 成S、程S：能按照老师要求做事，在提示下做出动作反应	点名板、电脑、手机、PPT、话筒、5元钱、袖章、领奖台、教具、教具篮、教具箱、板子若干、
2.主活动	（1）提问今日活动，邀请同学回答 （2）优秀值日生的好处： ①袖章 ②奖金5元 （3）评选流程： ①介绍一、二、三项比赛内容，并请考官做标准示范 ②分发活动内容提示板，并告诉学生每一项做好就可以得到小红花，做完了就可以交到汇总处 ③每组同学依次进行项目比赛 *每一项完成后根据表现奖励小红花 （4）评选优秀值日生： ①实操成绩 ②老师民主投票 （5）颁奖：到领奖台—颁发奖金、袖章—表达感想		

续表

活动流程	活动内容	个别活动目标	教学资源
3. 结束活动	（1）总结今日活动，表达希望； （2）分组撕照片，下课		

第三类：美化类

20210318、23 周四、二分化活动 6：贴标语各个场所（不乱涂乱画、爱护花草、垃圾入桶、摆放整齐）+ 打扫 + 归类

活动流程	活动内容	个别活动目标	教学资源
1. 始活动	（1）上课准备：学生陆续进入教室，找到自己的同伴并坐下 （2）各组进行点名签到	好帮手： 迪 S、顾 S、甘 S：活动中能将对应标语贴在对应位置且贴得美观 好家人： 又 S、馨 S：能主动参与贴标语的活动，带动其他同学完成活动； 苏 S、贤 S、怡 S、宇 S：能参与部分的活动，且独立完成（如搬、贴、拿、撕等） 好照顾： 姗 S：能按照老师要求做事，提示下有反应	点名板、标语条、手机、一沓钱、篮子、教玩具、小红花、抹布、盆子、扫把、拖把、板子若干
2. 主活动	（1）介绍今日活动，美化各个场所 （2）公布美化标语，各组学生排队进行： ①不乱涂乱画 ②摆放整齐 ③爱护花草 ④垃圾入桶 （3）分组行动：在情境中去选择和贴正确的标语 （如爱护花草即设定花草叶子掉落、泥土撒出、花盆东倒西歪，尝试让学生将其处理和恢复原状，警示学生要爱护花草），贴完后回归剧场，等待评价 ＊留有老师拍照记录，便于展示与回顾 （4）评价：老师对各组活动时的表现进行评价并奖励		
3. 结束活动	（1）总结今日活动，预告明日活动 （2）分组撕照片，下课		

20210324 周三分化活动 7：彩排（练习技能比赛项目）

活动流程	活动内容	个别活动目标	教学资源
1. 始活动	（1）上课准备：学生陆续进入教室，找到自己的同伴并坐下 （2）各组进行点名签到	好帮手： 迪 S、顾 S、甘 S：活动中起到示范、带头作用 好家人： 又 S、馨 S：能主动跟随团体技能比赛的活动； 苏 S、贤 S、怡 S、宇 S：能主动参与部分技能比赛的活动，与同学合作进行 好照顾： 姗 S：在助教陪同下参与整个活动，可完成简单动作	点名板、标语条、手机、一沓钱、篮子、教玩具、小红花、抹布、盆子、扫把、拖把、板子若干
2. 主活动	彩排		
3. 结束活动	（1）总结今日活动，预告明日活动 （2）分组撕照片，下课		

20210325 周四统整活动：值日生技能大赛

续表

活动流程	活动内容	个别活动目标	教学资源
1. 始活动	（1）上课准备：学生陆续进入教室，找到自己的同伴并坐下 （2）各参赛选手进行点名	好帮手： 迪S、顾S、甘S：活动中有竞争和合作的意识，且增强受挫能力 好家人： 又S、馨S：能主动跟随团体技能比赛的活动； 苏S、贤S、怡S、宇S、姗S：能主动参与部分技能比赛的活动，与同学合作进行 好照顾： 成S、程S：在助教陪同下参与整个活动，可完成简单动作	点名板、电脑、手机、PPT、话筒、10元钱、袖章、领奖台、教具、教具篮、教具箱、板子若干
2. 主活动	（1）主持人介绍今日活动：值日生技能大赛 （2）奖品： ①奖金10元 ②奖状 （3）评选流程： ①介绍一、二、三项比赛内容，并请每组考官做标准示范 ②分发活动内容提示板，并告诉学生每一项做得好就可以得到小红花，完成了就可以交到汇总处 ③每组同学依次进行项目比赛 ＊每一项完成后根据表现奖励小红花。 （4）评选优秀值日生： ①实操成绩（根据小红花的数量评比） ②老师民主投票 （5）颁奖：到领奖台—颁发奖状、奖金		
3. 结束活动	（1）总结今日活动，预告明日活动 （2）分组撕照片，下课		
20210330周四复习活动：回顾本月所学内容			
1. 始活动	（1）上课准备：学生陆续进入教室，找到自己的同伴并坐下 （2）各组进行点名签到	好帮手： 迪S、顾S、甘S：活动中独立张贴课本，并能大致表达所学内容 好家人： 又S、馨S：能主动参与复习的活动，并找出每个活动参与的图片进行张贴； 苏S、贤S、怡S、宇S：能主动参与部分复习的活动，找出自己对应完成的活动进行张贴 好照顾： 姗S：在助教陪同下参与活动，帮忙拿、放、贴、交、传的简单动作	点名板、电脑、音箱、篮子、胶棒若干、课本12本、板子若干
2. 主活动	（1）介绍今日活动：回顾本月所学习的内容 （2）回顾内容：根据生活适应所学内容的顺序 第一部分：整洁的校园（爱护学校公共设施） 第二部分：今天我值日（1. 我是值日生　2. 值日生的劳动成果） 第三部分：多彩的学校活动（1. 三八妇女节　2. 值日生技能大赛） （3）回顾流程： ①播放每周对应活动的视频和图片 ②选择出每个活动对应的图片 ③张贴至书本，以助于回归课本（老师先示范） （4）阅读课本：老师带领一起回顾做好的课本内容（一页一页阅读），学生也翻阅至相应页数 （5）装课本入书包		

活动 流程	活动内容	个别活动目标	教学资源
3. 结束 活动	（1）总结本月所学的内容，表达希望 （2）下课		
教学反 思与总 结	总的来说，这是开学的第一个生活适应单元课的学习，学生们还是能较好地遵守上课的常规，也会跟老师互动一下，这个月的活动是劳动技能相关的，所以很锻炼学生的动手能力，同时也在培养学生养成爱护环境的习惯 对于第一个月生活适应课，我有以下反思： 优点：1. 锻炼了学生收拾整理、擦洗物品，养成保持环境整洁卫生的能力 　　　2. 活动的结构较清楚，且练习的次数足够多，学生较容易掌握规律 　　　3. 增加与同学的互动的次数，培养关爱同学、互帮互助的能力 缺点：1. 教学中对于细节的关注度和思考不够细致，将每个活动细化再细化 　　　2. 在评比优秀值日生时，会带有个人的主观意识，并且很难较细节地去评价每一组 　　　3. 对于学习积极性没有调动得很好		

周千勇、赵思祺、戴伟丽、王思羽

第一节　生活语文科的四好功能定位

一、培智学校义务教育课程生活语文总目标

培智学校生活语文课程总目标是提高学生适应生活的语文素养,培育热爱祖国语言文字的情感,在语文学习过程中培养学生热爱祖国、热爱人民、热爱中国共产党,促进形成健康的审美情趣、积极的生活态度和正确的价值观;掌握与其生活紧密相关的语文基础知识和技能,具有初步的听、说、读、写能力和社会交往能力;养成良好的学习习惯,能在生活实践中学习和运用语文知识与技能,为其适应生活和社会打下基础。

二、生活语文科的四好功能

培智学校生活语文课程的性质是:以教导语言文字的听、说、读、写能力和社会交往能力,提高语文素养为目的,以达成学生将来能掌握与生活紧密相关的语文基础知识和技能,目的是在生活实践中学习和运用语文知识而适应生活和社会。所以,生活语文科是为生活适应服务的。生活在社会中的你我,无论能力强弱,都会遇到一些生活问题,且是与语文知识技能有关的一些生活问题,那么就必须要用自己具备的语文知识来解决相关问题从而适应生活,对特殊需求学生也不例外。为了让不同能力水平的学生应用自己的语文能力解决生活中的语文问题,老师针对培智学校义务教育实验教科书——《生活语文》,分析出学生现有的语文能力现况,以四好层次来建构他们生活语文科学习及四好能力以达到生活适应的功能。

1分,好照顾:以在动作操作阶段(感觉动作期)为准,设想其能对感觉和情绪有区辨能力,能以个人的方式表示选择,来应付生存上的需求,能配合别人情绪明显的要求。

2分,好家人:以在具体操作阶段(前运算期)(学前成就)为准,因设想他可以掌握一些与个人需求有关的沟通能力,在有需要时能用尽办法(包括出示物品图片等非语言方式)解决问题,家人也可以用具体物或图画来作为提醒交代备忘记录之用(做记号)。

3分，好帮手：以在平面操作进入符号操作阶段（具体运算期前或后段）（学前一、二年段）为准，可以掌握处理日常家务有关的沟通能力，可以用自己能懂的图形记号文字等来沟通、查找、提醒、交代、备忘记录等。

4分，好公民：以在符号操作阶段（具体运算期后段或符号运算期前段）（学前三年段）为准，可以用阅读思考或笔记的方式解决生活中或工作中的问题。

因此，语文科老师主要是能把现成教科书上的内容功能化，改编成生活中有用的语文类问题，然后以学生不同的四好能力去解决这个问题，以适应生活所需。

第二节　生活语文科的学期教学计划

生活语文科的教学规划要结合既定教材以及学生的 IEP 目标，并整合生活适应科的教学主题情境。故教学规划步骤为：首先将教科书中的教材内容统整在各个教学主题之下，再将学生个别化教育目标搭配到相应的主题之下与相应的教材结合。

一、归类各教学主题下的语文教材

生活语文科有教育部编辑出版的教科书，教材既定，它与生活适应和生活数学都有同样的教学主题，故如果以生活适应科为核心，那么生活语文科的教学主题需和生活适应科协同一致，与生活适应和生活数学共享教学主题。（教学主题在生活适应科已拟订好）在这里，需先将相应主题下的语文教材归类罗列出来。

例：二年级上册《生活语文》与《生活适应》科之间整合教学主题

附表35：学期教学规划（生活语文科与生活适应科）
——二年级上册

生活适应科主题情境	第一单元 学校生活（国庆校园大游行）	第二单元 个人生活（秋游）	第三单元 家庭生活（家庭相簿展）	第四单元 社区生活（小区寻宝）	第五单元 国家与世界（跟着爸妈去拜年）
生活语文科教学主题（与生活主题协同一致）	第一单元：学校生活 国庆校园大游行	第二单元：个人生活 秋游	第三单元：家庭生活 家庭相簿展	第四单元：自然与社会 小区寻宝	第五单元：国家与世界 跟着爸妈去拜年
生活语文教材内容	第一单元：学校生活 1. 好学生 2. 红领巾 3. 秋天的校园 听：学生、少先队员、红领巾、秋天 说：上课时我们要（ ）；我是（ ）；我爱（ ）秋天来了，树叶（ ）了；校园（ ）了 读： 认读生字：生、上、手、巾、我、天 跟读词语：学生、少先队员、红领巾、秋天 跟读句子：上课认真听、说话先举手、我是好学生、我是少先队员、我爱红领巾、秋天来了，树叶黄了、校园更美了 写：上、巾	第二单元：个人生活 4. 好吃的水果 5. 不挑食 6. 我有一双手 听：苹果、香蕉、西瓜、米饭、手指 说：水果店里有（ ）我爱吃（ ）；（ ）本领大，（ ）手指头；我用手（ ） 读： 认读生字：西、大、米、我、十、个、手 跟读词语：苹果、香蕉、西瓜、米饭、手指 跟读句子：苹果圆，香蕉弯。大大的西瓜甜又甜。米饭和面条，蔬菜和水果。样样都爱吃，我们不挑食。小手本领大，十个手指头 写：大十	第三单元：家庭生活 7. 儿子女儿 8. 中秋节 9. 爬山 听：儿子、女儿、中秋节、月饼、爬山 说：我是（ ），我是爸爸妈妈的（ ）；八月十五（ ）。赏（ ），吃（ ）。全家一起（ ）。我和爸爸妈妈去（ ） 读： 认读生字：儿、子、女、八、五、月、山、天 跟读词语：儿子、女儿、中秋节、月饼、爬山 跟读句子：乐乐是爸爸妈妈的儿子。兰兰是爸爸妈妈的女儿。八月十五中秋节。赏月亮，吃月饼。全家一起乐团圆。今天天气真好。我和爸爸妈妈去爬山 写：儿山	第四单元：自然与社会 10. 土木火 11. 堆雪人 听：土、雪人 说：（ ）和（ ）是邻居。下雪了，我们在小区里（ ） 读： 认读生字：土、木、火、石、田、水 跟读词语：土地、泥土、木头、树木、火苗、烟火、石头、玉石、田地、农田、水花、河水、雪人 跟读句子：我和乐乐是邻居，下雪了，我们在小区里堆雪人 写：土、下	第五单元：国家与世界 12. 中国人 听：中国. 说：我是（ ）。我爱（ ）。读： 认读生字：中、人、我 跟读词语：中国、中国人 跟读句子：我是中国人，我爱祖国 写：中

二、将 IEP 目标搭配到各主题，并结合相应的教材，形成生活语文科学期计划表

教学主题确定好了，相应的教材已有了，生活语文科就可以进一步完善其学期计划了。首先将教学主题排在计划表的横轴（参看下表），再统整全班学生 IEP 中的生活语文目标，将目标排在计划表的纵轴，然后依据教材内容，结合学生的目标要求，将教材内容填写在各教材栏里。

例：二年级上册《生活语文》学期教学计划表

附表 36：学期教学规划表（生活语文科）
——二年级上册

设计人：赵思琪、戴伟丽、王思羽

生活主题 情境活动		第一单元 学校生活 我是小小兵 （国庆校园大游行）	第二单元 个人生活 我要去秋游 （秋游）	第三单元 家庭生活 我的全家福 （家庭相簿展）	第四单元 自然与社会 我会在小区玩 （小区寻宝）	第五单元 国家与世界 我是中国人 我过中国年 （跟着爸妈去拜年）
学生目标		第一单元： 学校生活 1. 好学生 2. 红领巾 3. 秋天的校园	第二单元： 个人生活 4. 好吃的水果 5. 不挑食 6. 我有一双手	第三单元： 家庭生活 7. 儿子女儿 8. 中秋节 9. 爬山	第四单元： 自然与社会 10. 土木火 11. 堆雪人	第五单元： 国家与世界 12. 中国人
1. 倾听与说话	1.1.1.1能在别人对自己讲话时注意倾听（张S1、苏S2）	1. 自己的名字 2. 钱 3. 大声	1. 自己的名字 2. 苹果、香蕉 3. 大声	1. 自己的名字 2. 钱 3. 大声	1. 自己的名字 2. 钱 3. 大声	1. 自己的名字 2. 钱 3. 大声
	1.1.1.2 能听懂常用的词语，并作出适当回应（张 S1、王 S2、苏 S2、甘 S3）	学生、少先队员、红领巾、秋天	苹果、香蕉、西瓜、米饭、肉、蛋、手指	儿子、女儿、中秋节、月饼、爬山	土、雪人	中国
	1.1.2.1 能模仿运用生活中的常用语言（如表达要吃的、要喝的、要玩的等）（王 S2、贤 S2、甘 S3）	1. 上课时我们要（举手） 2. 我是（少先队员），我爱（红领巾） 3. 秋天来了，树叶（黄）了，校园（更美）了	1. 苹果圆，香蕉弯；大大的西瓜甜又甜 2. 米饭和面条，蔬菜和水果 3. 小手本领大，十个手指头	1. 乐乐是爸爸妈妈的儿子兰兰是爸爸妈妈的女儿 2. 八月十五中秋节。赏月亮，吃月饼。全家一起乐团圆 3. 今天天气真好。我和爸爸妈妈去爬山	我和乐乐是邻居，下雪了，我们在小区里堆雪人	我是中国人，我爱祖国

续表

生活主题 情境活动		第一单元 学校生活 我是小小兵 （国庆校园大游行）	第二单元 个人生活 我要去秋游 （秋游）	第三单元 家庭生活 我的全家福 （家庭相簿展）	第四单元 自然与社会 我会在小区玩 （小区寻宝）	第五单元 国家与世界 我是中国人 我过中国年 （跟着爸妈去拜年）
学生目标		第一单元： 学校生活 1. 好学生 2. 红领巾 3. 秋天的校园	第二单元： 个人生活 4. 好吃的水果 5. 不挑食 6. 我有一双手	第三单元： 家庭生活 7. 儿子女儿 8. 中秋节 9. 爬山	第四单元： 自然与社会 10. 土木火 11. 堆雪人	第五单元： 国家与世界 12. 中国人
2. 识字与写字	1.2.1.3 能指认生活中特定汉字10～30个（如姓名、学习等），或认读汉字，可以解决日常生理需求（甘S3）	生、上、手、巾、我、天	大、西、米、我、十、个、手	儿、子、女、儿子、女儿、八、五、月、山、天	土、木、火、石、田、水、小、下、人	中、人、我
	1.2.1.4 认识特定几个汉字的笔画（如自己的名字、喜欢的吃的、玩具等）（甘S3）	上、巾、天	大、米、十	儿、月、山	土、下	中、土
	1.2.2.1 能用铅笔描写或抄写生活中常用的汉字（张S1、王S2、苏S2）	上、巾、天	大、米、十	儿、月、山	土、下	中、土
	1.2.3.1 能按从左到右的格式书写（王S2、贤S2、苏S2、甘S3）	上、巾、天	大、米、十	儿、月、山	土、下	中、土

续表

生活主题 情境活动	第一单元 学校生活 我是小小兵 （国庆校园大游行）	第二单元 个人生活 我要去秋游 （秋游）	第三单元 家庭生活 我的全家福 （家庭相簿展）	第四单元 自然与社会 我会在小区玩 （小区寻宝）	第五单元 国家与世界 我是中国人 我过中国年 （跟着爸妈去拜年）
学生目标	第一单元： 学校生活 1. 好学生 2. 红领巾 3. 秋天的校园	第二单元： 个人生活 4. 好吃的水果 5. 不挑食 6. 我有一双手	第三单元： 家庭生活 7. 儿子女儿 8. 中秋节 9. 爬山	第四单元： 自然与社会 10. 土木火 11. 堆雪人	第五单元： 国家与世界 12. 中国人

		第一单元	第二单元	第三单元	第四单元	第五单元
2. 识字与写字	1.3.3.1 能用普通话朗读简单句 （甘 S3）	词语： 学生、少先队员、红领巾、秋天 句子： 1.上课认真听，说话先举手；我是好学生。 2.我是少先队员，我爱红领巾。 3.秋天来了，树叶黄了，校园更美了。	词语： 苹果、香蕉、西瓜、米饭、手指 句子： 1.苹果圆，香蕉弯；大大的西瓜甜又甜。 2.米饭和面条，蔬菜和水果，样样都爱吃，我们不挑食。 3.小手本领大，十个手指头。	词语： 儿子、女儿、中秋节、月饼、爬山 句子： 1.乐乐是爸爸妈妈的儿子。兰兰是爸爸妈妈的女儿。 2.八月十五中秋节。赏月亮，吃月饼。全家一起乐团圆。 3.今天天气真好。我和爸爸妈妈去爬山。	词语： 土—土地—泥土 木—木头—树木 火—火苗—烟火 石—石头—玉石 田—田地—农田 水—水花—河水 雪人 句子： 我和乐乐是邻居，下雪了，我们在小区里堆雪人。	词语： 中国、中国人 句子： 我是中国人，我爱祖国。
学生其他 IEP	1.3.1.1 对书感兴趣，能模仿成人的样子看书 （张 S1、王 S2）	√	√	√	√	√

第三节　一个教学主题的生活语文科教学活动设计

学期计划做好了，各个教学主题之下有了大致的教材分布，接下来就能依序进行每个教学主题的活动设计了，而一个教学主题的活动设计可依照以下步骤（流程）完成：

流程一：确定教学主题与主题目标（学期规划）；

流程二：分析主题目标，选择本主题教材；

流程三：选用有效教学策略；

流程四：生活语文教学活动设计；

流程五：选用教学资源；

流程六：设计教学评量。

以下按照这活动设计流程，介绍各个步骤的设计方法。

一、确定教学主题与主题目标

由于生活语文服务于生活适应，教学主题通常就与生活适应的教学主题协同一致，所以如果生活适应的教学主题在设计活动之初有所调整的话，生活语文的教学主题也可能随之调整，所以在活动设计之初，再次确定本教学主题的名称与目标（学习本主题的功能性目的）。

本主题目标的功能性是指学生学会这个教学主题的教材内容后用在生活中的什么情景之中。由于生活语文、生活数学科是有既定教材的科目，其听、说、读、写的教材内容已经选择编入教科书，因此在主题目标这里大多只想成"要从事主题活动需要有的语文的听说读写能力（或数学能力）"即可。例如：参与学校生活的争当少先队员活动应具备的听、说、读、写能力或个人生活之秋游应具备的听、说、读、写能力。

二、分析主题目标和四好能力，调整本单元教材

确定好本主题的功能性目标以后，就要针对目标进行教材的功能性分析。本单元教材已经在学期规划中且是已编辑好的既定教材，但此时主题目标已明确确定，那本主题要教的教材内容更具体的有哪些便可具体分析与选择，主要是对照学期计划表的该主题的教学目标进行增减。

例如：二年级上册的第一单元学校生活的入选少先队员应具备的听、说、读、写能力。

＞（一）教科书上本主题的教材内容有些什么

听：词语——学生、少先队员、红领巾、秋天。

说：结合场景说——上课时，我们要（举手）；我是（少先队员）；我爱（红领巾）；秋天来了，树叶（黄了），校园（更美了）。

读：

认读生字——生、上、手、巾、我、天。

跟读词语——学生、少先队员、红领巾、秋天。

跟读句子——上课认真听、说话先举手、我是好学生、我是少先队员、我爱红领巾、秋天来了、树叶黄了、校园更美了。

写：字——上、巾。

> ### （二）对照学期计划表的该主题的教学目标，进行增删（教学目标和教材内容）

虽然"学期计划表"中本主题的教学目标来自全班学生的 IEP 目标，但是到了实际设计主题教学活动的阶段，才是真正确定教学目标之时。因此适合在本主题教的目标可以增加进来，不适合在本主题教的可以暂时删除，改到其他主题去教。另外，依据主题教学内容的需要，生活语文科即使有既定的教材，在实务中依然有弹性，可依其需要进行增删。因此，三科教材统整分析后，再到生活语文来删减教材。

一般来说，增加教材的情况比较常见，因为三科都有的首先保留下来，也要成为生活语文科的教材，而生活语文科既定的教材还是需要教的。例如，上面的听词语的教材内容在本主题有"学生、少先队员、红领巾、秋天"这四个词语，但经分析增加了"举手"这个词语。

> ### （三）将教学目标确定后，再依据学生的四好需求，调整教材为四好教材

这些内容学生们要学会，对有的学生来说还是有些难度，因此教材内容要能符合各个学生学习的难度，让他们能学会，所以老师还要针对具体的教材做一个以四好等级为参照的教材再调整。例如，听词语找相应的图片（词语——学生、举手、少先队员、红领巾、秋天），好照顾是听到"学生、红领巾、秋天"愿意关注说话的人或愿意把玩相关的物品及教具，好家人是听到"学生、红领巾、秋天"会关注老师或操作相关教具，好帮手是听到"学生、少先队员、红领巾、秋天"后正确指认图片或说出词语。

例：二年级上册第一单元《生活语文》的教材分析与教学策略对照表

附表 37：四好教材调整与教学策略（生活语文科）
——二年级上册第一单元"国庆校园大游行"

单元	课次	教材		对应课标	学生 IEP 四好目标		学生教材调整	教学策略
一、学校生活主题情境动：国庆校园大游行	1. 好学生 2. 红领巾 3. 秋天的校园	听	学生、举手、少先队员、红领巾、秋天	1.1.1.1 能在别人对自己讲话时注意倾听	好照顾（张S）	能知道别人是在对自己讲话、不干扰、不排斥，或有转向说话者的行为	对自己名字有反应	好照顾：1. 声音夸张＋手势（加重）感知理解语言 2. 示范、提供多次练习机会 3. 在情境中进行大动作的体验 好家人：1. 配对、分类 2. 视觉提示 3. 单音→多音→词语→句子 4. 提供大量练习的机会 5. 指导语速稍慢＋手势 好帮手：* 利用凯伯序阶的教学方法 * 四段协助法
					好家人（苏S）	能在别人对自己讲话时，知道讲话是有信息的，会关注重要信息（例如：关注到与自己有关的信息、关注明显的语调等）	听感兴趣的物品名称（吃的、玩的）	
					好帮手	能在别人对自己讲话时，注意倾听完整的信息	明显的语调	
				1.1.1.2 能听懂常用的词语，并作出适当回应	好照顾（张S）	听到声音或某些语调，能不排斥，并能做出本能的回应	听到学生、红领巾、秋天后举手，愿意关注说话的人或愿意把玩相关的物品及教具	
					好家人（王S、苏S）	听到特定的词语，能做出适当回应	听到学生、红领巾、秋天后举手，会关注老师或操作相关教具	
					好帮手（甘S）	听懂常用的词语，并做出适当回应	听到学生、少先队员、红领巾、秋天后举手，正确指认图片或说出词语	

续表

单元	课次	教材		对应课标	学生 IEP 四好目标		学生教材调整	教学策略
一、学校生活主题情境活动:国庆校园大游行	1. 好学生 2. 红领巾 3. 秋天的校园	说	上课时我们要举手发言;我是少先队员,我爱红领巾;秋天来了,树叶黄了;校园更美了	1.1.2.1 能模仿运用生活中的常用语言	好照顾(张S)	模仿少量或特定的常用语言或特定的语音	在模仿读常用语言或特定的语音时,能有意识地模仿或随意发出声音	好照顾: 1. 示范时口型大、夸张 2. 加上动作提示 好家人: 1. 榜样学习 2. 视觉提示 3. 提供多次练习的机会 4. 模仿单音→多音→词语→句子 好帮手: 老师示范完整句
					好家人(王S、贤S)	能模仿少数常用语言	模仿口型,仿说:红领巾、秋天	
					好帮手(甘S)	能模仿运用常用语言	模仿补充句子: 上课时我们要(举手发言);我是(少先队员);我爱(红领巾);(秋天)来了树叶(黄了);校园(更美了)	
		认读	生、上、手、巾、我、天	1.2.1.3 能认读生活中常用汉字10~50个用来解决日常学校、家庭生活的问题	好照顾	看到生活中常用汉字有反应或不排斥认读汉字的活动	愿意指一指或愿意看相关汉字(视觉字)	好照顾: 1. 模仿相关的动作→声音+动作 2. 提供学生易操作、喜欢的教具 好家人: 1. 模仿相关的动作→声音+动作→仿说→看到图卡或文字物品可以独立说(说) 2. 利用沟通辅具PECS 好帮手: PECS
					好家人	能指认生活中特定汉字10~30个或认读的汉字可以解决日常生理需求	指认或认读汉字(视觉字):(学)生、(红领)巾、(秋)天	
					好帮手(甘S)	能认读生活中常用汉字10~50个,用来解决日常学校、家庭生活中的问题	在学校或生活中有需要时指认,或读出汉字:生、上、手、巾、我、天	

续表

单元	课次	教材		对应课标	学生 IEP 四好目标		学生教材调整	教学策略
一、学校生活主题情境活动：国庆校园大游行	1. 好学生 2. 红领巾 3. 秋天的校园	跟读	学生上课认真听；说话先举手；我是好学生；少先队员；红领巾；我是少先队员；我爱红领巾；秋天；秋天来了；树叶黄了；校园更美了	1.1.2.1 能模仿运用生活中的常用语言	好照顾	模仿少量或特定的常用语言或特定的语音	在模仿读常用语言或特定的语音时，能有想要模仿的样子或随意发出声音	好照顾：1. 模仿相关的动作→声音＋动作 2. 提供学生易操作、喜欢的教具 好家人：1. 模仿相关的动作→声音＋动作→仿说→看到图卡或文字物品可以独立说（说）2. 利用沟通辅具 PECS 好帮手：PECS
					好家人（王S、贤S）	能模仿少数常用语言	模仿口型仿读少量词语，或用手指出词语：学生、举手、红领巾、秋天	
					好帮手（甘S）	能模仿运用常用语言（贤）	模仿读词语或补充句子：词语：学生、少先队员、红领巾、秋天 句子：上课认真听，说话先（举手），我是好（学生）；我是（少先队员），我爱（红领巾）；（秋天）来了，树叶（黄了），校园（更美了）	
				1.3.3.1 能用普通话朗读简单句	好照顾	对普通话朗读简单句不排斥	在旁人用普通话朗读简单句时，能有想要模仿的样子或随意发出声音	
					好家人	能用普通话朗读特定简单句或跟集体朗读	模仿口型朗读或跟着读：学生、红领巾、秋天	
					好帮手（甘S）	能用普通话朗读简单句	用模仿口型朗读词语或简单句：词语：学生、少先队员、红领巾、秋天 句子：上课认真听，说话先举手，我是好学生；我是少先队员，我爱红领巾；秋天来了，树叶黄了，校园更美了	

续表

单元	课次	教材		对应课标	学生 IEP 四好目标		学生教材调整	教学策略
一、学校生活主题情境活动:国庆校园大游行	1. 好学生 2. 红领巾 3. 秋天的校园	写	上、巾、天	1.2.1.4 认识常用汉字的笔画	好照顾	对汉字笔画的呈现有反应或不排斥参与书写的活动或看别人写字	愿意拿着相关图卡或本子	好照顾: 1. 提供合适颜色明显的笔 2. 提供学生喜欢的材质的纸张 好家人: 1. 描写简单笔画→补笔画→仿写→独立写 2. 线条清晰,字体大,范围明显 3. 单张纸→平面内间距宽的方格→缩小方格之间的间距→撤销方格 好帮手: 1. 缩小方格之间的间距→撤销方格 2. 在范围内描写→仿写→独立写
					好家人	认识特定几个汉字的笔画	认识丨、一	
					好帮手 (甘S)	认识常用汉字的笔画	认识丨、一、丿、乀	
				1.2.2.1 能用铅笔描写或抄写生活中常用汉字	好照顾 (张S)	能用铅笔随意涂画或不排斥拿笔的活动	接受手里握笔或拿着笔随意涂画	
					好家人 (王S、苏S)	能用铅笔描写或抄写特定笔画的少量汉字	用铅笔描写或抄写"一"或"丨"的笔画或汉字	
					好帮手	能用铅笔描写或抄写生活中常用汉字	用铅笔描写或抄写上、巾、天	
				1.2.3.1 能按从左到右的格式书写	好照顾	能在方格内书写或不排斥拿笔写的活动	愿意拿笔在方格纸上随意涂写	
					好家人 (王S、贤S、苏S)	能按特定的格式书写	在特定的格式里书写上、巾、天	
					好帮手 (甘S)	能按从左到右的格式书写	按从左到右的要求书写上、巾、天	

三、选用教学策略

四好级教学目标有了,四好教材内容调整好了,那么如何把这些恰当的教材内容让学生学会,并达到他的目标呢?这就需要四好策略来指导。教学策略一要符合语文教材的性质,二要符合学生的四好特质。

> （一）从教材的性质而言

生活语文是教一些词语概念及规则（句、文等）,对于所教概念至少有以下两个策略可以用:

1. 直接教概念的策略

为概念"下操作性定义"：首先老师要以学生能懂、能感觉的方式帮"概念"下一个简单可行的定义。

例如"老师"的概念，其操作性的定义：老师在教室里比较高，和他握手要抬高手，"老师"是站在讲台上的人。"学生"的概念是：相对比较矮，和他握手不用抬高手，"学生"是坐在课桌椅上……

又例如"动物"的概念，其操作性定义：会自己动，会吃东西，会叫……的是动物；然后举多个正例用此定义来套用，例如去看隔壁班老师、同学、小狗、小鸟、牛……让学生去区辨、归纳。现举几个反例来对照，如冰箱、书包、汽车等。让学生有了大概的印象再运用依据凯伯概念形成序阶进行循序渐进的教学。

2. 通过凯伯的概念发展序阶设计成活动

（1）通过大动作活动，动作 – 知觉活动来感知正例；

（2）通过知觉 – 动作来区辨正例反例；

（3）通过知觉活动来将正例平面化、类化；

（4）通过知觉 – 概念来将概念语言化；

（5）通过概念活动理解该词汇语言的意义；

（6）通过命名活动来说出该词汇。

＞（二）针对学生四好特质的四好教学策略

1. 好照顾的教学策略：动作 – 感觉学习阶段（愿意操作）

动机策略：

（1）提供感觉鲜明、明显的刺激，让学生容易被吸引、能注意到、感觉到、接收到，让学生有动机。

（2）用学生喜欢的教玩具或是有趣的活动引发学生愿意尝试探索操作。

（3）学生有操作就有自然的或设计的回馈以作增强，通常是食物的或实物的。

（4）所学习的内容能用于生活适应或生活情境中，让学生的学习变得有意义。

（5）针对不同的学生，注意个别需求，提供适当的活动。

学习词语概念的策略：

（1）凯伯概念形成的动作及动作 – 感觉阶段：利用身体大动作的活动建立这个概念的感觉，比如："桌子"这个词，就可以搬桌子、抬桌子、钻桌子、爬桌子等做到让学生有感觉。即：通过这样的身体大动作的活动感受其重量、体积、面积、质感、形状等感觉。

（2）凯伯概念形成的感觉 – 动作阶段：用过去的经验来调整动作，并将大动作活动的感觉经验用于上肢操作活动，通过尝试错误、探索操作体验，以及设计的或自然的回馈系统去归纳整理，把感知觉形成记忆。例如：感受过桌子的体积、面积、质感等，我们在此时就可以拿抹布来擦擦桌子，再次把这些感觉深化，从而形成记忆。知觉要形成记忆，需要多次练习，所以练习的机会要多。

学习仿说句子的策略：

（1）依照样子补充特定词语排列句子。

（2）仿说补充部分（没有口语的可用非口语沟通方式）。

2. 好家人的教学策略：感觉－动作学习阶段（配对）、知觉－动作学习阶段（分类）

动机策略：

（1）刺激明确易于让学生愿意看、区辨。

（2）用学生有过类似经验且感觉有趣的活动方式让学生进行配对分类。

（3）完成活动有奖励，奖励可以是代币，等到下课时去换取自己喜欢的物品或钱用于生活中，也可以是"手势＋语言"的鼓励。

（4）针对不同的学生，注意个别需求，提供适当的活动。

学习词语概念的策略：

（1）凯伯概念形成的知觉阶段：由于多次上肢动作操作活动的尝试探索并归纳，所以将知觉形成记忆了，因此不需要再去试误也可以凭眼睛看就能区辨了，故可把刚刚上肢操作（触觉＋视觉）活动都变成平面的，如拍成照片，于是便进入平面的学习，用视觉来判断即可，此时可大量做一些配对、分类的活动。

（2）配对、分类的教具可从具体实物操作过渡到半具体（图片）操作，如实物与实物配对、图片与图片配对、实物与图片配对。

（3）为避免单纯地让学生配一配、分一分，所以我们可以想很多有趣或有意义的活动让学生反复练习，如"钓鱼""贴一贴""抽牌""掷骰子""摸乌龟""接龙""大富翁""投篮""串一串""装一装""夹一夹""丢沙包""摘苹果"等。

（4）凯伯概念形成知觉－概念学习阶段（功能性分类）：纯视觉的配对、分类活动经过大量的练习，学生的知觉建立起来，为了让学生所习得的概念不是特定概念而较完整，此时可以把他的视觉与耳朵联结起来，让知觉慢慢形成概念。因此，可以提供很多的知觉活动，让学生一直玩，在玩的过程中老师不断地讲给他听，这样学生眼睛看到的就和耳朵听到的以及手上拿到的不断联结。比如：这是方方的桌子，平平的桌子，有四根柱子的桌子，这是木头桌子，这是塑料的桌子，用来写作业的桌子，用来吃饭的桌子……学生也许听不懂其中的修饰词，但关键词一直被不断地反复强调，所以学生就能听到"zhuozi"这个音就想起各种各样的桌子，而看到各种桌子脑袋里就能回响起"zhuozi"这个音，如此，概念的形象特征就在这样的过程中建立出来了。

学习仿说句子的策略：

（1）依照样本补充词语排列句子。

（2）依照样本完整地排列句子。

3. 好帮手的教学策略：语言理解学习阶段（指认）、语言表达学习阶段（命名）

动机策略：

（1）有明确的标记、声调让学生易于指认或者愿意仿说，不会说的可以用辅具代替说。

（2）用有趣或有意义的活动让学生愿意指认或者表达，比如猜猜看。

（3）可制定活动的奖罚规则，活动中活动后都有回馈，遇困难给提示，完成有结果（正确有奖励，错误有罚）。

（4）针对不同的学生，注意个别需求，提供适当的活动。

学习词语概念的策略：

（1）凯伯概念形成的概念学习阶段：通过知觉—概念的学习，概念的形象特征已被建立，此时则需将概念牢固化，所以可以做大量的指认与选择的活动。

（2）指认活动的教具从具体实物操作过渡到半具体（图片）操作，再到语言、符号的操作，如实物选择、图片选择、符号选择等。

（3）为避免单纯地让学生指一指、读一读，我们可以想很多有趣或有意义的活动让学生反复练习，如"套圈圈""剪剪贴贴""打保龄球""转转盘"等。

（4）凯伯概念形成的言语符号学习阶段：真的理解这个概念了，那么就可以完成此概念的说出或回答问题的活动了，比如"我比你猜""我翻你读""读课本"等，甚至在上面介绍的那些活动中，师生可以变换角色，学生成为发指令者或是报告者，既提供了机会让学生大量练习说，而且学习积极性也会得到提升。

学习仿说句子的策略：

（1）能听句子后排列。

（2）能仿说结构一样的句子（不会说的可以用辅具代替说）。

（3）能仿说结构不一样的句子。

4. 好公民的教学策略：（略）

例如，教学目标：能听懂常用的词语（桌子椅子），并作出适当回应。

附表 38："知觉－概念发展"与四好教材调整与教学策略
——（生活语文科）

四好	依据凯伯概念形成序阶	概念－操作性定义	具体操作（实物）	半具体操作（图片）	抽象操作（文字、语言）
好照顾	1. 动作－感觉学习阶段（愿意操作）感觉－动作学习阶段（尝试配对）	自己搬重量、面积区别大的桌子、椅子，两人合作抬桌子；用抹布擦桌子、椅子，桌子、椅子模型嵌塞	搬一搬、抬一抬、钻一钻、擦一擦		
好家人	2. 知觉学习阶段（配对分类）	依照样本，一样地放在一起 无样本，一样地放在一起	桌子和桌子叠在一起、椅子和椅子叠在一起	夹一夹、装一装、串一串、贴一贴……	
	3. 知觉－概念学习阶段（功能性分类）	视觉＋听觉＋触觉的整合接收，形成概念，闻音有形，见形音，形音有义	坐一坐、拿物品摆摆放放	"钓鱼""套圈""抽牌"……	
好帮手	4. 语言理解学习阶段（指认）	听名称找到相应的物品或符号	你说我指、东西放到××、搬××	"掷骰子""摸乌龟""投篮"……	圈一圈、连一连……
	5. 语言表达学习阶段（命名）	说出"zhuo zi""yi zi"	你问我答我看见我说	"我比你猜""我翻我读""打保龄球""转转盘"	贴一贴、写一写
好公民	（略）	（略）	（略）	（略）	（略）

> （三）运用支持辅助策略以达到生活适应功能

在日常生活中，当遇到听不懂或说不出的情况时，可以适当用支持辅助策略来帮忙。比如听不懂时，可以通过看、摸、尝、闻等方式与旧经验及当下情境结合来猜测。所以，老师教学时要结合声调、音量、表情、动作、颜色、形状、图形、符号、文字以及情境线索等帮助学生理解上课语言；当学生说不出时，也可以利用手势、动作、眼神、出示实物、图形、符号、文字等或选按特殊的沟通辅具，如用点读笔、啾啾语音沟通板等来帮忙表达。当阅读字词或认识字词有困难时，教师可以提供识字辅具，例如图画字典、字词样本配对分类盒子、点读笔、电子语音输出设备等；当学生写字有困难时，教师可以提供镂空字板、有字图章、放大的作业纸笔、电子写字板等改良措施，来支持学生更容易和同学一样完成语文学习所需任务。

四、设计语文教学活动

由于生活语文科的教材内容以教语文概念为主，概念符号对我们的学生来讲都比较抽象难学，故生活语文教学活动进行方式以"贯通式活动设计"为主。即：应用相近的活动结构使学生在不同教学主题中或几节课中反复地学习一个目标（概念），直到掌握为止。而同一个教学目标，可以在不同的教学时段或情境中练习，完全掌握了才换新的。一般活动结构如下：

准备活动：一节语文课的开始，包括每节课打招呼、暖身活动等来引起动机，复习或联结旧经验等环节。

主活动：这节课要做什么，包括提出目标呈现教材教导教材环节。提供反复例行的具体感觉活动，逐步过渡到平面阶段活动—符号阶段活动。

练习活动：让学生精熟此节课的学习内容，包括协助下独立练习回馈与增强环节。

整理活动：一节课的总结甚至下次活动的预告，包括本节课成果展示回顾、学习内容小结、作业交代、教具收拾、再见等环节。

例如，每节课的活动设计：

1. 准备活动

（1）准备语文用具、坐好；

（2）收课程表、点名；

（3）动机诱导：预告认真完成活动及奖品；

（4）上课礼仪：上课起立，师生问好；

（5）语文课例行性活动：念诗或"三字文"或发音练习；

（6）复习。

2. 主活动（集体与分组活动）

（1）动作—感觉学习阶段（操作物品活动）；

（2）感觉—动作学习阶段（配对活动）；

（3）知觉—动作学习阶段（分类活动）；

（4）语言理解学习阶段（指认活动）；

（5）语言表达学习阶段（命名活动）。

3. 练习活动（个别活动）：完成个人作业（职劳）、发奖——增强

（1）领作业（每节课一个作业）；

（2)检查作业,发奖(代币)（提醒学生装好，下课拿去买点心或者课间可玩的玩具或者买午餐）。

4. 整理活动

（1）交代家庭作业，预告下节课内容；

（2）提醒生活适应主题需要表现事项。

5. 下课

（1）整理代币、改课表、下课仪式；

（2）提醒学生装好，拿去买点心、午餐。

6. 应用所学于生活适应情境中

例：二年级上册《生活语文》教学活动设计第一单元

附表 39：教学活动设计（生活语文科）
——二年级上册第一单元"国庆校园大游行"

设计人：戴伟丽

教学主题	第一单元：学校生活 国庆校园大游行		教学日期	2020 年 9 月	教师	主教：戴老师 助教：蔚老师、王老师		
学情分析	好帮手	甘 S	优势：能听懂课堂及生活中的简单句，能用简单词语做回答，能描写简单汉字，行动速度快，能双手协调操作物品 弱势：发音不清晰，听理解能力较差，课堂上喜欢照顾其他同学					
	好家人	贤 S	优势：认识并理解日常中大多数的词汇且会仿说，认识部分汉字 弱势：眼睛有斜视，所以动作稍复杂就需协助					
		宇 S	优势：能听懂日常中常用的语句，模仿能力好，能简单地将实物与图片配对 弱势：较情绪化，遇到不满意的地方，会表现出撒泼、哭闹、拳打脚踢等行为，注意力不集中					
		钦 S	优势：听理解上会加手势参照来理解，完成课堂上教学活动的速度快，正确率高 弱势：日常表达不太清晰，性格比较腼腆，不爱与同学互动					
	好照顾	珊 S	优势：有一定的认知理解能力，动手操作的能力相对较好，能进行图片与图片配对 弱势：听力受损导致听理解能力较差，情绪不稳定，需要调控					
教学目标与评量	学生		IEP（生活语文科教学目标）			评量		
						前	中	后
	好帮手	甘 S	1. 能听懂常用的词语，并作出适当回应					
			2. 能模仿运用生活中的常用语言					
			3. 能指认生活中 10 个特定汉字					
			4. 能认识 3 个特定汉字的笔画					
			5. 能按从左到右的格式书写					
			6. 能用普通话朗读简单句					
	好家人	王 S	1. 能听懂 10 个特定的词语并进行图片的配对、分类					
			2. 能模仿说 5 个简单词语					
			3. 能书写自己名字王、宇的简单笔画（如横、竖、点等）					
			4. 能在大格子里书写简单汉字					
			5. 能选择自己喜欢的书籍坐下阅读 3 分钟					

续表

教学目标与评量	学生		IEP（生活语文科教学目标）	评量		
				前	中	后
	好家人	苏 S	1. 能在别人对自己讲话时注意倾听，如不捂耳朵、不哭闹不逃避			
			2. 能听懂特定的 10 个词语并进行图片的配对、分类			
			3. 能描写 10 个简单汉字，有书写意愿			
			4. 能在特定的格式里书写汉字			
		贤 S	1. 能在适当的情景中进行表达，至少 5 种（如下课了才唱歌）			
			2. 能在大格子里书写 5 个简单汉字			
	好照顾	张 S	1. 能在别人对自己讲话时注意倾听，可以转头、转向说话人或走向说话者			
			2. 能听到不同语调停下动作或拿物做回应			
			3. 能在有纸笔作业要求时拿笔随意涂鸦			
			4. 愿意拿着书不撕毁			

时间	小组活动	个别活动		教学资源
		好照顾	好家人	
2 分	一、上课仪式 1. 课前准备：教具 2. 上课仪式：上课、起立 3. 点名：老师念名字。珊 S 有反应，在协助下贴照片；贤 S，能自己独立完成贴照片的活动；宇 S、苏 S 描写名字：宇描写"于"，苏描写"子"；甘 S：独立写"甘" 4. 口型仿说：和老师拉卷筒卫生纸，一起说 ei o：手卷在嘴前模仿说 o	配合做动作 模仿发音	模仿部分动作 模仿仿说	学生名牌 桌椅 任务卡 视觉提示版
3 分	5. 语言运用（仿说）： （1）老师示范（语言＋手势）口语，口型明显，发音清晰，动作示范，手势夸张。手，手；口罩，口罩；卫生纸，卫生纸 （2）视觉提示：跟随老师一起念（发音、动作模仿），一个字（或圈）发一个声，2 个字（或圈）发 2 个声音／做一个动作，念完后坐下休息。 手　口罩　卫生纸 O　　OO　　OOO 二、复习 出示课本，回忆上周所学的课文			
2 分	三、教学过程 1. 好学生 第一节：词语——举手、学生 第二节：句子——上课时我们要举手发言。我是学生。	配合品尝，把玩教具	主动参与大部分活动	

时间	小组活动	个别活动		教学资源
		好照顾	好家人	
26分钟	2. 红领巾 第三节：词语——少先队员、红领巾 第四节：句子——我是少先队员。我爱红领巾。 3. 秋天的校园 第五节：词语——秋天 第六节：句子——秋天来了，树叶黄了，校园更美了。 第七、八节：从知觉来辨别开始复习本月学习的词句。 （一）通过大动作来感觉（动作、动作－知觉阶段）：愿意操作物品 1. 好学生（一、二节）： 第一节：新学期发放学习用品，请学生背书包，全体同学都拿到书包坐好，保安进行健康检查，测量学生体温。由助教示范，举手后能领取学习用品下定义：测体温、背书包的是学生。 第二节：回顾昨日自己的照片，有测体温、背书包，引入我是学生。观看学生举手发言的视频。视频声音：上课时我们要举手发言。 出示课本句子：我是学生。上课时我们要举手发言。 2. 红领巾 （三、四节）：用白纸将红领巾裹起来，只露出一个角。 第三节：让同学们来拉一拉，拉出后伸一伸：颜色是红红的，打开是三角形，还可以戴在脖子上（助教拍照），这是红领巾。下定义：红色的、三角形、可以戴在脖子上的是红领巾。戴红领巾参加升旗活动的是少先队员。 第四节：模拟少先队员活动，学生竞选少先队员并佩戴红领巾（拍照），助教示范：我戴了红领巾，我是少先队员。我爱红领巾。 出示课本句子：我是少先队员。我爱红领巾。 3. 秋天的校园（五、六节）：观看秋天时树叶掉落的视频。 视频声音：秋天到了，树叶黄了，树叶落下来掉在地上了。校园更美了。 老师搬出一棵被布包裹的树。邀请同学唱数1—10，一起掀开看一看：是一棵树，但树叶都掉了一些，还有的是黄黄的树叶。 邀请同学中蹲在树下体验树叶落下来的感觉，老师在一边摇树并悄悄抛树叶，展示图卡：秋天 出示课本句子：秋天来了，树叶黄了。校园更美了。 （二）通过知觉动作来练习 第一节：有模板的拼图：给"学生"的图卡贴上书包 第二节：老师出示学生喜欢的物品，请大家先"举手"再表达自己想要什么？（助教拍照） 第三节：在平面纸上沿轮廓画，再用红色笔涂一涂三角形，形成平面的红领巾。老师同时在小图卡上画同样的内容，同学完成后用大图卡换小图卡。拼图：给"少先队员"的图卡贴上红领巾 第四节：拼图：给自己的照片贴上红领巾。我是少先队员 第三周：体验活动，感知秋天：秋天可以打树叶仗，可以扫树叶。 第四周：复习 （三）通过知觉来辨别（配对分类练习） 1. 配对 词：第一、三、五节：（大图小字→小图大字→文字） ①贴一贴：请同学举手将图卡贴在有同样大图卡的绒布板上。	能配合活动，协助下完成活动 照例子配对词组 补充特定词组：举手、学生、少先队员、红领巾、秋天 配合完成活动	听到指令后能自己完成 模仿配对词组 模仿补充句子：举手、我是、学生、我是、少先队员、我爱、红领巾、秋天、黄了、更美了	图卡若干 句条 笔 作业单 照片

续表

时间	小组活动	个别活动		教学资源
		好照顾	好家人	
	②传一传：(利用蹲姿、蹲走、丢等方式进行活动)将两张一样的图卡(如"举手"与"举手")放在一起 ③夹一夹：将一样的两张图卡夹起来(图片 + 文字，文字) 2. 分类 ①将两张不一样的图卡(文字)分别放在不同的地方(如举手贴在黑板，玩具放在盘子里) ②将混在一起的两种图卡(如举手、玩具)，按要求区分，将一样的图片放在同一容器中 句：第二、四、六节(照例子配对组句) ①上课时我们要举手发言。我是学生。 ②我是少先队员。我爱红领巾。 ③秋天来了，树叶黄了。校园更美了。 (四)通过知觉—概念来联结(将视觉 + 听觉 + 操作结合起来) 词：第一、三、五节 1. 钓一钓：在一堆图卡中钓到本节课学习的文字或图片(大字小图) 2. 套一套：同学把圈圈套到本节课学习的文字或图片(大字小图) 3. 玩翻牌游戏：(轮流)翻到对应的本节课学习的文字或图片(大字小图)留下来，不是的丢进盘子里	跟随老师或同学一起读 配合握笔 配合在特定的大格子中写实物或图片操作(配对分类)	模仿老师或同学仿读句子、词语 描写简单汉字、笔画	篮子 罐子 作业单
2分	学生做这些活动时，老师则旁白。例如，套的是"举手"，"对了，这是学生，背着书包的学生，去上学的学生，在量体温的学生，坐在教室里的学生"…… 句：第二、四、六节(依照样本补充词语成句子或者排列句子) ①我是学生。上课时我们要举手发言。 ②我是少先队员。我爱红领巾。 ③秋天来了，树叶黄了，校园更美了。 (五)形成概念 词：第一、三、五节		模仿例子圈出图片或文字，补充贴句子。描写汉字。	
5分	抢一抢：老师在桌子中间放几张图卡，有红领巾和举手，老师说我们要抢红领巾，数1、2、3开始，学生就开始抢红领巾 圈一圈：听指令，将本节课学习的文字或图片，用笔圈起来。如有红领巾和举手，老师说圈红领巾，学生要将红领巾圈起来 句：第二、四、六节 排一排：将几张打乱顺序的词卡排列成句子或补充词语成句子 (六)表达语言 词：第一、三、五节			

续表

时间	小组活动	个别活动		教学资源
		好照顾	好家人	
	转转盘：老师在转盘边上贴一些本节课学习的文字或图片，学生轮流转转盘，指针指到的是什么？学生就要说是什么。如指到的是红领巾，他就要说是红领巾。 句：第二、四、六节： 读一读：读排列好的句子 （七）写一写 跟着老师的笔画、笔顺练习写"一"或"生"或"巾"或"天"字 四、作业 练习书本作业：文字与对应图片连线；独立写一、生、巾、天；按要求找文字，并作记号 五、下课 师生再见，家庭作业放书包			

五、选用相应的教学资源

在上述教学资源栏目里，填下活动中所需的教具、环境、设备、人力等（需备的环境布置、座位安排、人力安排……）以事先妥善备份，并让协同者参考。

六、设定教学评量项目与标准

活动案中，有教学目标一栏，可作为本主题学前学后评量的项目，亦可作为教学过程的记录，于教学后的反思与研讨用。有些学生表现出预定教学目标中的新能力，亦可以附记。教学前后评量就可以协助程度来通过标准，例如该项目标需要1分，身体协助才能通过；2分，需要示范；3分，需要口头提示；4分，可以独立通过。这样的评量标准有利于教师了解学生所需的协助，然后追求学生的个别化目标能独立通过。

另附二年级下册生活语文设计案例，以供参考：

二年级下册《生活语文》学期教学规划

二年级下册第二单元《生活语文》的教材分析与教学策略对照表

二年级下册第二单元《生活语文》教学活动设计

附表 40：学期教学规划与学期教学计划表（生活语文科）
——二年级下册

		第一单元： 学校生活 竞选优秀值日生	第二单元： 个人生活 春游	第三单元： 家庭生活 六一健走抽大奖	第四单元： 社区生活 图书馆、科技馆半日游
生活主题					
情境活动		值日生技能大赛	早游、午游	六一健走抽大奖	图书馆、科技馆半日游
目标内容		第一单元： 学校生活 1.我的学校 2.我是值日生 3.操场上	第二单元： 个人生活 1.身体好 2.毛巾 3.小画笔	第三单元： 家庭生活 1.我的一家 2.我家真干净 3.电冰箱	第四单元： 自然与社会 1.古诗一首 2.马牛羊
倾听与说话	1.1.1.1 能在别人对自己讲话时注意倾听（春S2）	1.自己的名字 2.感兴趣的物品名称（吃的、玩的） 3.明显的语调	1.春S 2.钱 3.大声	1.春S 2.早游、春游 3.大声	1.春S 2.抽大奖、家电 3.变化的声调	1.春S 2.电梯、厕所 3.变化的声调
	1.1.1.2 能听懂常用的词语，并作出适当回应（春S2、亦S2）	1.区辨声音或语音 2.声音与语音能与具体物相联结 3.名称词 4.动词	操场（剧场）、花园（厕所）、黑板、值日生、跑步	运动、毛巾、画笔、红花	工人、医生、柜子、扫地、水果、电冰箱	山村、马、牛、马车、白马、牛奶、水牛、羊毛、山羊
	1.1.1.3 能听懂简单句子，并作出适当回应（春S2、怡S2、贤S2、宇S2、亦S2）	1.动词＋名词 2.主＋谓＋宾 3.一般/简单问句	短语：踢足球、擦桌子 句子：学校里有什么？ 值日生在教室做什么？ 同学们在剧场做什么？	李天天在做什么？ 小朋友们用毛巾在做什么？ 兰兰用画笔画了什么？	乐乐的爸爸和妈妈是做什么工作的？ 兰兰和爸爸妈妈在做什么？ 电冰箱里有什么？	
	1.1.1.4 能听懂生活中的常用语言（春S2）	1.借助手势、眼神等提示理解常用语言 2.依据语言的内容做反应	词语：操场（剧场）、花园（厕所）、黑板、值日生、跑步 短语：踢足球、擦桌子	运动、毛巾、画笔、红花	工人、医生、柜子、扫地、水果、电冰箱	山村、马、牛、羊

续表

			第一单元： 学校生活 竞选优秀值日生	第二单元： 个人生活 春游	第三单元： 家庭生活 六一健走抽大奖	第四单元： 社区生活 图书馆、科技馆半日游
生活主题						
情境活动			值日生技能大赛	早游、午游	六一健走抽大奖	图书馆、科技馆半日游
目标内容			第一单元： 学校生活 1. 我的学校 2. 我是值日生 3. 操场上	第二单元： 个人生活 1. 身体好 2. 毛巾 3. 小画笔	第三单元： 家庭生活 1. 我的一家 2. 我家真干净 3. 电冰箱	第四单元： 自然与社会 1. 古诗一首 2. 马牛羊
识字与写字	1.2.1.3 能认读生活中常用汉字10～50个用来解决日常学校、家庭生活的问题（岩S3、怡S2、春S2、又S2、宇S2、钦S2、萱S3、简S2）	1. 配对分类图片 2. 配对分类图片+实物 3. 配对分类文字 4. 配对分类图片+实物+文字 5. 指认汉字 6. 应用汉字，解决问题	里、有、在、日、足、同、有、头	早、头、毛、巾、小、白、云、运动、毛巾、画笔、红花、工	工、是、人、干、我、电、果、横、竖折弯钩、点、竖弯钩、	四、六、马、牛、羊
	1.2.1.4 认识常用汉字的笔画（轩S2、迪S3、怡S2、岩S3、简S2）	1. 配对、分类 2. 指认 3. 命名	横、撇、竖、横折钩、横撇、竖弯钩	竖钩、撇、点、竖、撇折、横折钩	竖钩横、竖折弯钩、点、竖弯钩、竖	
	1.2.2.1 能用铅笔描写或抄写生活中常用汉字（又S2、岩S3、怡S2、贤S2、轩S2）	1. 描笔画 2. 按笔顺描 3. 补笔画 4. 描写的字能配对分类	日、足	头、小	工、电	四、马、牛
	1.2.3.1 能按从左到右的格式书写（贤S2）	1. 会写字 2. 知道写的范围 3. 控制手从左到右写	竖弯钩、日、足	横折钩、头、小、竖钩	工、电、竖钩	四、马、牛
综合学习	1.5.2.1 观察校园环境，能用自己的方式说出观察所得（岩S3、迪S3、怡S2、萱S3、轩S2、宇S2）	1. 指看到的 2. 认识看到的 3. 说出看到的	学校里有男生/桌子/剧场，还有花园/女生/椅子/厕所			

续表

			第一单元： 学校生活 竞选优秀值日生	第二单元： 个人生活 春游	第三单元： 家庭生活 六一健走抽大奖	第四单元： 社区生活 图书馆、科技馆半日游
生活主题						
情境活动			值日生技能大赛	早游、午游	六一健走抽大奖	图书馆、科技馆半日游
目标内容			第一单元： 学校生活 1. 我的学校 2. 我是值日生 3. 操场上	第二单元： 个人生活 1. 身体好 2. 毛巾 3. 小画笔	第三单元： 家庭生活 1. 我的一家 2. 我家真干净 3. 电冰箱	第四单元： 自然与社会 1. 古诗一首 2. 马牛羊
综合学习	1.5.3.1 能参加班级、学校活动，在活动中初步养成良好的语言行为习惯。（轩S2、钦S2、迪S3、）	1. 跟随集体 2. 遵守语言行为习惯（不大声喧哗、听从指令、有礼貌等）	1. 跟随集体 2. 遵守语言行为习惯（不大声喧哗、听从指令、有礼貌等）	1. 跟随集体 2. 遵守语言行为习惯（不大声喧哗、听从指令、有礼貌等）	1. 跟随集体 2. 遵守语言行为习惯（不大声喧哗、听从指令、有礼貌等）	1. 跟随集体 2. 遵守语言行为习惯（不大声喧哗、听从指令、有礼貌等）
学生IEP	1.3.2.5* 能结合图片的内容，理解词、句的意思（春S2、简S2）	1. 理解图片的意义 2. 图文连接	词语：值日生、黑板、跑步、踢足球、操场（剧场）、花园（厕所） 短语：踢足球、擦桌子 句子：1. 学校里有男生/桌子/剧场，还有花园/女生/椅子/厕所。 2. 我是值日生/少先队员/男生/女生。我是×××，我在教室里擦桌子/擦黑板/看书/搬桌子/写字/玩玩具。 3. 同学们在剧场上做运动，有的跑步，有的踢足球。有的玩车、玩球。	词语：运动、毛巾、画笔、红花 句子：我要吃饭/睡觉/看书/玩球/做运动/起床。我用毛巾擦头发/擦身体/洗脸。	词语：工人、医生、柜子、扫地、水果、电冰箱 句子：妈妈擦柜子、爸爸扫地。	山村、马车、白马、牛奶、水牛、羊毛、山羊
学生IEP	1.3.2.6 能认识句号、逗号、问号、感叹号（萱S3、迪S3、岩S3）	1. 配对、分类 2. 指认	句号、逗号、问号	句号、逗号、问号	句号、逗号、问号、感叹号	句号、逗号、问号、感叹号

附表 41：四好教材调整与教学策略（生活语文科）
——二年级下册第二单元"春游－早游、午游"

对应课标	学生 IEP 四好目标		学生教材调整	教学策略
1.1.1.1 能在别人对自己讲话时注意倾听	好照顾	能知道别人是在对自己讲话、不干扰、不排斥，或有转向说话者的行为	听到老师对他讲话时会看向老师	好照顾： 1.声音夸张＋手势（加重）感知理解语言 2.示范、提供多次练习机会 3.在情境中进行大动作的体验 好家人： 1.配对、分类 2.视觉提示 3.单音→多音→词语→句子 4.提供大量练习机会 好帮手： ＊利用凯伯序阶的教学方法 ＊四段协助法
	好家人（春S）	能在别人对自己讲话时，知道讲话是有信息的，会关注重要信息（如关注到与自己有关的信息、关注明显的语调等）	听到老师发出指令后能有反应，如老师点名时，学生会知道是在点自己	
	好帮手	能在别人对自己讲话时，注意倾听完整的信息	听到老师与自己对话时，能按要求做出正确反应	
1.1.1.2 能听懂常用的词语，并作出适当回应	好照顾	听到声音或某些语调，能不排斥，并能做出本能的回应	听到运动、毛巾、画笔、红花，愿意关注说话的人或愿意把玩相关的物品及教具	
	好家人（春S、亦S）	听到特定的词语能做出适当回应	听到运动、毛巾、画笔、红花，会关注老师或操作（配对、分类）的相关教具	
	好帮手	听懂常用的词语，并作出适当回应	同教材内容	
1.1.1.3 能听懂简单的句子，并作出适当回应	好照顾	听到简单的句子，能做出本能的回应	听到"李天天在做什么？小朋友们用毛巾在做什么？兰兰用画笔画了什么？"时能看向说话者	好照顾： 1.声音夸张＋手势（加重）感知理解语言 2.示范、提供多次练习机会 3.在情境中进行大动作的体验 好家人： 1.配对、分类 2.视觉提示 3.单音→多音→词语→句子 4.提供大量练习机会 好帮手： ＊利用凯伯序阶的教学方法 ＊四段协助法
	好家人（春S、怡S、贤S、宇S、亦S）	能听懂特定的简单句，并做出适当回应	听到"李天天在做什么？小朋友们用毛巾在做什么？兰兰用画笔画了什么？"会关注老师或操作（配对、分类）相关教具运动、毛巾、画笔、红花	
	好帮手	能听懂常用的简单句，并做出适当回应	同教材内容	
1.1.1.4 能听懂生活中的常用语言	好照顾	能听到特定的语言，有反应	听到自己的名字或特定指令后能关注或有感觉	
	好家人（春S）	能听懂生活中的特定语言	听到运动、毛巾、画笔、红花会关注老师或操作（配对、分类）相关教具	
	好帮手	能听懂生活中的常用语言	同教材内容	

续表

对应课标	学生 IEP 四好目标		学生教材调整	教学策略
1.1.2.1 能模仿运用生活中的常用语言	好照顾	模仿少量或特定的常用语言或特定的语言	在模仿读常用语言或特定的语音时能有意识地模仿或随意发出声音	好照顾： 1. 模仿相关的动作→声音＋动作 2. 提供学生易操作、喜欢的教具 好家人： 1. 模仿相关的动作→声音＋动作→仿说→看到图卡或文字物品可以独立说（说） 2. 利用沟通辅具 PECS 好帮手：
	好家人（简S、李S、贤S）	能模仿少数常用语言	模仿说Ü、剧场、擦桌子、踢足球、跑步	
	好帮手（甘S、岩S、程S）	能模仿运用常用语言	拼音： Ü 模仿补充句子： 1. 早睡早起爱运动，按时吃饭身体好。 2. 我要（吃饭／睡觉／看书／玩球／做运动／起床）。 3. 我用毛巾（擦头发／擦身体／洗脸）。 4. 我画（红花／白云）。	
1.2.1.3 能认读生活中常用汉字 10～50 个用来解决日常学校、家庭生活中的问题	好照顾	看到生活中常用汉字有反应或不排斥认读汉字的活动	愿意指一指或愿意看相关汉字	
	好家人（怡S、春S、又S、字S、钦S、简S）	能指认生活中特定汉字 10～30 个或认读的汉字可以解决日常生理需求	指认或认读汉字：头、毛、巾	
	好帮手（甘S、顾S）	能认读生活中常用汉字 10～50 个用来解决日常学校、家庭生活中的问题	同教材内容	
1.3.2.5* 能结合图片的内容，理解词、句的意思	好照顾	能接受结合图片的内容，理解词、句的意思不排斥	愿意把玩教具，不撕毁、不破坏	好照顾： 1. 模仿相关的动作→声音＋动作 2. 提供学生易操作、喜欢的教具 好家人： 1. 模仿相关的动作→声音＋动作→仿说→看到图卡或文字物品可以独立说（说） 2. 利用沟通辅具 PECS 好帮手
	好家人（春S、简S）	能结合图片内容，理解少量的词句的意思	理解少量的词句的意思，如运动、毛巾、画笔、红花	
	好帮手	能结合图片内容，理解熟悉的词句的意思	同教材内容	
1.3.2.6 能认识句号、逗号、问号、感叹号	好照顾	能对句号、逗号、问号、感叹号有反应	出示句号、逗号、问号、感叹号时会关注	
	好家人	能分辨句号、逗号、问号、感叹号的不同并辨认其一	可以进行操作活动（配对分类）	
	好帮手（甘S、迪S、岩S）	能认识句号、逗号、问号、感叹号	同教材内容	

续表

对应课标	学生 IEP 四好目标		学生教材调整	教学策略
1.2.1.4 认识常用汉字的笔画	好照顾	对汉字笔画的呈现有反应或不排斥参与书写的活动或看别人写字	愿意拿着相关图卡或本子	好照顾： 1. 提供合适、颜色明显的笔 2. 提供学生喜欢的材质的纸张 好家人： 1. 描写简单笔画→补笔画→仿写→独立写 2. 线条清晰，字体大，范围明显 3. 单张纸→平面内间距宽的方格→缩小方格之间的间距→撤销方格 好帮手： 1. 缩小方格之间的间距→撤销方格 2. 在范围内描写→仿写→独立写
	好帮手（轩S、怡S、简S）	认识特定几个汉字的笔画	认识竖钩、点、横折钩	
	好帮手（迪S、岩S、简S）	认识常用汉字的笔画	同教材内容	
1.2.2.1 能用铅笔描写或抄写生活中常用汉字	好照顾	能用铅笔随意涂画或不排斥拿笔的活动	接受手里握笔或拿着笔随意涂画	
	好家人（又S、怡S、贤S、轩S）	能用铅笔描写或抄写特定笔画的少量汉字	用铅笔描写或抄写点、竖、横折钩笔画或汉字	
	好帮手（岩S）	能用铅笔描写或抄写生活中常用汉字	同教材内容	
1.2.3.1 能按从左到右的格式书写	好照顾	能在方格内书写或不排斥拿笔写的活动	愿意拿笔在方格纸上随意涂写	
	好家人（贤S）	能按特定的格式书写	在特定的格式里书写小、点、丨、头、横折钩	
	好帮手	能按从左到右的格式书写	同教材内容	
1.5.2.1 观察校园环境，能用自己的方式说出观察所得	好照顾	愿意进入校园	愿意到学校	
	好家人（怡S、轩S、字S）	观察校园环境，能用自己的方式说出特定的所得（如印象深刻的场所的名称）	观察校园环境，有需要时自己会去	
	好帮手（甘S、岩S、迪S）	观察校园环境，能用自己的方式说出观察所得	同教材内容	
1.5.3.1 能参加班级、学校活动，在活动中初步养成良好的语言行为习惯	好照顾	不干扰班级、学校活动	不干扰班级、学校活动	
	好家人（轩S、钦S）	能按照要求参加班级、校园活动	可以按照要求参加语文活动	
	好帮手（迪S）	能参加班级、学校活动，在活动中初步养成良好的语言行为习惯	在情境中可以利用听、说、读、写的技能遵守规则，参与活动	

附表 42："教学活动设计"（生活语文科）
──二年级下册第二单元"春游 – 早游、午游"

设计人：戴伟丽

教学主题	第二单元：个人生活 春游—早游、午游		教学日期	2021 年 4 月	教师	主教：戴 T 助教：王 T、峰 T			
学情分析	好帮手	甘 S	优势：能听懂课堂及生活中的简单句，能用简单词语做回答，能描写简单汉字，行动速度快，能双手协调操作物品 弱势：发音不清晰，听理解能力较差，课堂上喜欢照顾其他同学						
	好家人	春 S	优势：课堂常规较好，能做图片的配对分类，能听懂简单的课堂常用语言，能仿写汉字 弱势：发音不清晰，较单一，听理解能力差，听到指令后的行动较慢						
		怡 S	优势：课堂上积极配合完成活动，速度较快，模仿能力较好，能简单地将实物与图片配对 弱势：比较冲动，她听理解能力较差，日常表达不太清晰，不如意时会尖叫						
		钦 S	优势：听理解上会加手势参照来理解，完成课堂上教学活动的速度快，正确率高 弱势：日常表达不太清晰，性格比较腼腆，不爱与同学互动						
		宇 S	优势：能听懂日常中常用的语句，模仿能力好，能简单地将实物与图片配对 弱势：较情绪化，遇到不满意的地方，会撒泼、哭闹、拳打脚踢，注意力不集中						
		又 S	优势：常规较好，听到指令能迅速做出反应，能模仿简单句的发音，能描写简单汉字 弱势：行动速度慢，注意力时间短，听理解能力差，容易受其他同学的影响						
	好照顾	亦 S	优势：模仿简单词语的发音 弱势：语言表达较少，听理解能力差，能听懂日常生活中简单的指令，词汇量少						
教学目标与评量	学生		IEP				评量		
							前	中	后
	好家人	春 S	1.1.1.1.1 能在老师发指令时关注到与自己有关的信息，如关注明显的语调、老师要其拿的某个物品、去哪里等						
			1.1.1.2.1 能在日常生活中听到与自己高相关的动词、名词后能立即执行 8/10，如停 / 不行 / 拿好等						
			1.1.1.3.1 能在日常生活中听到与自己相关的简单句时能有反应 8/10，如 XXX 去浇花 / 拿何物 / 去哪里 / 坐好等						
			1.1.1.4.1 听到与自己生存有关的句子后能有适当回应 3/5，如某个地方、何物、做何事						
			1.2.1.3.1 能认识语文课中所学习的汉字 5 个						
			1.3.2.5.1 能进行图片的配对分类活动，并能指认出语文课所学的名词、动词图片 10 张						
			1.3.3.2.1 能跟随老师或同学仿说 2 首儿歌或古诗						
		怡 S	1.1.1.3.1 能听懂特定的简单句 5 种（如与自己有关的句子、与生存需求相关的句子、上课常规的要求等），并作出适当回应						

续表

教学目标与评量	学生		IEP	评量		
				前	中	后
	好家人	怡S	1.1.2.2.1 能用少量语言、表情表达基本需求 3/5（如要、吃、玩、某物等）			
			1.1.2.2.2 能表达一些应急的特定信息（如自己的姓名、电话纸条班级等特定信息，如几年级几班等）			
			1.2.1.3.1 能指认生活中特定汉字 10 个（如姓名、学校等）或认读的汉字可以解决日常生理需求（如吃、穿、玩）			
			1.2.1.4.1 认识特定几个汉字的笔画 3 种（如自己的名字、喜欢的吃的、玩具等）			
			1.2.2.1.1 能用铅笔描写或抄写特定笔画少量汉字 6 个（如自己的名字的缩写、偏旁、表达需求的文字"可、不""一、二、三"等简单记号）			
			1.3.3.2.1 能用自己的方式仿说诗歌（如儿歌、古诗）2 首。			
			1.5.2.1.1 观察校园环境，能用自己的方式说出特定的观察所得 2 种（如厕所、剧场）			
		钦S	1.2.1.3.1 能指认生活中的特定汉字 25 个（如我要、吃饭、穿鞋子、喝水、玩球等）			
			1.3.3.2.1 能跟随集体活动或模仿他人口型，发音仿读诗歌 1 首			
			1.5.3.1.1 能按照要求参加班级活动、学校活动 70%（如浇花、诵读诗歌、社团活动、打扫教室等）			
		宇S	1.1.1.3.1 能听懂日常中动＋名词的短句至少 10 句（如切香蕉、吃饭、喝水、洗碗、收作业、擦桌子、关窗户、倒垃圾、拧毛巾等）			
			1.2.1.3.1 能指认课堂所学特定汉字至少 10 个（如花园、操场、教室、跑步、值日生、电冰箱等）			
			1.3.3.2.1 能模仿诵读 1 首诗歌			
			1.5.2.1.1 能指认校园的场所 5 个（如剧场、所在班级、大门等）			
		又S	1.2.1.3.1 能指认或认读语文课所学汉字 10 个			
			1.2.2.1.1 能用铅笔描写或抄写特定笔画的汉字 3 个			
			1.3.2.4.1 能在阅读少量情节简单的图画故事书时，指认特定的人物、动物等			
			1.3.3.2.1 会诵读诗歌（如儿歌、古诗）2 首以内			
	好照顾	亦S	1.1.1.2.1 听到与自己有关的 10 个词语并适当回应（如书包、水杯、作业单）			
			1.1.1.3.1 能听懂与自己有关的简单句 5 句，并做出适当回应			
	好帮手	甘S	1.2.1.3 能认读生活中常用汉字 10～50 个用来解决日常学校中的问题			
			1.3.2.6 能认识句号、逗号			
			1.5.2.1 观察校园环境，能用自己的方式（口语＋手势）说出观察所得			

续表

时间	小组活动	个别活动		教学资源
		好照顾	好家人	
9:20 —— 10:10	一、上课仪式 1.课前准备：教具 2.上课仪式：上课、起立、点名 3.念古诗 春晓　孟浩然（唐） 春眠不觉晓，处处闻啼鸟。 夜来风雨声，花落知多少。 进行方式： *教师示范读，学生站着跟读（第一遍，老师指一个读一个；第二遍，读一字，做一个动作；第三遍同第二遍，学生想动作。） 二、复习 出示课本，回忆上周所学的课文 三、教学过程 1.身体好： 第一节：词语——运动、米饭 第二节：句子——我爱吃米饭。早睡早起爱运动，按时吃饭身体好。 2.毛巾： 第三节：词语——毛巾 词组——擦＋擦头发＋身体 第四节：句子——我用毛巾擦头发。我用毛巾擦身体。小小毛巾作用大。 3.小画笔： 第五节：词语——画笔、红花 第六节：句子——小画笔，手中拿。画白云，画红花。我是一个小画家。 第七、八节：从知觉来辨别开始复习本月学习的词句 （一）通过大动作来感觉（动作、动作—知觉阶段）： 引起学生动机 1.身体好（一、二节） 第一节：播放广播体操音乐，老师跟着音乐做做动作（踢腿、伸展、踏步、扩胸、体测）活动身体，介绍说自己在做运动。邀请同学跟着老师一起做简单的运动（四个八拍）或打球等。下定义：做体操、打球等能锻炼身体的活动是运动。 米饭：运动后时助教说肚子好饿，有什么吃的？老师端出一个电饭锅，打开，里面有一锅米饭。舀米饭吃。米饭看起来白白的，吃起来软软的。定义一颗颗白色的，软软的，在电饭锅里的能吃的是米饭。 第二节：助教装病生病不舒服，身体不健康，引起话题，要健康怎么做？播放视频——早睡早起，按时吃饭的视频。哦！要多做运动早睡早起，按时吃饭身体才好。 出示课本句子——我爱吃米饭。早睡早起爱运动，按时吃饭身体好。	一一对应 配合动作 模仿或随同学 配合关注活动	动作模仿 模仿读 读课本时加手势动作 模仿做动作	学生名牌 桌椅 签到板 小红花 钱 古诗 课本 拼图 纸 笔 图卡若干 词卡若干：运动/毛巾/画笔/红花

续表

时间	小组活动	个别活动		教学资源
		好照顾	好家人	
9:20 — 10:10	2. 毛巾（三、四节） 第三节：出示神秘的箱子，现在请同学来摸一摸，同学们每人摸出一张不同的毛巾，感受毛巾：软软的，可以用来洗脸的是毛巾 第四节：模拟洗澡洗头，学生用毛巾擦拭身体。助教示范：我用毛巾擦头发，我用毛巾擦身体（边说边做动作） 出示课本句子：我用毛巾擦头发。我用毛巾擦身体。小小毛巾作用大。 3. 小画笔（五、六节） 第五节：变魔术：用纸巾将用纸裹起来后露出笔尖的画笔握在手中，在白纸上胡乱画几下，留下颜色，引起学生的好奇，并感受。请大家猜一猜是什么？数数1、2、3撕开揭晓谜底，哇！这是画笔（助教帮腔）。 红花：拿出一篮子花，观察它是什么颜色的。助教示范：它是红色的花。红色的花是红花。 第六节：模拟美术活动，用画笔在黑色的A4纸上作画。助教示范：小画笔，手中拿。白色画笔画白云，红色画笔画红花。我是一个小画家。 出示课本句子：小画笔，手中拿。画白云，画红花。我是一个小画家。 （二）通过知觉动作来练习 第一节：拼图：拼一拼运动、米饭 第二节：老师喊节拍，学生模仿做动作或自己做 第三节：描一描：将毛巾铺在纸上，描毛巾的轮廓 第四节：体验活动：用毛巾擦头发/擦身体（边说边做动作），学生跟着一起做（拍照） 第五节：画一画：在A4纸上作画 第六节：用红色的画笔画红花，白色的画笔画白云 （三）通过知觉来辨别：（配对/分类练习） 第一、三、五节 词：（大图小字→小图大字→文字） 配对： ①打牌：与老师或同学先出牌，其他人将自己的一样的牌放与先出的牌放在一起（如运动与运动） ②翻一翻：翻到两张一样的图卡，放入篮子中 ③投一投：将与箱子上一样的图卡投入箱子中 分类： ①两张不一样的图卡分别装入不同的容器中（如运动放箱子，米饭放入碗里） ②串一串：将混在一起的两种图卡（如运动、米饭）分别穿在绳子上 第二、四、六节： 句：（照例子配对组句） ①我爱吃米饭。早睡早起爱运动，按时吃饭身体好。	配合做词组配对 配合操作，一一对应贴 补充特定词组：米饭、运动、毛巾、画笔、红花	模仿组词配对到文字 模仿或跟随做 模仿补充句子：我爱吃、米饭、运动、毛巾、擦头发、擦身体、小画笔、手中拿、画、红花（图片与图片+文）	句条 课本、词组 沙袋若干 篮子 笔 卷笔刀 橡皮擦 作业

续表

时间	小组活动	个别活动		教学资源
		好照顾	好家人	
9:20—10:10	②我用毛巾擦头发。我用毛巾擦身体。小小毛巾作用大。 ③小画笔，手中拿。画白云，画红花。我是一个小画家。 （四）通过知觉－概念来联结 （将视觉＋听觉＋操作结合起来） 词：第一、三、五节： ①绑一绑：在一堆图卡中拿找出到本节课学习的文字或图片（大字小图）用绳子绑起来 ②盖章：同学把印章盖到本节课学习的文字或图片（大字小图）上 ③抽奖：（轮流）学生拉彩带抽出对应的本节课学习的文字或图片（大字小图）留下来，不是的丢进废纸篓里 学生做这些活动时，老师则旁白。例如：绑的是画笔／红花／白云，盖的是"运动""对了，这是毛巾，擦身体、擦头发、洗脸用的毛巾，毛巾软软的"…… 句：第二、四、六节（依照样本补充词语、句子或者排列句子） ①我爱吃米饭。早睡早起爱运动，按时吃饭身体好。 ②我用毛巾擦头发。我用毛巾擦身体。小小毛巾作用大。 ③小画笔，手中拿。画白云，画红花。我是一个小画家。 （五）形成概念 词：第一、三、五节： 丢一丢：老师在椅子上贴几张图卡，有运动和米饭，老师说我们要丢米饭，数123开始，学生就开始用沙包丢米饭。 撕一撕：老师在绒布板上贴若干图卡，学生听指令，将本节课学习的文字或图片，撕下来。如有运动和米饭，老师说撕米饭，学生要将米饭撕下来。 一句：第二、四、六节： 排一排：将几张打乱顺序的词卡排列成句子或补充词语成句子。 （六）表达语言 词：第一、三、五节 丢骰子：老师在骰子上贴一些本节课学习的文字或图片，学生轮流丢骰子，丢到的是什么？学生就要说是什么。如丢到的是运动，他就要说是运动。 句：第二、四、六节 读一读：读排列好的句子。 （七）写一写 跟着老师的笔画、笔顺练习写横折钩"乛"或汉字"头"或"小"。 作业： 练习书本作业：图片与图片或文字与对应图片连线；把句子按照图片内容排列顺序，在不同的文字中描出带有的笔画"乛"，描写或独立写"小／头"字。 四、下课 兑换小红花； 家庭作业、文具等放书包； 师生互道再见，收拾桌子、椅子。	在格子大描写 用笔粗描写 实物或图片操作（配对分类）	描写稍大的文字 模仿例子圈出图片或文字，补充贴句子。描写汉字：小／头／横折钩	

戴玉敏、冯莎、李全容、李亚蔚

第一节　生活数学科的四好功能定位

一、生活数学科目定位

　　生活数学的教学总目标是：运用数学的思维方式进行思考，增强解决日常生活中简单数学问题的能力。着重在于培养学生基本的数前概念、数概念、计算技能、测量技能、统计等的感受、区辨，理解与表现；是为了更加适应生活，解决生活中与数理有关的听、说、读、写、算等问题。生活数学科是为生活适应服务的，为了让不同能力水平的学生应用自己的数学能力解决生活中的数学问题，老师们要掌握普通儿童数学方面的发展顺序，以此作为参照，分析出学生现有的数学能力发展的现况，以遵循普通儿童数学方面的能力发展顺序为基础，以便于老师订出下一步可以发挥运用及进步的空间。生活数学的四好评量，因应学生的数学能力水平不同，分为四个层次来达到生活适应的功能。

　　好照顾：以在动作操作阶段（感觉动作期）为准，能感知把玩物品，以便日后生活中能对喜好之物的外观特质有区辨，能以个人的方式进行选择。

　　好家人：以在具体操作阶段（前运算期）为准，通过感知觉区分差异性特别明显的数前概念，自己能懂得简单的数前数学概念，可应用在生活中，或用生活支持辅助达成生活功能，解决生活中必要的特定的几种与数学有关的问题。

　　好帮手：为在平面操作进入符号操作阶段（具体运算期前或后段），具备基础的数学能力，自己能懂得基础的数学概念，可应用在生活中，或用生活支持辅助达成生活功能，解决生活中一般性数学问题。

　　好公民：为符号操作阶段（具体运算期后段或符号运算期前段），可以掌握课程目标要求的数学能力，用于解决生活中或工作中的与数有关的问题。

　　因此，数学科教师主要是能把现成教科书上的内容功能化，改编成生活中有用的数学类问题，然后以学生之不同的四好能力去解决这个问题，以适应生活所需。

二、生活数学科的四好教学原则

　　生活数学除了遵从普通儿童数学发展阶段外，更要考虑学生目前的四好能力学习特征，也就是

　　说儿童在这个阶段是通过什么手段或方式进行学习才能学会的。生活数学的教材分析及教学活动设计必须符合学生的四好学习方式，提供适合学生的有效教学，才能提升学生的数学能力，这也是我们在四好教学中重点突破的关键点。

　　由于数学科的学习与认知能力密切相关，因此数学教师必须能依据四好学生的不同认知功能，进行数学科教材内容的教学。

　　建议依据皮亚杰的认知发展期与儿童学习特征、凯伯的概念学习发展阶段，整理出四好的每一"好"的学习方式。

　　四好对应儿童发展的学习方式：

发展年龄	四好	学习方式	普通儿童年龄
感觉动作期 0～2岁	好照顾	1. 动作—感觉学习阶段：通过大肌肉活动来接触、了解概念，在动作的基础上形成感觉（如爬、翻、滚、抓、旋转、坐、走、拿、折、打、丢、拍、抛等大肌肉的活动）。	0～2岁（婴幼儿阶段）
前运算期 2～7岁		2. 动作-知觉学习阶段：通过动作与感觉的配合形成较为复杂的身体运动，配合视、听、触、味、嗅等感觉来区别、了解概念，并由感觉经验来控制动作操作（如爬、翻、滚、抓、旋转、坐、走、拿、折、打、丢、拍、抛等大肌肉的活动，加入小肌肉精细动作的拼、塞、放、撕等，配合触觉、听觉、嗅觉与味觉等来认识事物，同时在感受事物时形成较为简单的判断） ——配对（模仿）	2～4岁（幼儿园）
	好家人	3. 知觉学习阶段：在大肌肉动作和感觉动作两个阶段的发展基础上，开始形成丰富的知觉表象来认知、理解概念（特别是视觉与听觉）（如看手势、表情、语言，并根据对这些信息的记忆就可以完成这项活动） ——记忆	
	好帮手	视觉方面：开始辨认有意义的事物，学会区分经验中的对象与背景，辨认相似图形中的不同部分 ——分类 4. 语言理解学习阶段（语言理解、听指令理解概念，开始用不同的语言与不同的事物联系，辨别不同的发音并从中提取意义，按照这一指令去行动。） ——指认 5. 语言表达学习阶段（用符号、语言进行简单表达） ——命名	5～7岁（学前班和小学一年级）
具体运算期 7～11/12岁	好公民	6. 逻辑思维阶段（可以通过阅读文字、符号、图形辨认、听理解、说明即领会、理解、提取语义、理解、掌握概念并具备逻辑思维、抽象思维推理能力，解决复杂的数学问题） ——逻辑推理	（小学二、三、四年级）
形式运算期 11/12上			（小学五、六年级）

从发展学的观点来看，儿童数学方面的发展阶段及轨迹相同，但每个人的发展速度不同。所以一个班如果有 8 个学生，就可能有多种数学能力水平的学生存在，有多种学习方式存在。因此我们在做生活数学教学规划及教学活动设计时，用四好的概念进行分层次教学，考虑不同层次的学生存在，考虑不同层次的教学方法与策略，作相应的教材调整。例如，教学目标：认识 6（6 以内的数量概念）。

原教学目标的教材	四好教材层次分析			
		目标调整（分层次）	概念形成序阶（分层次）	学生
认出、读出、写出数字 6	好照顾	能参与跟随唱数、点数活动，一次只拿或放一个物品，不排斥	1. 动作—感觉学习阶段（愿意操作）	学生 1 学生 2
	好家人	能手口一致地点数 6 以内的物体，并会 X 项 Y 项的一一对应（6 个）	2. 知觉—动作学习阶段（配对） 3. 知觉学习阶段（分类）	学生 3 学生 4
	好帮手	能理解 6 以内数的含义（包括认、读、写），并能数 6 以内的物品 ——原教学目标	4. 语言理解学习阶段（指认） 5. 语言表达学习阶段（命名）	学生 5 学生 6 学生 7
	好公民	——充实教学（略）	6. 逻辑思维阶段（逻辑推理）	学生 8

三、生活数学科与生活适应的关系

生活数学的目的是更加适应生活，解决生活中与数理有关的听、说、读、写、算等的问题。生活数学是以生活适应科为核心开展教学活动，是为生活适应服务的。学生在生活数学科学习的数学能力，应在生活适应科的生活情境中应用起来，用来解决其中的数学方面的问题。所以在做生活数学科教学规划及教学活动设计时，要看生活适应科的主题活动情境是什么，在这些情境中有哪些人、事、物，这些人事物之间有哪些数学方面的问题，再配合学生现在的数学能力及四好数学目标，设计教学活动及设计教具。

生活数学四好目标与生活适应主题情境设计配合进行教学活动设计有几种情况出现：

> （一）生活适应主题情境的数学问题的难易程度，与生活数学目标的难易程度正好相同

如生活适应的主题情境中的数学问题是有几个人、几张桌子、几个杯子、几元钱等，正好生活数学目标也是在教数量概念几个以内，此时生活数学正好就用生活适应科的教学情境中面对的数学问题，来设计数学活动及制作数学教具，生活数学所学的内容，正好在生活适应科的情境中表现。

> （二）生活适应主题情境的数学问题的难易程度，高于生活数学目标的难易程度（学生数学能力低于生活适应情境的数学需求）

生活数学目标是在学生现有能力基础之上制定的，表示学生是有能力学会的。但生活适应的主题情境的数学问题，是日常生活中的真实情境或模拟真实情境中所要解决的数学问题，它的难度有可能远高于学生的现有能力，学生的数学能力远不足以解决问题。此时，老师要运用支持辅助策略的概念，将生活情境中高难度的数学问题转换成低难度、符合学生现有数学能力、数学目标的数学问题，必要时还可以让学生死记硬背记住学不会的数学内容，让学生在生活中应用。

例如，生活适应的生活情境中的"到超市完成购物活动"。

要完成这个购物活动，生活情境中面对的数学问题是"计算买几种东西需要多少钱？"这需要运用到100以内的加、减运算能力、钱币兑换等能力。但学生的现有能力及教学目标还在学习"数1～5个以内的数量概念"，生活适应情境中的数学问题远高于学生现有的数学能力。要求老师运用支持辅助策略，针对生活适应主题情意的数学问题，降低难度，达到学生可以用现有能力去完成的适应。

1. 可以教会学生拿出接近物品价格最高金额的钱币

一支牙刷价格8.9元，就拿1张10元钱币，学生只要学会"牙刷（照片）"与"10元钱"配对就可以；一斤肉16.8元，就拿1张20元的钱币，学生只要学会"肉"（照片）与"20元钱"配对就可以。

2. 可以固定数量表达方式

会和老板表达"1斤"（用手指比出1，或用图片沟通表达买1斤）。

3. 钱的找补问题（钱币兑换、加减运算）

由老板来算，学生只要学会在购物时付钱后，一定要等待老板补钱之后才离开。

买几个（或几斤）物品，就数出几张这样的钱币。把高难度、复杂的生活数学问题（加、减运算能力和钱币兑换等）简化成为"数几个以内的数量概念"。回到生活数学学生当下的数学目标。

这样教学设计既配合了生活适应科情境需要，又符合学生数学目标的需要，达到生活数学所教的内容在生活情境中应用的目的（教学模式：生活数学是以生活适应为核心的）。

> （三）生活适应主题情境的数学问题的难易程度，低于生活数学目标的难易程度（学生数学能力高于生活适应情境的数学需求）

如果学生的数学能力好，面对当下生活适应的主题情境中数学问题已够用了，或者生活适应主题情境中没有数学问题需要解决，从达到生活功能的必要性来讲，可以不需要单独设计数学课来学习数学，只需要在生活情境中随机指导或复习数学的知识与技能便可。

但是低年段、中年段的学生，还处在数学能力的提升阶段，我们要最大可能地发展、提升学生的数学潜能，需要为他设计符合他数学能力发展的生活数学课程。为了达到学生数学目标，生活适应主题情境的数学问题要做一些调整，增强情境细节，尽量设计出有需要解决的数学问题。

例如：生活适应的主题情境是"欢迎到我家做客"。

这个生活主题活动主要是交友聊天活动，本没有什么数学问题，但可以增加需要数学问题的活动细节，以满足数学科的数学目标的生活应用。

（1）假如学生的数学目标是"几个以内数量概念"，那可以增加活动环节，需要用到学生"几个以内数量概念"的能力，可以安排几个人坐一桌？请这一桌的这几个人喝饮料，要准备几杯？送礼物，要准备几份？

（2）假如学生的数学目标是"比较高矮"，那可以增加活动环节，需要用到学生"高、矮数前概念"的能力，可以在做客拍合照时，依高矮排序照相；布置客人坐的桌椅时，分高桌、高凳，矮桌、矮凳。

这样的教学设计，教导了学生的数学目标，提升了学生的数学能力，又可以学以致用。

例：二年级上册《生活数学》与《生活适应》科之间整合教学规划

附表 43：学期整合教学规划（生活数学科）
——二年级上册

生活适应科主题情境	第一单元校园生活（新学期开学当选少先队员）	第二单元个人生活（向阳自助餐厅）	第三单元家庭生活（中秋知识竞赛）	第四单元社区生活（坐公交车走访小区）
生活数学科教学应用	1. 数出学习活动中的文具、国旗、红领巾	1. 数衣服、鞋子、裤子、手套 2. 比较衣服、裤子的长与短 3. 比较帽子、手套的大与小	1. 依人数数出月饼及餐具 2. 排序人的高矮 3. 应用家具的高矮解决生活问题	1. 生活当中的数量概念、数字排序（如电梯） 2. 生活当中物品的粗细

四、能力不足时，提供数学方面支持辅助策略，达到独立生活适应功能

当学生面临生活适应主题情境中的数学问题高于学生的能力时，或日常生活中的数学问题高于学生的能力时，学生能力不足，也来不及在短时间内学会高难度数学概念（特别是针对中年段、高年段的学生，他们数学方面的能力提升空间已有局限），老师要运用支持辅助策略的概念，将高难度的数学问题转换成低难度、符合学生现有数学能力的方式，让学生用这个方式去适应生活。

所以，从四好课程概念来定位生活数学老师，生活数学的老师除了是数学专科老师外，同时也是"数学支持辅具"的设计师（特别是学生在高年段及职高阶段）。

学生在校期间（九年义务教育期间），生活数学老师至少把每一位特殊学生教到会使用数学辅具。如果学生学不会对数学概念内容进行指认、表达、运算、推理等（好帮手、好公民层次），起码要教学生学会 X 项与 Y 项的一一对应、配对、分类的技能（起码级：好家人层次），这些数学

基本技能可以保障学生有能力使用数学辅具，以达到独立解决数学问题的生活功能。

根据四好的每个数学能力层次不同，"数学支持辅具"支持适度也不同。

（1）好照顾能力层次的学生，在生活中需要配合完成简单的操作任务，他要处理的数学问题也很简单。好照顾的学习能力在感觉动作操作阶段，老师帮他把数学难题给处理好，准备好正确的数量、形状或大小等数学方面的物品，学生只要愿意配合完成操作，以拿、放等简单操作，就可以在生活中应用。

例如，生活中要求付4元公交车钱，好照顾的学生不用去想什么是4元，该怎么数出4元等困难的问题，老师给的钱包里就是准备好的4元钱，并且这4元钱是捆在一起的，他将一捆拿出来，正好是4元钱。

（2）好家人能力层次的学生，在生活中需要为自己做力所能及的简单事情，比好照顾完成的任务多一些。好家人的学习能力在具体操作阶段（前运算期），已具备区分差异性特别明显的数前概念，会配对、分类，也具有将X物品与Y物品一一对应的能力。老师教会学生运用这些能力来操作数学辅具以达到生活应用功能，解决生活中复杂的数学问题。

例如，学生要烹饪工作，要煮多少米？加多少水？炒菜要放多少油、放多盐？等等数学问题，都可以简化成一一对应或配对的操作。

——煮多少米？对应一个盅，装满就可以，简化成"米与盅的对应配对"。

——加多少水？对应一水盆，装满就可以，简化成"水与盆的对应配对"。

——炒菜要放多少油？对应一个小杯子，装满就可以，简化成"油与杯子的对应配对"。

——放多少盐？对应一个小勺，装满就可以，简化成"盐与小勺的对应配对"。

例如，学生的工作是分发餐具到三个不同的班级。

——不同的班级人数不同？每个班级用一种颜色代表，红色标记是一班，绿色标记是二班，粉色标记是三班，在支持辅具板上与餐具篮子标记，简化成"颜色的对应配对"。

——几个小碗、几个大碗？几个盘子？在支持辅具板上贴对应数量的图片，一一对应摆好，简化成"实物与图片的一一对应配对"。

——多少筷子？多少汤勺？每个班发一捆，放图片上（一捆是很多筷子、汤勺，足够每个班的人用），简化成"只要拿1捆，实物与图片的一一对应配对"。

（3）好帮手能力层次的学生，在生活中需要完成自己及"家人"交代的例行事务，需要处理生活中一般性的数学问题就更多。好帮手的学生基本上数学能力可以达到平面操作进入符号操作阶段，具备基础的数学能力，以及自己能懂的基础数学概念，这些能力在生活中如果够用的话，可以不用设计数学辅具。

如果这些能力不够用，或这些能力不稳定，有时对，有时错，或者基础能力差，特别是智障儿童，为了减少学生的错误造成生活上的困扰，也可以设计生活支持辅具达成生活功能，还可以降低到好家人的难易程度来设计辅具。

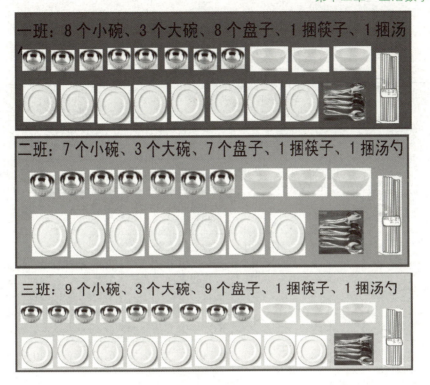

（4）好公民能力层次的学生，在符号操作阶段，具备逻辑思维能力，会举一反三，灵活解决生活问题，一般不用设计辅具。但为了避免失误，也可以设计辅具解决生活中或工作中的问题。

第二节　生活数学科的学期教学规划

生活数学的教学规划要结合学生的 IEP 目标，整合生活适应科的教学主题情境。

情况一：如果没有参考使用已出版的生活数学教科书教材，将本组一起上生活数学的学生的 IEP 之中的生活数学目标找出来，归纳本科目的教学内容，IEP 目标统整，这些教学内容依数学概念发展顺序分布在一学期的时间进行教学，列出学期教学规划表。

情况二：如果有参考使用生活数学的课本教材，就将这学期生活数学的课本教材中每个单元的教学内容列表整理出来，作为本学期的教材规划，再把学生 IEP 中有关生活数学的目标找出来放入此学期规划表。

例：二年级上册《生活数学》学期教学规划，与学生 IEP 目标、生活适应科之间整合教学主题

附表 44：学期教学规划表（生活数学科）
——二年级上册

生活主题科（主题情境）	第一单元 校园生活（新学期开学当选少先队员）	第二单元 个人生活（向阳自助餐厅）	第三单元 家庭生活（中秋知识竞赛）	第四单元 社区生活（坐公交车走访小区）
教科书内容（课本教材）	数与运算：认识6、7、8	数与运算：认识9、10 数前概念：大和小，长和短	数与运算：认识0、比较数的大小；数前概念：高和矮	数与运算：1.1-10的数序 数前概念：粗和细
学生 IEP 目标统整	数出学习活动中的文具、国旗、红领巾	1. 数衣服、鞋子、帽子、手套 2. 比较衣服、裤子的长与短 3. 比较帽子、手套的大与小	1. 依人数，数出月饼及餐具 2. 排序人的高矮 3. 应用家具的高矮解决生活问题	1. 生活当中的数量概念、数字排序（如电梯） 2. 生活当中物品的粗细

		第一单元 校园生活	第二单元 个人生活	第三单元 家庭生活	第四单元 社区生活
IEP主要目标	2.2.1.1 在现实情境中，理解10以内数的含义，能数、认、读、写，强调手口一致地点数10以内的物品（贤S、宇S、苏S、姗S、甘S）	6、7、8	9、10	6、7、8、9、10	6、7、8、9、10
	2.1.1.2 能比较几个物体，区分差异性明显的大小、长短、高矮等量的特点，会比较并排序（贤S、宇S、苏S、姗S、甘S）		大和小 长和短	高和矮	
	2.1.1.3 能比较几个物体，区分差异性明显的粗细、厚薄、轻重、宽窄等量的特点，会比较并排序（贤S、宇S、苏S、姗S、甘S）				粗和细
	2.4.1.1 能根据给定的标准(如颜色、大小、形状)，进行初步的分类（贤S、宇S、苏S、姗S、甘S）	依数量的不同配对、分类	依大小、长短的配对分类	依数量不同、高矮不同配对、分类	依数量不同、粗细不同配对、分类
	2.2.1.3 能比较10以内数的大小（甘S）			数的大小	数的大小
次要目标	3.3.1.4 知道老师工作辛苦，听从老师的教导（宇S、苏S）	坐好、起立、请坐、放作业单			
	3.3.3.2 正确爱护和使用学习用具，不破坏（宇S、姗S）	铅笔、橡皮、文具盒、作业单			
	1.2.3.1 按照特定的格式书写（宇S、贤S、苏S）	从左到右将数字6、7、8、9、10描写、仿写在格子里（依数学主题内容）			

第三节 一个教学主题的生活数学科教学活动设计

组织教材与教学主题规划方式的第一种情况是没有教科书既定教材，依据学生 IEP 目标及数学的发展阶段、学生的学习速度来做学期教学规划，比较贴切于学生能力发展、数学目标以及学生的学习进度。

第二种情况是按照生活数学科的教科书教材内容及进度规划进行教学，可能存在着以下问题：一是课本教材里的教材内容高于或低于学生的现有能力及数学目标，二是安排的每个单元之间的教学进度可能不适应学生的学习速度（太快或太慢）。因为课本教材的编写是假设某一部分群体的学生学习能力及学习速度来编写的，没有实体的学生，没有能力层次的体现。因此可能有一部分学生能按照这个目标与速度来学习；也可能大部分学生没有办法跟得上这个数学目标及学习速度；也有一部分学生很快就学会了这个数学目标，或早已学会这个数学目标，课本教材没办法跟上他的学习目标及学习速度。如果大家是第二种情况，进行教学规划时，要特别注意学生的 IEP 目标及学生学习的速度是否能跟得上课本教材。

向阳儿童发展中心的老师根据四好的概念，参考生活数学的课本教材，在进行每一个教学主题的教学活动设计时，重新进行教材调整。教材内容配合学生的四好能力进行调整，分能力层次进行教学，解决了在同一教学内容、教学活动之下，不同能力层次学生的教学目标、学习方式（教学策略）。

生活数学的一个教学主题活动设计依照以下步骤进行：

流程一：确定各单元的教学主题与单元目标——生活情境中要解决的数学问题；

流程二：分析本单元的教材——依据四好的能力层次，选择与调整本单元教材；

流程三：选用本单元的教学策略——依据认知类概念学习选用四好教学策略；

流程四：设计本单元的教学活动——贯通式教学活动设计；

流程五：决定教学资源——人员配合、教具制作、环境布置等；

流程六：设定学前学后评量——学习结果、教学反思。

一、确定各单元的教学主题与单元目标——生活情境中要解决的数学问题

例如，二年级上册第一单元的生活数学的数学目标：数与运算"认识6、7、8"（即数量概念6、7、8）。生活适应是：校园生活，开展主题活动是"新学期开学当选少先队员"，需要解决的生活情境问题是"依数量来购买或分发红领巾、国旗、学习用品、文具等"，在生活数学教学中即可设计与生活主题相关的教学活动场景及准备相应教具。

二、分析本单元的教材——依据四好的能力层次，选择与调整本单元教材

例如，数学目标：数与运算"认识6"，这个目标是在四好课程评量生活数学领域的课标"2.2.1.1 在现实情境中，理解10以内数的含义，能数、认、读、写，强调手口一致地点数10以内的物"，

它的四好评量是：

2.2 数与运算	2.2.1 数的认识	2.2.1.1 在现实情境中，理解 10 以内数的含义，能数、认、读、写，强调手口一致地点数 10 以内的物体 □□□□□ 0 不好照顾：未达 1 分 1 好照顾级：能参与跟随唱数、点数活动，一次只拿或放一个物品，不排斥 2 好家人级：能手口一致地点数 10 以内的物体，并会 X 项与 Y 项的一一对应 3 好帮手级：能在现实情境中，理解 10 以内数的含义（包括认、读、写），并能数 10 以内的物体 4 好公民级：在现实情境中，灵活运用数、认、读、写等能力解决 10 以内数的生活问题

依照四好的课程评量标准，用四好的概念进行分层次教学，因不同层次的学生存在，考虑不同层次的教学方法与策略，做出相应的教材调整。例如，教学目标：数与运算"认识 6"（6 以内的数量概念）。

例：二年级上册《生活数学》教材调整第一单元

附表 45：四好教材调整（生活数学科）
——二年级上册第一单元"数量 6/7/8"

单元	课次	原教材	对应课标	学生 IEP 四好目标（分层次）		学生教材调整（分层次）	学生
一、学校生活	1. 我升班了（认识 6） 2. 我的好朋友（认识 7） 3. 我是少先队员（认识 8）	认出、读出、写出、数出数字 6/7/8	2.2.1.1 在现实情境中，理解 10 以内数的含义，能数、认、读、写，强调手口一致地点数 10 以内的物	好照顾	能参与跟随唱数、点数活动，一次只拿或放一个物品，不排斥（完成操作数量 6/7/8 个）	1. 动手拿或接住物品数量 6/7/8 个 2. 一次只拿一个 3. 听到声音开始操作（听到声音"1、2、3……6"开始操作）	姗 S
				好家人	能手口一致地点数 6/7/8 的物体，并会 X 项与 Y 项的一一对应	4. 模仿一次拿一个，跟随数出数量 6/7/8 个 5. 一一对应摆放物品 6. 数一个做一个动作 7. 仿说数量总数 6/7/8 个 8. 分类数量差异明显的两堆物品 9. 模仿排列数序 1–6/7/8	贤 S、宇 S、馨 S、苏 S
				好帮手	能理解 6/7/8 数的含义（包括认、读、写），并能数 6/7/8 的物——原教学目标	10. 数出并找出/圈出/写出/说出总数 6/7/8 11. 听到/看到数 6/7/8 数量指令，数出相应数量的物品、图片 12. 排列数序 1–6/7/8	甘 S
				好公民	（略）	（略）	（略）

三、选用本单元的教学策略——依据认知类概念学习选用四好教学策略

生活数学是认知概念的教学，依据凯伯概念形成序阶进行循序渐进教学，再对照学生的四好特质，形成四好的教学策略，建议如下：

> **（一）好照顾的教学策略：动作－感觉学习阶段（愿意操作、感觉体验）**

（1）提供大动作的操作，实物教具操作简单的拿、放、操作活动。

（2）实物教具感觉带给学生的感觉要明显、突出、区辨性强，本体觉／触觉等感觉回馈为主（感觉注意、体验、记忆等），利于学生主动注意、区辨概念的感觉。

例如，概念"大与小"，感觉体验与操作"球往箱子里塞不进去的，都是大的球，反之，塞进去的，都是小的球"；概念"长与短"，拿吸管吸在杯子里吸饮料，能吸到饮料的，就是长的吸管，反之，吸不到的，都是短的吸管；概念"数出6个"，面前只有6个物品及6个容器，一个容器上放一个物品，放完成就表示学生拿了"6个"。

（3）动机策略：用学生喜欢的教玩具、活动或结果来引发学生愿意操作，如拍一下，就有声音出来。

（4）合理练习策略：提供个别操作活动，教具准备充分，给予学生多次练习机会，让学生反复、多次操作体验，形成感知觉记忆。

例如，概念"大与小"，感觉体验与操作"这些塞不进去的，都是大的"。

> **（二）好家人的教学策略：感觉－动作学习阶段（配对）、知觉－动作学习阶段（分类）**

（1）提供小肌肉精细动作操作活动，如拼、塞、放、撕等，配合触觉、听觉、视觉等感觉概念差异，做出较为简单的判断，辨认明显相同与不相同的概念（如模仿配对、一一对应、简单分类）。

（2）从具体实物操作过渡到半具体（图片）操作（如实物与实物配对、图片与图片配对、实物与图片配对）。

例如，概念"大与小"，大的、小的物品的实物与实物分别配对，大的、小的物品的图片与图片分别配对，大的、小的物品的实物与图片分别配对；概念"长与短"，长的、短的物品的实物与实物分别配对，长的、短的物品的图片与图片分别配对，长的、短的物品的实物与图片分别配对；概念"数出6个"，一袋是6个物品的与一袋也是6个（如1个或2个或3个）物品的配对，一张图片里有6个物品的（图片）与一张图片里也是6个（如1个或2个或3个）物品的（图片）配对。

（3）动机策略：用学生喜欢的活动或结果来引发学生愿意操作，如完成学习任务后会得到奖励。

（4）合理练习策略：提供个别操作活动，教具准备充分，给予学生多次练习机会，让学生反复、多次操作体验，形成知觉－概念。

> （三）好帮手的教学策略：语言理解学习阶段（指认）、语言表达学习阶段（命名）

（1）提供选择、判断的活动，让学生能从视觉、听觉上理解概念，做出较为简单的判断、表达。

（2）从具体实物操作过渡到半具体（图片）操作，再到语言、符号的操作，如实物选择、图片选择、符号选择等。

例如，指出、说出大的、小的、长的、短的物品，说出点数或总数6个，数出6个物品，画出6个图形。

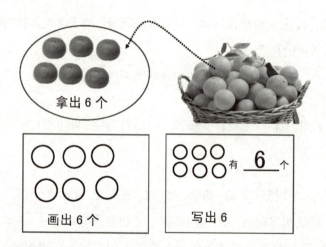

（3）动机策略：趣味性活动，给予正向的回馈，如选择对了得到奖励，选择错了没有奖励，有成就感。

（4）合理练习策略：提供个别操作活动，给予学生多次选择、判断练习机会，形成概念－表达。

> （四）好公民的教学策略：（略）

生活数学的活动设计用四好教学策略，为每一层次水平的学生设计教学活动，依据凯伯概念形成序阶，给要教的数学概念下一个操作性的定义，结合动机策略及合理练习策略，开展趣味性的数学活动，如操作活动：拿一拿、放一放、塞一塞、串一串、装一装、夹一夹、贴一贴、抽一抽、撕一撕、选一选、画一画等，这些操作活动带点趣味性活动设计，如抽牌配对活动、顺序接龙活动、掷骰子中奖活动、下赌注活动、大富翁游戏活动、投篮或打保龄球活动、我比你猜活动、钓鱼活动、摘"苹果"活动等。

例如，教学目标：数与运算"认识6"（6以内的数量概念）。

附表46："知觉–概念发展"与四好教材调整与教学策略
——（生活数学科）

四好	依据凯伯概念形成序阶	概念–操作性定义	具体操作（实物）	半具体操作（图片）	抽象操作（文字、语言）
1 好照顾	1.动作–感觉学习阶段（愿意操作）	※ 正例：面前只有6个容器和6个物品，在每一个容器里放一个物品，这就是拿出了数量6个。	活动1：拿6个 活动2：塞6个 活动3：串6个 活动4：装6个 ……		
2 好家人	2.知觉–动作学习阶段（配对）	※ 正例：面前有6个容器和一堆物品，在每一个容器里放一个物品，这就是拿出了数量6个。 —反例：如果这6个容器中有一个或多个是空的，或有多个物品，这就不是拿出了数量6个。	活动1：拿6个 活动2：塞6个 活动3：串6个 活动4：装6个 ……	活动1：夹6张 活动2：串6张 活动3：贴6张 活动4：撕6张 ……	
	3.知觉学习阶段（分类）	※ 正例：面前有6个物品，与自己记忆中的6个物品摆放形象在外观上是一样的，所以这堆物品的数量是6个。 —反例：不一样不是6个。	活动1：拿6个 活动2：塞6个 活动3：串6个 活动4：装6个 ……	活动1：夹6张 活动2：串6张 活动3：贴6张 活动4：撕6张 ……	
3 好帮手	4.知觉–概念–语言理解学习阶段（指认）	※ 正例：面前的物品，配合语言点数，数到6停，就是数量6个。 —反例：不是数到6个。	活动1：拿6个 活动2：塞6个 活动3：串6个 活动4：装6个 ……	活动1：夹6张 活动2：串6张 活动3：贴6张 活动4：撕6张 ……	活动1：选数字6 活动2：选数量6 活动3：模仿画6个 活动4：模仿数6个 ……
	5.概念–语言表达学习阶段（命名）	※ 正例：听到或看到数量，数出6个，就是数量6个。 —反例：不是数到6个。	活动1：拿6个 活动2：塞6个 活动3：串6个 活动4：装6个 ……	活动1：夹6张 活动2：串6张 活动3：贴6张 活动4：撕6张……	活动1：说出6个 活动2：数出6个 活动3：画出6个 活动4：写出6表达 ……
4 好公民	6.逻辑思维阶段（逻辑推理）	（略）	（略）	（略）	（略）

另外，教师还要依据学生现场学习困难，提供个别化支持策略，或另行设计数学辅具，帮助学生更容易无错误或在尝试错误下建立相关概念。

四、设计本单元的教学活动——贯通式教学活动设计

除了从四好的角度找教学策略来引导活动以外，数学概念通常适合采用贯通式教学，用一套相同的活动环节来教导一个数学概念，直到精熟为止。

一个主题之下每节数学课的活动设计通常分为"准备活动+暖身活动——主活动+练习活动——整理活动"，每节课的活动形式、环节设计大同小异，只是结合所教学的内容变换不同的情境与道具。贯通式教学活动，不论什么主题，皆采取每节课的例行的活动架构，一般如下：

准备活动+暖身活动阶段：包括每节课打招呼，进入数学课的学习情境，数学概念的复习与巩固，引起动机，复习或联结旧经验等环节。

主活动+练习活动阶段：包括提出目标、呈现教材、教导教材环节，辅导学生练习掌握数学概念（协助下练习、独立练习），回馈与增强环节。

整理活动阶段：包括本节课成果回顾、学习内容小结、作业交代、教具收拾、再见等环节。

例如，每节课的活动设计：

1. 上课准备

（1）准备数学用具、坐好；

（2）收课程表、点名。

2. 上课礼仪 + 暖身活动：起立，师生问好

（1）数字操（与单元情境配合，一个声音与一个动作数 1–10）；

（2）唱数 1–10：数字接龙 1–10。

3. 预告要完成的作业及奖品

4. 主活动（集体与分组活动）

（1）动作 – 感觉学习阶段（注意操作，把玩活动）；

（2）感觉 – 动作学习阶段（配对活动）；

（3）知觉 – 动作学习阶段（分类活动）；

（4）语言理解学习阶段（指认活动）；

（5）语言表达学习阶段（命名活动）。

5. 练习活动（个别活动）：完成个人作业（职劳）、发奖——大增强

（1）领作业（每节课一份作业）；

（2）检查作业，发钱（提醒学生装好，拿去买点心、午餐）。

6. 整理活动

（1）交代家庭作业，预告下节课内容；

（2）提醒生活适应主题需要表现的事项。

7. 下课

（1）整理钱、改课表／下课仪式；

（2）提醒学生装好钱，拿去买点心、午餐。

8. 联系生活适应情境中应用

例：二年级上册《生活数学》教学活动设计第一单元

附表 47：“教学活动设计”（生活数学科）
——二年级上册第一单元“数量 6/7/8”

设计人：李全容、李亚蔚

教学主题	学校生活（新学期开学入选少先队员）	教学日期	2020 年 9 月	主教：李全容 助教：李亚蔚
课次	1. 我升班了（认识 6） 2. 我的好朋友（认识 7） 3. 我是少先队员（认识 8）	教材内容	1. 数量 6 个 2. 数量 7 个 3. 数量 8 个	
生活应用	数出学习活动中的文具、国旗、红领巾			

教学目标与评量（主目标）

学生		生活数学 IEP 目标	评量		
			学前	学中	学后
好帮手	甘 S	在现实情境中，理解 10 以内数的含义（包括认、读、写），能数 10 以内的物体			
好家人	馨 S	能手口一致地点数 10 以内的物体，并会 X 项与 Y 项的一一对应			
	贤 S	能手口一致地点数 10 以内的物体，并会 X 项与 Y 项的一一对应			
		能根据定的一个标准（如颜色、大小、形状），进行初步的分类			
	宇 S	能手口一致地点数 10 以内的物体，并会 X 项与 Y 项的一一对应			
		能根据定的一个标准（如颜色、大小、形状），进行初步的分类			
	苏 S	能手口一致地点数 10 以内的物体，并会 X 项与 Y 项的一一对应			
		能根据定的一个标准（如颜色、大小、形状），进行初步的分类			
好照顾	姗 S	能参与跟随唱数、点数活动，一次只拿或放一个物品，不排斥			
		能根据一个样本标准（如颜色、大小、形状）进行配对			

教学活动设计：教材内容：认识 6、7、8

时间	小组活动（普通组，好帮手）	个别补救活动		教学资源
		好照顾	好家人	
	一、上课准备 收课程表，找到自己的位置坐好 二、上课仪式 + 暖身活动 1. 点名、师生问好：学生用笔进行签到，老师同学问好 2. 唱数：唱数 1—10，边数边蹲 3. 一一对应撕数字卡：听指令，按顺序撕数字卡片 三、主活动 第一、二节课，数 6 个：第一节课从感觉 - 动作活动开始；第二节课从知觉 - 辨别活动开始 第三、四节课，数 7 个：第三节课从感觉 - 动作活动开始；第四节课从知觉 - 辨别活动开始 第五、六节课，数 8 个：第五节课从感觉 - 动作活动开始；第六节课从知觉 - 辨别活动开始	配合动作 需特定的、大一点的容器	动作模仿 模仿唱数	数字卡、小手指棒、盒子一个
9：10 — 9：50	第七、八节课，复习数 6、7、8：从知觉 - 概念活动开始 1. 感觉 - 动作期（大肌肉动作操作） ①自由把玩数学教具：国旗 / 文具 / 红领巾等（发给学生和老师每人分配对应数量的实物） ②实物一一对应：把数学教具挂好（国旗 / 文具 / 红领巾） ? 面国旗—插在? 个洞洞里（一个洞洞插一面国旗） ? 个文具—放在? 个文具盒上（一个文具盒只能放一个文具） ? 条红领巾—挂在? 个挂钩上（一个挂钩挂一条） ③实物操作将? 个数学教具实物（国旗 / 文具 / 红领巾）合在一起，表达实物的数量（6 或 7 或 8）概念 —主教老师示范，带学生将已操作过的实物，数一数，一共? 个，然后用橡皮筋把这些数量的实物捆在一起，并贴上相应的数字（6 或 7 或 8） 2. 知觉 - 辨别期（细动作操作）——模仿、配对 ①实物配对：将绑好的数学教具实物（国旗 / 文具 / 红领巾）依数量相同（6 或 7 或 8）放在一起 ②实物区辨配对：只将绑好的数学教具实物（国旗 / 文具 / 红领巾）依数量相同（6 或 7 或 8）分别放在一起（如 6 个的与 6 个的放在一起，不是 6 个扔在另外一个篮子） ③图片一一对应：贴相应数量的数学教具图片 ? 面国旗—贴在? 个洞洞里（一个洞洞贴一面国旗） ? 个文具—贴在? 文具盒上（一个文具盒贴一个文具） ? 条红领巾—贴在? 个挂钩上（一个挂钩贴一条） ④图片配对：图片依数量相同（6 或 7 或 8）放在一起	配合操作 交换 配合操作 差异性大 1 个和 6/7/8	一一对应 模仿点数 差异性大 1/2/3 个 和 6/7/8	国旗、文具、红领巾、带洞容器、文具盒、挂钩、橡皮筋若干 数字卡 6、7、8 若干 篮子、盒子、桶各两个

时间	小组活动（普通组，好帮手）	个别补救活动		教学资源
		好照顾	好家人	
9：10 — 9：50	⑤图片区辨配对：图片依数量相同（6或7或8）分别放在一起（如6个的与6个的放在一起，不是6个的扔在另外一个篮子） 3. 知觉期—分类 ①实物分类：将数量为6个、7个、8个的分别放到三个篮子 ②图片分类：将数量为6个、7个、8个的分别放到三个篮子 ③数字卡＋图片分类：将数量为6个、7个、8个的分别放到三个篮子 4. 知觉－概念－语言理解期—选择指认 ①点数实物数量，选出对应的数字 ②点数图片数量，选出对应的数字 ③看到或听到数字，选对应的数量的图片 5. 概念－语言表达期—说出、写出、画出 ①点数实物数量，说出或写出对应的数字 ②点数图片数量，说出或写出对应的数字 ③看到或听到数字，数出或画出对应数量的实物或图形 ＊每个活动的回合中间加入增强系统，完成一个奖励一个（共四个回合） 四、练习活动 好帮手（甘S）： ①点数图片数量，写出数字 ②独立写出数字 好家人（馨S、宇S、苏S、贤S）： ①捆好的物品与其图片进行配对、分类 ②依序在格子里仿写数字（6或7或8） 好照顾（姗S）： 配合模仿——对应地贴文具/国旗/红领巾 五、下课准备 1. 学生整理钱并装到口袋里，下课仪式 2. 提醒学生把作业放到书包里，拿钱去买点心、午餐	配合操作 差异性大 1个 和6/7/8 实物 或图片 配合操作 面前只有 正确答案 （数字或 图片） 实物操作	差异性大 1/2/3个 和6/7/8 实物 或图片 模仿回答 模仿选择 图片配对	国旗、文具、红领巾、带洞容器、文具盒、挂钩、橡皮筋的图片若干 篮子若干

五、决定教学资源——人员配合、教具制作、环境布置等

配合教学活动设计，准备相应的教学资源，如主教和助教等人员配合、教具制作、环境布置等，特别是教具（与学习辅具）的制作内容、数量等要符合活动设计的要求，并能让学生有足够时间、足够次数的有效操作。

六、设定学前学后评量——学习结果、教学反思

评估各学生教学目标的学习结果，以及教师的教学反思。教学期间的评量，具有记录作用，也有提示协助方式的作用，因此可以用身体协助、示范、口头提示与独立做到四种评量标准。项目需要身体协助才能通过，为1分；需要示范之后才能通过，为2分；需要口头提示才能通过，为3分；独立通过，为4分。

另附二年级下册生活数学设计案例，以供参考：

二年级下册《生活数学》学期教学规划

二年级下册《生活数学》教材调整第二单元

二年级下册《生活数学》教学活动设计第二单元

附表48：学期教学规划表（生活数学科）

——二年级下册

		第一单元： 学校生活 （竞选优秀值日生）	第二单元： 个人生活 （春游）	第三单元： 家庭生活 （六一健走抽大奖）	第四单元： 社区生活 （图书馆、科技馆半日游）
生活主题科（主题情境）		学校生活（竞选优秀值日生）	个人生活（春游）	家庭生活（六一健走抽大奖）	社区生活（图书馆、科技馆半日游）
教科书内容（课本教材）		常见的量：认识时间（早晨、上午、中午、下午）数与运算－得数是2、3的加法	数与运算：得数是4、5的加法、2减几	数与运算－3减几、4减几	数与运算－5减几、0的加减
学生IEP目标统整		1.值日的时间；2.计算扫把、抹布、拖把、盆子的数量解决生活问题。	计算鸡蛋、酸奶、面包、盘子、勺子、杯子、碗的数量解决生活问题。	1.计算热水壶、电风扇、枕头、空调被等的数量解决生活问题；2.计算还有几个奖品。	计算西瓜、柠檬、橘子、梨子的增减数量。
IEP主要目标	2.5.2.1 在现实情境中，认识早晨、中午和晚上，认识上午、下午（甘S、贤S）	认识时间(早晨、上午、中午、下午)	什么时间段的用餐内容（早/中/晚餐）	相应物品的使用时间段	清楚半日游的时间段
	2.2.1.1 在现实情景中，理解10以内数的含义、能数、认、读、写，强调手口一致地点数10以内的物体（又S、怡S、宇S、苏S）	数量1、2、3	数量1、2、3、4、5	数量1、2、3、4、5	数量1、2、3、4、5
	2.2.1.2 能通过动手操作，了解10以内数的组成和分解（贤S、甘S、又S、怡S、宇S、姗S）	得数2、3的数的组成	得数2、3、4、5的数的组成；2的分解	2、3、4的分解	2、3、4、5的分解；0的组成与分解

续表

生活主题科（主题情境）	第一单元：学校生活（竞选优秀值日生）	第二单元：个人生活（春游）	第三单元：家庭生活（六一健走抽大奖）	第四单元：社区生活（图书馆、科技馆半日游）
教科书内容（课本教材）	常见的量：认识时间（早晨、上午、中午、下午）数与运算 – 得数是2、3的加法	数与运算：得数是4、5的加法；2减几	数与运算 –3减几、4减几	数与运算 –5减几、0的加减
学生 IEP 目标统整	1. 值日的时间；2. 计算扫把、抹布、拖把、盆子的数量解决生活问题。	计算鸡蛋、酸奶、面包、盘子、勺子、杯子、碗的数量解决生活问题。	1. 计算热水壶、电风扇、枕头、空调被等的数量解决生活问题；2. 计算还有几个奖品。	计算西瓜、柠檬、橘子、梨子的增减数量。

		第一单元	第二单元	第三单元	第四单元
IEP主要目标	2.2.2.1 借助实际情景和操作，理解"加"和"减"的实际意义（又S、怡S、宇S、姗S）	"+" "="	"+" "–" "="	"+" "–" "="	"+" "–" "="
	2.2.2.2 认识"+" "–" "="三种符号，知道加、减法算式中各部分的名称（贤S、甘S、又S、怡S、宇S、姗S）				
	2.2.2.3 能口算和笔算10以内的加法、减法和加减混合运算（贤S、甘S）	得数是2、3的加法	得数是2、3、4、5的加法；2减几	2减几、3减几、4减几	2减几、3减几、4减几、5减几；0的加减
次要目标	2.1.2.1 在现实情境中，认识元（1元、5元、10元），会进行换算（贤S、甘S）	认识1元、5元、10元；以1元为单位，做5元内的组合与分解		认识1元、5元、10元；以1元为单位，做5元内的组合与分解	
	2.5.3.3 能在生活情境中，根据给定的一个标准，对事物作初步的分类（贤S、甘S、又S、怡S）	将早晨、上午、中午、下午的事件分类；将"＋" "＝"分类；将得数是2、3、4、5的进行分类			
	2.5.1.1 能在购物任务中，有保管钱币、配合付款的行为（宇S、姗S）	发了钱装到口袋／钱包里、在提示下将钱交给收银员			

附表 49：四好教材调整与教学策略（生活数学科）
——二年级下册第二单元"得数是 4、5 的加法"

单元	课次	原教材	对应课标	学生 IEP 四好目标（分层次）		学生教材调整（分层次）	学生
一、一个人生活	4. 常见的饮品（得数是 4 的加法）。5. 我的三餐（得数是 5 的加法）。	动手操作组合、分解：分得数 4、5 的数的组成；2 的分解	2.2.1.2 能通过动手操作，了解 10 以内数的组成和分解	好照顾	能参与跟随动手操作组合、分解等数学活动，不排斥（完成操作数量 1/2/3/4/5 个）	1. 动手拿或接住物品（数量 1/2/3/4/5） 2. 一次只拿一个 3. 配合将物品合在一起	珊 S
				好家人	1. 能通过 X 项与 Y 项的一一对应拿数量 1/2/3/4/5 2. 能通过动手操作，了解 5 以内数的组成和分解（如动手将 4 个物品分为 2 堆，了解到 4 可能分成 1 和 3）	4. 一一对应摆放物品（数量 1/2/3/4/5） 5. 模仿将两堆物品／图片合在一起 6. 仿说／仿数 1—2/3/4/5 7. 模仿将一定数量的物品或图片与数字配对	贤 S、又 S、怡 S、宇 S、苏 S
				好帮手	1. 能点数，数出数量 1、2、3、4、5 2. 能通过动手操作，了解 4/5 以内数的组成和分解（如动手将 5 个物品分为 2 堆，了解到 5 可能分成 2 和 3）	8. 将一定数量的物品或图片与数字配对（数出数量 1、2、3、4、5） 9. 看到／听到数组成的方式，将相应的物品／图片合到一起 10. 看到／听到数的组成方式，就写出数的组成式／加法算式	甘 S
			2.2.2.1 借助实际情景和操作，理解"加"和"减"的实际意义	好照顾	能参与跟随实际情境和操作加、减的数学活动，不排斥	1. 动手拿或接住物品 2. 一次只拿一个 3. 配合将物品合在一起	珊 S
				好家人	能依"加、减"的信号做相应的操作反应（如听到或看到加或＋1 个，就拿 1 个进来；听到或看到减或－1 个，就拿 1 个出去）	4. 模仿配对摆放"＋" 5. 听到／看到"＋"的信号，模仿拿 1/2/3/4 个物品／图片放在一起 6. 模仿将两堆物品／图片合在一起 7. 模仿将一定数量的物品或图片与数字配对	贤 S、又 S、怡 S、宇 S、苏 S
				好帮手	能借助实际情境和操作，理解"加"和"减"的实际意义	8. 看到"＋"号／听到说"＋"，就再拿进一个物品／图片 9. 看到／听到拿进物品／图片，就写出"＋"号／说出"加"	甘 S

续表

单元	课次	原教材	对应课标	学生 IEP 四好目标（分层次）		学生教材调整（分层次）	学生
一、个人生活	4. 常见的饮品（得数是 4 的加法） 5. 我的三餐（得数是 5 的加法）	动手操作组合、分解：分得数4、5 的数的组成；2 的分解	2.2.2.2 认识"+""-""="三种符号，知道加、减法算式中各部分的名称	好照顾	能参与跟随实际情境和操作加、减的数学活动，不排斥	1. 动手拿或接住物品 2. 一次只拿一个 3. 配合将物品合在一起	珊 S
				好家人	能依"+""-"的信号做相应的操作反应（如借助实物或图形，如 3+1，就 3 个和 1 个放在一起，说出最后数；3-1，就数出 3 个，再拿 1 个出去，说出最后数）	4. 模仿配对摆放"+""=" 5. 听到 / 看到"+"的信号，就模仿拿 1/2/3/4 个物品 / 图片放在一起 6. 听到 / 看到"="的信号，模仿将两堆物品 / 图片合在一起 7. 模仿将一定数量的物品或图片与数字配对	贤 S、又 S、怡 S、宇 S、苏 S
				好帮手	认识"+""-""="三种符号，知道加、减法算式中各部分的名称	8. 运用过程中指出 / 说出 / 圈出 / 写出"+""=" 9. 看到"+"号 / 听到说"加"，就再拿进一个物品 / 图片 10. 看到"="号 / 听到说"等于"，就指出 / 说出 / 圈出 / 写出结果	甘 S

附表 50："教学活动设计"（生活数学科）
——二年级下册第二单元"得数是 4、5 的加法"

设计人：李亚蔚、李全容

教学主题	个人生活（春游）	教学日期	2021 年 4 月	主教：李亚蔚 助教：李全容
课次	4. 常见的饮品（得数是 4 的加法） 5. 我的三餐（得数是 5 的加法）	教材内容	1. 得数是 4 的加法 2. 得数是 5 的加法	
生活应用	计算鸡蛋、酸奶、面包、盘子、勺子、杯子、碗的数量解决生活问题。			

教学目标与评量（主目标）

学生		生活数学 IEP 目标	评量		
			学	中	后
好帮手	甘 S	1. 能理解 10 以内"+"和"-"信号的意义，并做出相应操作反应（如 3+1，就把 3 个和 1 个物品 / 图片放在一起，说出最后得数）			
		2. 能借助实物 / 图形的操作理解 10 以内加法、减法的算式			
好家人	贤 S	1. 能按要求进行拿、放、撕、贴等操作，了解五以内数的组成和分解			
		2. 能依"加""减"信号，进行拿出、放入对应数量物品			

学生		生活数学 IEP 目标	评量		
			学	中	后
好家人	贤 S	3. 能依 "+" "–" 的信号，进行拿出、放入对应数量物品，最后说出得数			
	怡 S	1. 能点数、数出 10 以内的物品			
		2. 能模仿配对、分类 5 以内数的组成和分解			
		3. 能在有 "加、减" 的相关活动中做配对分类的操作			
		4. 能进行 10 以内的加法、减法和加减混合的配对分类操作			
	又 S	1. 能点数、数出 10 以内的物品			
		2. 能通过模仿拿、放、撕、贴将物品数量进行组成和分解			
		3. 能通过模仿拿、放、撕、贴等操作反应，进行加减法运算			
	宇 S	1. 能点数、数出 10 以内的物品			
		2. 能通过模仿拿、放、撕、贴将物品数量进行组成和分解			
		3. 能通过模仿拿、放、撕、贴等操作反应，进行加减法运算			
	苏 S	1. 能点数数出 10 以内的物品			
		2. 能按要求模仿进行拿、放、撕、贴的操作活动，了解 5 以内数的组成和分解			
		3. 能在操作活动时模仿老师或同学，依 "加、减" 的信号进行拿、放、撕、贴的操作活动			
		4. 能依 "+" "–" 的信号进行拿、放、撕、贴的操作活动			
好照顾	姗 S	1. 能配合操作数的分解和组成（如撕、捆、放）			
		2. 能保管钱币，配合使用 1 元、5 元进行金钱与物的交换			

教学活动设计：得数为 4、5 的加法

时间	小组活动（普通组，好帮手）	个别补救活动		教学资源
		好照顾	好家人	
9：10 — 9：50	一、上课准备 收课程表，找到自己的位置坐好。 二、上课仪式 + 暖身活动 1. 点名、师生问好：学生用笔进行签到，老师同学问好 2. 唱数：唱数 1–10，边数边蹲 3. 一一对应撕数字卡：听指令，按顺序撕数字卡片 4. 读口诀：1+1=2，2+1=3，3+1=4，4+1=5 三、主活动 第一、二节课，得数为 4 的加法：第一节课从感觉 – 动作活动开始；	配合动作 拿容器接卡片	模仿动作 模仿数数 听数字	"话筒"、数字卡片 鸡蛋、酸奶、面包数量若干

时间	小组活动（普通组，好帮手）	个别补救活动		教学资源
		好照顾	好家人	
9：10 — 9：50	第二节课从知觉－辨别活动开始 第三、四节课，拓展得数为4的加法：拓展的基本模式不变，内容：2+2=4、3+1=4 第五、六节课，得数为5的加法：第五节课从感觉－动作活动开始 第六节课从知觉－辨别活动开始 第七、八节课，拓展得数为5的加法：拓展的基本模式不变，内容：2+3=5、3+2=5 第一、二、三、四节课：得数为4的加法 1.感觉－动作期（大肌肉动作操作） ①导入：老师拿出"神秘袋"请同学来摸一摸（1个和3个分别为组），摸出后合到一起并用胶带封成一捆 ②带领体验"合在一起"的感觉，老师给每个同学发1个和3个分别为组（鸡蛋、酸奶、面包），尝试将1个和3个合到一起并将其用胶带封成一捆 * 老师在旁复述1和3合到一起组成4 2.知觉－辨别期（细动作操作）——模仿、配对 ①操作活动（实物）：将封成一捆的物品（鸡蛋、酸奶、面包）进行放置或堆叠 ②操作活动（图片）：将其情境图片（鸡蛋、酸奶、面包）进行配对 * 学生操作时，老师不断进行听觉输入（1和3合到一起组成4） 3.知觉期—分类 ①游戏活动（接龙）：老师先拿出1和3合到一起组成4的图片（鸡蛋、酸奶、面包），告诉学生要来玩接龙游戏，学生只能将1和3合到一起组成4的图片放在板子上进行接龙游戏 ②游戏活动（扇牌）：老师给每个学生一个篮子，学生将反面的图卡扇动后只能拿到1和3合到一起组成4的图片 ③结束活动：老师请学生将1和3合到一起组成4的作业上交，老师边检查图卡边说1和3合到一起组成4，所以1+3=4 4.知觉－概念－语言理解期—选择指认 老师说（比手势）学生做：听/看到老师说/演1和3组成4时，就能找出手中相对应的数量/情境图片 5.概念－语言表达期—说出、写出、画出 老师抽情境图片，学生做：老师抽出图片，跟随仿说1和3合到一起组成4，所以1+3=4 好家人：跟随仿说重点的部分（如1和3组成4） 好帮手：就跟随说一遍再画出、写出算式1+3=4 第五、六、七、八节课：得数为5的加法 1.感觉－动作期（大肌肉动作操作）	配合操作 拿、放 配合操作 拿、放 配合操作 拿、放 实物或图片，配合操作，面前只有正确答案（数字或图片）	模仿操作 数数1个 数数3个 数数4个 一一对应 模仿操作 数数1个 数数3个 数数4个 一一对应 一一对应 实物或图片 模仿回答 模仿选择	容器若干 鸡蛋、酸奶、面包的合成情境图片若干 篮子若干

续表

时间	小组活动（普通组，好帮手）	个别补救活动		教学资源
		好照顾	好家人	
9：10 — 9：50	①导入：老师拿出"神秘袋"请同学来摸一摸（1个和4个分别为组），摸出后检查其数量再将其进行组合 ②带领体验"合在一起"的感觉，老师给每个同学发1个和4个分别为一组（杯子、盘子、叉子），尝试将1个和4个合到一起并将其用胶带/皮筋封成一捆 *老师在旁复述1和4合到一起组成5 2. 知觉－辨别期（细动作操作）—模仿、配对 ①操作活动（实物）：将封成一捆的物品（杯子、盘子、叉子）进行放置或堆叠。 ②操作活动（图片）：将其情境图片（杯子、盘子、叉子）进行配对。 *学生操作时，老师不断进行听觉输入（1和4合到一起组成5）。 3. 知觉期—分类 ①游戏活动（接龙）：老师先拿出1和4合到一起组成5的图片（杯子、盘子、叉子），告诉学生要来玩接龙游戏，学生只能将1和4合到一起组成5的图片放在板子上进行接龙游戏 ②游戏活动（扇牌）：老师给每个学生一个篮子，学生将反面的图卡扇动后只能拿1和4合到一起组成5的图片 ③结束活动：老师请学生将1和4合到一起组成5的作业上交，老师一边检查图卡一边说1和4合到一起组成5，所以1+4=5 4. 知觉－概念－语言理解期—选择指认 老师说（比手势）学生做：听/看到老师说/演1和4组成5时，就能找出手中相对应的数量/情境图片 5. 概念期－语言表达期—说出、写出、画出 老师抽情境图片，学生做：老师抽出图片，跟随仿说1和4合到一起组成5，所以1+4=5 好家人：跟随仿说重点的部分（如1、4组成5） 好帮手：就跟随说一遍再画出、写出算式1+4=5 *每个活动的回合中间加入增强系统，完成一个奖励一个（共四个回合） 四、练习活动 好帮手（甘S）： ①点数物品后写出算式； ②练习书本作业。 好家人（馨S、宇S、苏S、贤S）： ①将正确的情境图片进行配对、分类； ②依据样本圈出正确的情境图片。 （1和3组成4）（1和4组成5） 好照顾（册S）： 将情境图片进行配对（1个与4/5个） 五、下课准备 1. 学生整理钱并装到口袋里，下课仪式 2. 提醒学生把作业放到书包里，拿钱去买点心、午餐	配合操作 拿、放 配合操作 拿、放 实物 或图片 配合操作 面前只有正确答案（数字或图片） 实物或图片操作 或数量差异很大配对，如1和4	模仿操作 数数1个 数数4个 数数5个 一一对应 模仿操作 数数1个 数数4个 数数5个 一一对应 一一对应 实物 或图片 模仿回答 模仿选择 配对：找出同样数量的图片 数量1 数量2 数量3 数量4 数量5	1元钱若干、作业单

殷春容、周文博、李宝珍

第一节　劳动技能科的四好功能定位

一、培智学校义务教育课程劳动技能科总目标

劳动技能课程按九年义务教育一贯制进行整体设计，以"个人生活"为基础，向家庭生活、学校生活、社区生活和社会生活不断延伸拓展，通过对劳动技能科的整体规划设计实施，学生从自我服务劳动、家务劳动、公益劳动和简单生产劳动技能等四个内容来进行学习，形成独立或半独立的生活能力，为平等参与社会生活和就业打下坚实的基础。

二、劳动技能科的四好功能

好照顾、好家人、好帮手、好公民是基于智力障碍群体生活品质的理想而提出的四种不同的生活模式，这四种可操作性的生活模式在学生通过劳动技能科的学习能达到什么样的程度功能详见以下描述：

1分，好照顾：以在动作操作阶段（感觉动作期）为准，设想其能对感觉有区辨与表示选择的能力来应付生存上有关的需求。在大人劳动时，他可以自己玩一会儿喜好之事不干扰大人，大人为他劳动时，能配合一下。

2分，好家人：以在具体操作阶段（前运算期）（学前成就）为准，设想他可以在大人没空时，自己劳动一会儿，不会有危险，大人带他一起劳动时可以参与（其中他可选择少数劳动项目，为了不脏乱）。

3分，好帮手：为在平面操作进入符号操作阶段（具体运算期前或后段）（学龄一、二年段），可以在家人委托下独自完成室内家务劳动以及几样户外劳动，不会有危险（其中他能自己安排常用的家务劳动，为了家中整洁）。

4分，好公民：为符号操作阶段（具体运算期后段或符号运算期前段）（学龄三段），可自己安排生活中必需的劳动，以及自己可以判断根据需要来做，范围与种类接近一般人（其中他能自己

辛勤劳动，为了提高生活品位），也可能因劳动技能有质量而就业。

第二节 劳动技能科的学期教学规划

劳动技能科既没有教育部编辑出版的教科书作为学期教材规划的蓝本参考，同时又由于各个地方培智学校科目设置的差异性，有些培智学校另外开设有劳动技能科目，有些培智学校因为各自的实情，有不同的需求考虑，并没有开设劳动技能科目，而是与其他高度相似的科目进行整合，如生活适应科、绘画与手工科（手工劳动、工具的使用等）。因此本书的劳动技能科的学期教材规划主要从两个角度来考虑：一是与其他科目的统整模式；二是劳动技能科分科的学期教材规划。各个培智学校在进行规划活动设计时请根据自己现实的需求选择适合的模式来进行。

一、统整模式之下劳动技能科的学期规划

劳动技能科在没有教育部编辑的教材参考的前提之下，如果学校也没有开设相应的劳动技能科的科目，但如果班上的学生在制定个别化教育计划（IEP）时有劳动技能科的目标，从劳动技能科适应生活的重要性和学员本身需求的角度出发，可以和其他相关的科目进行整合，看这个目标本身适合纳入哪一科的目标当中来进行，如串珠、粘信封这类目标可以搭配绘画与手工科，清洗晾晒小件衣物可搭配生活适应科，接下来根据该科的教学计划进行，让学生逐步达成这个目标。这也就要求各科老师要有高度的合作精神，大家一起进行协调整合，规划这学期的目标，并安排这学期具体的教材内容，保证一学期的教学有系统、有组织、有计划地进行，这样学生更易习得和掌握。具体做法可参考如下：

（1）确定劳动技能科学生的 IEP 目标，并将之分配到与其高度相关的其他学科目标之中。

例：分配学生 IEP 目标

附表 51：IEP 分配到相关各科目

学生 IEP 目标	高度相关的科目
4.1.4.1 增强移动小件物品的能力（宇 S）	生活适应科
4.2.2.1 提升餐前准备和餐后收拾的能力（宇 S）	生活适应科
4.2.4.1 提升清洗常见蔬菜和水果的能力（宇 S）	生活适应科
4.3.1.3 提高开关教室或楼道中同种类型的灯、门窗的能力（宇 S）	生活适应科
4.3.1.1 提高以简易的固定方式打扫教室的能力（馨 S）	生活适应科
4.3.1.4 养成固定模式浇花的习惯（馨 S）	生活适应科
4.4.2.1 提高用简易的固定方式做简单手工劳动的能力（馨 S）	绘画与手工科

（2）将学生IEP目标分配到相应学科的相应主题中，形成完整的学期规划

反过来说，也可以等其他科目教学主题出来之后，再去看劳动技能科有什么相近的目标可以整合进来教，例如整合生活适应科的生活主题，该主题需要学什么劳动技能，就从该年段劳动技能课标中去选配，或者从IEP中劳动技能科目标去选配。

例表：二年级下册劳动技能科与生活适应科主题的统整学期规划

附表52：学期教学规划（劳动技能科）
——二年级下册

	IEP目标	第一单元：学校生活 1. 整洁的校园 2. 今天我值日 3. 多彩的活动（妇女节）主题：我是值日生	第二单元：个人生活 1. 常见的饮品 2. 我的三餐 3. 整理自己的餐具（劳动节）4. 身体不舒服 主题：春游	第三单元：家庭生活 1. 家具 2. 家用电器 主题：六一健走抽大奖	第四单元：社区生活 1. 使用公共厕所 2. 使用直梯 主题：图书馆、科技馆半日游
劳动技能科主要目标	4.1.4.1 增强移动小件物品的能力（宇S）	移动安全的小件物品如黑板擦、书本、文具等		移动安全的家具用品，如抽纸盒、塑料花瓶等	
	4.2.2.1 提升餐前准备和餐后收拾的能力（宇S）		完成自己的餐前准备和餐后收拾，如拿碗筷、收碗筷等		
	4.2.4.1 提升清洗常见蔬菜和水果的能力（宇S）		清洗简单的蔬菜、水果，如苹果、梨子、黄瓜、茄子、番茄等	清洗简单的蔬菜、水果，如苹果、梨子、黄瓜、茄子、番茄等	
	4.3.1.3 提高开关教室或楼道中同种类型的灯、门窗的能力（宇S）	开关教室或楼道简单的同类型的灯、门窗			开关教室或楼道中同种类型的灯、门窗的能力（宇S）
	4.3.1.1 提高以简易的固定方式打扫教室的能力（馨S）	以简单的方式打扫教室，如倒垃圾、擦黑板、擦地垫等			
	4.3.1.4 养成固定模式的浇花习惯（馨S）	固定时间、固定水量浇花		养成固定模式浇花的习惯（馨S）	
生活适应科主要目标	略				

二、分科模式之下劳动技能科的学期规划

> ### （一）劳动技能训练三部曲

培智学校义务教育课程的设置立足于身心障碍学生的身心发展的基本需求，强调学生以生活为核心的设计思路，以最终达成学生适应生活、适应社会以实现独立自主的终极目标。劳动技能以培养学生简单的劳动技能为主，对学生进行职前劳动的知识和技能教育。通过劳动技能的训练，使学生掌握一定的劳动知识和技能，养成良好的劳动习惯，具备一定的社会适应和职业适应能力。劳动技能科作为一般性的课程，为大多培智学校的必修课程，如何在宝贵的劳动技能课上，真实有效地培养学生的劳动意识，精熟课标中的劳动技能，养成适当的劳动习惯，是本章探讨劳动技能教学设计的目的。

义务教育阶段的劳动技能训练，落实到每个生活中的具体项目，如洗衣物、扫地等，每个劳动项目的训练，皆需经过初学阶段、练习巩固阶段、类化应用阶段，以求纯熟有用。

初学阶段是指学习一个劳动项目的开始，就老师而言是新授，对学生而言是新学。大部分课标中的劳动项目，在新学阶段都是刚刚学会，若不练习，肯定生疏，以致遗忘或粗糙，因此必须制造不断练习的机会，终至熟练巩固，此之谓练习阶段。此时学生该技能不但精熟，质量良好，并且不需督导，就可以随机应用到各种不同生活情境中。此为类化应用阶段，这样劳动技能训练三部曲才算让学生真正学会终身受用的劳动技能。

劳动项目的初学阶段，可利用劳动技能课堂教学完成，而练习巩固阶段可以融入其他科目中分布练习，最后类化应用阶段必须在日常生活中逐步独立表现。

另外，并不是每个课标中的劳动项目皆需经历这三部曲才能学会，而是有些技能如果学生本来就会了，就可以直接设计在生活中类化应用，或练习巩固，或者有些技能比较简单，也不需要集中在课堂上学习，只要在生活中有计划地情境指导或随机指导即能学会，因此也不需要集中在课堂上教。这就是为何教师要在教学之初做好学生劳动技能起点能力评量的原因。并不是每个劳动项目对每个学生都要以三部曲的方式训练。这样才能在九年义务教育时间内，用最扎实、最节约的方法教会最多学生最多劳动技能，追求最有效率的劳动技能训练。

因此劳动技能训练三部曲综合如下述：

初学阶段：利用劳动技能课集中教某种劳动技能，通常是针对比较困难复杂的技能的新学阶段，需要反复操作密集训练。例如切菜技能。

分布练习阶段：利用其他科目的教学活动，融入活动进行练习，通常是复杂技能新学之后的练习巩固阶段，只需一定比率的练习即可，不再需密集训练。例如利用美术课"切"的活动，来练习切菜技能。或者是较简单的技能可以附随其他科目的内容一并教导，只需教导几次便能学会，例如

撑伞行走，在音乐课活动或晨点活动（雨天）课上练习到即可。

类化应用阶段：融入日常生活中的有计划指导或随机指导，主要是已经巩固的技能要在各种不同情境中应用，或是有些技能只需在日常例行生活中提供练习机会即能学会的技能。例如撑伞行走、洗手、物归原位等。

从三部曲的概念可见，劳动技能中的集中教学部分，就是课程表上所排几节劳动技能课的原因，负责教学的老师应该应用好训练策略与方法，把劳动技术真正转移给学生，这时不建议再用和生活适应课一样的单元活动形式或主题教学形式，反而建议采用类似个别训练密集教学概念，但不是个训，而是以班级集体或分组学习进行，必要时才提供个别指导。

> （二）劳动技能科分科教学的学期规划方式

分科模式的劳动技能训练仍需有学期规划，每学期聚焦几个劳动项目，进行集中教学。但劳动技能科目本身目前教育部并没有出版专门的教科书，如果学校也没有为班上学生拟订个别化教育计划（IEP），此时该科教师必须自行依据课程标准，根据自身的劳动技能的专业素养、组织好技能的发展顺序，把每个年龄阶段（低、中、高年段）不同学期目标进行归纳分类，安排顺序，形成六个学期的目标，然后再将每个学期的目标分配到一个学期中的四到五个劳动技能教学主题中，使性质相近的劳动目标可放在同一个教学主题时间同时教，以进行系统的有组织的劳动教育活动。

具体的操作流程可参考以下步骤：

1. 分析课程中每个目标的下位目标，将目标依序分布到六个学期

劳动技能科目中每个目标包含的内容都比较多比较杂，如果要将每个目标放在一个学期或者一个主题来教，则教学容易流于形式，学生无法真正地掌握。因此，我们要分析每一个目标的下位目标，并可根据技能的难易度、儿童的发展水平等来将众多的目标分布到不同的学期中去，或者根据生活适应科的教材内容来进行分布，从而再去形成相应的学期规划。以下是低年段六个学期分布情况例子，供参考：

例表：劳动技能科低年段教材分布

附表 53：低年段六学期教材规划 – 教材系统（劳动技能科）

领域		课标	第一学期	第二学期	第三学期	第四学期	第五学期	第六学期
4.1 自我服务劳动技能	4.1.1 使用物品	4.1.1.1 使用学习用品	各科常用学习用品	各科常用学习用品			各科特别的学习用品（如修正液、拓印滚筒）	各科特别的学习用品（如修正液、拓印滚筒）
		4.1.1.2 使用家具、床上用品等房间中的物品	配合使用被子、枕头等一般用品	自己拿被子、枕头睡觉	配合使用暖水袋、蚊帐等特别用品；使用自己需用的家具	使用自己需用的家具	使用常用家具	使用常用家具
	4.1.2 整理物品	4.1.2.1 整理小件衣物		存放	整理小件衣物(分类放、折叠、挂)	整理小件衣物(分类放、折叠、挂)		
		4.1.2.2 整理学习用品	整理常用的	整理常用的	整理常用的	整理特别的	整理特别的	整理特别的
	4.1.3 清洗物品	4.1.3.1 清洗、晾晒小件衣物	晾晒简单的如红领巾、手帕、小毛巾	清洗晾晒简单的如红领巾、手帕小毛巾			清洗晾晒比较脏的小件衣物如内衣、内裤、袜子	清洗晾晒比较复杂的小件衣物如短袖、短裤
	4.1.4 移动物品	4.1.4.1 移动小件物品	移动比较安全的小件物品如书本、抽纸	移动比较安全的小件物品如书本、抽纸			移动需小心的物品，如热水杯、汤碗	移动需小心的物品，如热水杯、汤碗
4.2 家务劳动技能	4.2.2 清洁整理	4.2.2.1 餐前准备和餐后收拾	自己的餐前准备和餐后收拾	自己的餐前准备和餐后收拾	家人的餐前准备和餐后收拾	家人的餐前准备和餐后收拾	班级的或客人的餐前准备和餐后收拾	班级的或客人的餐前准备和餐后收拾
		4.2.2.2 整理床上用品			整理小件的床上用品	整理小件的床上用品	整理大件的床上用品	整理特殊的床上用品如凉席、电热毯
		4.2.2.3 整理、打扫房间			擦拭类	扫地类	拖地类	整理类（归位、排整齐）
		4.2.2.4 开、关、锁门窗				开关家里内部的门（如厕所门、卧室门）		开关家外部的门（如单元门、防盗门）
	4.2.4 厨房劳动	4.2.4.1 清洗常见蔬菜和水果			清洗简单的蔬果如苹果、梨子黄瓜、茄子、番茄	清洗简单的蔬果如苹果、梨子黄瓜、茄子、番茄	清洗复杂类的蔬果如葡萄、草莓	清洗复杂类的如根茎类蔬菜、叶子类

领域	课标		第一学期	第二学期	第三学期	第四学期	第五学期	第六学期
4.3 公益劳动技能	4.3.1 校内劳动	4.3.1.1 打扫教室			简单地打扫教室如擦黑板、扫地、倒垃圾	简单地打扫教室如擦黑板、扫地、倒垃圾	简单地打扫教室如擦黑板、扫地、倒垃圾	课后可收拾善后如美术课后、间食后、文艺表演后
		4.3.1.2 打扫校园				打扫校园内部部分如楼道、栏杆、走廊	打扫校园的外部部分，如花园、操场	打扫校园的外部部分，如花园、操场
		4.3.1.3 开关教室或楼道的灯、门窗			开关教室或楼道的灯	开关教室或楼道的灯	开关教室或楼道的门窗	开关教室或楼道的门窗
		4.3.1.4 浇花			固定时间、固定水量浇固定花。	浇同一种花。	有责任感，按时浇花	浇各种花
	4.3.2 社区劳动	4.3.2.1 参加居住社区的清扫活动					擦拭类，如擦公告栏、擦护栏、擦健身器材	扫地类
4.4 简单生产劳动技能	4.4.1 使用工具	4.4.1.1 使用剪刀等简单工具			剪切类工具如美工刀、剪刀	剪切类工具如美工刀、剪刀	包装类工具如胶带、绳子、橡皮筋、金属丝	包装类工具如胶带、绳子、橡皮筋、金属丝
	4.4.2 手工劳动	4.4.2.1 串类、粘信封等简单手工劳动			串类，如串珠、串食物	串和折叠类，如串珠、折餐巾纸	包装类如包装、装订组合、捆绑装瓶	粘贴类如粘信封、手提袋、标签类

2. 再将一个学期的教学目标分布到四至五个主题中

一般情况下，一学期会有四至五个教学主题。每个教学主题会在三至四周之内完成。如果是生活核心教学模式，劳动技能科的教学主题可以参考本学期的生活适应教学单元教学主题结合。

例如，培智二年级下册的生活适应单元主题的第一单元我是值日生、第二单元春游、第三单元六一健走、第四单元江津半日游，结合之后形成劳动技能本学期四个教学主题：

（1）值日生技能大赛；

（2）春游小帮手；

（3）六一健走最佳志愿者评选；

（4）科技馆观光展览秀。

如果不和生活适应科统整，则其学期规划的主题也可根据科目本身的目标特性，拟订一个可以调动学生兴趣的劳动技能主题，例如二年级下册的课标内容可以归纳为：

（1）整理学习用品类（使用与整理文具盒、书包、桌椅等类）；

（2）帮助教室清洁类（桌椅、黑板、地板、门窗等值日事项）

（3）家庭整理类（卧室、客厅、等美观整齐事项）

（4）爱护小区公益类（浇花、楼道、电梯、单元门、倒垃圾）

3. 形成本学期的教学计划表

每个教学主题之下可以粗略选择相应的劳动教材，填入学期教学计划表中。

举例：劳动技能科学期规划（二年级下册第四学期）

附表 54：学期教学规划表（劳动技能科）
——二年级下册

生活适应主题	第一单元： 学校生活 1. 整洁的校园 2. 今天我值日 3. 多彩的活动（妇女节）	第二单元： 个人生活 1. 常见的饮品 2. 我的三餐 3. 整理自己的餐具（劳动节） 4. 身体不舒服	第三单元： 家庭生活 1. 家具 2. 家用电器	第四单元： 社区生活 1. 使用公共厕所 2. 使用直梯
	主题：我是值日生	主题：春游	主题：六一健走抽大奖	主题：图书馆、科技馆半日游
教材课标	学校值日生工作	家务劳动的餐饮类	家务劳动的家具清理类	小区劳动的清扫类
4.1 自我服务劳动技能 / 4.1.1.1 使用学习用品	各科特别的学习用品（如修正液、拓印滚筒）			
4.1.1.2 使用家具、床上用品等房间中的物品			家具	
4.1.2.2 整理学习用品	整理特别的学习用品			
4.2 家务劳动技能 / 4.2.2.1 餐前准备和餐后收拾		家人的餐前餐后事务		
4.2.2.2 整理床上用品				整理小件的床上用品

续表

		第一单元：学校生活 1. 整洁的校园 2. 今天我值日 3. 多彩的活动（妇女节）	第二单元：个人生活 1. 常见的饮品 2. 我的三餐 3. 整理自己的餐具（劳动节） 4. 身体不舒服	第三单元：家庭生活 1. 家具 2. 家用电器	第四单元：社区生活 1. 使用公共厕所 2. 使用直梯
生活适应主题		主题：我是值日生	主题：春游	主题：六一健走抽大奖	主题：图书馆、科技馆半日游
教材课标		学校值日生工作	家务劳动的餐饮类	家务劳动的家具清理类	小区劳动的清扫类
4.2 家务劳动技能	4.2.2.3 整理、打扫房间		扫地类		扫地类
	4.2.2.4 开、关、锁门窗			开关常见的窗户	
	4.2.4.1 清洗常见蔬菜和水果		清洗简单的蔬菜如黄瓜、茄子、番茄	清洗简单的水果如苹果、梨子	
4.3 公益劳动技能	4.3.1.1 打扫教室	简单地打扫教室如擦黑板、扫地、倒垃圾			
	4.3.1.2 打扫校园	打扫校园内部部分如楼道、栏杆、走廊			打扫校园内部部分如楼道、栏杆、走廊
	4.3.1.3 开关教室或楼道的灯、门窗	开关教室或楼道的灯			
	4.3.1.4 浇花	浇同一种花			浇同一种花
4.4 简单生产劳动技能	4.4.1.1 使用剪刀等简单工具			剪切类工具如美工刀、剪刀、水果刀	
	4.4.2.1 串珠、粘信封等简单手工劳动		串和折叠类，如串珠、折餐巾纸		

第三节　一个教学主题的劳动技能科教学活动设计

在完成上述章节的学期计划之后，每个教学主题也有了大致的教材分布，就能引导教师依序进行每个主题的教学活动设计。一般一个教学主题有三至四周时间，一共有几课时，我们必须做一个整体的规划而不是一节一节的规划。如果劳动技能科一周有两节课，那么一个主题单元大概会进行8节课的教学。劳动技能科的内容涉及从个人生活到家庭、学校、社区和社会生活的广泛延伸，着重培养学生的劳动意识素养，强调"做中学""学中做"，在实践过程中获得直接的经验，因劳动技能科目本身的这种特性，直接融于日常生活中来进行是比较简单的，如早上的晨间劳动负责浇花，课间擦黑板等的简单工作，这样在现实的情境中来直接教学也减轻了学生技能泛化的困难。而要将劳动技能科设计成单独的教学活动又不机械乏味，确实是一件不太容易的事情，因此建议把诸多劳动项目性质相近相关者归为一类，形成一个教学主题来教，有通用技能相互促进的作用。

从学生学会的成就感来压过学习时的辛苦。劳动过程的规律性和劳动成果的满足感的设计，是劳动教学成功的关键。

因此，劳动技能教学活动也要依完整的程序来设计：

流程一：确定教学主题；

流程二：选择本主题劳动项目，进行教材分析；

流程三：选用教学策略；

流程四：设计教学活动的过程；

流程五：选用相应的教学资源；

流程六：设定教学评量项目与标准。

一、确定教学主题

劳动技能的教学主题是由诸多工作项目分类而来，因此每个教学主题就是某一类性质相近的工作，直接以此工作类别为主题名称即可。例如，房间清扫类、小件衣物洗涤类、蔬果清洗类……
在本学期的教学计划表中可以找到本主题进行确认即可。

二、选择本主题劳动项目，进行教材分析

每类具体有哪些劳动或工作项目？虽然学期规划中已有大致安排，但是到了该主题的活动设计时就要明确劳动项目，进行工作（教材）分析，以便设计教学活动。

＞（一）将学期规划中本主题的劳动项目依据以下原则进行选择确认

和本主题的工作类别相关或包含在其下者，例如房间清扫类包括扫地、拖地、倒垃圾等，清洗蔬果的项目包括洗水果（带皮的橘子、柳橙、柠檬及一种学生喜欢吃的）、洗蔬菜（带泥的洋芋、

萝卜、甘薯及一种学生喜欢吃的）。

需要以集中训练方式正式课堂教学者，例如扫地、拖地。而只要随机教学便能学会者，比如移动小件物品（垃圾桶），可以备注安排随机教学或融在情境中指导或提醒即可，不需列为本主题教材（但是要联系相关人员进行随机指导或提醒，并需做指导记录与评量）。

> （二）分析每个劳动项目的工作程序与标准

工作程序只需列出该工作必需的步骤即可，不需详述其动作。

例：洗洋芋的工作步骤

目标：洗三个洋芋，标准：五分钟之内，洗干净洋芋皮上的泥和泥色。

（1）拿到三个洋芋、工具和容器；

（2）开关水龙头；

（3）用手冲洗三个洋芋上的泥；

（4）容器装水，用工具刷干净三个洋芋皮上的泥色；

（5）换水再洗两次；

（6）洋芋装在容器中备用，工具归位。

每个工作项目都要做好工作程序分析，每位教学者皆要知道一致流程。

> （三）依据学生的四好需求，调整教材为四好教材

同样的教材因学生能力的不同而有不同的学习要求，因此我们可以依据学生的四好能力，以四好等级（好照顾、好家人、好帮手、好公民）作为一个参照对教材进行再调整。

四好劳动技能调整的原则是每个劳动项目学生都能独立做到，只是把难度或标准降低。

例：劳动技能科四好教材调整

附表 55：四好教材调整（劳动技能科）

四好等级	自我服务劳动技能 清洗小件衣物	家务劳动技能 清洗蔬果	公益劳动技能 浇花	简单生产劳动技能 使用剪刀
好照顾	配合、不干扰破坏	同左	同左	同左
好家人	洗内裤 或会初步清洗内裤	会洗第一道 或只会洗几样简单蔬果	会顺手浇一两盆花	使用安全剪刀剪一两样物品
好帮手	洗内衣、内裤、袜子	会洗干净常见蔬果	会依交代，正确浇几盆花	使用剪刀剪常用物品
好公民	洗各类小件衣物	会洗各类蔬果	会依植物特性浇花	使用不同剪刀剪不同物品

三、选用教学策略

教学策略是教学成功不可或缺的重要因素，教学策略泛指教师运用提供教材的方法、程序与技术，在教学上使用的策略一般是多种方法的结合。

教师要根据不同学生的四好需求以及本单元教材的性质选择合适的、有效的教学策略。从四好的层级出发，来分析不同学生的教学策略，可参考附表 56。

＞（一）依据不同学生的四好需求选用策略

附表 56：四好教学策略（劳动技能科）

四好等级	劳动知识	劳动技能	劳动习惯
好照顾	扩大刺激，吸引注意，如开电视的电源开关贴上喜欢的卡通图案	条件制约 例行活动中稳定的感觉回馈	宽松的训练气氛 建立完善的增强系统
好家人	针对性的情境训练 构建成功完成劳动技能的情境	降低难度 使用特定辅具 示范模仿法 简单重复的训练	为激发动机创设情境 建立自然的因果关系
好帮手 好公民	视觉提示 直接教学	示范模仿法 训练与练习 工作分析 逐步养成 尝试错误，自主探索	任务法 自我管理，如使用工作检核表

＞（二）依据本单元教材性质选用策略

劳动技能课程因其特殊的性质，以技能类的目标为主，通过劳动技能的训练，培养学生的劳动意识，养成良好的劳动习惯。因此技能类的目标在教学策略的使用上运用得比较多的方法有逐步养成法与工作分析法，合作学习法与辅助支持法。

1.逐步养成法

逐步养成法是将标准的劳动项目作为终点目标，变更其某些要素使其更容易达成，让学生先从容易达成的标准学起，逐步达到终点目标。

变更的要素通常为：该工作的复杂度、该工作完成总时间、该工作的数量、该工作的操作方式、该工作的材料工具。

改变因素	改变方式	举例
工作的复杂度	工作步骤由少渐多、由易到难	先学会简单折被子的步骤，再学标准折被子步骤
工作的完成时间	工作时间由短渐长	先学会搬起桌子 2 秒，再到搬起 10 秒
工作的数量	工作数量由少渐多	先学会浇一盆花，再学会浇一排花
工作的距离	工作距离由短渐长	先学会开关面前 30 厘米的电灯开关，再学开关 3 米外的电灯开关
工作的范围	工作范围由小渐大	先学会擦小桌子，再学擦大桌子
工作的材料	材料由易控制到难控制	餐后收拾先学会整理塑料碗盘到整理玻璃器皿
工作的干扰度	由无干扰、少干扰到多干扰	先学会整理只有枕被的床，到会整理有杂物在床上的床
其他		

2. 工作分析法

工作分析法是指在发展建立一项新行为或活动的过程中，该行为或活动是一个整体的工作目标，依其工作程序或活动构成而做的分解，依据学生的情况，谨慎分析其工作程序及重要性，再设计出有效的工作程序，运用行为连锁原理依次将其串联起来，加上一些有效的教学技巧，以达成教学目的的教学法。叙写工作分析的详细程度并没有绝对的标准，需要依据实际情况而定，一般工作分析的步骤为：

（1）设想并分析行为目标本身应具有的步骤；

（2）自己操作，并观察其中的必要步骤和关键步骤；

（3）结合一般普通人的做法，参考专家操作，记录下所有必要步骤；

（4）删除琐碎、繁杂、多余的步骤。

例如"冲泡速溶咖啡"的工作分析：

（1）接水到烧水壶；

（2）烧水壶放底座上；

（3）打开电源；

（4）等水开；

（5）关电源；

（6）打开咖啡袋；

（7）将咖啡倒进杯子；

（8）将水倒进杯子；

（9）搅拌；

（10）饮用咖啡。

3. 合作学习法

两人以上参与一个劳动项目，可以弥补一人做事的枯燥，亦可培养与人调控和合作的社会行为，可以设计成两位学生或一位老师、一位学生以下述模式共同完成工作：

（1）同时做：例如和工作伙伴一起搬重物到某地。

（2）轮流做：例如和几位伙伴排成一列，以接力传递方式搬移重物，或两人轮流敲槌。

（3）先后做：例如和工作伙伴一起，一人择菜，再递给一人洗菜，类似流水线。

（4）合作做：和工作伙伴同时做不同事，以完成共同工作，例如扫树叶到畚箕中。

4. 辅助支持法

除上述两种常见的技能训练的方法以外，示范、提示、练习等也是经常使用到的一些方法。在每个主题活动的策略里面除了这些以外，还要运用到如何让学生愿意注意也就是引起学生的动机，以及对于劳动技能习惯和态度养成方面的一些策略。引起学生的注意的方式主要有几种：

（1）增强刺激本身，如选择喜欢的或者是在关键之处贴上明显的强烈的刺激，如教室楼道灯的开关处贴上好看的贴纸；

（2）突然改变刺激，如教师的音量突然提高等；

（3）引起学习者的兴趣，教材的选择要有意义，学习的活动要有趣，也可直接告知学习的目的；

（4）用肢体语言引起学生的注意如手势、表情等。

在劳动技能习惯和态度养成方面，我们要在每个活动中注意养成学生收拾整理工具的习惯以及注意工作安全的习惯如穿工作服、戴口罩、戴手套、洗手等，尤其是关于清洗、清洁、整理的部分。

关于习惯和态度养成的部分，我们可以使用的策略主要有：

自然暗示法，也就是我们可以教导完成工作中的一些自然线索，通过看、听、摸、闻等自然线索信号来暗示或者提示自己下一步做什么，如垃圾桶满了就该倒垃圾了，电源指示灯亮就要关掉等，除了自然的线索以外，我们还可以教会他们对人为的信号做出反应，如工作流程表等。

自我监督法，学生可以通过自我监督（观察记录自己的表现）和自我评价（完成活动的品质）来提高他们的自发性、独立性，如工作自我检核表。

5. 其他方法

模仿学习策略：教师以清楚明确的示范，先以容易感觉区辨的方式示范到感觉较不明显的示范，从较慢而大的动作示范到较快而小的动作示范。

感觉回馈调整动作策略：让学生能感觉并比较动作的结果，来调整动作的质量。

有效练习策略：整体练习和局部练习混合，从密集练习到分布练习必要的运动能力，利用课后、居家及其他科目活动，融入练习机制，直至学成。

过度学习策略：增加课上、课后练习的量，避免因轮流、器材限制等因素降低练习比率，直至精熟。

有意义原则：通过有意义的游戏或活动让学生有动机学习新技能。

规律中逐变原则：让活动有简单规律，学生能发现规律，才能有自信反复参与活动，但又不能太久地反复，在学生已能熟悉其规律与表现之后，利用逐步养成策略，开始加入变化。

> （三）劳动技能的情意态度目标的培养

对于二年级学生，可参考以下策略：

（1）让学生在诸多运动项目中体验，选择自己喜好的项目；

（2）在每日作息中安排固定、例行劳动项目，并自我检核与增强；

（3）培养运动伙伴，一起运动。

> （四）劳动技能的知识类目标

对于二年级学生，参考以下策略：

（1）用最简单易懂的方式介绍该项目，而非该项目的真正完整的定义；

（2）带着学生做几次，会比口头说明更易理解；

（3）先大致观看该项目，再学习其简单基本运动方法，在做中明白，在做后总结，第二天又做；

（4）要举反例帮助区分不同劳动项目；

（5）为每个劳动项目名称做联想。

以上策略可联合使用。

综合以上说明，详细实例请参考下表的内容。

例：二年级下册劳动技能科第一单元教学策略

附表 57：四好教材调整与教学策略（劳动技能科）
——二年级下册第一单元

单元	教材	对应课标	学生 IEP 四好目标		学生教材调整	教学策略
一、学校生活	各科特别的学习用品（如修正液、拓印滚筒）	4.1.1.1 使用学习用品	好照顾	能不排斥使用学习用品，不破坏、不干扰	愿意选择特别的学习用品进行尝试（如修正液、拓印滚筒）	1. 增加学习用品的感觉刺激（触觉、视觉……） 2. 提供选择
			好家人	能使用一两种特别的学习用品	各科特别简单的学习用品	1. 提供操作简单的特别的学习用品 2. 使用回馈具有区别明显特征的特别学习用品，如修正液、修正带等
			好帮手	能适当地使用各科特别的学习用品	各科特别的学习用品（如修正液、拓印滚筒）	1. 逐步养成 2. 示范 3. 工作分析 4. 大量练习
			好公民	（略下同）		

续表

单元	教材	对应课标	学生 IEP 四好目标		学生教材调整	教学策略
一、学校生活	整理特别的学习用品（如修正液、拓印滚筒）	4.1.2.2 整理学习用品	好照顾	他人整理时能不破坏、不干扰	愿意拿放、配合传递	1. 配合喜好，提供特别的有兴趣的 2. 放大刺激（如放大递给他的动作） 3. 立即增强
			好家人	能整理一两种特别的学习用品	简单的如用订书机订纸张、削笔刀削笔等	1. 固定时间使用固定的学习用品 2. 练习
			好帮手	能适当整理特别的学习用品	整理特别的、不常见的（如各类尺子、圆规等）	示范
	简单地打扫教室，如擦黑板、扫地、倒垃圾	4.3.1.1 打扫教室	好照顾	能关注配合他人打扫教室、不破坏干扰	愿意配合拿、扔、递等，如帮忙拿撮箕、递黑板擦等	1. 放大刺激 2. 立即增强
			好家人	能用一两种固定的方式简单打扫教室	擦拭教室、扔垃圾等	1. 建立固定做事模式（固定时间内容地点） 2. 提供刺激区别明显的事情
			好帮手	能自己简单地打扫教室	简单地打扫教室，如擦黑板、扫地、倒垃圾	1. 运用口诀或视觉提示等帮助记忆 2. 工作分析，固定流程
	打扫校园内部部分，如楼道、栏杆、走廊	4.3.1.2 打扫校园	好照顾	能关注配合打扫校园内部	配合拿、递清洁工具等	立即增强
			好家人	能打扫校园内部的一两部分	打扫简单的部分，如擦栏杆、捡楼道垃圾等	1. 建立固定的动作模式 2. 练习
			好帮手	能自己打扫校园内部部分	打扫校园内部部分，如楼道、栏杆、走廊（擦、扫、拖）	1. 工作分析 2. 工作检核表
	开关教室或楼道的灯	4.3.1.3 开关教室或楼道的灯、门窗	好照顾	能不破坏、不乱开教室或楼道的灯	听他人指令开	1. 明显的禁止开关的标准 2. 适当时机增强
			好家人	能开关教室或楼道同种类型的灯	开关教室、楼道同种类型的灯	1. 示范 2. 练习
			好帮手	能开关教室或楼道的灯	开关教室或楼道的灯	开关教室楼道灯的检核表

四、设计教学活动的过程

劳动技能科的一节课的架构主要由仪式活动、主活动、结束活动构成。

仪式活动包括签到、签退、请假等的模拟；主活动包括分配工作与学习、认真完成工作；结束活动包括检查、奖励与整理。因此，一节劳动课规律为：

工作报到→工作任务提出→工作方法教导与学习→完成工作→检查工作质量→工作奖励。

以上规律可以分为每日、每周、每月累积的工作量与报酬，形成一个主题的活动规律。

注意：每个教学主题的工作项目又依学生的年级编序，因此提供的报酬也需视学生的年级而改变。

例如，低年段报酬以具体物品为主，中年段以钱币为主，高年级以积分、存款簿或手机存款为主。

例：劳动技能科二年级下册教学活动设计第一单元

附表 58："教学活动设计"（劳动技能科）
——二年级下册第一单元

教学主题	学校生活（我是学校值日生）	主题目标	能有打扫教室（如擦黑板、扫地、倒垃圾、排课桌椅）技能，来完成值日生任务	教学日期	2021 年 4 月	教师	主教：周老师 助教：龚老师
课次	第一节：竞选优秀值日生的活动介绍；第二节：学习擦黑板； 第三四节：学习排课桌椅；第五六节：学习扫地倒垃圾； 第七八节：测试、鼓励、准备去生活适应课报名优秀值日生						
学情分析	好帮手	顾 S	优势：主动参与课堂活动，并回答问题，课堂常规较好 弱势：受挫折能力差，欠缺正确调整方式				
		春 S	优势：能起带头作用，能快速适应活动，常规好 弱势：集体活动中持续专注活动的能力稍差、语言表达稍慢、声小，性格内向				
		甘 S	优势：与老师的配合度较高，行动能力强，可起到带头作用 弱势：听理解能力差，课堂常规欠佳，偶尔闹小情绪				
	好家人	李 S	优势：能参与大部分活动且有竞争意识，课堂常规较好，语言的听理解能力较好 弱势：主动性口语较少，受挫能力差，易哭				
		张 S	优势：课堂专注力较好，能理解简单短句，学习模仿的能力佳 弱势：课堂常规欠佳，偶尔会大声喊叫，口语表达较单一				
		简 S	优势：能参与课堂活动，注意力较集中，常规好，会主动举手发言 弱势：口语表达声音较小，不太自信				
		贤 S	优势：在课堂上较遵守秩序，能理解日常生活中大多数的词汇，听到指令后能有意识地完成任务 弱势：眼睛有斜视，完成活动的连续性欠佳，因果关系理解差				
		王 S	优势：能独立较快速地完成生活中的简单任务，精细动作较好，能听懂日常中常用的语句，在情境中教学反应较好 弱势：较情绪化，遇到不满意的地方，会表现出哭闹				

续表

教学主题	学校生活（我是学校值日生）		主题目标	能有打扫教室（如擦黑板、扫地、倒垃圾、排课桌椅）技能，来完成值日生任务	教学日期	2021 年 4 月	教师	主教：周老师 助教：龚老师
学情分析	好家人	苏 S		优势：课堂上较能遵守课堂纪律，听理解上会加手势参照来理解，完成课堂上教学活动的速度快，正确率高 弱势：日常表达不太清晰，性格比较腼腆，外界声音尖锐，易闹情绪				
		王 S		优势：情绪较好，听懂指令后能立即行动，课堂参与感较强 弱势：会用旧经验回应不懂的指令，固执，偶尔按自己的想法行事				
		馨 S		优势：课堂常规较好，能听懂简单指令，会主动帮助其他同学、配合度较高 弱势：反应速度较慢，学习速度较慢，口语表达单一				
		姗 S		优势：能配合参与活动，按要求行事，帮助师生做简单事务 弱势：主动性语言少，情绪不稳定				
	好照顾	轩 S		优势：能配合参与简单的活动，遵守上课常规 弱势：语言表达少，情绪不稳定				
		成 S		优势：能配合参与到活动中的老师的要求和指令 弱势：注意力不集中，活动动机不强				

教学目标与教学评鉴	学生		劳动技能科教学目标	教学评鉴		
				前	中	后
	好帮手	顾 S	能适当地使用各科的特别的学习用品	2		
		甘 S	1. 能自己简单为教室扫地	2		
			2. 能自己倒教室里的垃圾	1		
		春 S	1. 能自己简单地打扫教室 – 扫地	1		
			2. 能自己倒教室里的垃圾	2		
	好家人	李 S	1. 能擦黑板	1		
			2. 能用一两种固定的方式简单打扫教室	2		
		怡 S	1. 能用一两种固定的方式简单打扫教室	1		
			2. 能开关教室或楼道同种类型的灯	2		
		简 S	1. 能用一两种固定的方式简单打扫教室	1		
			2. 能开关教室或楼道同种类型的灯	2		
		贤 S	1. 用一两种固定的方式简单打扫教室	1		
			2. 能开关教室或楼道同种类型的灯	2		
		宇 S	能自己倒教室里的垃圾	2		
		苏 S	能自己倒教室里的垃圾	1		
		王 S	用一两种固定的方式简单打扫教室	1		

续表

教学目标与教学评鉴	学生		劳动技能科教学目标	教学评鉴		
				前	中	后
	好家人	陈S	能用一两种固定的方式简单打扫教室	1		
		张S	1. 能擦黑板	2		
			2. 能用一两种固定的方式简单打扫教室	1		
	好照顾	轩S	1. 能配合打扫教室时让路	1		
			2. 能开关教室或楼道同种类型的灯	1		
		梁S	1. 能配合打扫教室时让路	1		
			2. 能不破坏、不乱开教室或楼道的灯	1		

教材分析与教学策略	教材分析选择	教学策略
	1. 擦黑板工作分析： 下课应要求或看黑板上写了很多字→拿黑板擦→擦黑板→把字擦完→放好黑板擦→检查→洗手 2. 排课桌椅工作分析 应要求→了解任务（搬动起点与终点）→和同学一起搬椅子到终点→搬椅子到终点→搬完指定桌椅→桌子排整齐→排好椅子→检查→洗手 3. 扫地工作分析 看到地板有垃圾→拿扫帚、畚箕→把垃圾扫成几堆→把垃圾扫入畚箕→把垃圾倒入垃圾桶→检查→工具归位→洗手 4. 倒垃圾工作分析 看到某类垃圾桶满了→将垃圾袋打结→提起垃圾袋→找到垃圾集中处→将垃圾袋倒入相应垃圾箱→检查→回教室→洗手	好帮手： 1. 逐步养成 2. 示范法和合作法都要试 3. 工作分析，固定流程 4. 大量练习 5. 对照区分擦干净和没有擦干净，扫干净和没有扫干净，桌子排整齐和没有排整齐的差别 6. 工作检核表提示检查标准 好家人： 1. 提供操作简单的特别的板擦、整齐的黑板字、长度适中的扫把 2. 使用回馈具有区别明显特征的起点、终点等 3. 大人或另一好帮手和他合作完成 4. 练习 5. 建立固定做事模式（固定任务、固定时间、内容、地点）与检核图，提示检核关键 好照顾： 1. 增加劳动用品的感觉刺激（触觉、视觉……） 2. 提供选择和谁一组？搬到哪里？ 3. 配合喜好提供特别的有兴趣的额外工作或角色 4. 放大刺激、各种用品夸大，如黑板上是图画，不是字

活动设计：

时间	小组活动（普通组，好帮手）	个别补救活动		教学资源
		好帮手	好家人	
2:00 — 2:30	第一节：引起动机，介绍竞选优秀值日生的活动 一、上课准备 收课程表，找到自己的位置坐好。 二、上课仪式＋暖身活动：点名、起立、师生问好等 1.点名、师生问好：学生用笔进行签到，老师同学问好 2.劳动暖身操。 三、主活动： 1.引起动机： 老师介绍生活适应课月底要举行优秀值日生竞选活动，强调优秀值日生会有奖励，想竞选成功就要先学习 2.介绍奖品：实物或钱币 3.介绍值日生内容： （1）视频展示方式进行，可多次播放，对工作内容、方法有印象 （2）师生一起讨论总结值日内容：擦黑板、排桌椅、扫地、倒垃圾 4.介绍值日时间、地点：固定时间、地点 （1）带领学生到要值日的地方熟悉一下环境和工具 （2）定闹钟，老师演示闹钟响就开始穿工作服、戴口罩准备值日 （3）学生练习：听到闹钟响，走到挂工作服地方穿工作服、戴口罩 5.介绍优秀值日生标准：老师分别以正、反例表演的方式进行，师生一起讨论判断，得出结论（准时、听从安排、做事认真、干净整洁、爱护工具……做完自己检查，洗手…） 6.老师总结竞选优秀值日生的奖品、内容、标准 四、下课准备 换下工作服、洗手、签退	问他有无看到？有无被挡到？	在关键图像处教他，并问他问题	签到板 笔 桌椅 奖品 值日视频 闹钟 工作服 口罩
	第二节：学习擦黑板 （劳动项目训练的开始，尽量模拟上班形式） 一、上课准备 签到，取任务板，自然打招呼，就座 二、互相打招呼暖身活动 1.教练（工头）点名、问好：交代今日工作任务 2.劳动暖身操：健身操或团队操（组成工作团队，有队歌、队舞） 三、主活动 每个工作项目皆以下述程序教授（以擦黑板为例，搬桌椅扫地倒垃圾同此） 1.教练（工头）示范擦黑板的工作步骤 2.并摄像、拍照 3.放映刚拍的影像，再次说明并画图或写工作分析步骤，作为关键提示表或检核表 4.一位学生示范者再做一次，教练指出需注意处。例如擦黑板姿势的正反例	擦小黑板时，老师让他自己擦 当轮到中型黑板时，老师要辅助，以防做错	老师在黑板上用红笔圈出一个小范围，学生擦掉此小范围内的字即可	签到板 黑板10个 黑板擦 任务板 抹布 垃圾桶 流程图 签退板 拍照设备

续表

时间	小组活动（普通组，好帮手）	个别补救活动		教学资源
		好帮手	好家人	
	5.全体学生围圆圈（或者沿着墙壁四周）开始练习，每人都有一个黑板擦和小黑板进行练习，听到哨音要擦完往下一块黑板移动： （黑板有大中小尺寸，方便学生循序渐进或有变化） （1）先把黑板上原有的字或图，用板擦擦干净 （2）每擦完一块黑板，学生可以去下一块黑板上画图为乐 （3）再往下一块黑板去擦拭，如此绕圈循环擦和画 （4）几个轮回之后，教练在最后一个收黑板 四、整理活动 1.学生填写任务检核卡，填上自己一共擦了几块黑板 2.工头按照学生所填任务量，给予工资（一块黑板一元） 第二天（第二节）来就各自按照昨日流程进行工作，老师走动监督 第三四节换另一种工作（例如排课桌椅），程序同上 第五六节又换另一种工作（例如扫地倒垃圾），程序同上 第七、八节结束奖赏活动： 1.依据生活适应课的统整活动：征选优秀值日生参加该活动 2.复习所做的工作进行点评：获选与不获选原因 3.发月工资进行收支登记 五、下课准备 换下工作服、洗手			

五、选用相应的教学资源

教学资源包括本次活动中所需要的相关的环境布置、设施设备、器材、工具用品的准备以及人力资源的配备等，在准备用品的时候可尽量多备份一点，从而更好地应对一些突发状况的出现。

劳动工具尽量接近真实工具，一般劳动工具会重视方便性、安全性和效率性，因此需要搜寻更专业、方便的工具。如果较新颖、较专业的工具学生不易掌控，则可考虑较传统的工具，也要针对学生个别困难情况，设计工作辅具。

六、设定教学评量项目与标准

在教学活动卡上有一栏学前、学中、学后的评量，主要评量学生目标的达成情况，可作为本单元活动结束后的一个成果评鉴，从而根据评估结果，改进对学生的协助方式并评估教师的教学效果。评估标准为：1分，肢体协助；2分，示范协助；3分，口头提示；4分，独立。

如果连续三次评量都能达4分独立，则此目标可算通过新学阶段，应联系其他科目进行巩固练习。

第十四章

唱游与律动科的教学设计

梁英、冯莎、赵思祺、王思羽、李宝珍

第一节　唱游与律动科的功能定位

九年义务教育阶段为什么要设置唱游与律动？学了唱游与律动对学生将来的四好生活质量有什么作用？这是本科教师进行教学之前要先确认的科目定位。因此，我们回到培智学校义务教育课程唱游与律动科总目标来定锚，然后以四好概念来预期在好照顾、好家人、好帮手、好公民的生活中需要什么唱游与律动功能。

一、培智学校义务教育课程唱游与律动科总目标

通过音乐实践活动，在感受、体验音乐美感过程中，帮助学生感受、发现、领略音乐艺术的魅力，学习基本的音乐知识，获得基础的音乐能力，提高学生听觉、认知、语言、动作、沟通交往的能力，促进学生了解音乐与生活的密切关系，培养学生对音乐的兴趣和对生活的热爱，实现唱游与律动课程在育人过程中的教育和康复功能，达到愉悦身心、发展智能、陶冶情操、健全人格的目的。

二、唱游与律动的四好功能

好照顾、好家人、好帮手、好公民为什么需要唱游与律动？本教学模式设定唱游与律动科对四好生活的作用如下：

1分，好照顾：以在动作操作阶段（感觉动作期）为准，设想其能对感觉有区辨与表示选择的能力来应付生存上和空白时光有关的需求。在大人没空时，他可以自己玩一会儿喜好之事不干扰大人，大人带他外出去休闲时不会走失（其中他可在大人安排音乐类活动时不排斥，因为有经验）。

2分，好家人：以在具体操作阶段（前运算期）（学前成就）为准，设想他可以在大人没空时，自己玩约一小时，不会有危险，大人带他去休闲时可以参与（其中他可选择音乐类活动，因为有经验和技能）。

3分，好帮手：为在平面操作进入符号操作阶段（具体运算期前或后段）（学龄一二年段），可以在空闲时自己安排室内休闲活动，以及几样户外休闲活动，不会有危险（其中他可选择音乐类

活动如自己听歌或去户外唱歌跳舞、听音乐会等，因为有兴趣和技能），可以和伙伴一起参与音乐类活动。

4分，好公民：为符号操作阶段（具体运算期后段或符号运算期前段）（学龄三年段），可自己安排休闲生活范围与种类，接近一般人（其中他可选择音乐类活动，自己获取资源，因为有品味和技能），甚至可以带动别人。

有了对自己任教科目的功能定位，教师才能继续规划一个学期的教材选择，进行一个学期的教学计划。

第二节　唱游与律动科的学期教学计划

唱游与律动科没有教育部编辑出版的教科书作为学期计划的蓝本，因此该科教师必须自行依据课程标准编写本学期要教的唱游与律动教材内容，组织成几个教学主题，安排顺序，才能在四五个月中循序渐进，有系统地教导唱游与律动的知识、技能和情意态度给全班学生，此之谓规划学期教学计划。

依据各校实际状况，唱游与律动科没有既定教材，但是有的班级有为学生拟订个别化教育计划（IEP），有的班级没有，但是都要先帮学生组织出一个学期的教材内容，形成一学期的教学主题，才能让教学有系统，有计划。这时，有 IEP 的班级要规划教学主题就比较容易，而没有 IEP 可参考的班级就要多几道手续。现以两种形式介绍。一种为已有 IEP 可参考者，另一种为无 IEP 可参考者。

一、有 IEP 可参考

如果班级每位学生已经有四好个别化教育计划，则学期规划只要将全班学生的 IEP 目标分布为几个教学主题，即完全以全班学生的 IEP 的唱游与律动目标来做学期计划即可，比如"提升参加一两个音乐游戏活动，并有正向的体验能力"。"提高用固定的节奏形态念简单童谣的能力"或"能用微笑、伸手、发声音来回应他人的互动"等，把这些 IEP 目标依音乐特性如歌唱的、节奏的、律动的等归纳、总结、整理叙写成本学期唱游与律动的学期规划。

＞（一）首先统整全班学生 IEP 中唱游与律动目标

全班学生目标有共同目标和特殊目标，依据难易顺序或音乐能力的发展顺序，排在学期计划表的纵轴（参考下表）。

＞（二）将性质相近目标归为一类，每类即一个教学主题

（1）依据音乐元素或参考生活适应科主题数量，将目标分为几个主题，填在学期计划表的横轴（参考下表）。

（2）每个主题可以以音乐元素作为主题名称，建议配合生活适应科主题取一个相关的唱游与律动科主题，编制能帮助生活适应的音乐元素。

（3）编选该主题可能的唱游与律动教材内容，填在表格每个主题下方的教材栏（参考下表）。

各科教师应在寒暑假当中把下学期教学计划拟妥，以便开学前可以先设计第一个主题的教学活动，准备好教室环境和教学资源。

例：（二年级下册）唱游与律动学期教学主题计划表（Y轴为班级学生个别化教育计划目标的统整）

附表 59：学期教学规划（唱游与律动科）
——二年级下册

生活主题		第一主题	第二主题	第三主题	第四主题
		学校生活	个人生活	家庭生活	社区生活
		我是值日生（值日生技能大赛）	春之早游、午游（春游）	六一健走（家电大抽奖）	江津半日游（科技馆观光）
IEP 目标	要素	音乐课常规	感觉音乐	辨别音乐	喜欢音乐
	素材歌曲	今天我是值日生	郊游	健身操	坐电梯
感受欣赏 5.1.1.1 能对自然界和生活中的声响感兴趣		上下课铃声、踏步、接倒水声	鸟、羊、风	吸尘机、电吹风、电视	汽车、三轮车、电梯广播声
感受欣赏 5.1.3.1 初步养成聆听音乐的习惯		参与配合音乐课的仪式音乐，如开始、结束、点名比赛前进行绕场活动		配合健走的特定讯号（哨子集合、大鼓加油）	配合音乐课的特定音乐讯号如铃鼓声（注意看老师），三角铁（安静）
演唱 5.2.1.1 初步练习唱歌的口型和姿势，学习正确唱歌的方式		坐姿唱值日生歌	站姿唱郊游歌	双手叠放在腰部	注意看口型
演唱 5.2.1.2 能有节奏地念简单童谣		劳动技能三字童谣，如拖地谣	郊游三字童谣	家电三字童谣	电梯安全三字谣
演唱 5.2.1.4 每学期学唱两三首儿歌			仿哼唱两首以上儿歌		仿哼唱二首以上儿歌

续表

生活主题		第一主题	第二主题	第三主题	第四主题
		学校生活	个人生活	家庭生活	社区生活
		我是值日生（值日生技能大赛）	春之早游、午游（春游）	六一健走（家电大抽奖）	江津半日游（科技馆观光）
IEP 目标	要素	音乐课常规	感觉音乐	辨别音乐	喜欢音乐
	素材歌曲	今天我是值日生	郊游	健身操	坐电梯
音乐游戏	5.3.1.1 愿意参加音乐游戏活动，体验游戏的乐趣	根据音乐的有无做不同动作的规则，如有音乐时做动作、无音乐时停下	抢座位的音乐游戏		
音乐游戏	5.3.2.1 在音乐游戏中能对各种声音做出听觉反应	听铃声做反应。如上课铃坐好，下课铃休息		听电器声音做反应洗衣机有声音动，无声停	
音乐游戏	5.3.2.2 在游戏中能初步配合音乐做出节奏、速度、力度的反应		音乐的快慢（如快跑、慢走）		音乐中的力度（如重踏脚、轻挥手）
律动	5.4.1.1 能随音乐合拍地做各种简单的动作	全身动作（劳动技能动作）	身势（拍手、拍腿、踏脚）	二拍（如走路、重拍）	
乐器	能探索操作乐器控制乐器	鼓类	鼓、木鱼、双响筒	金属类（敲）、复习散响	综合（鼓、三角铁、木鱼）

二、没有为学生拟订 IEP

没有为学生拟订 IEP 的班级，因为老师不知道本学期的教学目标，则必须以自己的音乐专业素养自行将全年段目标进行有系统、有顺序的编辑，将一个年段的目标分类分项为六个学期，然后才能找到本学期要教的部分，再将本学期内容分类分项为四至五个音乐教学主题。

＞（一）分析全年段课程中每个目标的下位目标

课程中每个目标涵盖范围比较大，需要分解之后分布到不同主题或不同学期去进行教学，因此音乐教师必须将每个上位目标所包含的下位目标分析出来，然后才能安排其教学顺序。

附表 60：教材系统 – 教学内容（唱游与律动科）

	5.1 感受与欣赏	5.2 演唱	5.3 音乐游戏	5.4 律动
音色	5.1.1.1 能对自然界和生活中的声响感兴趣 1. 有无 1.1 自然界和动物声音 1.2 生活中声音 1.3 乐器音（打击乐与非打击乐器） 2 辨别不同 5.1.2.1 能对音乐做出反应 同上	5.2.1.1 初步练习唱歌的口型和姿势，学习正确唱歌的方式 1 在歌曲段落模仿动作姿势 2 在歌曲段落模仿口型 3 在歌曲段落发出相近歌声 4 在歌曲段落唱简单歌词	5.3.1.1 愿意参加音乐游戏活动，体验游戏的乐趣 1 音乐有无的游戏 2 配合不同音色的游戏 3 配合不同节奏的游戏 4 配合不同歌曲的游戏 5 配合歌词的游戏	5.4.1.1 能随音乐合拍地做各种简单的动作 1 声势 2 模仿动作 3 模仿动物动作
节奏	5.1.1.2 能初步感受声音的强弱 5.1.1.2 能初步感受声音的快慢	5.2.1.2 能有节奏地念简单的童谣 1 模仿拍声势 2 模仿拍声势 + 声音 3 模仿念简单童谣	5.3.2.1 在音乐游戏中能对各种声音做出听觉反应 同上	5.4.2.1 能结合日常生活动作进行有节奏的模仿和练习 模仿生活中动作
旋律	5.1.2.1 能对音乐做出反应 同上 1.3	5.2.1.3 能聆听示范唱，用自然的声音模仿唱歌 1 同 5.2.1.1 2 听示范唱，知道开始结束 3 跟着哼唱全曲 4 跟着唱小节	5.3.2.2 在游戏中能初步配合音乐做出对节奏、速度、力度的反应 同上	5.4.3.1 能配合音乐做简单的表演动作组合以上动作
情意	5.1.3.1 初步养成聆听音乐的习惯 1 例行音乐讯号 2 例行背景音乐 3 自由选择音乐	5.2.2.1 每学期学唱 2 ~ 3 首简单的儿歌 1 自己唱一首 2 跟唱几首		

> ## （二）将课标依序分为六学期的教材分布

例如，培智课标唱游与律动低年段教材分布（课标为 Y 轴 X 轴为低年段六个学期）。

附表 61：低年段六学期教材规划 – 教材系统（唱游与律动科）

低年段课标		第一学期	第二学期	第三学期	第四学期	第五学期	第六学期
5.1 感受与欣赏	5.1.1.1 能对自然界和生活中的声响感兴趣	生活中声响 动物声	生活中声响 动物声	生活中声响 生活中动物 自然界声响	生活中动物 自然界声响		
	5.1.1.2 能初步感受声音的强弱、快慢	明显大小声	大小声明显 快慢声	快慢声明显 强弱声	强弱声以上组合		

续表

	低年段课标	第一学期	第二学期	第三学期	第四学期	第五学期	第六学期
5.1 感受与欣赏	5.1.2.1 能对音乐做出反应	发现、接受改变动作	改变动作	区别动作	区别动作	自发性动作	自发性创造性动作
	5.1.3.1 初步养成聆听音乐的习惯	接受音乐背景	靠近辨别音乐讯号	配合音乐讯号	参与配合两个以上音乐讯号	选择习惯	选择习惯
5.2 演唱	5.2.1.1 初步练习唱歌的口型和姿势，学习正确唱歌的方式		开口仿唱一句	开口仿唱几句	歌唱姿势（坐站）注意看口型	正确姿势唱	正确姿势唱
	5.2.1.2 能有节奏地念简单的童谣		选音	选音三字	三字	五字	五字
	5.2.1.3 能聆听示范唱，用自然的声音模仿唱歌		开口模仿哼唱至少一句	开口模仿哼唱几句	注意听范唱	模仿哼唱整首	试着哼唱整首
	5.2.1.4 每学期学唱 2～3 首简单的儿歌	听儿歌音乐听别人唱歌	一共模仿哼唱两首以上儿歌	一共模仿哼唱两首以上儿歌	一共模仿哼唱两首以上儿歌	一共模仿哼唱两首以上儿歌	一共模仿哼唱两首以上儿歌
5.3 音乐游戏	5.3.1.1 愿意参加音乐游戏活动，体验游戏的乐趣	接受	靠近	参与配合	参与配合		
	5.3.2.1 在音乐游戏中能对各种声音做出听觉反应	有无	音色	音色歌词	音色歌词	旋律歌词	旋律歌词
	5.3.2.2 在游戏中能初步配合音乐做出对节奏、速度、力度的反应		大小	快慢	强弱	节奏	节奏
5.4 律动	5.4.1.1 能随音乐合拍地做各种简单的动作		声势（身体乐器：手）上肢动作	声势（手）上肢动作二拍四拍	声势（脚）下肢动作二拍四拍	声势（手）上肢动作三拍	声势(手脚)上肢下肢动作三拍
	5.4.2.1 能结合日常生活动作进行有节奏的模仿和练习					模仿生活动作（动态）	模仿生活动作（动态）
	5.4.3.1 能配合音乐做简单的表演动作				配合表演动作（以上组合）	记住表演动作（以上组合）	记住表演动作（以上组合）
附：乐器	探索操作乐器控制乐器	散响类小乐器（甩摇）	铃鼓类(拍)身体类	组合左二	木鱼类金属类（敲）	金属类吹类	组合左列

> **（三）再将一个学期的教材内容分布到四至五个主题中**

一般情况下，一学期会有四至五个教学主题。每个教学主题会在三至四周之内完成。如果是生活核心教学模式，唱游与律动科的教学主题可以直接跟本学期的生活适应教学单元教学主题结合。如果培智二年级下册的生活适应单元主题是第一单元我是值日生，第二单元早游、午游，第三单元六一健走，第四单元江津半日游。结合以后形成唱游与律动本学期四个教学主题：

（1）值日生技能大赛；

（2）郊游；

（3）家电大抽奖；

（4）科技馆观光。

唱游与律动教学主题与生活适应单元主题相结合的好处是：为学生所学的音乐知能创造了一个运用的机会，同时也为唱游与律动教学提供了一个生活化的情景。这样整合的角度让学生学习内容更生活化、丰富化，同时提高了学习内容的完整性。

如果是分科教学模式，不联系生活适应科主题，则可将本学期目标直接依照音乐教材的体系再分为四五个部分，安排进度形成几个教学主题即可。

> **（四）形成本学期的教学计划表**

每个主题之下有哪些教材一定要教到（即要在这三至四周之内教会），可以粗略选择相应的音乐教材，分别填入学期教学计划表中。

例：（二年级下册）唱游与律动学期教学主题计划表（Y轴为上表第四学期目标）（同附表59）

第三节　一个教学主题的唱游与律动科教学活动设计

完成了学期计划，各科教学主题有大致的教材分布，就能引导教师依序进行每个教学主题的活动设计。

一般一个教学主题有三至四周时间，一共有几个课时，必须做一个整体规划而非一节一节规划。

在这三到四周内需要运用哪些音乐活动完成这些教材的学习呢？我们可以依据一般常见的音乐表现形式和凯伯的概念学习发展阶段，以这个教学主题时间为周期，确定一个教学主题的音乐架构，从而形成一个唱游与律动课的教学活动循环。

一般的音乐活动形式有：聆听与欣赏（身体动作），律动，演唱（念白），打击乐器，音乐游戏，综合性音乐活动。而凯伯的概念学习发展阶段则是：动作（粗大、手部动作）—知觉—概念。换句话说，唱游与律动科的教材需要通过一首歌或一段乐曲做载体而习得，那么要掌握一首歌或一段乐曲，可以先用动作或声势去熟悉乐（歌）曲，再用律动去反映这首乐（歌）曲，再用乐器或演唱去表现这首乐（歌），把这几种音乐活动形式，分配在一个教学主题的周期里，如第一周动作与声势、第二周律动、第三周乐器（演唱）、第四周综合活动，形成一个完整的教学活动循环。这个循环，既包括唱游与律动科常用的音乐活动形式，以保证学生所学包含了唱游与律动科的全面知能而不失偏颇，又形成一种唱游与律动科特定的结构与规律，学生会从这个规律里总结归纳，形成自己行为的预判，从而更具主动性。

其教学活动设计流程包括：

流程一：确定教学主题与主题目标；

流程二：分析主题目标，选择本单元教材；

流程三：选用教学策略；

流程四：设计教学活动的过程；

流程五：选用相应的教学资源；

流程六：设定教学评量项目与标准。

一个教学主题，即依据这六个流程设计教学活动。

一、确定教学主题与主题目标

教学主题有依音乐特质形成唱游与律动科教学主题，如"乐器敲敲乐或队形变变变"，也有搭配生活适应主题确定的唱游与律动科教学主题，如"劳动技能赛，蔬菜水果派"。流程就是在设计活动之初就要再次确定本主题的名称与目标（学习本主题的功能性目的），所谓主题目标的功能性指的是学生学会以后用在生活中的什么情景之中。比如"参加一两个音乐游戏活动"这个目标，可以用在郊游的情景中，在郊游的情景中要有什么样的音乐游戏能力的表现，这个能力就要在本主题时间内的唱游与律动课中学会。主题活动要有功能，才可能达成四好生活的质量。

例如，二年级下册唱游与律动第二个教学主题"春游"的功能性目标为：

（1）能在郊游途中边走边哼唱。

（2）能在郊游休息时，参加音乐活动或表演。

以上两个目标就是老师设定的本主题唱游与律动课的主要目标，因此本主题要教的唱游与律动科的教材内容就以这两个目标为标准来进行初步的分析与选择。

> 如何决定主题目标

1. 参考学期规划表的 Y 轴

该主题的教学目标，学期计划表中的教学目标可能是来自全班学生的 IEP 目标，也可能是来自一个年段课标的分类，既然是本主题要教的，那么其功能性表现是什么？这些能力统整起来可以在主题活动中做什么？有什么功能？

而四好教学模式建议对于这个功能可以联系生活适应的主题活动来构思。例如，从生活主题"春游"中启发出唱游与律动所学可以帮助学生具备下述功能：

（1）能在郊游途中边走边哼唱（日后生活亦有用）。

（2）能在郊游休息时，参加音乐活动或表演（日后生活亦有用）。

2. 将想到的功能以一般性目标的写法

叙写为该主题的主题目标，以上述"春游"为例：

（1）能在郊游途中边走边哼唱。

（2）能在郊游休息时，参加音乐活动或表演。

这属于一般性目标的写法，可作为下一流程：教材分析的对象。

二、分析主题目标、选择本单元教材

确定好本主题的功能性目标以后，就要针对目标进行教材的功能性分析。

本主题（单元）预订教材已经在学期规划中粗订，到了本单元活动设计时必须再具体决定，因为此时主题目标已经明确下来了，那本主题要教的教材内容更具体的有哪些才能达到主题目标的需求？可以具体分析与选择。

比如，"能在郊游时，参与唱游与律动的活动"具体有"能在郊游途中边走边哼唱"和"能在郊游休息时参加音乐活动或表演"两个主题目标。

接着要分析出来：学生需要有什么唱游与律动知识，技能与情意（例如，唱什么歌？表演什么？）才能做到以上目标？

＞（一）先分析要达成的主题目标需要什么能力

以条列法或以画关系图的方法分析出来。

例如：以条列法分析教材：

唱游与律动的主题目标："能在郊游时，参与唱游与律动的活动"

——音乐知识：知道两首歌名

——音乐技能：

1. 能在郊游途中边走边哼唱

（1）聆听：①对不同节奏的音乐反应；②听不同乐器、音乐做反应。

（2）律动：跟着歌曲"郊游"的律动行进。

（3）演唱：跟随团体一起模仿唱歌口型："郊游"。

2. 能在郊游休息时，参加音乐活动或表演

（1）乐器：①跟随音乐敲打乐器；②看指挥与别人一起合奏歌曲《郊游》。

（2）演唱：①跟随团体一起模仿唱歌口型；②模仿发音（独唱或合唱表演）歌曲《郊游》。

（3）律动：不同曲式的律动、歌曲《小小波罗乃滋》。

——音乐情意态度：感觉音乐活动的愉悦，愿意参与或响应。

例如：以关系图方式分析本主题的音乐教材。

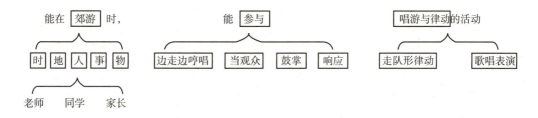

> **（二）对照学期计划表的该主题的教学目标进行增删**

虽然"学期计划表"中本主题的教学目标可能是来自全班学生的 IEP 目标，也可能是来自一个年段课标的分类，但是到了实际设计主题教学活动的阶段，才是真正确定教学目标之时。因此适合在本主题教的目标可以增加进来，不适合在本主题教的，可以暂时删除，改到其他主题去教。

可见在实务中，教学设计虽有流程，但是也有弹性。学期教学计划的内容，只是初步计划，到了主题活动设计时，可能回过去调整学期计划的内容。

> **（三）将教学目标确定后，再依据学生的四好需求，调整教材为四好教材**

这些内容对有些学生而言，要学会还是有一定的挑战，那么我们就要针对具体的学生、具体的教材做一个以四好等级为参照的教材调整。

例如律动：跟着歌曲《郊游》的律动行进，好照顾是"在老师牵手之下愉快地跟着歌声行进"，好家人是"跟着老师身旁走"，好帮手是"和同学二人手牵手边哼边走"。

又如：教材是"玩抢椅子的音乐游戏"，好照顾可以"配合抢椅子不发脾气"，好家人"固定音乐的固定小节上音乐停抢椅子"，好帮手是"自己关注音乐信号去抢椅子"。

唱游与律动的四好教材调整，原则是依据学生的四好能力，降低音乐素养的要求，但是又要让学生参与，日后有用。

例：唱游与律动的四好教材调整原则

附表 62：四好教材调整（唱游与律动科）

		聆听欣赏（音乐辨别）	歌唱（念白）	乐器	律动（舞蹈）	游戏
	音色	有无不同大小	歌词有无、不同大小声	乐器有无、不同乐器、用力大小	动与静、不同动作、大小动作	判断有无、不同、大小、规则
	节奏	节拍快慢强弱	边唱边打拍子 快唱、慢唱、强弱唱	依节拍敲打、依快慢强弱敲打	有节奏动作、快慢动作、强弱动作	判断、关注、节拍、快慢、强弱
	旋律	分段情感高低	分段唱，唱出表情	分段敲打	分段做动作、表现歌词歌曲内容、情感、依高低音做动作	依旋律、歌词，判断高低音
	记号	物、图、符				
感觉期（好照顾）		>有感觉、能接受 >有偏好	呼吸、口腔动作、感觉正常化	把玩	本能动一动	
感觉－动作期（好家人）		>想再听 >听出不同（快慢、有无、大小），跟着做不同动作	>愿意出声音 >听出不同歌词，跟着做某一两种相应动作	模仿操控乐器	模仿动作	依音乐感觉玩游戏（如亲子体能游戏、布、小毛驴等）
知觉期（好帮手）		>听出规律 >自己依音乐规律做不同表现	>跟唱一两句 >记住，哼唱几首歌	>自己依音乐规律操控乐器 >看指挥（看动作物品）	>自己依音乐规律或歌词表现动作	依音乐规律玩游戏（如击鼓传花、抢椅子、伦敦铁桥）
概念期（好帮手以上）		了解音乐相关知识	了解歌词	自己依乐曲变化演奏或打击	创作表现	依音乐要素集体活动

以上述原则，可以和其他科目一样，为每个主题教学的教材进行调整以合乎四好学生能力。

例：2021 年 4 月二年级下册《唱游与律动》四好教材分析

附表 63：四好教材调整与教学策略（唱游与律动科）
——二年级下册第二单元

单元主题	教材		对应课标	学生 IEP 四好目标		调整后教材	教学策略
第二单元（个人生活）郊游	5.1 感受与欣赏	上下课铃声、踏步、接倒水声、哨子声	5.1.1.1 能对自然界和生活中的声响感兴趣	好照顾	能对自然界和生活中的声响不排斥	在听到上下课铃声、踏步声、接倒水声、哨子声时不发脾气	好照顾：①选择喜欢的音乐、乐器的声音；②节奏变化明显，易于区分；③示范者动作幅度大、区辨明显、反复；④示范清晰、⑤活动结构有规律，变化不大 好家人：①同好照顾；②声音的变化有视觉提示；③多次练习机会 好帮手：①同好家人；②跟随团体做反应
				好家人（姗S）	能对自然界和生活中的一两种特别的声响感兴趣或用动作表示相应声响	在听到上下课铃声时，知道上下课、踏步声时跟着踏步	
				好帮手	能对自然界和生活中的声响感兴趣	同教材	
		复习快与慢	5.1.1.2 能初步感受声音的强弱、快慢	好照顾	当声音出现强弱、快慢变化时不排斥	听到快与慢的音乐，或听到《郊游》音乐变快或变慢时不排斥	
				好家人（姗S）	能感受一两种特别明显的声音强弱、快慢	听到快、慢的音乐身体反应能随着变化	
				好帮手	能初步感受声音的强弱、快慢	同教材	
	5.2 律动	日常生活中的动作	5.4.3.1 能配合音乐做简单的表演动作	好照顾	听到音乐能动动身体不排斥	愿意待在有音乐的环境中，大致跟随音乐活动身体	好照顾：①以自己喜欢的姿势（坐/站）配合表演；②动作有明显的感觉回馈（本体觉、视觉等）；③动作简单、区辨大、规律、重复 好家人：①同好照顾；②以大的身体控制、协调动作为主 好帮手：①同好家人；②鼓励学生表演及提供学生多次表演的机会
				好家人（又S、轩S）	能配合一两首音乐用自己会的动作表演	跟着《郊游》表演踏步、背书包的动作	
				好帮手（迪S）	配合音乐会做简单的表演	跟着《郊游》做完整的动作表演	

续表

单元主题	教材		对应课标	学生 IEP 四好目标		调整后教材	教学策略
第二单元（个人生活）郊游	5.3演唱	站姿/坐姿唱《郊游》	5.2.1.1 初步练习唱歌的口型和姿势，学习正确的唱歌的方式	好照顾	能配合练习唱歌的口型姿势，不排斥	练习唱歌的口型与姿势，不闹脾气、不逃离	好照顾：①练习时间短，少量多次；②选择学生喜欢的姿势唱歌 好家人：①同好照顾；②口型示范清晰、明确；③团体中多进行站着/坐着唱歌活动 好帮手：同好家人
				好家人（简S、轩S、姗S）	能模仿一两个唱歌的口型和特定的姿势	站着/坐着发"走"或任意的口型	
				好帮手（迪S）	初步练习唱歌的口型和姿势，学习正确唱歌的方式	站着/坐着唱儿歌《郊游》	
		有节奏地学唱童谣	5.2.1.2 能有节奏地念简单的童谣	好照顾	能听别人念童谣，不排斥、情绪好时会跟着童谣的节奏哼念几声	接受别人唱念童谣，偶尔能大致跟随节奏哼几声	好照顾：①有节奏的拍打，给予学生本体觉的感觉；②有节奏地给学生唱童谣 好家人：①同好照顾；②童谣形态简单重复，有规律易掌握；③老师示范清晰，学生多次仿唱念 好帮手：同好家人
				好家人（春S、简S、甘S、又S、轩S）	能用一两个固定的节奏形态念简单的童谣	在播放或模仿老师口唱《郊游》时，学生能有节奏地跟着发"走"或任意声音	
				好帮手	能够跟着节奏念简单童谣	在播放或老师口唱《郊游》，能跟着有节奏地模仿唱整首歌	
		注意听范唱	5.2.1.3 能聆听范唱，用自然的声音模仿唱歌	好照顾	能聆听范唱不排斥偶尔能跟着哼唱	播放或老师口唱《郊游》，愿意待在这个环境中，偶尔能哼唱	好照顾：①让学生以舒服的姿势聆听；②提供多种形式的《郊游》（音乐声、人声等） 好家人：①同好照顾；②童谣形态简单重复、有规律易掌握；③老师示范清晰，学生多次仿唱念 好帮手：同好家人
				好家人（春S）	能聆听一两首固定的范唱并用单音跟着哼唱	播放或老师口唱《郊游》时哼唱"走"或任意声音	
				好帮手	能聆听范唱并用自然的声音模仿唱歌	播放或老师口唱《郊游》时能跟着模仿唱整首歌	

续表

单元主题	教材		对应课标	学生 IEP 四好目标		调整后教材	教学策略
第二单元（个人生活）郊游	5.3 演唱	仿、哼唱郊游	5.2.2.1 每学期学唱 2～3 首简单的儿歌	好照顾	能学唱儿歌时不排斥	学唱或郊游时唱歌不离开、不哭闹	好照顾：①让学生以舒服的姿势学唱；②提供稳定、慢速的示范声 好家人：①同好照顾；②老师示范清晰，便于学生模仿；③重复练习，学生多次仿唱 好帮手：同好家人
				好家人（简S）	能学唱 1 首简单的儿歌，或学唱自己喜欢的儿歌	模仿唱《郊游》时哼唱"走"或任意声音	
				好帮手	能学唱 2～3 首完整的简单的儿歌	学唱完整的歌曲《郊游》	
	5.4 音乐游戏	音乐的规律	5.3.1.1 愿意参加音乐游戏活动，体验游戏的乐趣	好照顾	能参加音乐游戏活动不排斥	在有音乐的游戏环境中安静等待或看他人参加游戏	好照顾：①选择 S 喜欢的音乐、乐器的声音；②节奏变化明显，易于区分；③示范者动作幅度大、区辨明显、反复；④示范清晰；⑤活动结构有规律，变化不大；⑥回馈明显 好家人：①同好照顾；②游戏变化有视觉提示；③多次练习机会 好帮手：①同好家人；②跟随团体做反应
				好家人（宇S）	能参加一两个音乐游戏活动并有正向的体验	在《郊游》的音乐游戏中，会感到愉快	
				好帮手	能参加音乐游戏活动，体验游戏的乐趣	主动参与《郊游》的音乐游戏，并且从中获得快乐	
		音乐的快慢（如快跑、慢走）	5.3.2.2 在音乐游戏中能对各种声音做出听觉反应	好照顾	能在游戏中不干扰别人配合音乐做反应	在有音乐的游戏环境中安静等待或看他人参加游戏	好照顾：①选择 S 喜欢的音乐、人声、乐器的声音；②节奏变化明显，易于区分；③示范者动作幅度大、区辨明显、反复；④示范清晰；⑤活动结构有规律，变化不大 好家人：①同好照顾；②声音的变化有视觉提示；③多次练习机会 好帮手：①同好家人；②跟随团体做反应
				好家人（姗S）	能在固定的一两种音乐游戏中配合音乐的节奏／速度／力度的一种变化做出特定反应	老师唱《郊游》的音乐快时，快速地走，慢时停下来休息	
				好帮手（迪S）	能在游戏中配合音乐的节奏／速度／力度做出不同的反应	播放《郊游》的音乐时，根据其音乐变化做不同的反应	

三、选用教学策略

教学策略要依据该主题教材（或教学目标）的性质，以及学生的四好能力特质，进行选用，才能让学生有效率地学会教材。

> （一）依据教材的性质选用教学策略

1. 建构活动的基本结构形成规律再逐步变化

例如：感知音乐——律动（动作表现音乐）——乐器（乐器表现音乐）——歌唱（歌唱表现音乐）

2. 变化原则

由感觉区辨明显到不明显；由简单到复杂；由原位到移位；由个人到集体；由模仿到自由。

3. 感觉输入与动作输出的设计适合学生特质

每个教材都要考虑学生有无感知到，如何感知，以及有无反应能力，如何反应。

4. 活动方法

对一个乐曲的练习要以活动来吸引学生愿意学习与练习。例如：

- ·看做
- ·跟做
- ·齐做
- ·分组做
- ·轮流做
- ·约定结构（变化中有规律）来做
- ·回声式
- ·卡农式
- ·问答式
- ·点兵式
- ·渐增（减）式
- ·图谱式（建立多种指挥方式）
- ·其他领域活动融入

……

> （二）依据学生的四好特质选用教学策略

目前在音乐科常用的教学方法中，传统音乐教学方法需要较高的语言能力与社会适应能力，否则对智障学生而言，不易体会，不知如何反应，显得单调枯燥，引不起学生的学习动机和音乐兴趣。三大音乐教学法对即兴与创作有一定的要求，也不适合所有的培智学生。因此，我们可以从四好的原则，对不同音乐特质的教学目标形成更合适的教学策略。

例如：好照顾可以"选择 S 喜欢的音乐、乐器的声音，提供感觉回馈；变化易于区分；示范者动作幅度大、区辨明显、反复、清晰，活动结构有规律，变化不大"等。好家人可以"视觉提示，结构清楚，多次练习机会"等。好帮手可参考常用音乐教学法。

建议教学策略见附例：

1. 感受与欣赏

（1）好照顾：①选择 S 喜欢的音乐、乐器的声音；②节奏变化明显，易于区分；③示范者动作幅度大、区辨明显、反复，示范清晰；④活动结构有规律，变化不大。

（2）好家人：①同好照顾；②声音的变化有视觉提示；③多次练习机会。

（3）好帮手：①同好家人；②跟随团体做反应。

2. 律动

（1）好照顾：①以自己喜欢的姿势（坐 / 站）配合表演；②动作有明显的感觉回馈（本体觉、视觉等）；③动作简单、区辨大、规律、重复。

（2）好家人：①同好照顾；②以大的身体控制、协调动作为主。

（3）好帮手：①同好家人；②鼓励学生表演及提供学生多次表演的机会。

3. 演唱姿势

（1）好照顾：①练习时间短、少量多次；②选择学生喜欢的姿势唱歌。

（2）好家人：①同好照顾；②口型示范清晰、明确；③团体中多进行站着 / 坐着唱歌活动。

（3）好帮手：同好家人。

4. 节奏

（1）好照顾：①有节奏地拍打，给予学生本体觉的感觉；②有节奏地对学生唱童谣。

（2）好家人：①同好照顾；②童谣形态简单重复、有规律易掌握；③老师示范清晰，学生多次仿唱念。

（3）好帮手：同好家人。

5. 哼唱

（1）好照顾：①让学生以舒服的姿势聆听；②提供多种形式的《郊游》（音乐声、人声等）。

（2）好家人：①同好照顾；②童谣形态简单重复、有规律易掌握；③老师示范清晰，学生多次仿唱念。

（3）好帮手：同好家人。

6.音乐游戏

（1）好照顾：①选择 S 喜欢的音乐、乐器的声音；②节奏变化明显，易于区分；③示范者动作幅度大、区辨明显、反复；④活动结构有规律，变化不大；⑤回馈明显。

（2）好家人：①同好照顾；②游戏变化有视觉提示；③多次练习机会。

（3）好帮手：①同好家人；②跟随团体做反应

四、设计教学活动的过程

＞（一）确定音乐素材

唱游与律动科里的教材内容通常是需要借助一首乐曲或一首歌曲即音乐素材来练习学会的，因此在设计单元教学活动的时候首先要去找到与单元主题及目标性质相适应的音乐素材，即一首儿歌或一首曲子，这段音乐素材也可以在学期教材规划时匹配好。

例如"水与海绵"的教学主题，可以匹配《海绵宝宝》，"劳动技能大赛"教学主题可以选取《玩具兵进行曲》等。这个音乐素材在"流程二：依据主题目标选择本单元教材"时已经确定。

＞（二）安排一个主题活动的架构

确定好音乐素材以后，根据凯伯的学习阶段论，必须通过大动作—知觉—概念这个过程，才能够被理解与掌握，所以我们会先让学生用感官与身体动作去感觉、熟悉这首乐曲的基本结构和节奏形态，再用声势或乐器去反映这个结构和节奏形态，再用歌唱去展现这个结构和节奏形态，最后可用综合的形式去表演这段音乐的结构和形态。

一个主题大约有四周，一个唱游与律动科的主题教学要在这四周中完成一个完整的从聆听与感知—声势与律动—打击乐器—念白与歌唱，到音乐游戏或综合表演的音乐教学活动的循环。

例如，唱游与律动第一主题：

（1）生活主题：校园安全。

（2）音乐主题：听一听音乐信号。

（3）音乐主题目标：

①能看手势、听音乐信号做不同动作模仿。

②在音乐活动中体会安全与危险是什么。

（4）教材

①能看手势听音乐信号做不同动作模仿：起床、穿衣、洗脸、上学、鞠躬、拉手、问好、放好书包。

②在音乐活动中体会安全与危险是什么，认识禁止标志（停、不能碰）、危险标志（让、绕）。

（5）媒材

①一首音乐手语歌：例如《上学歌》（天亮了，日出了，公鸡正在叫，穿好衣，洗好脸，快快上学校……）

②音乐游戏：例如"安全岛与危险岛"，或不能碰到人，例如伦敦铁桥垮下来要会判断会避，击鼓传花（包装好的球、花片或电池、药瓶），看到禁止标志就不能玩不能传，要丢入桶里。

（6）每周活动架构例

附表 64："贯通式活动设计"架构
——（唱游与律动科）

		第一周 1、2 节	第二周 3、4 节	第三周 5、6 节	第四周 7、8 节
准备与问好活动		（略）			
暖身活动	感知	《上学歌》，看老师比手势（一个比，两个比，三个老师一起比），间奏时学生按闹钟	同上周	看老师用乐器加手势表演	同上周
主活动	感知				
	律动	师生面对面模仿：起床、穿衣、洗脸、上学校、鞠躬、拉手、问好（拍肩抱抱）的手势动作	继上周动作	加上放学动作： 天黑了、日落了——放学 钟声响——穿好鞋、背书包、我要回家了 看见老师——鞠躬说声再见了 看见同学——拉拉手、明天再见了！	记得几个生活动作是自己做的
	声势		前奏：拍手、拍腿 歌曲：手势	前奏：拍手、拍腿、踏脚 歌曲：手势	
	乐器		前奏：拍钟 歌曲：手势	前奏：三角铁 歌曲：手势	同上周
	歌唱	模仿闹钟声音	模仿闹钟声音	老师好、同学好、老师再见、同学再见	
	游戏	击鼓传花	上学途中：走路不能撞到人	上学途中：车老虎来了、站上安全岛（绿色）	伦敦铁桥（一共三座、看看哪一座可以蹒过？）
	其他（视谱）		看大动作手势指挥	看上肢手势指挥	看标准手势指挥
整理活动		（略）			
再见活动		（略）			
资源准备		（略）			

> ## （三）设计一节课活动架构

唱游与律动课采取贯通式教学模式，以下述音乐元素反复出现在每一节课中，只是变动其中的媒材或乐器：聆听与感知——声势与律动——打击乐器——念白与歌唱——音乐游戏或综合表演。

因此唱游与律动一节课的活动为：

·仪式活动（预录的音乐，暗示唱游与律动课开始上课的活动）；

·师生、生生问好活动（念白歌唱）；

·暖身活动：进行固定的例行音乐活动与和主题相关的暖身活动两种（声势律动）；

·主活动：几个和主题有关的活动，由易而难，由感知区辨而模仿、创造表达等乐器与唱游活动；

·结束缓和活动：感觉活动的结束，缓和情绪，回到现实生活，准备到下一节课。

例：附二年级下册《唱游与律动》教学活动卡第二单元

附表65："教学活动设计"（唱游与律动科）
——二年级下册第二单元

教学主题	个人生活《秋游》	主题目标	1. 能在郊游途中边走边哼唱 2. 能在郊游休息时，参加音乐活动或表演	教学日期 2021 年 4 月	主教：冯莎 助教：王思羽、李冬婷
学情分析	馨 S		优势：能注意到明显的声音有无、快慢的变化，并能做出相应的动作调整；可以有意识地发出简单的声音，能跟随团体配合歌词或配合节奏简单律动 / 敲打乐器；可以和同学相互调控完成简单音乐活动 弱势：发音不清晰，哼唱儿歌、童谣的能力差，团体注意力稍差		
	又 S		优势：听到音乐和乐器声会去寻找声源，能注意到明显的声音有无、快慢的变化，并能做出相应的动作调整；可以有意识地发出简单的声音，能跟随团体配合歌词或配合节奏简单律动 / 敲打乐器；可以和同学相互调控完成简单的音乐活动 弱势：发音不清晰，哼唱儿歌、童谣的能力不佳，团体活动中常规稍差		
	简 S		优势：能注意到明显的声音有无、快慢的变化，能大致做出相应的动作变化，可自由创作一些自己能做到的动作，模仿唱歌词一句中的最后几个字，能明白简单的音乐游戏规则，可根据明显的节奏敲打乐器 弱势：动作幅度不大，耐力不足，时常需要老师提醒，哼唱童谣的能力不佳		
	甘 S		优势：能注意到明显的声音有无、快慢的变化，并能做出相应的动作调整；可以模仿唱简单、有规律的儿歌，能跟随团体独立做歌词或配合节奏简单律动 / 敲打乐器；可以和同学相互调控完成简单音乐活动，能在简单音乐游戏中起到带头作用，可参与简单的表演活动 弱势：发音不清晰，哼唱儿歌、童谣的清晰度不佳，团体活动中常规稍差		
	轩 S		优势：能注意到音乐和乐器的声音，大致可辨别音乐的有无；可以在引导下配合老师，能配合模仿老师的简单跪走等大动作活动，能自己发出一些无意识的声音；可以随音乐的有无或老师的指令配合拿乐器或敲打乐器 弱势：主动关注活动、参与活动的能力稍差，很少发音，一般需要在老师的重点协助下完成活动		
	姗 S		优势：能关注到明显的音乐节奏，引导下能模仿老师根据音乐的变化做出反应，可跪走、做拍手、拍腿、摇晃的动作，能发出少部分声音，可拿乐器做敲打、摇晃的动作 弱势：听损、听辨声音较不清楚，参与活动的主动性不强，发音较少		

续表

教学 主题	个人生活 《秋游》	主题 目标	1. 能在郊游途中边走边哼唱 2. 能在郊游休息时，参加音乐活动或表演	教学日期： 2021 年 4 月	主教：冯莎 助教：王思羽、李冬婷

学情 分析	迪 S	优势：听到音乐和乐器声会主动寻找声源，能注意到声音有无、快慢等的变化，并能做出相应的动作调整，可以在老师原有的动作变化上进行简单创编；可以自己唱几首儿歌；能独立做歌词或配合节奏简单律动 / 敲打乐器，并能按照节奏 / 歌词变化敲打乐器；可以和同学相互调控完成简单的音乐活动，参与简单的表演活动 弱势：团体活动中持续专注活动的能力稍差

教学 目标 与教 学评 量	学生		IEP 目标	评量		
				前	中	后
好帮手	迪 S		5.2.1.1 初步练习唱歌的口型和姿势，学习正确唱歌的方式			
			5.3.2.2 能在游戏中能配合音乐的节奏 / 速度 / 力度做出不同的反应			
			5.4.3.1 配合音乐会做简单的表演			
同上	甘 S		5.2.1.2 能念简单的童谣			
好家人	简 S		5.2.1.1 能模仿一两个唱歌的口型和特定的姿势			
			5.2.1.2 能用一两个固定的节奏形态念简单的童谣			
			5.2.2.1 能学唱 1 首简单的儿歌，或学唱自己喜欢的儿歌			
	又 S		5.4.3.1 能配合一两首音乐用自己会的动作表演 5.2.1.2 能用一两个固定的节奏形态念简单的童谣			
	馨 S		5.2.1.2 能用一两个固定的节奏形态念简单的童谣			
			5.2.1.3 能聆听一两首固定的范唱并用单音跟着哼唱			
	姗 S		5.1.1.1 能对自然界和生活中的一两种特别的声响感兴趣或用动作表示相应声响			
			5.1.1.2 能感受一两种特别明显的声音强弱、快慢			
			5.2.1.1 能模仿一两个唱歌的口型和特定的姿势			
			5.3.2.2 能在固定的一两种音乐游戏中配合音乐的节奏 / 速度 / 力度的一种变化做出特定反应			
	轩 S		5.4.3.1 能配合一两首音乐用自己会的动作表演			
			5.2.1.1 能模仿一两个唱歌的口型和特定的姿势			
			5.2.1.2 能用一两个固定的节奏形态念简单的童谣			

续表

教材分析与选择、教学策略	教材分析	教学策略
	1. 能在郊游途中边走边哼唱《郊游》 （1）聆听：①对不同节奏的音乐做出反应；②听不同乐器、音乐做出反应 （2）律动：跟着歌曲的律动行进 （3）演唱：跟随团体一起模仿唱歌口型 2. 能在郊游休息时，参加音乐活动或表演 （1）乐器：①跟随音乐敲打乐器；②看指挥与别人一起合奏 （2）演唱：①跟随团体一起模仿唱歌口型；②模仿发音（独唱或合唱表演） （3）律动：不同曲式的律动（《小小波罗乃滋》）	1. 感觉：①（听觉）选用节奏明显的ABC曲式音乐或节奏等变化明显的音乐，便于区分；②（身体触觉）在插部（B）给予舒服的身体刺激；③（视觉）动作示范反复，勿变太快，并且确定学生能做到的动作 2. 动作：两个到四个动作的变化，并且动作区辨，学生能做到的，做了有不同感觉（本体觉、视觉或听觉）回馈 3. 选用音色区别较大的乐器 4. 老师的身体、口型、律动等示范尽量清晰、明确
音乐素材	《郊游》《小松鼠进行曲》《小小波罗乃滋》	

时间	共同活动流程	个别活动		教学资源
		好帮手	好家人	
10分钟	《郊游》 一、进入教室 学生在音乐教室门口排一列，音乐老师站在教室门口，一一和学生用音乐方式打招呼。学生一一进入教室找到一个自己喜欢的乐器（三种）坐等老师进来	*主动做出个人打招呼记号	*以动作或手势响应老师打招呼行为	小音箱1个、小椅子、书包 乐器：铃鼓（加筷子）、木马、沙锤 歌曲:《郊游》《小松鼠进行曲》《小小波罗乃滋》
	二、暖身活动 小松鼠进行曲（为郊游演奏表演准备） 1. 熟悉乐曲：在老师指挥下，学生各以自己的乐器任意演奏，欢快就好（可在小鼓处大家暂停） 2. 分类演奏：演奏相同乐器的学生坐在一起，老师指挥哪区就谁演奏（第二周起）		*至少老师指挥到时可以敲几下乐器	
	三、上课点名 1. 认识乐器：点到名的乐器归类放回 2. 向大家介绍乐器名称（或仿说）		*听着乐曲 *固定听一种乐器名称	
25分钟	四、主活动 学唱歌曲《郊游》的前四小节至"一同去郊游" 1. 老师先示范把食物装进背包，开心地背起背包行走 2. 然后每次带着一个学生行走，听到哨子声就靠墙壁站好 3. 两两学生手拉手任意走，听到哨子声就赶快靠边走（假装车子来了） 4. 两两学生手拉手排队行走，听到哨子声就赶快靠边走（假装车子来了） 5. 书包靠墙放好	模仿老师唱其他部分，并做简单操作表演	*老师或同学做出请的手势时，跟着老师或同学走 听到哨子声，跟着大家一起靠边站	

续表

时间	共同活动流程	个别活动		教学资源
		好帮手	好家人	
25分钟	6.自由坐地板上休息，自由跟唱《郊游》前面四小节，老师站起来表演唱其他部分（为郊游日表演准备） 五、发展活动 接《小小波罗乃滋》，跟着音乐走简单路线 1.两两手拉手前进后退，拉大小圆圈（第一周） 2.两两手拉手前进，又分为左右两队，又会合（第二周） 3.两人一组，分为左右分开后又会合，手拉手形成拱桥，别人过桥后也成为拱桥（第三周起） 4.挥手通过两列同伴（第三周起） 5.最后又回到1	看懂指挥手势	跟着大家一起走	小音箱1个、小椅子、书包 乐器：铃鼓（加筷子）、木马、沙锤 歌曲:《郊游》《小松鼠进行曲》《小小波罗乃滋》
5分钟	六、整理活动 又回到原来休息处，蹲着听音乐，帮忙传递书包，大家都有书包了，就起立唱再见歌，两两手拉手出教室	认出同学书包	认出自己书包背书包	

五、选用相应的教学资源

在上述教学资源栏目，填下活动中所需的环境、设备、人力等（需备的环境布置、座位安排乐曲播放设备、乐器、用具、人力安排……）进行备份，并让协同者参考。

六、设定教学评量项目与标准

活动案中，有教学目标一栏，可作为本主题学前学后评量的项目，亦可作为教学过程的记录，与教学后的反思与研讨用。有些学生表现出不在预定教学目标中的新能力，亦可以附记。

另附二年级下册生活数学设计案例，以供参考：

附1：二年级上册《唱游与律动》学期教学规划

附2：二年级上册《唱游与律动》教学活动设计第一单元

附表 66：学期教学规划（唱游与律动科）
——二年级上册

（Y 轴为班级学生个别化教育计划目标的统整）

生活主题		第一主题	第二主题	第三主题	第四主题	第五主题
		学校生活	个人生活	家庭生活	社区生活	节日
		国庆校园大游行	秋游	我的全家福	小区寻宝	过中国年
课标	要素	音乐课常规	感觉音乐	辨别音乐	喜欢音乐	音乐表演
	歌曲	进行曲	郊游	我的家	个人喜欢的歌曲	拜年
5.1.1.1 能对自然界和生活中的声响感兴趣			自然界声响（雨声、雷声）生活中动物（鸟叫）	生活中声响（门铃）生活中动物（宠物叫）	生活中声响生活中动物自然界声响（雨声、雷声、风声）	生活中声响（鞭炮声、焰火声）
5.1.1.2 能初步感受声音的快慢		跟着歌曲快慢踏步走	跟着歌曲快慢踏步走			
5.1.12 能初步感受声音的强弱		跟着歌曲强弱踏步走				跟着歌曲强弱舞狮律动
5.1.2.1 能对音乐做出反应		听到音乐集合	音乐活动中感觉到开始与停止	音乐活动中感觉到指定注意的部分（例如门铃声）做出反应	跟着音乐自由律动	过年音乐表演活动中轮流做自己该做部分
5.1.3.1 初步养成聆听音乐的习惯			全班聆听郊游类歌曲	两人一起听《我的家》歌曲	独自一人时聆听歌曲	注意环境中过年歌曲类音乐
5.2.1.1 初步练习唱歌的口型和姿势，学习正确唱歌的方式			跟唱郊游歌曲部分	跟唱家庭有关歌曲部分	自己哼唱喜欢的歌曲部分	跟唱新年歌曲部分
5.2.2.1 每学期学唱 2～3 首简单的儿歌			同上	同上	同上	同上
5.3.1.1 愿意参加音乐游戏活动，体验游戏的乐趣			音乐队形变化中的乐趣	音乐游戏中感觉到指定注意的部分（如门铃声、狗吠声）做出反应		
5.3.2.1 在音乐游戏中能对各种声音做出听觉反应			音乐游戏中感觉到指定注意的部分（如哨音）停止动作	音乐游戏中感觉到指定注意的部分（如门铃声、狗吠声）做出指定反应		

续表

生活主题		第一主题	第二主题	第三主题	第四主题	第五主题
		学校生活	个人生活	家庭生活	社区生活	节日
		国庆校园大游行	秋游	我的全家福	小区寻宝	过中国年
课标	要素	音乐课常规	感觉音乐	辨别音乐	喜欢音乐	音乐表演
	歌曲	进行曲	郊游	我的家	个人喜欢的歌曲	拜年
5.4.1.1 能随音乐合拍做各种简单的动作		进行曲行进（二拍）	配合歌声散步		声势（手）上肢动作二拍四拍	舞狮上肢动作二拍四拍
探索操作乐器、控制乐器		鼓类乐器	散响乐器类	散响乐器类	身体乐器：手鼓类乐器	鼓类乐器散响乐器类身体乐器

附表 67："教学活动设计"（唱游与律动科）
——二年级上册第一单元

教学主题		学校生活《国庆校园大游行》	主题目标	1. 随音乐游行、表演2. 唱少先队队歌	教学日期：2020 年 9 月	教师：冯莎助教：李 T、婷 T、吴 T
学情分析	程 S	优势：能注意到音乐和乐器的声音，大致可辨别音乐的有无；可以在引导下配合老师，能配合模仿老师的简单跪走等大动作活动，能自己发出一些无意识的声音；可以随音乐的有无或老师的指令配合拿乐器或敲打乐器 弱势：主动关注活动、参与活动的能力稍差，很少发音，一般需要在老师的重点协助下完成活动				
	梁 S	优势：能注意到音乐和乐器的声音，可以自己辨别音乐的有无，大致知道明显音乐／乐器节奏的快慢变化；可以在引导下配合老师，能配合模仿老师的简单跪走、左右摇动身体、拍手、拍腿等活动，能自己发出一些无意识的声音；可以随音乐的有无或老师的指令配合拿乐器或敲打乐器 弱势：主动发音较少，关注活动、参与活动的能力稍差				
	陈 S	优势：听到音乐和乐器声会去寻找声源，能注意到明显的声音有无、快慢的变化，并能做出相应的动作调整；可以有意识地发出简单的声音，能跟随团体配合歌词或节奏简单律动／敲打乐器；可以和同学相互调控完成简单音乐活动 弱势：发音不清晰，哼唱儿歌、童谣的能力差，团体注意力稍差				
	王 S	优势：听到音乐和乐器声会去寻找声源，能注意到明显的声音有无、快慢的变化，并能做出相应的动作调整；可以有意识地发出简单的声音，能跟随团体歌词或节奏简单律动／敲打乐器；可以和同学相互调控完成简单音乐活动 弱势：发音不清晰，哼唱儿歌、童谣的能力不佳，团体活动中常规稍差				
	甘 S	优势：听到音乐和乐器声会去寻找声源，能注意到明显的声音有无、快慢的变化，并能做出相应的动作调整；可以有意识地发出简单的声音，能跟随团体独立做歌词或配合节奏简单律动／敲打乐器；可以和同学相互调控完成简单音乐活动 弱势：发音不清晰，哼唱儿歌、童谣的清晰度不佳，团体活动中常规稍差				

续表

教学主题		学校生活《国庆校园大游行》	主题目标	1. 随音乐游行、表演 2. 唱少先队队歌	教学日期：2020 年 9 月	教师：冯莎 助教：李 T、婷 T、吴 T
学情分析	刁 S	优势：听到音乐和乐器声会主动寻找声源，能注意到声音有无、快慢等的变化，并能做出相应的动作调整，可以在老师原有的动作变化上进行简单创编；可以自己唱几首儿歌；能独立做歌词或配合节奏简单律动 / 敲打乐器，并能按照节奏 / 歌词变化敲打乐器；可以和同学相互调控完成简单音乐活动，参与简单的表演活动 弱势：团体活动中常规稍差，有时会按照自己的意愿行事				
	程 S	优势：听到音乐和乐器声会主动寻找声源，能注意到声音有无、快慢等的变化，并能做出相应的动作调整，可以在老师原有的动作变化上进行简单创编；可以自己唱几首儿歌；能独立做歌词或配合节奏简单律动 / 敲打乐器，并能按照节奏 / 歌词变化敲打乐器；可以和同学相互调控完成简单的音乐活动，参与简单的表演活动 弱势：团体活动中持续专注活动的能力稍差				

教学目标与教学评量	学生		IEP 目标	评量		
				学前	学中	学后
好公民	刁 S		1. 在游戏中能配合音乐的节奏、速度、力度做出不同的反应	1	2	2
			2. 能用正确的方式唱歌（有基本口型和相应的姿势）	2	3	3
	程 S		1. 在游戏中能配合音乐的节奏、速度、力度做出不同的反应	1	2	2
			2. 能用正确的方式唱歌（有基本口型和相应的姿势）	2	3	3
好帮手	甘 S		1. 听到常听的音乐能用动作或手势或声音做出反应	1	2	2
			2. 在游戏中能配合音乐的节奏、速度、力度做出不同的反应	1	2	2
			3. 初步练习唱歌的口型和姿势，学习正确唱歌的方式	2	3	3
	王 S		1. 听到常听的音乐能用动作或手势或声音做出反应	1	2	2
			2. 在游戏中能配合音乐的节奏、速度、力度做出不同的反应	1	2	2
			3. 初步练习唱歌的口型和姿势，学习正确唱歌的方式	1	2	2
	陈 S		1. 听到常听的音乐能用动作或手势或声音做出反应	1	2	2
			2. 在游戏中能配合音乐的节奏、速度、力度做出不同的反应	1	2	2
			3. 初步练习唱歌的口型和姿势，学习正确唱歌的方式	1	2	2
好家人	程 S		1. 对自然界和生活中的一两种特别的声响感兴趣（如听到某种交通工具声、动物叫声、人声、风雨声、学校上下课铃声等会看一眼或用手指一指或移动身体接近声响或停止动作注意听等）或用动作表示相应声响	1	2	2
			2. 听到一两首固定的音乐能用一两种动作或手势或声音做出反应	1	2	2
	梁 S		1. 对自然界和生活中的一两种特别的声响感兴趣（如听到某种交通工具声、动物叫声、人声、风雨声、学校上下课铃声等会看一眼或用手指一指或移动身体接近声响或停止动作注意听等）或用动作表示相应声响	1	2	2
			2. 听到一两首固定的音乐能用一两种动作或手势或声音做出反应	1	2	2

续表

教材分析与选择、教学策略	教材分析	教学策略
	1.聆听： ①对不同节奏的音乐做反应：少先队歌与上学歌 ②听不同乐器、音乐做反应：鼓、手摇铃 2.律动： ①不同歌曲的律动：列队行进 VS 上学歌模仿动作 ②不同曲式的律动：ABA 曲式，在进行曲中间加入"一！二！"应答，作为 B 部 3.乐器： ①能跟随音乐敲打乐器：鼓、手摇铃 ②与别人一起合奏 4.演唱： ①跟随团体一起模仿唱歌口型；队歌应答"一！二！" ②模仿发音唱几个字："笑、书包、早、保"	1.选用或创造节奏明显的 ABA 曲式音乐或节奏等变化明显的音乐，便于区分 2.选用音色区别较大的乐器 3.律动策略：律动动作多以简单的、反复的、学生能做又喜欢的动作为主；突显最后或某几个动作，并且每次结束于一个相同动作，以引发学生关注 4.歌唱与律动策略：老师的身体、口型、律动等示范尽量清晰、明确等 5.歌唱策略：强调歌词最后一个字，配有特殊动作，反复做，让学生进入循环，自然跟着做最后一个字的动作并开口 6.贯通指导：原则上以感知 – 动作 – 声势 – 律动 – 乐器—歌唱为一个循环 7.一节课结构：暖身活动—问好—主活动与发展活动—静心活动—再见
音乐素材	《奥尔夫跳舞曲》《上学歌》《松鼠进行曲》《中国少年先锋队队歌》《冬眠的小熊》《草原诗集》	

时间	活动流程	个别活动		教学资源
		好帮手	好家人	
	第一周《开学了》动作 一、进入教室 依序排队列队、跟随老师行进变化队形 二、上课仪式 立正稍息、点名行礼应答 三、暖身活动 踏步，小小兵歌曲间奏中，同声报数（或依序报数） 四、主活动 请学生坐回座位上听音乐休息做擦汗动作 （一）少先队歌部分 1.提示：打招呼、表示喜欢，可作揖；还有敬举手礼！就是今天上课要表现出来的！ 2.（感知聆听）：起立，边踏步边敬礼，听少先队歌，老师迎出队旗 3.（动作）：在队旗前面跟着老师走队形，并有举手礼，每唱完一段就立定喊一！二！一二！ （二）上学歌部分： 1.（感知聆听）：队旗退场，响起手摇铃声音，听到上学歌音乐"太阳当空照……"老师和一位小朋友背着书包进场表演。（设计几个简单明了的动作，但是"笑、书包、早、把国保"要用固定动作）	听音乐信号控制自己动作，即使变化时也能跟上和老师一起出旗	愿意配合活动 固定模式能记住能配合表现，自己做到踏步，或行举手礼即可	小音箱 小椅子 《小松鼠进行曲》 小水兵报数 少先队歌 西洋鼓一面 鼓棒一双

续表

时间	活动流程	个别活动		教学资源
		好帮手	好家人	
	2.（声势动作）师生听一遍音乐《上学歌》；只用拍手动作，但在唱"笑、书包、早、把国保"时要模仿刚刚老师的动作。 3.（律动）起立跟着歌声任意行走，但到了以上歌词时做上述指定动作。 4.（乐器）每人发一个手摇铃，边走边摇，但是到了上述歌词时要做动作，不摇。 （以上一二周的主活动进行） （三）两首歌的区分 1.坐下，用手摇铃演奏《上学歌》加固定动作，一首完必听到队歌，就放下手摇铃起立排队走，老师打鼓，跟着鼓声走，并在结束时喊一二！一二一！然后和老师一起走出教室到操场，继续踏步到歌曲结束喊一二！老师简单介绍校园校舍。 2.看着太阳和树，一起唱《上学歌》，又回教室，老师摇铃即可。学生可以比"笑、书包、早、保"的动作。 （以上第三周主活动加入进行） （以上第四周改为音乐教室里的手摇铃和西洋鼓轮流演奏或律动，不用再去操场） 五、收心活动 请大家在老师的哼唱声中传递手摇铃，轻声，传回老师的筐里。 六、再见活动 熄灯号喇叭声中，师生以列队回营姿势鱼贯排队出教室。	踏步并举手礼能跟节奏踏步唱到"笑、书包、早、保"时，能做动作并出声音能跟节奏手摇铃到了不同场所仍守音乐课规则自己每次想不同动作出教室	唱到"笑、书包、早、保"时，能做指定动作或出声音提醒下守规则模仿动作或自己有一两个固定动作出教室	串铃或手摇铃10个《上学歌》熄灯号喇叭曲 "出音乐教室"乐曲

＊本单元以上述活动循环贯通。

浦佳丽、杨津晶、李亚蔚、戴伟丽、李全容

第一节　绘画与手工科的功能定位

一、培智学校课标绘画与手工科的总目标

通过"造型·表现""设计·应用""欣赏·评述"和"综合·探索"四个领域的学习，提高视觉、观察、绘画、手工制作能力，初步学会发现美和表现美，发展审美情趣，提高审美能力，学会调整情绪和行为，促进社会适应能力的提升。

二、绘画与手工科的四好功能

好照顾、好家人、好帮手、好公民生活中为什么需要绘画手工？

绘画与手工科运用各种媒材，采用涂画、造型、色彩等多样化的表现手法，进行艺术创作活动，促进学生精细动作的能力，培养多样性的休闲方式，提升艺术素养，以适应生活。因应学生的能力水平不同，它分为四好层次来达到生活适应的功能。

1. 好照顾

在以动作操作阶段（感觉动作期）设想其能对感觉有区辨与表示选择的能力来应付生存上和空白时光有关的需求，可以在大人没空时，他可以自己玩一会儿喜好的事不干扰大人，大人带他外出休闲时不会走丢（其中他可在大人安排美术类活动时不排斥，因为有经验）。

而不同年龄段，对好照顾也会有渐进的期待：

低年段	中年段	高年段
在活动中,至少要达到不干扰、不排斥、不破坏等的能力，在老师鼓励下可偶尔关注教学活动，不跑离场地，也不破坏物品，能忍耐不发脾气。	在老师的鼓励诱导下会配合一下参与活动，并情绪稳定，在活动中有一部分时间能关注活动的内容，愿意拿取材料。	愿意参与活动，能长时间地关注活动，甚至能用自己的方式表现出喜好。

2. 好家人

以在具体操作阶段（前运算期）（学前成就）为准，因设想他可以在大人没空时，他可以自己玩一小时左右，不会有危险，大人带他去休闲时可以参与（其中他可选择美术类活动，因为有经验和技能），生活上也可为自己选择认为好看的事物。

而不同年龄段，对好家人也会有渐进的期待：

低年段	中年段	高年段
能关注感兴趣的活动或物品，会用简单的方式摆弄物品。	能够模仿简单的一两个步骤的活动。	对常用的一两种方式能熟练地操作。

3. 好帮手

为在平面操作进入符号操作阶段（具体运算期前或后段）（学龄一、二年段），可以在空闲时自己安排室内休闲，以及几样户外休闲不会有危险（其中他可选择美术类活动，如自己绘画或去户外写生、照相、看画展等，因为有兴趣和技能），生活上也可为家人选择美观的事物。

而不同年龄段，对好帮手也会有渐进的期待：

低年段	中年段	高年段
能够以自身相关的方式来参与团体的活动，达到课程目标能力。	能够了解常见的一些绘画及手工的活动，独立地模仿与制作，达到课程目标的能力。	对于与日常生活相关的事物都能较熟悉，绘画与手工的能力能适用基本生活所需，达到课程目标的能力。

4. 好公民

为符号操作阶段（具体运算期后段或符号运算期前段）（学龄三段），可自己安排休闲生活范围与种类，接近一般人（其中他可选择美术类活动，自己获取资源，因为有品位和技能），生活上可以选择个人品位的事物。

而不同年龄段，对好公民也会有渐进的期待：

低年段	中年段	高年段
在参与活动时能因应活动变化而调整自身。	对日常生活中常见的物品，能够较专业地操作。在操作中理解事物的相关知识。	可因应生活所需，专业而有创意地制作，适当而专业地运用各种手法。在操作中发现事物的原理。

第二节　绘画与手工科的学期规划

绘画与手工科教师认识了该科在整体课程的定位，和对学生将来四好生活发生的功能，心中便有绘画手工科教学设计长期发展的方向，然后可以规划本学期的教学计划了。

一、确定本学期要教的目标

学期教学计划指的是本学期要达成什么教学目标，教什么教材内容都有系统有顺序的编排，由于绘画与手工科没有既定的教科书，也没有既定的教材可参考，只有课纲的目标，因此要从课纲中先确定教学目标，才能由目标选编教材。课纲本身只有分年段，一个年段三个年级，意味着每个年段的目标是要分布在三年的六个学期学习的，因此教师要能自绘画与手工的课纲中进行归纳与组织，才能规划出本学期要教的内容。

如何确定本学期要教的目标？有两种情况：

（1）如果是有帮学生拟订个别化教育计划的班级，就可以直接统整学生的个别化目标进行教材分析与选择。

（因为 IEP 目标也是来源于课标的四好评量结果）

例如，低年段（二年级下册）的绘画与手工，在领域"6.1 造型·表现"中选取的目标是：

6.1.1.1 能尝试用点、线、图形和色彩进行涂画活动，初步学会涂色；

6.1.2.1 能通过简单的撕、折、揉、搓、压、粘、贴等方法，进行简单的造型活动；

6.1.3.1 认识常见物品的颜色；

6.1.4.2 会用合适的姿势握笔涂画；

6.1.4.3 会双手取放、按压物品等基本动作，促进手眼协调。

（余略）

（2）如果没有为学生拟订个别化教育计划，则需要先将低年段课标进行分类，安排出六个学期的顺序，这样也可以自其中找到适合本学期教的教学目标，只是需要多一道手续。

如何将低年段课标有序地安排到六个学期？（以低年段为例）

①首先教师本身要有美术科教材教法的专业技能，对儿童绘画与手工的技能的发展有结构性的了解。

例如：绘画与手工的教学内容

附表 68：教材系统 – 教学内容（绘画与手工科）

	绘画	纸工	泥工	其他（例）
线条	涂鸦、画线条、填色、仿画、素描、写生、想象画	撕、折、刻、染、拓	平面与雕塑	布工、木工、绳工、线工
	涂鸦、画线条	撕、剪、搓、折成点、线	剥、扯、剪、切、戳、搓、揉成点、线	排列、剪、切

续表

		绘画	纸工	泥工	其他（例）
形状		填色、仿画	撕、剪、搓、折成平面、形状	撕、剪、切、搓、揉、接、拼、填成、形状、面、立体物	排列、填充、组合、拼排成形状
色彩		填色、仿画、素描	使用不同颜色纸张不同颜色拓印	用不同颜色泥、面粉、有色植物	不同颜色媒材
构图		素描、写生、想象、画面布局	贴画、拼贴、组合、装订、加入其他媒材（如植物、线）	平面、立体、加入其他媒材（如豆类、绳类、竹棒类、植物类、容器类）	编织、拼贴、组合、缝合
肌理		用不同笔或工具，在不同表面（纸、布、木、石、玻璃、塑料、瓷砖）	使用不同质料纸张	用不同质料泥、粉	不同质料媒材

②然后教师就能遵从技能的发展性，将低年段各目标能力由易到难进行分解，将各年段目标分布到 6 个学期中，如此各学期的教学目标就能自下表中选取。

例：绘画与手工低年段的教材分布

附表 69：低年段六学期教材规划 – 教材系统（绘画与手工科）

领域	课程目标	第一学期	第二学期	第三学期	第四学期	第五学期	第六学期
6.1 造型 · 表现	6.1.1.1 能尝试用点、线、图形和色彩进行涂画活动，初步学会涂色	点线进行涂画活动	用不同色彩进行涂画活动	图形进行涂画活动	涂色活动		
	6.1.2.1 能通过简单的撕、折、揉、搓、压、粘、贴等方法，进行简单的造型活动	揉、搓、压进行简单造型	用粘、贴的方法进行简单造型活动	用粘、贴的方法进行简单造型活动；用撕的方法进行简单造型活动	用粘、贴的方法进行简单造型活动；撕的方法进行简单造型活动	用折的方法进行简单造型活动	用折的方法进行简单造型活动
	6.1.3.1 认识常见物品的颜色			认识三原色及黑白	认识三间色	认识混合色	认识混合色
	6.1.3.2 根据身边物品的颜色进行简单的配对分类	三原色及黑白配对分类	三间色配对分类	混合色配对分类			
	6.1.4.1 能在一定时间内，保持良好的坐姿、站姿等	保持坐姿、站姿等	短时间保持良好的坐姿、站姿等	一定时间内保持良好坐姿、站姿等			
	6.1.4.2 会用合适的姿势握笔涂画	能手掌握紧笔涂画	能钳状抓握笔涂画	能前三指握笔涂画	能前三指握笔涂画	能前三指握笔涂画	能前三指握笔涂画

续表

领域	课程目标	第一学期	第二学期	第三学期	第四学期	第五学期	第六学期
6.1 造型·表现	6.1.4.3 会双手取放、按压物品等基本动作，促进手眼协调	双手同动作取放动作	双手同动作按压动作	双手主副手合作	双手主副手合作		
6.2 设计·应用	6.2.1.1 观察、触摸身边常见的简单物品，初步了解其形状、颜色、大小与用途			大小与用途	大小、用途和颜色	大小、用途、颜色、形状	
	6.2.2.1 借助相应的图形模板，进行简单的模仿制作				单一图形模板	两种图形模板	多种图形模板
	6.2.3.1 用描画、涂色、拼图等方法，进行简单的组合、装饰练习				用涂色进行简单组合、装饰	用拼图进行简单组合装饰	用描画进行组合装饰
	6.2.3.2 通过描画、涂色、制作等活动，锻炼手部力量和控制能力			涂色	描画	制作	制作
6.3 欣赏·评述	6.3.1.1 初步感受自然界与生活中美的事物	生活中	生活中	生活中	自然界	自然界	自然界
	6.3.1.2 观察绘画作品，表达自己的感受			一种感受	一种感受	多种感受	多种感受
	6.3.1.3 观察感兴趣的卡通造型和玩具，尝试与他人交流	固定人被动交流	固定人主动交流	主动交流	主动交流	主动交流	主动交流
	6.3.1.4 认识物体的颜色、形状等基本特征，如国旗、国徽等				认识单一颜色和形状的物体特征	认识两个颜色和形状组合的物体特征	认识多个颜色和形状组合的物体特征
6.4 综合·探索	6.4.1.1 了解绘画与手工的不同表现形式	一种绘画形式 一种手工形式	两种绘画形式 两种手工形式	多种绘画形式 多种手工形式	多种绘画形式 多种手工形式	多种绘画形式 多种手工形式	多种绘画形式 多种手工形式

不论是依据本学期学生的个别化教育计划目标，或是教师自行把低年段课标分成六个学期，此时都有了绘画与手工科本学期需要教导的目标，因此就能把他们再编排成几个教学主题。

二、统整本班本学期绘画与手工科目标，形成几个教学主题

首先，从低年段的整体目标规划中或学生的 IEP 目标中，找出这个学期绘画与手工需要学习的目标。

例如，低年段（二年级下册）的绘画与手工，在领域"6.1 造型·表现"中选取的目标是：

6.1.1.1 能尝试用点、线、图形和色彩进行涂画活动，初步学会涂色；

6.1.2.1 能通过简单的撕、折、揉、搓、压、粘、贴等方法，进行简单的造型活动；

6.1.3.1 认识常见物品的颜色；

6.1.4.2 会用合适的姿势握笔涂画；

6.1.4.3 会双手取放、按压物品等基本动作，促进手眼协调。

然后，对目标进行分解。选出每个领域在这学期的目标之后，就要对每个目标进行教材的分析。

例如，在领域"6.1 造型·表现"中选取的目标：

6.1.1.1 能尝试用点、线、图形和色彩进行涂画活动，初步学会涂色（第四学期为点线图形涂色）教材分解内容为：

1. 点的涂色

2. 线的涂色活动

3. 图形的涂色活动

4. 不同色彩的涂色活动

6.1.3.1 认识常见物品的颜色（第四学期为三间色），教材分解内容为：

1. 绿色

2. 橙色

3. 紫色

最后，将上述目标分成几类，每类为一个教学主题。

可以依照绘画手工的元素进行分类，亦可自功能角度进行分类：

以绘画手工的元素进行分类：大致分为绘画和手工两个大类，再细分为涂色类、绘图类、纸工类、泥工类等，每类再细分，例如涂画可以分为点线圆涂鸦和简单形状组合、复杂形状构图等，然后可以决定每个主题学习一类或两个相近的类，或者每一类的每个细类可以平均分布到各个主题中。

自功能角度进行分类：如果是生活核心教学模式，每个月有生活主题，绘画与手工科的教学主题可以直接跟本学期的生活适应教学单元教学主题结合，就要看该生活主题适合什么教材，功能相近的教材可以归于类该主题来教。例如与旅游有关的生活主题，绘画手工的目标可以是画或涂色类

技能，或拼贴技能为主，教材就可以画或涂色旅游风景或拼贴树叶画等。

三、每个教学主题之下，粗订教材

开始规划这学期每个教学主题之下，要选择怎么样的教材内容。一般在选择每个单元教材的时候，我们会考虑以下因素。

若是要联系生活适应主题，那么绘画与手工课可以为生活主题的统整活动做出什么比较有功能的作品，可据此选择相关教材来达成教学目标。

例如：

附表 70：学期整合教学规划（绘画与手工科）
——二年级下册

目标	教材	第 1 单元 值日生技能大赛	第 2 单元 早游、午游	第 3 单元 六一抽奖	第 4 单元 科技馆、图书馆 半日游
6.1.1.1 能尝试用点、线、图形和色彩进行涂画活动，初步学会涂色	1. 点的涂色 2. 线的涂色 3. 图形的涂色 4. 不同色彩的涂色	图形涂色（抹布、扫把、畚箕、桌子）			线涂色（厕所男女标志、电梯按钮）
6.1.2.1 能通过简单的撕、折、揉、搓、压、粘、贴等方法，进行简单的造型活动	1. 撕 2. 贴 3. 折 4. 粘 5. 压 6. 揉 7. 搓		撕、贴（早餐餐垫、午餐餐垫、早餐食物、午餐食物、餐具）	揉、搓、压（电风扇、电视、空调、微波炉、电饭煲模型）撕、贴（抽奖箱）	科技馆的展品目录剪贴制作

在"早游、午游"的单元，单元目标有"认识早餐和午餐的食物""知道早餐之后要上学""午餐之后要回家"等，他们这个单元的统整活动是"去滨江路早餐"和"去鼎山公园午餐"。所以绘画与手工课的教材规划要有功能性的作品就可以用撕贴的形式制作"早餐餐垫——餐垫上贴早餐食物和餐具"和"午餐餐垫——餐垫上贴午餐食物和餐具"，同学们在外面去吃早餐和午餐时就带上自己制作的餐垫，在上面摆放食物和餐具。

在"六一抽奖"这个单元，单元的目标是"认识常用的家用电器"，这个单元的统整活动是"六一抽奖"，奖品就是大家票选出的家用电器。所以绘画与手工课就可以用撕贴做一个六一活动的抽奖箱，可以用黏土做很多家电的模型，用于单元活动时票选我最喜欢的家电。

在"值日生技能大赛"这个单元，目标是打扫校园，所以绘画与手工课，可以通过涂色的活动，加深学生对劳动工具的认识。

在"科技馆、图书馆半日游"这个单元,单元目标是"认识男女厕所的标志""使用公共厕所""认识电梯中的标志""使用直升电梯"等,所以绘画与手工课也可以通过一些涂色的活动,加深他们对公共设施中的厕所和直升电梯的认识,展品目录剪贴制作可以帮助回忆与阅读。

若是分科教学模式,则只考虑绘画手工的知识技能的系列排列,或是考虑可以帮助学生在这个主题学习什么绘画与手工能力,作为各主题教材。例如,绘画的简单形状组合画。

依据上述思路,就可以完成一个学期的绘画与手工科与相对应的生活主题的学期教材规划。

例:以二年级下册为例的绘画与手工学期规划

附表 71:学期教学规划表(绘画与手工科)
——二年级下册

领域	目标	教材	第1单元 值日生技能大赛	第2单元 早游、午游	第3单元 六一抽奖	第4单元 科技馆、图书馆半日游
6.1 造型·表现	6.1.1.1 能尝试用点、线、图形和色彩进行涂画活动,初步学会涂色	1. 点的涂色 2. 线的涂色 3. 图形的涂色 4. 不同色彩的涂色	点涂色(抹布、脸盆、扫把)			线涂色(厕所男女标志、电梯按钮)
	6.1.2.1 能通过简单的撕、折、揉、搓、压、粘、贴等方法,进行简单的造型活动	1. 撕 2. 贴 3. 折 4. 粘 5. 压 6. 揉 7. 搓		撕、贴(早餐餐垫、午餐餐垫、早餐食物、午餐食物、餐具)	揉、搓、压(电风扇、电视、空调、微波炉、电饭煲)撕、贴(抽奖箱)	科技馆的展品目录剪贴制作
	6.1.3.1 认识常见物品的颜色	1. 绿 2. 橙 3. 紫	认识三间色中的其中一种颜色(绿、橙、紫)	认识三间色中的其中一种颜色(绿、橙、紫)	认识三间色中的其中一种颜色(绿、橙、紫)	认识三间色中的其中一种颜色(绿、橙、紫)
	6.1.4.2 会用合适的姿势握笔涂画	钳状抓握	用前三指钳状抓握大小适中的笔涂画			用前三指钳状抓握大小适中的笔涂画
	6.1.4.3 会双手取放、按压物品等基本动作,促进手眼协调	1. 撕贴 2. 黏土		双手主副手合作做撕贴的活动	双手主副手合作做撕贴、黏土的活动	双手主副手合作做撕贴的活动

续表

领域	目标	教材	第1单元 值日生技能大赛	第2单元 早游、午游	第3单元 六一抽奖	第4单元 科技馆、图书馆半日游
6.2 设计·应用	6.2.1.1 观察、触摸身边常见的简单物品，初步了解其形状、颜色、大小与用途	1.颜色 2.大小 3.形状 4.用途	学校物品用途	个人物品的大小（食物、餐垫、餐具）	家用电器的大小、用途	
	6.2.2.1 借助相应的图形模板，进行简单的模仿制作	单一图形模板	单一图形模板（圆形、方形）	单一图形模板（圆形、方形）		单一图形模板（圆形、方形）
	6.2.3.1 用描画、涂色、拼图等方法，进行简单的组合、装饰练习	1.描画 2.涂色 3.拼图		将撕贴画描绘轮廓显出餐垫画面	家庭物品用拼图进行简单组合、装饰	社区物品用涂色进行简单组合、装饰
	6.2.3.2 通过描画、涂色、制作等活动，锻炼手部力量和控制能力	1.描画 2.涂色 3.制作	涂色活动	描绘活动		制作活动
6.3 欣赏·评述	6.3.1.1 初步感受自然界与生活中美的事物	1.自然界的事物 2.生活中的事物		生活中的食物、餐具、餐垫； 自然界的美的事物（摄影、拍照，地上不能留下垃圾）		展品目录欣赏
	6.3.1.2 观察绘画作品，表达自己的感受	1.观察作品 2.表达感受	表达一种感受（好看、赞）	表达一种感受（好看、赞）	将作品拍照，选择代言或上墙广告	选择哪些展品要贴上目录
	6.3.1.3 观察感兴趣的卡通造型和玩具，尝试与他人交流	1.观察 2.交流	观察学校中感兴趣的玩具，并尝试与老师或同学交流学校玩具	选择卡通图画撕贴于餐垫		
	6.3.1.4 认识物体的颜色、形状等基本特征，如国旗、国徽等	1.颜色 2.形状	认识清洁物品的单一颜色和形状的物体特征	认识个人喜欢食物的单一颜色和形状的物体特征	认识家电的单一颜色和形状的物体特征	
6.4 综合·探索	6.4.1.1 了解绘画与手工的不同表现形式	1.绘画的表现形式 2.手工的形式表现	多种绘画形式（涂、画、刷）	多种手工形式（撕、贴、捏）将绘画和手工作品分类保管	多种手工形式（撕、贴、捏）保管橡皮泥作品	学期末整理分类绘画手工作品

第三节　一个教学主题的绘画与手工科教学活动设计

一个主题的教学活动设计可依照下列流程完成：

流程一：确定教学主题与主题目标；

流程二：进行主题目标之教材分析与选择；

流程三：选用本单元的教学策略：依据教材的性质，依据学生四好的学习特质；

流程四：设计教学活动过程；

流程五：选用教学资源；

流程六：设定学前学后评量。

以下依据此流程介绍如何设计教学活动。

一、确定教学主题与主题目标

教学主题已经在学期计划中粗订，现在要确定并依此主题序写出其一般性目标（主题目标），标明本主题的功能。

所谓主题目标的功能性指的是学生学会以后用在生活中的什么情景之中，主题活动要有功能，才可能达成四好生活的质量。例如：二年级下期第二个教学主题的主题目标是"能在早游、午游中进行美术活动"。

二、进行主题目标的教材分析与选择

每个单元我们做教材分析的最主要目的是要依据好照顾、好家人、好帮手的层次，去做教材的调整，使一个班的学生，即使有能力的差异，也可以因为对相同目标进行教材的调整，参与相同课程的学习，并在其中有所得。

一个单元的教材分析要做以下的内容：

＞（一）目标和教材的统整

从"绘画与手工的学期规划"中整理出这个单元所选出的教材内容，从课表中找出相对应的目标，并搭配出每个课程目标中四好阶层的目标。

例如：在"值日生技能大赛"这个单元中，我们选择的教材有"点涂色"就可以找到课标中绘画与手工对应的目标，并进行四好层级的目标分解。

单元	教材	对应课标	学生 IEP 四好目标	
值日生技能大赛	点涂色	6.1.1.1 能尝试用点、线、图形和色彩进行涂画活动，初步学会涂色	好照顾	能不排斥绘画活动，不破坏不干扰
			好家人	会尝试拿笔在纸上任意点或涂
			好帮手	能尝试用点、线、图形和色彩进行涂画活动，初步学会涂色

＞（二）教材的调整

依据学生四好目标的分析，找出每个四好目标对应的教材调整。
例如：

单元	教材	对应课标	学生 IEP 四好目标		学生教材调整
值日生技能大赛	点涂色	6.1.1.1能尝试用点、线、图形和色彩进行涂画活动，初步学会涂色	好照顾	能不排斥绘画活动，不破坏不干扰	明显、大的点涂色
			好家人	会尝试拿笔在纸上任意点或涂	明显、工具使用方便的涂色
			好帮手	能尝试用点、线、图形和色彩进行涂画活动，初步学会涂色	一般范围的涂色

三、选用本单元的教学策略

教学策略的选择，最后给每个调整的目标，即"好照顾""好家人""好帮手"都想在这个教材内容之下，依据教材的性质和学生四好的学习特质调选择出相应、相宜的教学策略。

单元	教材	对应课标	学生 IEP 四好目标		学生教材调整	教学策略
值日生技能大赛	点涂色	6.1.1.1 能尝试用点、线、图形和色彩进行涂画活动，初步学会涂色	好照顾	能不排斥绘画活动，不破坏不干扰	明显、大的点涂色	提供学生喜欢的颜色、物品
			好家人	会尝试拿笔在纸上任意点或涂	明显、工具使用方便的涂色	1.视觉区辨较明显的教具 2.手部易操作的工具
			好帮手	能尝试用点、线、图形和色彩进行涂画活动，初步学会涂色	明显、工具使用方便的涂色	老师示范

例一：二年级下册绘画与手工第一单元值日生技能大赛教材分析

附表 72：四好教材调整与教学策略（绘画与手工科）
——二年级下册第一单元"值日生技能大赛"

单元	教材	对应课标	学生 IEP 四好目标		学生教材调整	教学策略
一、值日生技能大赛	点涂色	6.1.1.1 能尝试用点、线、图形和色彩进行涂画活动，初步学会涂色	好照顾	能不排斥绘画活动，不破坏不干扰	明显、大的点涂色	提供学生喜欢的颜色、物品
			好家人	会尝试拿笔在纸上任意点或涂	明显、工具使用方便的涂色	视觉区辨较明显的教具；手部易操作的工具
			好帮手	能尝试用点、线、图形和色彩进行涂画活动，初步学会涂色	一般范围的涂色	老师示范
	认识三间色中的其中一种颜色（绿、橙、紫）	6.1.3.1 认识常见物品的颜色	好照顾	能欣赏物品颜色，有自己偏爱的颜色	欣赏三间色中的其中一种颜色（橙）的学校物品	提供满足学生视觉刺激的物品
			好家人	能认识一两种特定物品颜色（单一色）	区辨三间色中的其中一种颜色（橙）的学校物品	学生喜欢的物品
			好帮手	能认识常见物品颜色	认识三间色中的其中一种颜色（橙）的学校物品	有使用经验的常见物品
	用前三指钳状握大小适中的笔涂画	6.1.4.2 会用合适的姿势握笔涂画	好照顾	能不破坏笔，不干扰他人	愿意用前三指钳状握特定的笔涂画一会儿	粗一点的笔；容易显颜色的笔
			好家人	能握紧笔进行涂画	用前三指钳状握大小适中的笔完成简单涂画活动	小幅的图画；画面简单的图画
			好帮手	能用合适的姿势握笔涂画	用前三指握大小适中的笔完成涂画活动	提供适合使用的笔
	学校物品用途	6.2.1.1 观察、触摸身边常见的简单物品，初步了解其形状、颜色、大小与用途	好照顾	愿意把玩常见物品，不破坏	观察、触摸特定的、自己感兴趣的一两种学校物品	学生喜欢的触感；常见、特定的用品
			好家人	能通过观察、触摸初步了解两三种身边常见的简单物品的用途	了解两三种学校物品的用途	提供每天例行活动的物品
			好帮手	能观察、触摸身边常见的简单物品，初步了解其用途	了解常见学校物品的用途	提供学校活动中经常使用的物品
	单一图形模板（圆形、方形）	6.2.2.1 借助相应的图形模板，进行简单的模仿制作	好照顾	不排斥，不破坏图形模板	不影响用形状板制作的活动，或是自己把玩特定形状板，偶尔模仿制作	颜色鲜艳的模板；学生喜欢材质的模板

续表

单元	教材	对应课标	学生 IEP 四好目标		学生教材调整	教学策略
一、值日生技能大赛	单一图形模板（圆形、方形）	6.2.2.1 借助相应的图形模板，进行简单的模仿制作	好家人	能摆弄图形模板，自娱自乐	能借助一种形状板来模仿制作	提供方形模板；大小合适的、方便拿取的模板
			好帮手	能借助相应的图形模板，进行简单的模仿制作	用简单的多种单一图形的形状板来模仿制作	提供圆形、方形
	学校物品用涂色进行简单组合、装饰	6.2.3.1 用描画、涂色、拼图等方法，进行简单的组合、装饰练习	好照顾	能安坐，不影响他人，不损坏绘画工具	愿意参与涂色活动	面积大涂色的；笔偏软性（油画棒）
			好家人	能用简单的方法进行描画、涂色等基本绘画活动	可以用涂色来组合或是用涂色来装饰学校用品	老师提供示范让学生模仿；提供有样本的活动
			好帮手	能运用各种材料进行组合，完成简单的制作活动	用涂色来进行简单组合和装饰学校物品	使用过的材料
	描画活动	6.2.3.2 通过描画、涂色、制作等活动，锻炼手部力量和控制能力	好照顾	能安坐，不影响他人，不损坏绘画工具	愿意参与绘画活动	喜欢的内容；活动过程能满足学生的感官刺激
			好家人	能从事简单的绘画活动	持续用力完成一个绘画作品	便于抓握使用的工具
			好帮手	能通过绘画活动，锻炼手部力量和控制能力	持续适度用力完成一个绘画作品	大小、材质合适的工具
	一种感受（好看、赞）	6.3.1.2 观察绘画作品，表达自己的感受	好照顾	能不破坏绘画作品	跟随、观察绘画作品	喜欢的，能满足视觉刺激的
			好家人	能关注少数特定的绘画作品，表达自己的喜好	对特定的画（如自己的），表示"好"或"赞"的手势	特定的画（自己画的，画的是他最熟悉或是喜欢的事物）
			好帮手	能观赏常见的绘画作品，简单地表达自己的感受	对美术活动上出现的绘画，表示"好"或"赞"的手势	曾看过的作品

续表

单元	教材	对应课标	学生 IEP 四好目标		学生教材调整	教学策略
一、值日生技能大赛	观察学校中感兴趣的玩具，并主动与老师或同学交流学校玩具	6.3.1.3 观察感兴趣的卡通造型和玩具，尝试与他人交流	好照顾	愿意把玩、不破坏物品	观察自己喜欢的或特定的卡通造型和玩具	提供特定的、喜欢的卡通造型和玩具
			好家人	会关注感兴趣的卡通造型和玩具，能在他人的提问下表达自己的喜好	观察几种在学校感兴趣的玩具，被提问会表示"喜欢"或"不喜欢"	提供有兴趣的玩具
			好帮手	观察感兴趣的卡通造型和玩具，尝试与他人交流	主动与老师或同学交流学校常出现的玩具	提供学校常出现的玩具
	认识学校物品的单一颜色和形状的物体特征	6.3.1.4 认识物体的颜色、形状等基本特征，如国旗、国徽等	好照顾	会关注部分物体的颜色和形状等基本特征	认识单一颜色的学校物品或是认识单一形状的学校物品	喜欢的、特定的物品
			好家人	会辨别部分物体的颜色和形状等基本特征	认识单一颜色和形状的特定两三种学校物品	每天例行活动中都会出现的，每天都有使用到的
			好帮手	能认识常见的物体的颜色和形状等基本特征	认识单一颜色和形状的学校常见物品	有使用经验的
	多种绘画形式（涂、画、刷）	6.4.1.1 了解绘画与手工的不同表现形式	好照顾	不排斥，不影响他人	参与别人为主的绘画活动	喜欢的，能满足学生感官刺激的
			好家人	对特定的绘画与手工的活动、用品或作品感兴趣，能用来自娱自乐	了解特定一种绘画形式	喜欢的媒材，操作方法简单、活动步骤简单
			好帮手	了解绘画与手工的不同表现形式	了解多种绘画形式	曾经做过的活动；记忆方法：看到纸笔：画；看到排刷：刷；看到水彩颜料：涂、洒

例二：二年级下册绘画与手工第二单元"春游－早游、午游"教材分析

附表 73：四好教材调整与教学策略（绘画与手工科）
——二年级下册第二单元"春游－早游、午游"

单元	教材	对应课标	学生 IEP 四好目标		学生教材调整	教学策略
一、早游、午游	撕、贴(早餐餐垫、午餐餐垫、早餐食物、午餐食物、餐具)	6.1.2.1 能通过简单的撕、折、揉、搓、压、粘、贴等方法，进行简单的造型活动	好照顾	能任意玩撕贴材料，不干扰美术活动	易撕贴的材料	提供学生喜欢的颜色、质感
			好家人	能用特定的一两种方法进行简单的造型活动	工具使用方便	视觉区辨较明显的教具；手部易操作的工具
			好帮手	能通过简单的撕、折、揉、搓、压、粘、贴等方法，进行简单的造型活动	一两个简单步骤就可以完成的造型	老师示范
	认识三间色中的其中一种颜色（绿、橙、紫）	6.1.3.1 认识常见物品的颜色	好照顾	能欣赏物品颜色，有自己偏爱的颜色	欣赏三间色中的其中一种颜色（绿）的学校物品	提供满足学生视觉刺激的物品
			好家人	能认识一两种特定物品颜色（单一色）	区辨三间色中的其中一种颜色（绿）的学校物品	学生喜欢的物品
			好帮手	能认识常见物品颜色	认识三间色中的其中一种颜色（绿）的学校物品	有使用经验的常见物品
	双手主副手合作做撕贴的活动	6.1.4.3 会双手取放、按压物品等基本动作，促进手眼协调	好照顾	能不破坏物品，不干扰他人	愿意把玩熟悉的物品一会儿	常见、使用过的物品
			好家人	能用手拿放各种大小的物品	用大小适中的物品完成双手操作	手部拿取大小适中的物品；双手操作步骤简单
			好帮手	会双手取放、按压物品等基本动作，促进手眼协调	用一只手扶、一只手拿物的方式合作的动作完成	提供使用过的物品
	个人物品的大小（食物、餐垫、餐具）	6.2.1.1 观察、触摸身边常见的简单物品，初步了解其形状、颜色、大小与用途	好照顾	愿意把玩常见物品，不破坏	观察、触摸特定的、自己熟悉的一、两种个人物品	学生喜欢的触感；常见、特定的用品
			好家人	能通过观察、触摸初步了解两三种身边常见的简单物品的用途	了解两三种个人物品的用途	提供每天例行活动的物品
			好帮手	能观察、触摸身边常见的简单物品，初步了解其用途	了解常见个人物品的用途	提供经常使用的物品

续表

单元	教材	对应课标	学生 IEP 四好目标		学生教材调整	教学策略
一、早游、午游	单一图形模板（圆形、方形）	6.2.2.1 借助相应的图形模板，进行简单的模仿制作	好照顾	不排斥，不破坏图形模板	不影响用形状板制作的活动，或是自己把玩特定形状板，偶尔模仿制作	颜色鲜艳的模板；学生喜好材质的模板
			好家人	能摆弄图形模板，自娱自乐	能借助一种形状板来模仿制作	提供方形模板；大小合适的、方便拿取的模板
			好帮手	能借助相应的图形模板，进行简单的模仿制作	用简单的多种单一图形的形状板来模仿制作	提供圆形、方形模板
	个人物品用描画进行简单组合、装饰	6.2.3.1 用描画、涂色、拼图等方法，进行简单的组合、装饰练习	好照顾	能安坐，不影响他人，不损坏绘画工具	愿意参与涂色活动	面积大涂色的；笔偏软性（油画棒）
			好家人	能用简单的方法进行描画、涂色等基本绘画活动	可以用涂色来组合或是用涂色来装饰学校用品	老师提供示范让学生模仿；提供有样本的活动
			好帮手	能运用各种材料进行组合，完成简单的制作活动	用涂色来进行简单组合和装饰学校物品	使用过的材料
	生活中的食物、餐具、餐垫，自然界的美的事物（摄影、拍照，地上不能留下垃圾）	6.3.1.1 初步感受自然界与生活中美的事物	好照顾	能安坐，不影响他人，不损坏绘画工具	愿意参与绘画活动	喜欢的内容；活动过程能满足学生的感官刺激
			好家人	能从事简单的绘画活动	持续用力完成一个绘画作品	便于抓握使用的工具
			好帮手	能通过绘画活动，锻炼手部力量和控制能力	持续适度用力完成一个绘画作品	大小、材质合适的工具
	一种感受（好看、赞）	6.3.1.2 观察绘画作品，表达自己的感受	好照顾	能不破坏绘画作品	跟随、观察绘画作品	喜欢的，能满足视觉刺激的
			好家人	能关注少数特定的绘画作品，表达自己的喜好	对特定的画（如自己的），表示"好"或"赞"的手势	特定的画（自己画的，画的是他最熟悉或是喜欢的事物）
			好帮手	能观赏常见的绘画作品，简单地表达自己的感受	对美术活动上出现的绘画，表示"好"或"赞"的手势	曾看过的作品

续表

单元	教材	对应课标	学生 IEP 四好目标		学生教材调整	教学策略
一、早游、午游	认识个人喜欢食物的单一颜色和形状的物体特征	6.3.1.4 认识物体的颜色、形状等基本特征，如国旗、国徽等	好照顾	会关注部分物体的颜色和形状等基本特征	认识单一颜色的个人物品或是认识单一形状的个人物品	喜欢的、熟悉的、特定的物品
			好家人	会辨别部分物体的颜色和形状等基本特征	认识单一颜色和形状的特定两三种个人物品	每天例行活动中都会出现的，每天都有使用到的
			好帮手	能认识常见的物体的颜色和形状等基本特征	认识单一颜色和形状的个人常见物品	有使用经验的
	多种手工形式（撕、贴、捏）	6.4.1.1 了解绘画与手工的不同表现形式	好照顾	不排斥，不影响他人	参与别人为主的手工活动	喜欢的，能满足学生感官刺激的
			好家人	对特定的绘画与手工的活动用品或作品感兴趣，能用来自娱自乐	了解特定一种手工形式	喜欢的媒材，操作方法简单、活动步骤简单
			好帮手	了解绘画与手工的不同表现形式	了解多种手工形式	曾经做过的活动

四、设计教学活动过程

绘画与手工科里的教材内容通常是借助一个作品的创作活动来练习学会的，因此在设计单元教学活动的时候首先要去找到与单元主题及目标性质、活动形式相适应的素材，比如早游、午游这个主题，可以选择制作餐垫这个素材，确定好素材以后，根据确定好的活动形式来设计活动。

绘画手工是联结将来工作技能与工作人格的基础学科，活动过程要让学生逐步培养使用与管理工具与材料的行为与习惯。而为了达到美化人生的目的，也要在创作过程中和结束时，融入对艺术中美的事物的选择、搭配等生活中的应用环节。

绘画与手工一节课的结构：

预告作品——感知媒材——准备工具——教导制作——创作——作品赏析与应用。

以一节课架构而言，可以组织为：

·上课准备活动：上课仪式、预告作品；

·暖身活动：感知媒材、准备工具；

·主活动：学习制作作品；

·练习活动：自己制作、做完可以去做创作；

·整理活动：作品赏析与应用、整理工作场所。

例一：二年级下册绘画与手工第二单元教学活动设计

附表 74："教学活动设计"（绘画与手工科）
——二年级下册第二单元"春游－早游、午游"

教学主题	家庭生活：春游－早游、午游		主题目标	能在早游、午游中进行美术活动	教学日期	2021 年 4 月	教师：蔚 T	助教：容 T、徐 T
课次	第一、二节：涂早 / 午餐垫　　第三、四节：粘贴早 / 午餐食物　　第五、六节：装饰早 / 午餐垫　　第七、八节：模拟进行早 / 午游准备食物							
学情分析	好帮手	程 S	优势：能选择喜欢的笔进行简单的绘画，能进行点线连接，正确地在范围内涂色，常规较好，在活动中能进行简单的颜色的搭配。用撕、折、揉、搓、压、粘、贴等方法进行简单的造型活动 弱势：手部力量较弱、使用工具的技巧性不足					
		顾 S	优势：上课常规较好，会选择喜欢的工具，进行简单的颜色的搭配，有几种简单的方式镜像造型活动 弱势：表达不适当，偶尔不如意时会吵闹					
	好家人	李 S	优势：在活动中会选择喜欢的材料，自己搭配颜色，利用非语言表达喜好 弱势：手部力量较弱，工具技巧性不佳，触觉敏感					
		简 S	优势：上课常规较好，能配合参与部分活动。 弱势：主动性不高，表达较少，害羞					
		宇 S	优势：上课常规较好，能遵守活动规则，认识部分媒材 弱势：工具技巧性不佳，主观意识较强，操作物品的方式较单一					
		馨 S	优势：活动中能有自己的想法，能使用简单的工具进行造型活动，活动中会参照其他同学、老师制作 弱势：手部力量较弱，使用工具技巧性欠佳					
	好照顾	珊 S	优势：配合参与活动，体验有感觉经验的媒材 弱势：手指弯曲用力不足，持续用力坚持度不高					

教学目标与评量	学生	IEP 目标	前	中	后
	程 S	能大致说出绘画与手工活动制作的形式至少 2 种（如黏土造型、剪贴画等）	1		
	顾 S	4.1.1 能在简单的绘画观赏中做简单的选择，至少 2 种（如两幅作品喜欢哪个；从特定媒材中选择做某种作品的媒材）	1		
		4.2.1 能大致说出绘画与手工活动制作的形式至少 2 种（如黏土造型、剪贴画等）	1		
	李 S	6.1.1 能按不同要求进行图画活动	1		
		6.2.1 能自己用 2 种以上方式做造型活动	1		
		6.3.1 能正确握笔进行图画活动	1		
		6.4.1 用手拿放不同大小的物品至少 10 种	1		
		6.5.1 能自己搭配颜色做描画、涂色等基本绘画活动	1		
		6.6.1 能关注不同造型方式作品，并能选择自己的喜好	1		

教学目标与评量	学生	IEP 目标	前	中	后
	简 S	7.1.1 能通过观察、触摸初步了解两种及以上身边常见的简单物品的形状、颜色、大小与用途	1		
		7.2.1 能自己主动使用剪刀剪纸，使用画笔画画进行玩耍	1		
	王 S	6.1.1 能用彩笔在范围内进行描画、涂色等基本绘画活动	2		
		6.2.1 能关注 1~2 种特定的物品，表达自己的喜好	2		
	陈 S	6.1.1 能进行颜色的配对分类并指认 2 种颜色	1		
		6.2.1 能用涂画的方式来打发休闲时光	1		
	甘 S	7.1.1 能在简单的绘画观赏中做简单的选择，至少 2 种（如两幅作品喜欢哪个；从特定媒材中选择做某种作品的媒材）	1		
		7.2.1 能画出常见的物体基本特征，至少 2 种（如房子、国旗、树叶、蛋糕等）	1		
	珊 S	6.1.1 在进行手工作品时选择作品材料的形状、颜色、大小			
		6.2.1 能在活动中对物品的形状、颜色进行配对			

教材选择	教学策略
1. 能在郊游时参加美术活动 2. 进行简单的造型活动（撕、贴） 3. 双手取放、按压物品等基本动作，促进手眼协调 4. 进行简单的组合、装饰练习（描画、涂色） 5. 自然界和生活中美的事物（餐垫、摄影、拍照等） 6. 绘画与手工不同表现形式（撕、贴） 7. 表达感受（好看、赞）	好照顾： 1. 练习：在情境中练习简单动作 2. 提供媒材：学生易操作、满足感官需求的媒材 3. 操作技巧：跟随传递、拿物品、任意方式操作媒材 4. 成果展示：固定位置、方式展示 5. 感受表达：固定拿自己的作品 好家人： 1. 练习：创造情境，提供大量的机会（先在学校练习各种撕、贴、分类，才可能在郊外有信心使用） 2. 提供媒材：学生喜欢的、易操作的媒材 3. 操作技巧：帮助固定媒材、更易操作（操作重点一两个步骤） 4. 成果展示：固定的 1、2 种形式展示自己的作品 5. 感受表达：对作品作出选择（自己—别人） 好帮手： 1. 练习：创造情境，提供大量的机会（先在学校练习各种撕、贴、分类，才可能在郊外有信心使用） 2. 提供媒材：学生有操作经验的媒材 3. 操作技巧：根据示范、模板参照进行眼手协调的操作 4. 成果展示：以已有经验的形式来展示已完成作品 5. 感受表达：以已有经验的表达方式表达

教学活动第一、二节：涂色早 / 午餐垫

活动流程	个别活动		教学资源
	好帮手	好家人	
一、上课准备 1.上课仪式：学生陆续进入教室 2.坐到安排的相应位置	能独立进教室并在相应位置坐好，等待进行活动	能够端椅子在指定位置坐下，等待进行活动	桌椅、餐垫一张、早午餐食物
二、暖身活动 1.点名签到：每个学生选择一个喜欢的食物，老师点名，进行餐垫上签到（一一对应张贴至餐垫） 2.小游戏互动： 刚开始老师想动作—学生模仿做（一轮） 一个学生自由想动作—其他人模仿做（三轮）	关注并回答	关注活动	
三、主活动：涂餐垫 1.作品展示：老师将做好的有颜色的餐垫展示给学生看，并提醒学生这个餐垫我们会经常用到哦 2.老师示范：老师将早 / 午餐垫排在白纸上，用笔勾勒出轮廓，拿开餐垫进行涂画 * 在轮廓内进行着色，不涂出线外 3.学生制作： 步骤一： （1）排：练习轮流将一块餐垫排到白纸上，注意不要排出白纸、不重叠 （2）画：老师固定餐垫，学生根据轮廓描画，学生多练习几次，将餐垫范围加深变得明显 步骤二： （1）自己选择早、午餐垫进行排、画、涂色（在线的范围内进行涂色） （2）最后帮写上姓名、日期 步骤三：跟随回顾作品的制作过程，提示重点部分（不特出线外） 4.展示作品： （1）检查：老师挨个欣赏学生画的作品，并指出（有 / 无画出线外），没有画出的老师放一起，画出的老师指出画出部分 * 明显地进行作品对比，及时纠错 （2）预告及泛化：老师选择出规范（无涂出线外的餐垫），将准备好的早 / 午餐食物放到餐垫上，供学生了解其功能 （3）学生整理用具和桌面	主动关注作品并和老师有正向的反应 主动关注并能反馈 桌椅、餐垫一张、早午餐食物 关注并回答	关注作品和老师 关注活动一会儿 一一对应练习：学生将餐垫一一对应地放入白纸模板上，在轮廓较明显的范围内使用软质的画笔进行涂色 关注	已做好的成品 早餐垫（圆）午餐垫（方）记号笔、彩笔 白纸、餐垫（圆、方）记号笔、彩笔 早 / 午餐食物、各类美术用品
四、下课仪式 1.起立、再见 2.学生收椅子下课，看课程表到下个课堂	主动再见和收拾桌椅	配合再见和收拾桌椅的活动	

教学活动第三、四节：撕贴早 / 午餐食物

活动流程	个别活动		教学资源
	好帮手	好家人	
一、上课准备 1. 上课仪式：学生陆续进入教室 2. 坐到安排的相应位置	能独立进教室并在相应位置坐好，等待进行活动	能够端椅子在指定位置坐下，等待进行活动	桌椅、餐垫一张、早午餐食物
二、例行活动 1. 点名签到：每个学生选择一个喜欢的食物，老师点名，进行餐垫上签到（一一对应张贴至餐垫） 2. 小游戏互动： 刚开始老师想动作—学生模仿做（一轮） 一个学生自由想动作—其他人模仿做（三轮）	关注并回答	关注活动	
三、主活动：撕贴早 / 午餐食物 1. 老师示范： （1）拿出 / 选择出早午餐食物 （2）将胶水棒、糨糊、双面胶涂上 （3）将食物贴到对应的早 / 午餐垫上 2. 学生制作： 步骤一：先练习早餐食物（读一张、贴一张） 步骤二：再练习午餐食物（读一张、贴一张） 步骤三：最后将早、午餐食物混合（可先配对、分类再贴，也可以读一张、贴一张食物） 3. 展示作品： （1）根据餐垫上的名字来欣赏同学的作品，顺便可提及早餐吃什么？午餐吃什么？学生跟随老师的引导共同检查作品 （2）预告及泛化：老师选择出正确的早 / 午餐垫，拿出生活中或自然界中常见的物品装饰餐垫（如黄色树叶、红色花朵、刀叉筷子等）自然引导至下一节课 （3）收拾用品	主动关注并能反馈 完成步骤一、二、三（建议先配对分类） 注：此次要指导贴对，及时纠错 能够指出、说出早 / 午餐的食物	关注活动一会儿 完成步骤一、二 注：此次要指导贴对（餐垫上有食物的模板或者轮廓） 能够在两个里面选择一个早餐 / 午餐的食物	白纸、油画棒、白板笔、白胶、胶水棒、糨糊早午餐垫、早午餐食物的图片 学生做好的成品、生活中或自然界中的物品（如花草、刀叉筷等）
四、下课仪式 1. 起立、再见 2. 收椅子下课，看课程表到下个课堂	主动再见和收拾桌椅	配合再见和收拾桌椅的活动	桌椅、课程表

教学活动第五、六节：装饰餐垫

活动流程	个别活动		教学资源
	好帮手	好家人	
一、上课准备 1.上课仪式：学生陆续进入教室 2.坐到安排的相应位置	能独立进教室并在相应位置坐好，等待进行活动	能够端椅子在指定位置坐下，等待进行活动	桌椅、餐垫一张、早午餐食物
二、例行活动 1.点名签到：每个学生选择一个喜欢的食物，老师点名，进行餐垫上签到（一一对应张贴至餐垫） 2.小游戏互动： 刚开始老师想动作—学生模仿做（一轮） 一个学生自由想动作—其他人模仿做（三轮）	关注并回答	关注活动	
三、主活动：装饰早/午餐垫 1.老师示范： （1）拿出/选择出生活中/自然中较熟悉或喜欢的物品 （2）将其排、摆、贴、插、放、串等装饰餐垫 2.学生制作： 步骤一：去选择生活中/自然界较熟悉或喜欢的物品 步骤二：进行排、摆、放（较简单） 步骤三：进行插、贴、串（稍复杂） 3.展示作品： （1）请每位同学依次展示自己的作品，并进行合影留念 （2）预告：老师将刚才拍的照片再次回顾，依次进行评价，并预告学生明天就要自己尝试准备早/午游的食物 （3）收拾用品：能够积极展示自己作品，并能接受老师的评价；能拿自己的作品上台向同学、老师展示；学生做好的成品、生活中或自然界中的物品（如花草、刀、叉、筷等）	主动关注并能反馈 步骤一、二、三根据自己的兴趣进行创作 能够积极展示自己作品，并能接受老师的评价	关注活动一会儿 步骤一、二较简单又能参与还有兴趣的活动 能拿自己的作品上台向同学、老师展示	胶水棒、糨糊、双面胶、已贴好的餐垫、各种生活中或自然界熟悉又较美好的事物学生做好的成品、生活中或自然界中的物品（如花草、刀、叉、筷等）
四、下课仪式 1.起立、再见 2.收椅子下课，看课程表到下个课堂	主动再见和收拾桌椅	配合再见和收拾桌椅的活动	桌椅、课程表

教学活动第七、八节：模拟早、午游准备食物

活动流程	个别活动		教学资源
	好帮手	好家人	
一、上课准备 1. 上课仪式：学生陆续进入教室 2. 坐到安排的相应位置	能独立进教室并在相应位置坐好，等待进行活动	能够端椅子在指定位置坐下，等待进行活动	桌椅、餐垫一张、早午餐食物
二、例行活动 1. 点名签到：每个学生选择一个喜欢的食物，老师点名，进行餐垫上签到（一一对应张贴至餐垫） 2. 小游戏互动： 刚开始老师想动作—学生模仿做（一轮） 一个学生自由想动作—其他人模仿做（三轮）	关注并回答	关注活动	
三、主活动：模拟早、午游准备食物 1. 老师示范 步骤一：拿出早/午餐垫 步骤二：张贴早/午餐食物 步骤三："购买"早/午餐食物 步骤四：装饰带有食物的早/午餐垫 2. 学生制作 按照老师步骤一步一步地做 3. 展示作品： （1）老师依次去欣赏每个学生完成后的作品，逐一进行评价 （2）请学生根据早/午餐垫上准备的食物，进行早/午餐的进餐活动 （3）收拾用品	主动关注并能反馈 步骤一、二、三、四可以大致按步骤流程走，大致正确能够独立展示作品后，指出、说出自己较满意的1个地方	能跟随关注重点的活动 步骤一、二较简单能参与，步骤三、四跟随老师做活动 能展示自己的作品	胶水棒、糨糊、双面胶、已贴好的餐垫、各种生活中或自然界熟悉又较美好的事物已做好的作品、早/午餐食物
四、下课仪式 1. 起立、再见 2. 收椅子下课，看课程表到下个课堂	主动再见和收拾桌椅	配合再见和收拾桌椅的活动	桌椅、课程表

例二：二年级下册绘画与手工第三单元教学活动设计

附表 75："教学活动设计"（绘画与手工科）
——二年级下册第三单元"六一抽大奖"

教学主题	家庭生活：六一健走抽大奖	主题目标	做关于六一健走抽奖的作品	教学日期	2021 年 5 月	教师：蔚 T	助教：容 T、徐 T

课次	第一节、第二节：装饰房屋　第三节：制作冰箱 第四、第五节：装饰冰箱　第五、第六节：做抽奖箱						

学情分析	好帮手	程 S	优势：能选择喜欢的笔进行简单的绘画，能进行点线连接，正确地在范围内涂色，常规较好，在活动中能进行简单的颜色的搭配。用撕、折、揉、搓、压、粘、贴等方法进行简单的造型活动 弱势：手部力量较弱，使用工具的技巧性不足
		顾 S	优势：上课常规较好，会选择喜欢的工具，进行简单的颜色的搭配，有几种简单的方式镜像造型活动 弱势：表达不适当，偶尔不如意时会吵闹
	好家人	李 S	优势：在活动中会选择喜欢的材料，自己搭配颜色，利用非语言表达喜好 弱势：手部力量较弱，工具技巧性不佳，触觉敏感
		简 S	优势：上课常规较好，能配合参与部分活动 弱势：主动性不高，表达较少，害羞
		宇 S	优势：上课常规较好，能遵守活动规则，认识部分媒材 弱势：工具技巧性不佳，主观意识较强，操作物品的方式较单一
		馨 S	优势：活动中能有自己的想法，能使用简单的工具进行造型活动，活动中会参照其他同学、老师的制作 弱势：手部力量较弱，使用工具技的巧性欠佳
	好照顾	珊 S	优势：配合参与活动，体验有感觉经验的媒材； 弱势：手指弯曲用力不足，持续用力坚持度不高

教学目标与评量	学生	IEP 目标	前	中	后
	程 S	能大致说出绘画与手工活动制作的形式至少 2 种（如黏土造型、剪贴画等）	1		
	顾 S	4.1.1 能在简单的绘画观赏中做简单的选择，至少 2 种（如两幅作品喜欢哪个；从特定媒材中选择做某种作品的媒材）	1		
		4.2.1 能大致说出绘画与手工活动制作的形式至少 2 种（如黏土造型、剪贴画等）	1		
	李 S	6.1.1 能按不同要求进行图画活动	1		
		6.2.1 能自己用 2 种以上方式做造型活动	1		
		6.3.1 能正确握笔进行图画活动	1		
		6.4.1 用手拿放不同大小的物品至少 10 种	1		
		6.5.1 能自己搭配颜色做描画、涂色等基本绘画活动	1		
		6.6.1 能关注不同造型方式作品，并能选择自己的喜好	1		

续表

教学目标与评量	学生	IEP目标	前	中	后
	简S	7.1.1 能通过观察、触摸初步了解两种及以上身边常见的简单物品的形状、颜色、大小与用途	1		
		7.2.1 能自己主动使用剪刀剪纸，使用画笔画画进行玩耍	1		
	王S	6.1.1 能用彩笔在范围内进行描画、涂色等基本绘画活动	2		
		6.2.1 能关注 1～2 种特定的物品，表达自己的喜好	2		
	陈S	6.1.1 能进行颜色的配对分类并指认 2 种颜色	1		
		6.2.1 能用涂画的方式来打发休闲时光	1		
	甘S	7.1.1 能在简单的绘画观赏中做简单的选择，至少 2 种（如两幅作品喜欢哪个；从特定媒材中选择做某种作品的媒材）	1		
		7.2.1 能画出常见的物体基本特征，至少 2 种（如房子、国旗、树叶、多层蛋糕等）	1		
	珊S	6.1.1 在进行手工作品时选择作品材料的形状、颜色、大小			
		6.2.1 能在活动中对物品的形状、颜色进行配对			

教材选择	教学策略
1. 能为六一健走抽奖时提供需要的物品（抽奖箱） 2. 进行简单的造型活动（撕、贴） 3. 双手取放、按压物品等基本动作，促进手眼协调； 4. 进行简单的组合、装饰练习（描画、涂色） 5. 绘画与手工不同表现形式（撕、贴） 6. 表达感受（好看、赞）	好照顾： 1. 练习：在情境中练习简单动作 2. 提供媒材：学生易操作、满足感官需求的媒材 3. 操作技巧：跟随传递、拿物品、任意方式操作媒材 4. 成果展示：固定位置、方式展示 5. 感受表达：固定拿自己的作品 好家人： 1. 练习：创造情境，提供大量的机会 2. 提供媒材：学生喜欢的、易操作的媒材 3. 操作技巧：帮助固定媒材、更易操作（操作重点一两个步骤） 4. 成果展示：固定的 1～2 种形式展示自己的作品 5. 感受表达：对作品作出选择 好帮手： 1. 练习：创造情境，提供大量的机会 2. 提供媒材：学生有操作经验的媒材 3. 操作技巧：根据示范、模板参照进行眼手协调的操作 4. 成果展示：以已有经验的形式来展示已完成作品 5. 感受表达：以已有经验的表达方式表达

教学活动第一、二节：装饰房屋

活动流程	个别活动		教学资源
	好帮手	好家人	
一、上课准备 1. 上课仪式：学生陆续进入教室 2. 坐到安排的相应位置	能独立进教室并在相应位置坐好，等待进行活动	能够端椅子在指定位置坐下，等待进行活动	桌椅 家具电器图片 自制房子
二、暖身活动 1. 点名签到：每个学生选择一个喜欢的电器、家具，老师点名，在房屋签到（一一对应张贴至房屋里） 2. 小游戏互动： 刚开始老师想动作—学生模仿做（一轮） 一个学生自由想动作—其他人模仿做（三轮）	关注并回答	关注活动	
三、主活动：装饰房屋 1. 导入：让学生看自制的纸房子，发现里面什么也没有，需要学生往里面填满家具、电器 2. 示范：老师用三间色中的其中一种颜色给家电简笔画范围内涂色，用剪刀沿轮廓剪下来，用双面胶贴到猫屋里面 3. 学生制作： 步骤一：选择画笔和家电简笔画纸 步骤二：在范围内涂色 步骤三：用剪刀剪下简笔画轮廓 步骤四：用双面胶把家电简笔画拼贴到猫屋里 4. 展示作品： 老师和同学欣赏学生做的猫屋，并把猫屋放到猫沙盆旁边	关注并回答 主动关注并能反馈 1. 能自带画笔并选择三间色中的颜色、自己喜欢涂的简笔画 2. 可自己在范围内涂色，用不同颜色组合进行创作 3. 自己可以不破坏作品完成的造型，用剪刀剪下家电简笔画轮廓 4. 自己判断要撕的双面胶长短，贴到家电简笔画后面，贴到猫屋里 关注并回答	配合老师的行为伸头看房子 能在轮廓内涂色 1. 能用蜡笔、彩笔，选择三间色中的颜色，选择自己喜欢涂的简笔画 2. 在老师示范和不断提示下在范围内涂色 3. 老师用马克笔画出裁剪范围，学生沿线裁剪 4. 老师帮忙把双面胶撕开一个小口，学生撕下双面胶将简笔画贴到猫屋里 关注	自制的纸房子 画笔 猫屋 彩笔 蜡笔 双面胶 剪刀 马克笔 家电简笔画纸 篮子若干
四、下课仪式 1. 起立、再见 2. 学生收椅子下课，看课程表到下个课堂	主动再见和收拾桌椅	配合再见和收拾桌椅的活动	

教学活动第三、四节：制作冰箱

活动流程	个别活动		教学资源
	好照顾	好家人	
一、上课准备 1.上课仪式：学生陆续进入教室 2.坐到安排的相应位置	能独立进教室并在相应位置坐好，等待进行活动	能够端椅子在指定位置坐下，等待进行活动	桌椅 家具电器图片 自制房子
二、暖身活动 1.点名签到：每个学生选择一个喜欢的电器、家具，老师点名，在房屋签到（一一对应张贴至房屋里） 2.小游戏互动： 刚开始老师想动作—学生模仿做（一轮） 一个学生自由想动作—其他人模仿做（三轮）	关注并回答	关注活动	
三、主活动 1.老师示范 2.导入：让学生先看老师用纸箱做的冰箱，让学生感受纸箱冰箱的魅力 3.学生分成三队，三个老师各带一队，学生自己选择同伴，每队出一个代表领纸箱以及工具 4.学生制作 步骤一：用胶带封好纸箱开口一侧 步骤二：用工具拆开开口两个短的纸板 步骤三：用桌纸装饰纸箱 步骤四：将拆下的短板用泡沫胶粘到纸箱里，作为冰箱隔板 5.展示作品： 老师和同学欣赏学生做的冰箱，感受纸箱冰箱。	主动关注并能反馈 1.能自己和同伴一起用胶带封好纸箱开口一侧 2.用剪刀沿边剪开短板纸箱 3.用剪刀剪好需要的桌纸面积，贴到纸箱上 4.用手撕开泡沫胶，粘到短板四周，贴到纸箱里	关注活动一会儿 1.帮同学、老师固定胶带位置 2.用螺丝刀沿线戳短板，戳出若干洞后，老师帮其剪下来 3.帮忙按住纸箱上的桌纸，老师将其撕下来 4.用手撕开泡沫胶，粘到短板四周，贴到纸箱里	自制冰箱 纸箱 螺丝刀 剪刀 胶带 桌纸 马克笔 泡沫胶
四、下课仪式 1.起立，再见 2.收椅子下课，看课程表到下个课堂	主动再见和收拾桌椅	配合再见和收拾桌椅的活动	桌椅 课程表

教学活动第五、六节：装饰冰箱

活动流程	个别活动		教学资源
	好帮手	好家人	
一、上课准备 1.上课仪式：学生陆续进入教室 2.坐到安排的相应位置	能独立进教室并在相应位置坐好，等待进行活动	能够端椅子在指定位置坐下，等待进行活动	桌椅 家具电器图片 自制房子
二、暖身活动 1.点名签到：每个学生选择一个喜欢的电器、家具，老师点名，在房屋签到（一一对应张贴至房屋里） 2.小游戏互动： 刚开始老师想动作—学生模仿做（一轮） 一个学生自由想动作—其他人模仿做（三轮）	关注并回答	关注活动	
三、主活动 1.导入：老师将学生做好的纸箱冰箱拿出来，告诉学生今天要往冰箱里通过贴的方式往冰箱放东西 2.示范：老师通过画笔给不同物品涂色，将其沿轮廓剪下来，学生和老师判断冰箱里可以放哪些物品	主动关注并能反馈	关注活动一会儿	纸箱冰箱 画笔 剪刀 双面胶
3.学生制作： 步骤一：选择画笔、简笔画纸 步骤二：剪刀剪简笔画轮廓 步骤三：判断可以放进冰箱的物品，用双面胶粘好贴冰箱里 4.展示作品： 看冰箱里贴了哪些物品，挨个说明	1.自己准备画笔，选合适物品的颜色 2.自己用剪刀剪物品轮廓，不破坏作品 3.判断标准、范围小一些，自己撕开双面胶贴到冰箱里 能够积极展示自己的作品，并能接受老师的评价	1.选择适合物品颜色的画笔，例苹果红色、绿色、黄色等 2.沿线剪简笔画轮廓 3.判断标准明显，范围大一些，老师帮忙撕开双面胶口 能拿自己的作品上台向同学、老师展示	纸箱冰箱 画笔 马克笔 剪刀 双面胶
四、下课仪式 1.起立、再见 2.收椅子下课，看课程表到下个课堂	主动再见和收拾桌椅	配合再见和收拾桌椅的活动	

教学活动第七、八节：做抽奖箱

活动流程	个别活动		教学资源
	好帮手	好家人	
一、上课准备 1.上课仪式：学生陆续进入教室 2.坐到安排的相应位置	能独立进教室并在相应位置坐好，等待进行活动	能够端椅子在指定位置坐下，等待进行活动	桌椅 家具电器图片 自制房子
二、暖身活动 1.点名签到：每个学生选择一个喜欢的电器、家具，老师点名，在房屋签到（一一对应张贴至房屋里） 2.小游戏互动： 刚开始老师想动作—学生模仿做（一轮） 一个学生自由想动作—其他人模仿做（三轮）	关注并回答	关注活动	
三、主活动 1.导入：马上就要开始进行"六一健走"活动，活动过程中，有一个抽奖环节，今天我们要为抽奖活动做一个抽奖箱 2.学生分为两组，两个老师各带一组。穿好罩衣，各队派代表领取工具 3.学生制作： 步骤一：用胶带固定好纸箱开处，将箱子拼成一个立体纸箱 步骤二：用刷子蘸红色颜料，刷红纸箱 步骤三：用已经过塑好的图片装饰抽奖箱 4.展示作品： （1）老师依次去欣赏每个学生完成后的作品，逐一进行评价 （2）请学生根据早/午餐垫上准备的食物，进行早/午餐的进餐活动 （3）收拾用品	主动关注并能反馈 1.拉胶带到合适位置，用剪刀将胶带剪断 2.用画笔刷刷纸箱，刷细致 3.自己和同队的成员合作把图片贴到哪个位置 能够独立展示作品后，指出、说出自己较满意的1个地方	关注活动一会儿 1.固定胶带位置 2.用中号蘑菇刷大面积刷纸箱 3.在老师的引导下和同伴合作贴图片 能够展示自己的作品	纸箱 胶带 红色水粉颜料 蘑菇刷 笔刷 图片
四、下课仪式 1.起立、再见 2.收椅子下课，看课程表到下个课堂	主动再见和收拾桌椅	配合再见和收拾桌椅的活动	桌椅 课程表

五、选用教学资源

在上述教学资源栏目中，填写活动中所需的环境、物资、人力等（需备的环境布置、媒材、座位安排、人力安排等）应事先备妥、备份，并让协同者参考。

六、设定学前学后评量

　　活动教案中的教学目标一栏中，可以作为本主题学前学后评量的项目，也可作为教学过程的记录，在教学后的反思与教学研讨时用，有些学生表现出不在预定教学目标中的新能力或特别爱好，也可附记，以作为后续活动更改的参考。

　　另附二年组上册的绘画与手工教学设计案例，以供参考：

　　例：二年级上册绘画与手工学期规划

附表 76：学期教学规划表（绘画与手工科）
——二年级上册

领域	目标	教材	第一单元 少先队入队仪式	第二单元 自助餐厅	第三单元 阖家团圆庆中秋	第四单元 认识小区及附近标志与邻居问好	第五单元 了解中国人过春节的习俗，欢欢喜喜过春节
6.1 造型·表现	6.1.1.1 能尝试用点、线、图形和色彩进行涂画活动，初步学会涂色	1.点的涂色 2.线的涂色 3.图形的涂色 4.不同色彩的涂色	点、涂色(红领巾)		点、涂色		点、涂色
	6.1.2.1 能通过简单的撕、折、揉、搓、压、粘、贴等方法，进行简单的造型活动	1.撕 2.贴 3.折 4.粘 5.压 6.揉 7.搓	撕、贴（红领巾）	撕、贴（衣服、裤子）	撕、贴、揉、搓、压（月饼）	揉、搓、压（冰糖葫芦）	撕、贴、（灯笼）
	6.1.3.1 认识常见物品的颜色	1.红 2.黄 3.绿 4.黑 5.白	认三原色及黑白的其中一种颜色（红、黄、绿、黑、白）	认三原色及黑白的其中一种颜色（红、黄、绿、黑、白）	认三原色及黑白的其中一种颜色（红、黄、绿、黑、白）	认三原色及黑白的其中一种颜色（红、黄、绿、黑、白）	认三原色及黑白的其中一种颜色（红、黄、绿、黑、白）
	6.1.3.2 根据身边物品的颜色进行简单的配对分类	1.红 2.黄 3.绿 4.黑 5.白	能进行单一颜色的配对分类（红、黄、绿、黑、白）	能进行单一颜色的配对分类（红、黄、绿、黑、白）	能进行单一颜色的配对分类（红、黄、绿、黑、白）	能进行单一颜色的配对分类（红、黄、绿、黑、白）	能进行单一颜色的配对分类（红、黄、绿、黑、白）

续表

领域	目标	教材	第1单元 少先队入队仪式	第2单元 自助餐厅	第3单元 阖家团圆庆中秋	第4单元 认识小区及附近标志与邻居问好	第五单元 了解中国人过春节的习俗，欢欢喜喜过春节
6.1 造型·表现	6.1.4.1 能在一定时间内，保持良好的坐姿、站姿等	1. 坐姿 2. 站姿	坐姿	站姿	坐姿	坐姿	站姿
	6.1.4.2 会用合适的姿势握笔涂画	前三指抓握	用前三指钳状抓握大小适中的笔涂画		用前三指钳状抓握大小适中的笔涂画		用前三指钳状抓握大小适中的笔涂画
	6.1.4.3 会双手取放、按压物品等基本动作，促进手眼协调	1. 撕贴 2. 黏土		双手主副手合作做撕贴的活动	双手主副手合作做撕贴、黏土的活动		双手主副手合作做撕贴、黏土的活动
6.2 设计·应用	6.2.1.1 观察、触摸身边常见的简单物品，初步了解其形状、颜色、大小与用途	1. 颜色 2. 大小 3. 形状 4. 用途	少先队物品的颜色形状（红领巾）	个人物品的大小（衣服、裤子）	中秋节物品（月饼）的大小、用途	社区物品用途	灯笼的颜色
	6.2.3.2 通过描画、涂色、制作等活动，锻炼手部力量和控制能力	1. 描画 2. 涂色 3. 制作	涂色活动		涂色活动		描画活动
6.3 欣赏·评述	6.3.1.1 初步感受自然界与生活中美的事物	1. 自然界的事物 2. 生活中的事物		生活中的食物、餐具，着装		自然界美的事物（公交、标志）	
	6.3.1.2 观察绘画作品，表达自己的感受	1. 观察作品 2. 表达感受	表达一种感受（好看、赞）	表达一种感受（好看、赞）			

续表

领域	目标	教材	第1单元 少先队入队 仪式	第2单元 自助餐厅	第3单元 阖家团圆庆 中秋	第4单元 认识小区及附 近标志与邻居 问好	第五单元 了解中国人 过春节的习 俗，欢欢喜 喜过春节
6.3 欣赏 · 评述	6.3.1.3 观察感 兴趣的卡通造 型和玩具，尝 试与他人交流	1. 观察 2. 交流	观察学校中 感兴趣的玩 具，并主动 与老师或同 学交流学校 玩具			观察社区中感 兴趣的卡通造 型和玩具，并 主动与老师或 同学交流社区 中的卡通造型 和玩具	
6.4 综合 · 探索	6.4.1.1 了解绘 画与手工的不 同表现形式	1. 绘画的表 现形式 2. 手工的形 式表现	多种绘画形 式（涂、画、 刷）	多种手工形 式（撕、贴、 捏）	多种手工形 式（撕、贴、 揉、搓、压）	多种绘画形式 （揉、搓、压）	多种手工形 式（撕、贴、 捏）

例：二年级上册绘画与手工教材调整

附表 77：四好教材调整与教学策略（绘画与手工科）
——二年级上册第一单元"少先队入队仪式"

单元	教材	对应课标	学生 IEP 四好目标		学生教材调整	教学策略
一少 先队 入队 仪式	图形进 行涂画 活动	6.1.1.1 能尝 试用点、线、 图形和色彩 进行涂画活 动，初步学 会涂色	好照顾	能不排斥绘画活 动，不破坏不干扰	界限明确、范围大 的点涂色	提供学生喜欢的颜色、物 品
			好家人	会尝试拿笔在纸上 任意点或涂	界限明确、方便使 用的涂色工具	1. 视觉区辨较明显的教具 2. 提供手部易操作的工具
			好帮手	能尝试用点、线、 图形和色彩进行涂 画活动，初步学会 涂色	一般范围的涂色	1. 老师示范 2. 讲解步骤
	认三原 色及黑 白的其 中一种 颜色	6.1.3.1 认识 常见物品的 颜色	好照顾	能欣赏物品颜色， 有自己偏爱的颜色	欣赏三原色及黑白 的其中一种颜色 （红色）的学校物 品	提供满足学生视觉刺激的 物品
			好家人	能认识一两种特定 物品颜色(单一色)	区辨三原色及黑白 的其中一种颜色 （红色）的学校物 品	提供学生喜欢颜色的物品

续表

单元	教材	对应课标	学生 IEP 四好目标		学生教材调整	教学策略
一少先队入队仪式	认三原色及黑白的其中一种颜色	6.1.3.1 认识常见物品的颜色	好帮手	能认识常见物品颜色	认识三原色及黑白的其中一种颜色（红色）的学校物品	提供已有经验的物品（红领巾）
	用前三指钳状握大小适中的笔涂画	6.1.4.2 会用合适的姿势握笔涂画	好照顾	能不破坏笔，不干扰他人	愿意用前三指钳状握特定的笔涂画一会儿	1. 粗的笔，方便握住的笔 2. 容易着色的笔
			好家人	能握紧笔进行涂画	用前三指握钳状紧大小适中的笔完成简单涂画活动	1. 界限清楚 2. 简单的图画
			好帮手	能用合适的姿势握笔涂画	用前三指握大小适中的笔完成涂画活动	提供大小适中的笔
	学校物品用途	6.2.1.1 观察、触摸身边常见的简单物品，初步了解其形状、颜色、大小与用途	好照顾	愿意把玩常见物品，不破坏	观察、触摸特定的、自己感兴趣的一两种学校物品	1. 物品的材质是学生喜欢的 2. 常见或特定的物品
			好家人	能通过观察、触摸初步了解两三种身边常见的简单物品的用途	了解两三种学校物品的用途	1. 提供每天例行活动的物品 2. 创设情境，增加物品出现频率
			好帮手	能观察、触摸身边常见的简单物品，初步了解其用途	了解常见学校物品的用途	提供学校活动中经常使用的物品
	单一图形模板（圆形、方形）	6.2.2.1 借助相应的图形模板，进行简单的模仿制作	好照顾	不排斥，不破坏图形模板	不影响用形状板制作的活动，或是自己把玩特定形状板，偶尔模仿制作	1. 提供大量学生喜欢的模板 2. 学生喜好的材质
			好家人	能摆弄图形模板，自娱自乐	能借助一种形状板来模仿制作	1. 提供三角形模板 2. 大小合中、便于操作
			好帮手	能借助相应的图形模板，进行简单的模仿制作	用简单的多种单一图形的形状板来模仿制作	提供三角形

续表

单元	教材	对应课标	学生 IEP 四好目标		学生教材调整	教学策略
一少先队入队仪式	学校物品用涂色进行简单组合、装饰	6.2.3.1 用描画、涂色、拼图等方法，进行简单的组合、装饰练习	好照顾	能安坐，不影响他人，不损坏绘画工具	愿意参与涂色活动	1. 提供大面积的纸张 2. 选用容易着色的笔，颜色鲜明
			好家人	能用简单的方法进行描画、涂色等基本绘画活动	可以用涂色来组合或是用涂色来装饰学校用品	1. 老师示范，学生模仿 2. 提供模板，学生参照进行活动
			好帮手	能运用各种材料进行组合，完成简单的制作活动	用涂色来进行简单组合和装饰学校物品	日常活动经常使用的工具
	涂色活动	6.2.3.2 通过描画、涂色、制作等活动，锻炼手部力量和控制能力	好照顾	能安坐，不影响他人，不损坏涂色工具	愿意参与涂色活动	1. 提供学生不同材质的涂色工具，满足学生的感官刺激 2. 学生喜欢的特定的物品
			好家人	能从事简单的涂色活动	持续用力完成一个作品	1. 工具便于抓握 2. 操作简单的工具
			好帮手	能通过涂色活动，锻炼手部力量和控制能力	持续适度用力完成一个作品	提供大小、材质适中的工具
	一种感受（好看、赞）	6.3.1.2 观察绘画作品，表达自己的感受	好照顾	能不破坏绘画作品	跟随、观察绘画作品	提供学生喜欢的，或能满足感觉刺激的
			好家人	能关注少数特定的绘画作品，表达自己的喜好	对特定的画（如：自己的或老师的），表示"好"或"赞"的手势	1. 提供特定的画（自己画、老师的） 2. 颜色鲜明的作品
			好帮手	能观赏常见的绘画作品，简单地表达自己的感受	对美术活动上出现的绘画，表示"好"或"赞"的手势	提供学生喜欢的，不同的作品
	观察学校中感兴趣的玩具，并主动与老师或同学交流学校玩具	6.3.1.3 观察感兴趣的卡通造型和玩具，尝试与他人交流	好照顾	愿意把玩、不破坏物品	观察自己喜欢的或特定的卡通造型和玩具	提供特定的、喜欢的卡通造型和玩具
			好家人	会关注感兴趣的卡通造型和玩具，能在他人的提问下表达自己的喜好	观察几种在学校感兴趣的玩具，被提问会表示"喜欢"或"不喜欢"	1. 提供大量的玩具，学生找出或选择喜欢的玩具 2. 老师示范，引导学生表达
			好帮手	观察感兴趣的卡通造型和玩具，尝试与他人交流	主动与老师或同学交流学校常出现的玩具	在学校时提供有兴趣的、熟悉的玩具

续表

单元	教材	对应课标	学生 IEP 四好目标		学生教材调整	教学策略
一少先队入队仪式	认识学校物品的单一颜色和形状的物体特征	6.3.1.4 认识物体的颜色、形状等基本特征，如国旗、国徽等	好照顾	会关注部分物体的颜色和形状等基本特征	认识单一颜色的学校物品或是认识单一形状的学校物品	提供学生喜欢的、特定的物品
			好家人	会辨别部分物体的颜色和形状等基本特征	认识单一颜色和形状的特定两三种学校物品	1. 创设情境，如每天例行活动中都会出现，每天都有使用的 2. 大量反复地练习
			好帮手	能认识常见的物体的颜色和形状等基本特征	认识单一颜色和形状的学校常见物品	1. 老师示范 2. 讲授
	多种绘画形式（涂、画、刷）	6.4.1.1 了解绘画与手工的不同表现形式	好照顾	不排斥，不影响他人	参与别人为主的绘画活动	提供喜欢的，能满足学生感官刺激的物品
			好家人	对特定的绘画与手工的活动、用品或作品感兴趣，能用来自娱自乐	了解特定一种绘画形式	1. 提供学生喜欢的媒材 2. 操作方法及步骤简单的活动 3. 大量练习的机会
			好帮手	了解绘画与手工的不同表现形式	了解多种绘画形式	曾经做过的活动 记忆方法： 看到纸笔：画 看到排刷：刷 看到水彩颜料：涂、洒

例：二年级上册第一单元绘画与手工教学活动卡

附表 78："教学活动设计"（绘画与手工科）

——二年级下册第一单元"少先队入队仪式"

教学主题	学校生活：少先队入队仪式		主题目标	能认识红领巾并进行美术活动	教学日期	2020 年 9 月	教师：戴 T	助教：吴 T、易 T
课次	第一、二节：撕、贴红领巾 第三、四节：涂红领巾 第五、六节：刷红领巾 第七、八节：染红领巾							
学情分析	好帮手	迪 S	优势：能选择喜欢的笔进行简单的绘画，能进行点线连接，正确地在范围内涂色，常规较好，在活动中能进行简单的颜色的搭配。用撕、折、揉、搓、压、粘、贴等方法进行简单的造型活动 弱势：手部力量较弱、使用工具的技巧性不足					

续表

教学主题	学校生活：少先队入队仪式		主题目标	能认识红领巾并进行美术活动		教学日期	2020 年 9 月	教师：戴 T	助教：吴 T、易 T

学情分析	好帮手	刁 S	优势：能选择喜欢的笔进行简单的绘画，能进行点线连接，正确地在范围内涂色，常规较好，能用撕、折、揉、搓、压、粘、贴等方法进行简单的造型活动，在课堂上会关注他人的作品，与自己的比较，并用简单的一两句话表达自己的感受 弱势：双手协调出力操作的能力不足
	好家人	苏 S	优势：能用笔进行简单的涂色活动，用撕、压、粘、贴等方法进行简单的活动 弱势：较冲动，注意力不集中，在课堂上不如意时，会捂耳朵、哭闹
	好家人	宇 S	优势：能用使用剪刀连续剪，认识部分媒材 弱势：听指令能力差、注意力不集中，会损坏媒材
	好照顾	成 S	优势：能静坐在位置上配合活动，在协助下能大致握笔简单地在纸上点几下 弱势：注意力不集中，双手操作用力不足
	好照顾	轩 S	优势：上课常规较好，能被动配合完成活动，协助下能大致握笔简单地在纸上点几下完成活动 弱势：手部操作能力差，对工具的使用较差

教学目标与评量	学生	IEP 目标	前	中	后
	刁 S	6.3.1.1.1 能够有意识地关注并趋近自然界与生活中美的事物	2		
		6.3.1.2.1 能观赏常见的绘画作品，简单地表达自己的感受	2		
		6.3.1.3.1 会观赏感兴趣的卡通造型和玩具，能与他人进行简单的交流	2		
		6.3.1.4.1 能认识常见的物体的颜色和形状等基本特征	2		
	迪 S	6.3.1.1.1 能够有意识地关注并趋近自然界与生活中美的事物	2		
		6.3.1.2.1 能观赏常见的绘画作品，简单地表达自己的感受	2		
		6.3.1.3.1 会观赏感兴趣的卡通造型和玩具，能与他人进行简单的交流	1		
		6.3.1.4.1 能认识常见的物体的颜色和形状等基本特征	2		
	宇 S	6.2.3.1.1 使用简单的方法进行描画、涂色、制作等活动	2		
		6.2.1.1.1 能观察触摸常见的物品，感知物品的形状、颜色、大小	2		
	苏 S	6.2.1.1.1 能观察触摸常见的物品，感知物品的形状、颜色、大小	2		
		6.2.3.1.1 使用简单的方法进行描画、涂色、制作等活动	2		
	梁 S	6.1.1.1.1 能尝试用点、线、图形和色彩进行图画活动，初步学会涂色	1		
		6.1.4.2.1 能紧握笔进行涂画	1		
		6.2.3.1.1 能用简单的方法进行描画、涂色等基本绘画活动	1		
	轩 S	6.1.2.1.1 能用特定的一两种方法进行简单的造型活动	1		
		6.1.4.2.1 会尝试拿笔在纸上任意点或涂	1		
		6.1.3.2.1 不破坏物品，任意进行颜色配对分类	1		
		6.1.4.1.1 能安坐，不影响他人，不损坏绘画工具	1		

续表

教材选择	教学策略
1. 能认识红领巾并进行美术活动 2. 进行简单的造型活动（撕、贴） 3. 用合适的姿势握笔（画笔、排笔）涂画，促进手眼协调 4. 进行简单的组合、装饰练习（描画、涂色-红色） 5. 自然界和生活中美的事物（红领巾） 6. 绘画与手工不同表现形式（撕、贴、涂、刷） 7. 表达感受（好看、漂亮） 8. 能认识常见的物体的颜色和形状等基本特征（红、三角形）	好照顾： 1. 练习：给予大量的机会，在情境中练习简单动作（身体协助、手势＋语言的指令） 2. 提供媒材：学生易操作、满足感官需求的媒材 3. 操作技巧：跟随传递、拿放物品、任意方式感受媒材 4. 成果展示：固定位置、方式展示 5. 感受表达：固定拿自己的作品 好家人： 1. 练习：创造情境，提供大量的机会（重点协助，先在活动中练习） 2. 提供媒材：学生喜欢的、易操作的媒材 3. 操作技巧：模仿做，合作完成，简单的操作工具 4. 成果展示：固定的 1～2 种形式展示自己的作品 5. 感受表达：对作品作出选择（自己—别人） 好帮手： 1. 练习：创造情境，提供大量的机会（先在学校练习各种撕、贴、分类，才可能在郊外有信心使用） 2. 提供媒材：学生有操作经验的媒材 3. 操作技巧：根据示范、模板参照进行眼手协调的操作 4. 成果展示：利用已习得的方式来展示作品 5. 感受表达：利用已习得的表达方式表达感受

教学内容第一、二节：撕、贴红领巾

活动流程	个别活动		教学资源
	好帮手	好家人	
一、上课准备 1. 上课仪式：学生陆续进入教室 2. 找贴有照片的椅子，并坐好	能独立进教室并在对应位置坐好，等待进行活动	能够端椅子在指定位置坐下，等待进行活动	桌椅 签到板 花瓣 手指操视觉提示卡
二、暖身活动 1. 签到：每人片花瓣，请点到名字的同学上前将花瓣按照颜色，数字贴到对应的位置上 2. 手指操： 握一握，点一点，转一转，抓一抓，拍一拍 ＊先老师示范，带着学生一起做一遍 ＊邀请学生一起想新的动作（可重复手指操动作）	关注并回答 自己做	关注活动 模仿做	
三、主活动：撕、贴红领巾 1. 引起动机：老师用白纸将红领巾卷起来，请同学们抽一抽，摸一摸，看一看；这是红领巾（红色的，三角形）	主动关注老师和红领巾，做适当反应	关注红领巾和老师，配合活动	红领巾 大白纸

续表

活动流程	个别活动		教学资源
	好帮手	好家人	
2. 老师示范： ①老师在大白纸上画一个和红领巾形状一样的三角形 ②拿出红色 A4 纸，撕扯小纸片 ③用胶棒贴在三角形图案中 * 在轮廓内贴纸片，不贴出线外	主动关注并能反馈	关注活动一会儿	大白纸 A4 纸若干 胶棒 篮子若干 笔
3. 学生制作： ①选择红色的 A4 纸 ②手部用力撕纸片 ③使用胶棒，在范围内粘贴纸片	完成三个步骤；及时引导	完成 1 ~ 2 个步骤	大白纸 A4 纸若干 胶棒 篮子若干
4. 展示作品： （1）学生依次来到讲台介绍自己的作品 （2）表达自己的喜好，赞美同学的作品（好看） （3）将作品张贴在展示区 （4）收拾用品	能够赞美同学的作品，简单地表达	注：及时引导学生做正确 能够在两个作品中选择喜欢的	透明胶带 展示栏
四、下课仪式 1. 起立、再见 2. 收椅子，改课程表	主动收拾桌椅	配合收拾桌椅的活动	桌椅、课程表

第三四节：涂红领巾

活动流程	个别活动		教学资源
	好帮手	好家人	
一、上课准备 1. 上课仪式：学生陆续进入教室 2. 找贴有照片的椅子，并坐好	能独立进教室并在对应位置坐好，等待进行活动	能够端椅子在指定位置坐下，等待进行活动	桌椅 签到板 花瓣 手指操视觉提示卡
二、暖身活动 1. 签到：每人片花瓣，请点到名字的同学上前将花瓣按照颜色、数字贴到对应的位置上 2. 手指操： 握一握，点一点，转一转，抓一抓，拍一拍 * 老师先示范，再带着学生一起做一遍 * 邀请学生一起想新的动作（可重复手指操动作）	关注并回答 自己做	关注活动 模仿做	
三、主活动：涂红领巾 1. 展示材料：炫彩棒、蜡笔、等腰三角形的白纸、红领巾 2. 老师示范： ①拿出事先剪好的等边三角形的白纸 ②选择红色的笔（炫彩棒、蜡笔） ③进行涂色活动（可邀请学生涂色），注意将其填充完整 * 红领巾完成了，向学生展示	主动关注并能反馈	关注活动一会儿	炫彩棒（硬的、软的）、蜡笔、等腰三角形的白纸、红领巾、过塑纸、A4 纸、胶棒

续表

活动流程	个别活动		教学资源
	好帮手	好家人	
3.学生制作： ①选择等腰三角形的白纸 ②选择红色的笔 ③进行涂色活动，注意将其填充完整 4.展示作品： （1）学生依次来到讲台介绍自己的作品 （2）表达自己的喜好，赞美同学的作品（好看） （3）将作品张贴在展示区 （4）收拾用品	完成三个步骤 能够赞美同学的作品，简单地表达	完成1～2个步骤 注：及时引导学生做正确 能够在两个作品中选择喜欢的	炫彩棒 蜡笔 等腰三角形的白纸 透明胶带 展示栏
四、下课仪式 1.起立、再见 2.收椅子，改课程表	主动收拾桌椅	配合收拾桌椅的活动	桌椅、课程表

<h3 style="text-align:center">第五六节：刷红领巾</h3>

活动流程	个别活动		教学资源
	好帮手	好家人	
一、上课准备 1.上课仪式：学生陆续进入教室 2.找贴有照片的椅子，并坐好	能独立进教室并在对应位置坐好，等待进行活动	能够端椅子在指定位置坐下，等待进行活动	桌椅 签到板 花瓣 手指操视觉提示卡
二、暖身活动 1.签到：每人一片花瓣，请点到名字的同学上前将花瓣按照颜色、数字贴到对应的位置上 2.手指操： 握一握，点一点，转一转，抓一抓，拍一拍 ＊先老师示范，带着学生一起做一遍 ＊邀请学生一起想新的动作（可重复手指操动作）	关注并回答 自己做	关注活动 模仿做	
三、主活动：刷红领巾 1.展示材料：排笔、水粉颜料、白色A4纸纸、等腰三角形的镂空板、底板 2.老师示范： ①拿出三角形的镂空板，放在白色A4纸上面 ②用排笔沾红色颜料在镂空的位置刷，进行活动 ③拿开镂空板 ＊红领巾完成了，向学生展示	主动关注并能反馈	关注活动一会儿	水粉颜料 盘子 画刷 A4纸 三角形的镂空板

续表

活动流程	个别活动		教学资源
	好帮手	好家人	
3.学生制作： ①选择三角形的镂空板，放在白色 A4 纸上面 ②选择红色的水粉颜料 ③用排笔蘸颜料在镂空的位置刷，进行活动 ④拿开镂空板 4.展示作品： （1）学生依次来到讲台介绍自己的作品 （2）表达自己的喜好，赞美同学的作品（好看） （3）将作品张贴在展示区 （4）收拾用品	完成三个步骤 能够赞美同学的作品，简单地表达	完成 1～2个步骤，及时引导学生做正确 能够在两个作品中选择喜欢的	水粉颜料 颜料盘若干 排笔若干 A4 纸 镂空板 透明胶带 展示栏
四、下课仪式 1.起立、再见 2.收椅子，改课程表	主动收拾桌椅	配合收拾桌椅的活动	桌椅、课程表

第七、八节：染红领巾

活动流程	个别活动		教学资源
	好帮手	好家人	
一、上课准备 1.上课仪式：学生陆续进入教室 2.找贴有照片的椅子，并坐好	能独立进教室并在对应位置坐好，等待进行活动	能够端椅子在指定位置坐下，等待进行活动	桌椅 签到板 花瓣 手指操视觉提示卡
二、暖身活动 1.签到：每人一片花瓣，请点到名字的同学上前将花瓣按照颜色、数字贴到对应的位置上 2.手指操： 握一握，点一点，转一转，抓一抓，拍一拍 ＊老师先示范，再带着学生一起做一遍 ＊邀请学生一起想新的动作（可重复手指操动作）	关注并回答 自己做	关注活动 模仿做	
三、主活动：染红领巾 主活动：刷红领巾 1.展示材料：排笔、滴管、杯子、红色的颜料、勺子、白色等腰三角形的布、大铁盘、晾衣架 2.老师示范： ①拿出白色等腰三角形的布 ②捏滴管吸杯子中的红色颜料 ③染布 ＊红领巾完成了，向学生展示	主动关注并能反馈	能跟随关注重点的活动	排笔 滴管 杯子 红色的颜料 勺子 白色等腰三角形的布 大铁盘

活动流程	个别活动		教学资源
	好帮手	好家人	
3.学生制作： 按照老师步骤一步一步地做 ①选择白色等腰三角形的布 ②选择红色颜料 ③用排笔或滴管吸颜料 ④染布：整条布都染红	步骤一、二、三、四可以大致按步骤流程走，大致正确	步骤一、二较简单能参与，步骤三、四跟随老师做活动	不同材质排笔 滴管 杯子 红色颜料 白色等腰三角形的布 大铁盘 晾衣架
4.展示作品： （1）学生依次来到讲台介绍自己的作品 （2）表达自己的喜好，赞美同学的作品（好看） （3）将红领巾搭在晾衣架上，挂在窗户边，晾干 （4）收拾用品	能够赞美同学的作品，简单地表达	能够在两个作品中选择喜欢的	
四、下课仪式 1.起立、再见 2.收椅子，改课程表	主动收拾桌椅	配合收拾桌椅的活动	桌椅 课程表

李宝珍、钟秀兰、袁支农

第一节　运动与保健科的四好功能定位

一、培智学校课标的运动与保健科总目标

通过课程的学习，学生将掌握运动与保健的基础知识、基本技能和方法，发展体能，开发潜能，促进功能康复和补偿；培养参与运动的兴趣和爱好，体验运动的乐趣与成功，逐步养成体育锻炼的好习惯，形成良好的心理品质和提升合作与交往能力，基本形成健康的生活方式和积极进取、乐观开朗的人生态度，为融入社会打下基础。

二、运动保健的四好功能

运动保健对好照顾、好家人、好帮手、好公民的生活，有什么作用？运动与保健的四好功能：

1分，好照顾：以在动作操作阶段（前感觉动作期）为准，设想其能对感觉有区辨与表示选择的能力来应付生存上和空白时光有关的需求。在大人没空时，他可以自己玩一会儿喜欢的事，不干扰大人，大人带他外出时不会走失（其中他可在大人安排运动类活动时不排斥，因为有经验）。保健方面配合大人照料。

2分，好家人：以在具体操作阶段（前运算期）（学前成就）为准，因设想他在大人没空时，可以自己做某种熟悉的室内运动约半小时，不会有危险，大人带他去运动时可以参与（其中他可选择运动类活动，因为有经验和技能）。保健方面配合大人并会独立做一两件有利自己健康的事。

3分，好帮手：为在平面操作进入符号操作阶段（具体运算期前或后段）（学龄一、二年段），可以自己从事室内运动以及几样户外运动不会有危险，形成运动习惯，并能和伙伴一起运动（其中他可选择运动保健类活动，如自己练操或去户外锻炼，看运动比赛等，作为充实休闲用，因为有兴趣和技能）。

4分，好公民：为符号操作阶段（具体运算期后段或符号运算期前段）（学龄三年段），可自己安排运动保健生活范围与种类接近一般人甚至可带动别人（其中他可选择运动保健类活动自己获

取资源，因为有品位和技能）。

第二节　运动与保健科的学期教学规划

运动与保健科没有教育部编辑出版的教科书作为学期计划的蓝本，因此该科目教师必须自行依据课程标准编写本学期要教的运动与保健教材内容，组织成几个教学主题，安排顺序，才能在四五个月中循序渐进，有系统地教导运动与保健的知识、技能和情意态度给全班学生，此之谓规划学期教学计划

依据各校实际状况，没有既定教材，但是有的班级有为学生拟订个别化教育计划（IEP），有的班级没有，这时有个别化教育计划（IEP）的班级要规划教学主题就比较容易，而没有个别化教育计划（IEP）可参考的班级就要多几道手续。

一、学生已经有个别化教育计划

这就有了本学期运动保健科的教学目标，则学期规划只要将全班学生的 IEP 目标中的运动保健目标、性质相近者进行归纳分类，再分布为几个教学主题，排出顺序，即运动与保健科的学期计划。

> （一）首先统整全班学生 IEP 中的运动与保健目标

全班学生目标有共同目标和特殊目标，将性质相近者先后排，以便看出全部目标大约可归为几类，又依据难易顺序或运动能力的发展顺序，排在学期计划表的纵轴。

例如：小宇的 IEP 中的运动保健科目标

运动参与	7.2.3.1 提升了解 1～2 种安全运动及有关运动安全避险方法的能力	短期目标： 1. 能在 2 种运动中保持安全并保持身体平衡不摔倒（跨越式、躲避球类、跳绳、万象组合等） 2. 能安全使用学校的运动器材（没有危险举动），至少 10 种器材
生理健康	7.3.1.1 提升掌握 1～2 种运动的卫生保健和方法的能力	短期目标： 在参加运动前后，能掌握 2 种卫生保健方法（洗手、喝水、穿脱衣、擦汗等）
心理健康	7.4.2.1 提升体验 1～2 项喜欢的体育活动对情绪的积极影响的能力	短期目标： 1. 能参与 2 项自己喜欢的活动（轮滑、接力赛、三轮车、球类） 2. 能在体育活动竞赛中积极争取胜利 3. 能在体育活动竞赛中对赢者表示祝贺 4. 能在体育活动之后愉快地进入下一节课，至少保持 10 分钟情绪稳定

来源：咨询教师工作营 24 期学员作业

例如：菱菱的 IEP 中的运动保健科目标

生理健康	7.3.1.1 掌握运动的卫生保健知识和方法	短期目标： 1. 掌握特定的三种运动卫生保健知识 2. 掌握三种以上运动卫生保健方法（如运动后洗手、出汗后擦汗、有汗不吹空调、参加早操等）
运动技能	7.3.3.1 发展柔韧性、灵敏性和平衡能力	短期目标： 1. 能参与发展柔韧性的运动项目两种以上 2. 能参与发展灵敏性的运动项目两种以上 3. 能参与发展平衡性的运动项目两种以上
心理健康	7.4.2.1 提升体育活动对情绪的积极影响	短期目标： 1. 能遵守三项以上体育课常规 2. 能在参与几项体育活动中抑制冲动性，遵守活动规则 3. 能在体育活动中与人友好相处，合作完成任务

以上目标可归纳整理为全班本学期需完成的运动保健教学目标：

课标的学习方面	各生的长期目标	目标统整
运动参与	7.2.3.1 提升了解 1 ~ 2 种安全运动及有关运动安全避险方法的能力（其他学生目标此略）	
运动技能	7.3.3.1 发展柔韧性、灵敏性和平衡能力	
生理健康	7.3.1.1 提升掌握 1 ~ 2 种运动的卫生保健和方法的能力 7.3.1.1 掌握运动的卫生保健知识和方法	将此二目标归为一类
心理健康	7.4.2.1 提升体验 1 ~ 2 项喜欢的体育活动对情绪的积极影响的能力 7.4.2.1 提升体育活动对情绪的积极影响	将此二目标归为一类

＞（二）将性质或功能相近目标归为一类，每类即一个教学主题

一个教学主题是用来教导某些运动与保健的知能，以便将来应用于生活中，因此每一个教学主题都具有某种功能而非只为了教教材或教目标。可以将相同功能的目标放在同一个教学主题中来教，也可以把相近的目标放在同一个主题中来教，用以达到某种功能，看看这样本学期可以分成几个不同功能，就是几个教学主题，做法如下：

目标分类：在班级运动保健目标统整表中，思考哪些目标性质相关，或可以共同达到某功能，就将目标分为同一主题。例如，某些目标可以共同达成让学生掌握某项运动技能或爱好（如动作柔软度结合安全运动的目标），可作为个人日后健身运动项目，可归为同一个教学主题，这样可以先大致分出几个主题。

确定教学主题：依据运动元素的需要，计算好一学期一共分为几个主题，或者参照生活适应科

的生活主题数量，确定本学期的运动保健主题数量，因此归纳整理后，将之填在学期计划表的横轴（参考下表）。

取主题名称：每个主题可以运动元素作为主题名称，或者配合生活适应科主题取一个相关的运动与保健科主题，例如：配合"秋游"的生活主题，运动保健主题可为"骑自行车去秋游"或"秋游的自行车"。

粗订主题内容：编选该主题可能的运动与保健教材内容，填在表格每个主题下方教材栏（参考下表），但这教材只是学期计划的腹案，到了该主题的教学活动设计时会确定更具体详细的教材内容。

各科教师应在寒暑假当中把下学期教学计划拟妥，以便开学前可以先设计第一个主题的教学活动，准备好教学环境和教学资源。

例：联系生活主题的运动与保健科教学主题（以二年级上册为例）

附表 79：学期教学规划（运动与保健科）
——二年级上册

设计人：李宝珍

		第一主题	第二主题	第三主题	第四主题	第五主题
		学校生活	个人生活	家庭生活	小区生活	节日
生活适应科主题		争当升旗手	秋游	全家福照片展	小区寻宝	和爸妈去拜年
运动与保健科媒材		游乐器材	自行车	垫上活动	球类与童玩	民俗体育：舞狮
运动参与	安全 7.2.3.1	游乐器材安全	不碰撞别人	预防碰撞	玩球安全	居家玩要安全
	常规 7.4.2.1.1	整队、列队	整队、列队	整队、列队、跟随行进	准备收拾用品	整队、列队、跟随行进转方向
运动技能	平衡 7.3.3.1	校园游乐器材活动	校园游乐器材活动 自行车过关	自行车运物	小区游乐器材	
	柔软 7.3.3.1			垫上活动：亲子游戏		
	灵敏 7.3.3.1				球类活动、童玩活动	舞龙舞狮等过年活动
生理健康	卫生 7.3.1.1	洗手	洗手 免洗手液	擦汗	擦汗、喝水	擦汗、喝水、玩玩具后洗手
	保健 7.3.1.1			认识口罩、保管口罩	不吹空调、主动做操	不吹空调、主动做操
心理健康	愉快 7.4.2.1	个人玩游乐器材、和同学一起玩游乐器材	个人骑车、和同学一起骑车过关	积极参与	和同学一起在小区玩	舞龙舞狮队伍组成
	合作 7.4.2.1.2					

二、没有为学生拟订个别化教育计划

教师不知道本学期的教学目标，必须以自己的运动专业素养自行将全年段目标进行有系统、有顺序的编辑，将一个年段的目标分类分项为六个学期，然后才能找到本学期要教的部分。

> （一）先将一个年段目标依序编为六个学期目标

1. 教师心中要有运动保健科的教材组织体系，才能把握教材的分类与发展顺序

例如小学低年段学生的运动保健教材体系，其内容如纵轴，横轴是低年段适用的运动类别，对照出教材发展的顺序，可以是运动保健教材系统。

附表 80：教材系统－教学内容（运动与保健科）　　　　　　设计人：李至珍

项目	基本体能（体操与队形）			田类运动			径类运动				球类运动					游戏类		水上类	其他		保健	
	列队与行进	地垫活动	健身操	跳远类	跳高类	投掷类	走跑步类	接力类	障碍跑类	器械跑类	皮球类	篮球类	足球类	保龄球类	羽球类	游乐器材类	体能游戏类	暂无	童玩	民俗体育类	卫生	健康
心肺功能	*			*			*						*				*	*				
BMI 指数					*																	参考：体重除以身高（米）平方＝19～25
基本动作能 头颈控制	*								*													
躯干控制	*				*				*	*												
上肢控制	*								*													
骨盆控制	*								*													
下肢控制	*								*	*												
体适能 肌力	*				*				*				*			*	*					
肌耐力	*												*			*	*					
柔软度	*								*				*									
速度	*				*								*									
爆发力	*				*				*				*									
平衡性	*				*				*				*				*					
协调性	*				*				*				*				*	*				
灵敏度	*				*				*				*				*					
其他身体器官的卫生保健（脑、五官、肠、胃、皮肤、膀胱、性器官等）																						睡眠、饮食清洁、防疫、心理行为

2. 分析全年段课程中每个目标的下位目标

课程中每个目标涵盖范围比较大，需要分解之后分布到不同主题或不同学期去进行教学，因此运动保健科教师必须会将每个上位目标所包含的下位目标分析出来，然后才能安排其教学顺序。

3. 将全年段课标的下位目标（内容），分布到六个学期中

例如，运动与保健低年段课标，分布于六个学期。

附表81：低年段六学期教材规划 – 教材系统（运动与保健科）

设计人：钟秀兰、袁支农

		第一学期	第二学期	第三学期	第四学期	第五学期	第六学期
7.1 运动参与	7.1.1.1 学习运动与保健课课堂常规并能参与各项体育活动	集合，参与例行活动	排队，列队，参与1～2类运动项目	列队，行进，参与1～2类运动项目	轮流，注意、活动中的安全，参与3～4类运动项目	遵守课堂纪律，参与3～4类运动项目	遵守课堂纪律，参与常见的运动项目
7.2 运动技能	7.2.1.1 获得简单的体育运动知识和体验	模仿简单动作	上肢躯干骨盆动作与名称，体验1～2类运动项目	骨盆上肢动作与名称，体验1～2类运动项目	上下肢协调动作与名称，体验3～4类运动项目	上下左右协调动作与名称，体验3～类运动项目	全身协调动作与名称，体验常见的运动项目
	7.2.2.1 学习基本的身体活动方法和体育游戏	头颈、躯干类活动方法和游戏	躯干、骨盆、上肢活动和游戏	骨盆、上肢活动和游戏	骨盆、下肢活动和游戏	骨盆、下肢活动和游戏	整体活动（综合上述活动）和游戏
	7.2.2.2 学习不同的体育活动方法	全身自由活动游戏，校园游乐器材活动	校园运动设施活动，基本球类活动	绳类活动，操场上基本田径类活动	骑行活动，操场上基本田径类活动、球类体育活动	操场上田径类活动、球类体育活动	操场上田径类活动、球类体育活动，其他体育活动
	7.2.3.1 初步了解安全运动以及日常生活中有关运动安全避险的知识和方法	跟随集体活动	不做危险的事，或很快可被制止	不做危险的事情	规避危险	规避危险	求助
7.3 生理健康	7.3.1.1 初步掌握运动的卫生保健知识和方法	1～2种卫生保健的知识和方法	1～2种卫生保健的知识和方法				
	3～4种卫生保健的知识和方法	3～4种卫生保健的知识和方法	5～6种卫生保健的知识和方法	5～6种卫生保健知识和方法			

续表

		第一学期	第二学期	第三学期	第四学期	第五学期	第六学期
7.3 生理健康	7.3.2.1 注意保持良好的身体姿态	正确的坐姿	正确的站姿	正确的阅读姿势	正确的阅读姿势	正确的写字姿势	正确的写字姿势
	7.3.3.1 初步发展柔韧性、灵敏性和平衡能力	灵敏性运动	灵敏性运动、柔韧性运动	柔韧性运动、灵敏性运动	柔韧性运动、平衡性运动	平衡性运动、柔韧性运动	平衡性运动、柔韧性运动、灵敏性运动
	7.3.4.1 发展户外运动能力	教室内活动与操场类活动，学校游乐设施	室内运动、室外活动与操场校内户外的运动设施	室内运动馆活动、操场活动、小区健身活动、人行道行走	学校操场活动、小区健身活动、人行道行走	学校操场田径类活动、公园健身活动，校外崎岖之路	学校操场田径类活动，校外公园、游乐场活动、校外崎岖之路
7.4 心理健康	7.4.1.1 努力尝试完成体育学习和锻炼任务	上课配合、模仿	上课配合、模仿	上课跟随、模仿，每周一项锻炼任务	跟随、模仿，每周两项锻炼任务	主动、模仿，每日一项锻炼任务	主动、模仿，每日一项锻炼任务
	7.4.2.1 体验体育活动对情绪的积极影响	不排斥参加体育活动	参加几个喜欢的活动时，表现愉快的情绪	参加一般的活动，表现愉快的情绪	参加一般的活动，表现愉快的情绪	愿意反复锻炼所参与的体育活动	愿意反复锻炼所参与的体育活动
	7.4.3.1 在体育活动中建立初步的合作意识	配合下合作，自己能完成自己活动	配合下合作，自己能完成自己活动	要求下合作，配合队友活动	要求下合作，配合队友活动	主动合作，能配合队友活动	主动合作，能鼓励队友活动
	7.4.4.1 掌握基本的运动交往礼仪	配合下，肢体、语言礼仪	配合下，肢体、语言礼仪	要求下，肢体、语言礼仪	要求下，肢体、语言礼仪	主动肢体、语言礼仪	主动肢体、语言礼仪

> （二）再编辑本学期的教学主题

1.将本学期的教材内容归为几个运动类，分布到四至五个主题中

运动与保健科的教学主题可以直接跟本学期的生活适应教学单元教学主题结合，例如培智二年级下册的生活适应单元主题是第一单元我是值日生，第二单元早游、午游，第三单元六一健走，第四单元江津半日游，联系以后形成运动与保健本学期四个教学主题。

（1）值日生技能大赛的基本体能锻炼。

（2）郊游的列队行进。

（3）六一健走的暖身操及健走。

（4）科技馆观光（因无法联系，可以单独以运动项目为主题，例如在各种障碍之间行进）。

运动与保健教学主题与生活适应单元主题相联系的好处是：为学生所学的运动与保健知能创造了一个运用的机会，同时也为运动与保健教学提供了一个生活化的情景。这样整合的角度让学生学习内容更实用、更丰富，同时提高了学习内容的完整性。

如果是分科教学模式，不联系生活适应科主题，则可将本学期目标直接依照运动与保健教材的体系再分为四五个部分，安排进度形成几个教学主题即可（如下表）。

2. 形成本学期的教学计划表

每个主题之下有哪些教材一定要教到（即要在这三至四周之内教会），可以粗略选择相应的运动与保健教材，分步填入学期教学计划表中。

例：二年级下册运动与保健科的教学主题规划表

附表 82：学期教学规划（运动与保健科）
——二年级下册

设计人：钟秀兰、袁支农

领域	二下目标		单元一 篮球（一） 拍球	单元二 篮球（二） 投、传球	单元三 足球：踢接球	单元四 保龄球、套圈
7.1 运动 参与	7.1.1.1 学习运动与保健课课堂常规并能参与各项体育活动	注意活动中的安全	不乱跑、不边跑边看、不伤人	不伤人、不乱砸球、会躲球	不乱踢球、会躲球	不乱踩踏、会收拾小物品
		参与 3～4 类运动项目	拍皮球、躲避球	投、传篮球	踢、躲足球	保龄球与套圈
7.2 运动 技能	7.2.1.1 获得简单的体育运动知识和体验	上下肢协调动作名称	拍	投、接传	踢、截	滚套
		体验 3～4 类运动项目	同 7.1.1.1	同 7.1.1.1	同 7.1.1.1.	同 7.1.1.1
	7.2.2.1 学习基本的身体活动方法和体育游戏	骨盆、下肢活动和游戏	半蹲、高跪、半跪	站换脚	单脚站、蹲	弓步、蹲
	7.2.2.2 学习不同的体育活动方法	上下协调活动	上下协调活动		四点爬姿抬手抬脚	弓步交替抬手
	7.2.3.1 初步了解安全运动以及日常生活中有关运动安全避险的知识和方法	规避危险	分辨拿球丢人和玩躲避球的差别	躲球 正确接球技巧	正确踢、截躲球	小心拿球、绕过地上障碍

续表

领域	二下目标		单元一 篮球（一） 拍球	单元二 篮球（二） 投、传球	单元三 足球：踢接球	单元四 保龄球、套圈
7.3 生理 健康	7.3.1.1 初步掌握运动的卫生保健知识和方法	3～4种卫生保健的知识和方法	洗手、擦汗、消毒	洗手、擦汗、消毒	洗手、擦汗、消毒	洗手、擦汗、消毒、忌冷饮
	7.3.2.1 注意保持良好的身体姿态	正确的站立行进姿势		立姿传球 行进中传球		
	7.3.3.1 初步发展柔韧性、灵敏性和平衡能力	灵敏性活动	躲球拍球	传接球	踢中或截住滚动的球	
		柔韧性活动	暖身操			
		平衡性活动			踢球平衡	绕过地上保龄球或物品障碍
	7.3.4.1 发展户外运动能力	室内运动馆活动		篮球		保龄球
		小区健身活动	拍皮球			套圈
7.4 心理 健康	7.4.1.1 努力尝试完成体育学习和锻炼任务	跟随、模仿	拍球 躲球	投篮球	踢足球	保龄球 套圈
	7.4.2.1 体验体育活动对情绪的积极影响	参加一般的活动，表现愉快的情绪	玩躲避球时会笑会躲或追	积极对准	积极对准	积极对准
	7.4.3.1 在体育活动中建立初步的合作意识	要求下合作		传球	踢接球	套到物品分享
	7.4.4.1 掌握基本的运动交往礼仪	要求下肢体、语言礼仪	鼓励	握手	握手	鼓励

第三节　一个教学主题的运动与保健科教学活动设计

一般一个教学主题有三至四周时间，包括几个课时，如果一节一节设计教学活动，难免零散而顾此失彼，无法形成什么有用的能力，因此最好做一个整体规划，以一个教学主题为单位来设计教学活动。

一个教学主题所要完成的教材内容，已大致编排在学期计划中了。在这三到四周内需要运用哪些运动与保健活动完成这些教材的学习呢？我们可以依据一般常见的运动表现形式进行贯通式指导，先确定本教学主题的运动形式，从而形成一个运动与保健课的教学活动循环。

　　一般的运动活动形式有：整队列队活动、基本体能活动、主要运动项目、卫生保健活动，形成一个完整的教学活动循环。这个循环，是常用的运动活动形式，学生会从这个规律里总结归纳，形成自己运动行为的预判和有计划的练习，让运动技巧更熟练，运动习惯逐步养成。

　　以下例而言，不管是哪个教学主题，各有不同的运动项目（如足球、自行车与拔河等）。但是共享相同的运动活动形式（如"运动准备→基本运动→运动项目→保健习惯→整理运动"的活动环节），可以成为每个主题每节课相同的规律来进行活动，此之谓"贯通式活动设计"。

　　例：贯通式活动设计示意表

附表 83："贯通式活动设计"（运动与保健科）

设计人：李宝珍

教学主题	运动准备：（整队走队形暖身操认识今日运动项目与器材等）→→	基本运动（爬高跪、跪走交替半跪）→→	运动项目（改良式）→	保健习惯→→	整理活动
主题一足球（一）踢足球↓	1. 列队：一纵队 2. 走队形：前进转弯 3. 头部到脚分步动作体操 4. 足球球门	跪走蹲走	立定踢足球入门	洗手、喝水	合作搬器材
主题二足球（二）接足球↓	1. 两纵队 2. 前进转弯 3. 头部到脚分步动作体操 4. 足球球门	跪走 高跪互相丢接球	足球守门	洗手、喝水	合作搬器材
主题三自行车（一）50M↓	1. 横队向左向右转 2. 前进 3. 体操同上 4. 自行车	跪走交替半跪	自行车（三轮车）50 米	洗手、喝水、毛巾擦汗	合作搬器材
主题四自行车（二）100M↓	1. 横队向左向右转 2. 前进 3. 体操同上 4. 自行车	跪走（弯腰过桥）交替半跪	自行车（三轮车）100 米，弯腰过"桥"	洗手、喝水、毛巾擦汗	合作搬器材
主题五拔河（一）两队↓	1. 三列整队 2. 前进横向走 3. 动物操 4. 拔河	蹲走	两队拔河（先两人互拔）	洗手、喝水、毛巾擦汗、自己按摩手腿	合作搬器材、加油与祝贺
主题六拔河（二）四队	1. 三列整队 2. 前进横向走 3. 动物操 4. 拔河	蹲走	四队交叉拔河	洗手、喝水、毛巾擦汗、自己按摩手腿	合作搬器材、加油与祝贺
（余略）					

同其他科一样，运动保健教学主题的活动设计流程也是：

流程一：确定教学主题与主题目标；

流程二：分析主题目标，选择本单元教材；

流程三：选用教学策略；

流程四：设计教学活动的过程；

流程五：选用相应的教学资源；

流程六：设定教学评量项目与标准。

以下依流程介绍运动保健科一个主题的教学活动设计。

一、确定教学主题与主题目标

教学主题已经记载在学期计划中，如果没变动，就能确定为本次教学的主题。例如"拍球""骑自行车"……也有搭配生活适应主题确定的运动与保健科教学主题。如郊游的列队行进、六一健走的暖身操及健走。

流程一就是在设计活动之初就要再次确定本主题的名称与确定出有功能的主题目标，所谓有功能的主题目标的功能性指的是学生学会以后用在生活中的什么情境之中。比如"六一健走的暖身操及健走"的内容，可以用在六一健走的情境中，在健走时要有什么样运动能力的表现，这个能力就是要在本主题时间内运动与保健课中学会的。或者是秋游主题的骑自行车，应该是以后可以用在小区里的休闲活动，或是到住家附近的移动方式，不同功能会影响不同的教材选择和活动设计，因此要先决定好。

主题活动若有功能、有目的，就能达到四好生活的质量。

> （一）参考学期规划表的 Y 轴，该主题的教学目标

学期计划表中的教学目标可能来自全班学生的 IEP 目标，也可能来自一个年段课标的分类，既然是本主题要教的，那么其功能性表现是什么？这些能力统整起来可以在主题活动中做什么？有什么功能？

四好教学模式建议对于这个功能可以联系生活适应的主题活动来构思。

例如，从生活主题"六一健走"中启发出运动与保健所学可以帮助学生具备下述功能：

（1）能有走完健走行程的体能（日后生活亦有用）。

（2）能在开幕式做健身操，走队形（日后锻炼有用，学校升旗活动有用）。

例如，秋游主题的骑自行车，则其功能可为：

（1）能安全骑行自行车一段距离（日后可休闲锻炼用）。

（2）能利用骑行自行车到某目的地（日后可短途代步用）。

> （二）叙写主题目标

将想到的功能，以一般性目标的写法，叙写为该主题的主题目标，如上述六一健走的主题目标

例如，教学目标"能有足够体能与参加健走活动，养成锻炼习惯"，秋游骑自行车的主题目标可设为："能安全骑自行车参加住家附近的游玩活动"。

主题目标属于一般性目标的写法，可作为下一流程"教材分析"的对象。

二、分析主题目标，选择本单元教材

确定好本主题的功能性目标以后，就要针对目标进行教材的功能性分析。

本主题（单元）预订教材在学期规划中只是粗订，到了本单元活动设计时必须再具体决定，因为此时主题目标已经明确下来了，那本主题要教的教材内容更具体的有哪些才能达到主题目标的需求，就可以具体分析此目标与进行教材选择。比如：六一健走主题，需要运动与保健的能力有哪些，具体主题目标为："能有足够体能与参加健走活动，养成锻炼习惯主题目标，接着就可分析出来：学生需要有什么运动与保健知识？技能与情意？（例如要能做什么运动、要有什么习惯行为才能做到以上目标？）

> （一）先分析要达到主题目标所需要的能力

以条列法或以画关系图的方法分析出来

1.条列式分析教材

例一：运动保健主题目标"能有足够体能与参加健走活动，养成锻炼习惯"的教材分析。

（1）知识类教材：

①认识：走路、洗手、喝水等活动对自己身体的益处有哪些，害处有哪些？

②计划能力：进行健走需想好路线与准备的穿着和用品。

（2）技能类教材：

①能行走 2 ~ 4 公里。

②能避免长途行走中的危险事项。

③能自己擦汗、喝水或换服装。

④能自己准备并随身携带健走用品。

⑤能仿做暖身活动与健身操。

（3）情意类教材：

①能坚持多走一小段路。

②能养成走路与做健身操习惯。

例二：运动保健主题"秋游的骑自行车"，教学目标"能安全骑自行车参加住家附近的游玩活动"的教材分析。

（1）知识类教材：

①认识：由家到公园的路线。

②计划能力：进行公园秋游需想好路线与准备穿着和用品。

③认识：路上的危险事项与避险方法。

（2）技能类教材：

①能骑行自行车 300 ~ 500 米远。

②能避免骑行中的危险事项。

③能自己擦汗、喝水或换服装。

④能自己准备并随身携带健走用品。

⑤能推行自行车 100 米远。

（3）情意类教材：

①能坚持多骑走或推行自行车一小段路。

②对骑自行车有兴趣。

2. 关系图方式分析教材

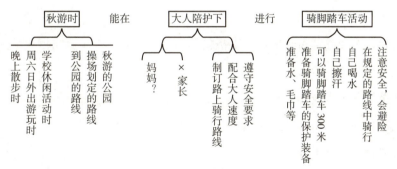

以上是以教师的专业与主题目标的需要分析出来的教材，但这只是教师主观的选择，不一定是本单元必要的教材，因此还要经过下面手续来精选。

＞（二）对照学期计划表的教学目标，进行增删

虽然"学期计划表"中本主题的教学目标可能来自全班学生的运动保健 IEP 目标，也可能来自一个年段课标的分类，但是到了实际设计主题教学活动的阶段，才是真正确定教学目标之时。因此适合在本主题教的目标可以增加进来，不适合在本主题教的可以暂时删除，改到其他主题去教。

例一：学生 IEP 目标有"7.1.1.1 学习运动与保健课课堂常规并能参与各项体育活动""7.3.3.1 初步发展柔韧性、灵敏性和平衡能力"，则可增加在教材中，也可以删除不必要的教材：

1. 知识类教材

（1）认识：走路、洗手、喝水等活动对自己身体的益处有哪些，害处有哪些。

（2）计划能力：进行健走需想好路线与准备穿着和用品。

（3）认识健走应遵守的常规：排列队、靠边走、听指挥等。

2. 技能类教材

（1）能行走 2 ~ 4 公里远。

（2）能避免长途行走中的危险事项（如听到指挥哨音，立即靠边走……）。

（3）能自己擦汗、喝水或换服装。

（4）能仿做暖身活动与健身操、柔韧性体操。

3. 情意类教材

（1）能坚持多走一小段路。

（2）能养成走路与做健身操习惯。

例二：秋游主题的骑自行车

1. 知识类教材

（1）认识：由家到公园的路线。

（2）计划能力：进行公园秋游需想好路线与准备穿着和用品。

（3）认识：路上的危险事项与避险方法。

2. 技能类教材

（1）能骑行自行车 300 ~ 500 米远，平衡稳定。

（2）能避免骑行中的危险事项。

（3）能自己擦汗、喝水或换服装。

（4）能自己准备并随身携带健走用品。

（5）能推行自行车 100 米远。

（6）能遵守老师指挥靠边或在指定路上骑行。

3. 情意类教材

（1）能坚持多骑走或推行自行车一小段路。

（2）对骑自行车有兴趣。

可见在实务中，教学设计虽有流程，但是也有弹性。学期教学计划的内容只是初步计划，到了主题活动设计时，可能回过去调整学期计划的内容.

＞（三）搜寻个别化教育计划的目标

再搜寻班级全部个别化教育计划的目标，看有无可以在本主题教的相关目标，用来做本主题教材的过滤网，最后筛选下需要的教材。

> （四）调整教材

确定后，再依据学生的四好需求，调整教材为四好教材。

这些内容对有些学生而言，要学会还是有一定的挑战，那么我们就要针对具体的学生、具体的教材做一个以四好等级为参照的教材再调整。

例：二年级上册运动与保健第二单元教材调整表

附表 84：四好教材调整（运动与保健科）
——二年级下册第二单元"骑行"

设计人：钟秀兰、袁支农

主题目标	教学目标	教材分析	教材的调整	
秋游的骑脚踏车	7.1.1.1 学习运动与保健课课堂常规并能参与各项体育活动 7.2.1.1 获得简单的体育运动知识和体验 7.2.3.1 初步了解安全运动以及日常生活中有关运动安全避险的知识和方法	知识类 ①认识：由家到公园的路线 ②计划能力：进行公园秋游需想好路线与准备的穿着和用品 ③认识：路上的危险事项与避险方法	好照顾	情绪稳定，关注老师说明
			好家人	记住单一路线，听懂须准备事项与避险说明
			好帮手	记住两个路线，积极学习准备秋游事项，了解安全行为与危险行为的因果关系（依计划教材）
	7.3.3.1 发展柔韧性灵敏性和平衡能力 7.2.2.2 学习不同的体育活动方法	技能类： ①能骑行自行车 300~500 米远，平衡稳定 ②避免骑行中的危险事项 ③能自己擦汗、喝水或换服装 ④能推行自行车 100 米远 ⑤能遵守老师指挥靠边或在指定路上骑行	好照顾	能情绪稳定、愉快配合着老师同学活动
			好家人	在有人陪同下自己骑行约 300 米，推行 50 米 听到危险警告会配合 自己喝自备水，解决口渴问题
			好帮手	依计划教材： 平衡稳定骑行自行车 300~500 米远，推行 100 米以上 能自己擦汗、喝水、换服装 一路依路线骑行并遵守指挥命令
	7.4.1.1 努力尝试完成体育学习和锻炼任务 7.4.2.1 体验体育活动对情绪的积极影响	情意类： 能坚持多骑走或推行自行车一小段路	好照顾	配合坚持跟同学一起活动一会儿 不乱推倒自行车或物品
秋游的骑脚踏车	7.4.1.1 努力尝试完成体育学习和锻炼任务 7.4.2.1 体验体育活动对情绪的积极影响	情意类： 能坚持多骑走或推行自行车一小段路	好家人	在陪同下坚持多骑或多推一小段 主动找自行车来骑
			好帮手	依计划教材：坚持多骑走或推行自行车一小段路、爱惜自行车

运动与保健的四好教材调整，原则是依据学生的四好能力，降低运动的要求，但是又要能让学生能参与。

三、选用教学策略

教学策略要依据该主题教材（或教学目标）的性质，以及学生的四好能力特质进行选用，才能让学生有效率地学会教材内容。

＞（一）依据教材的性质选用教学策略

1. 运动保健科内容

运动保健科内容以动作技能为主，要让学生精熟每个运动项目的技能，可采用以下策略。

（1）逐步养成策略：运动方法的设计。

·由感觉区辨明显到不明显；

·由简单到复杂；

·由原位到移位；

·由个人到集体；

·由模仿到自由。

……

（2）模仿学习策略：教师以清楚明确的示范，先以容易感觉区辨的方式示范，到感觉较不明显的示范，从较慢而大动作的示范到较快而小的动作示范。

（3）感觉回馈调整动作策略：让学生能感觉到并比较动作的结果，来调整动作的质量。

（4）有效练习策略：整体练习和局部练习混合，从密集练习到分布练习必要的运动能力，利用课后、居家及其他科目活动，融入练习机制，直至学成。

（5）过度学习策略：增加课上、课后练习质量，避免因轮流、器材限制等因素降低练习比率，直至精熟。

（6）有意义原则：通过有意义的游戏或活动让学生有动机学习新技能。

（7）规律中逐变原则：要让活动有简单规律，学生能发现规律，才能有自信反复参与活动，但又不能太久地反复，在学生已能熟悉其规律与表现之后，利用逐步养成策略，开始加入变化。

2. 运动保健的情意态度目标的培养

运动保健的情意态度目标的培养，以二年级学生为例，可参考以下策略：

（1）让学生在诸多运动项目中体验、选择自己的喜好。

（2）在每日作息中，安排固定、例行运动项目，并自我检核与增强。

（3）培养运动伙伴，一起运动。

3.运动与保健知识类目标

运动与保健知识类目标，以二年级学生为例，参考以下策略：

（1）用最简单易懂的方式介绍该项目，而非该项目的真正的完整的定义。

（2）带着学生做几次，会比口头说明更易理解。

（3）先大致观看该项目，再学习其简单的基本运动方法，在做中明白，在做后总结，第二天再做。

（4）要举反例帮助区分不同运动项目。

（5）为每个运动项目名称做联想，例如足球用脚踢，篮球要投篮，羽毛球有羽毛。

> （二）依据学生的四好特质选用教学策略

目前运动与保健常用的教学方法中，传统运动教学方法需要较高的动作控制能力，以及坚持运动的毅力，对智障学生而言不易体会，不知如何反应，上课显得单调枯燥，引不起学生的学习动机，学生能力不一，因此我们可以从四好的原则出发，对不同运动特质的教学目标形成更合适的教学策略。例如：

好照顾：选择学生有感觉、喜欢的运动项目，让其观赏加油，提供明显感觉回馈。

好家人：提供易于区分的不同项目。示范者动作幅度大、区辨明显、反复、清晰，活动结构有规律，变化不大，容易掌握。

好帮手：视觉提示；结构清楚、多次练习机会，可参考常用运动教学法。

例：二年级上册运动与保健第二主题（骑行）教材调整与教学策略表

附表 85：四好教材调整与教学策略（运动与保健科）
——二年级上册第二单元"骑行"

设计人：钟秀兰、袁支农

主题目标	教学目标	教材分析		教材的调整	教学策略
秋游之骑自行车	7.1.1.1 学习运动与保健课课堂常规并能参与各项体育活动 7.2.1.1 获得简单的体育运动知识和体验 7.2.3.1 初步了解安全运动以及日常生活中有关运动安全避险的知识和方法	知识类 ①认识：由家到公园的路线 ②计划能力：进行公园秋游需想好路线与准备的穿着和用品 ③认识：路上的危险事项与避险方法	好照顾	情绪稳定，关注老师说明	1.用两个区辨明显的运动活动让学生选择 2.选择和他一起活动的伙伴

续表

主题目标	教学目标	教材分析	教材的调整		教学策略
秋游之骑自行车	7.1.1.1 学习运动与保健课课堂常规并能参与各项体育活动 7.2.1.1 获得简单的体育运动知识和体验 7.2.3.1 初步了解安全运动以及日常生活中有关运动安全避险的知识和方法	知识类 ①认识：由家到公园的路线 ②计划能力：进行公园秋游需想好路线与准备的穿着和用品 ③认识：路上的危险事项与避险方法	好家人	记住单一路线，听懂须准备事项，与避险说明	1. 记住路线中记号点 2. 练习特别危险与常见的两个危险与避险演练
			好帮手	1. 记住两个路线，积极学习准备秋游事项 2. 了解安全行为与危险行为的因果关系（依计划教材）	1. 提供选择路线机会 2. 练习三个危险事件与避险演练，并进行赏罚 3. 利用视频介绍事件的因果关系与赏罚
	7.2.2.2 学习不同的体育活动方法 7.3.3.1 发展柔韧性灵敏性和平衡能力	技能类： ①能骑行自行车300~500米远（加：平衡稳定） ②避免骑行中的危险事项 ③能自己擦汗、喝水或换服装 ④能推行自行车100米远 ⑤能遵守老师指挥靠边或在指定路上骑行	好照顾	情绪稳定愉快配合着老师同学活动	1. 邀请他坐自行车后座，或一起推拉自行车 2. 情绪不稳时给予喜欢的教具提着到目的地才玩
			好家人	1. 在人陪同下自己骑行约300米，推行50米 2. 听到危险警告的配合表现 3. 自己喝自备水，解决口渴问题	1. 在人行道与公园道路骑行，没有过马路的路线 2. 每骑约50米，推行约10米 3. 自行车载着喜欢的公园游用品 4. 老师同学示范口渴、喝水
			好帮手	依计划教材： 1. 平衡稳定骑行自行车300~500米远，推行100米以上 2. 自己擦汗、喝水、换服装 3. 一路依路线骑行并遵守指挥命令	1. 在人行道与公园道路骑行，没有过马路的路线 2. 每骑约100米，推行50米 3. 回到学校老师检查水瓶、毛巾是否使用过 4. 在学校更衣间或厕所换上衣
	7.4.1.1 努力尝试完成体育学习和锻炼任务 7.4.2.1 体验体育活动对情绪的积极影响	情意类： 能坚持多骑走或推行自行车一小段路	好照顾	1. 配合坚持跟同学一起活动一会儿 2. 不乱推倒自行车或物品	当他想去某地时，邀请他坐自行车后座，或一起推拉自行车过去
			好家人	1. 在陪同下坚持多骑或多推一小段 2. 主动找自行车来骑	1. 前面不远处有同学招呼他，或有个记号点、熟悉的休息处 2. 下课时间提供自行车选项

主题目标	教学目标	教材分析	教材的调整		教学策略
秋游之骑自行车	7.4.1.1 努力尝试完成体育学习和锻炼任务 7.4.2.1 体验体育活动对情绪的积极影响	情意类： 能坚持多骑走或推行自行车一小段路	好帮手	依计划教材：坚持多骑走或推行自行车一小段路、爱惜自行车	1. 前面不远有同学招呼他，或有个记号点，有熟悉的休息处 2. 下课时间提供自行车选项 3. 教导擦拭自行车明显部位 4. 正确摆放与不正确摆放的对照

例：二年级下册运动与保健的（篮球）主题教材调整与教学策略

附表 86：四好教材调整与教学策略（运动与保健科）

——二年级下册第二单元"篮球"

设计人：钟秀兰、袁支农

单元	对应课程目标		学生 IEP 四好目标		教材调整	教学策略
篮球（一）拍球	7.1 运动参与	7.1.1.1 学习运动与保健课课堂常规并能参与各项体育活动	好照顾	1. 能关注同伴的体育活动，或能在进行运动与保健课时不干扰、不破坏课堂	在篮球学习的课堂上，能在教室内玩球不跑出教室，也不会用球去干扰其他同学的学习	1. 老师陪同下进行 2. 环境设置（利用摆位椅等） 3. 教学活动（运用全体手拉手等活动）
			好家人	2. 能有下列之一者： （1）参与几项特定的体育活动，例如他喜欢的，每节课都做的 （2）能跟随每节课的例行活动	在篮球学习的课堂上，待在固定的范围内，跟着老师或是同学学习拍球活动	1. 老师示范，学生模仿 2. 跟随团体一起做 3. 利用增强系统，适时奖励
			好帮手	3. 能学习课堂常规，并参与常见的体育活动	能在篮球学习的课堂上，在自己的队伍中，参与拍球等的篮球学习活动	1. 视觉提示 2. 利用团体动力，跟随同伴/团体一起进行 3. 老师/同学示范、视频学习 4. 利用增强系统，适时增强
	7.2 运动技能	7.2.1.1 获得简单的体育运动知识和体验	好照顾	1. 能接受至少一项体育运动，或能够在接收学习简单的体育知识和体验时不干扰、不破坏、不逃离	在篮球练习活动中，自己玩球，不会干扰其他同学的学习	1. 老师陪同下进行 2. 安排固定位置（站位、坐位） 3. 给与其稍加改造的球，如有固定线的球

续表

单元	对应课程目标	学生 IEP 四好目标		教材调整	教学策略
篮球（一）拍球	7.2 运动技能	7.2.1.1 获得简单的体育运动知识和体验	好家人	2. 能参与模仿几项特定的运动动作（如转头抬腿、下蹲、踏步等）	在篮球练习活动中，模仿老师或者是周边的同学做向下方丢球、接球以及拍一次球的动作	1. 老师／同学示范 2. 协助下完成（肢体、口头提示） 3. 给予多次练习机会 4. 降低难度，给予支持（降低拍球次数、或是在球上固定回弹线，避免球跑开）
			好帮手	3. 能获得简单体育运动知识和体验（如蹲起、踏步、跳跃、快慢、抬腿、走直线、走弯线等）	在篮球的学习当中熟练地掌握拍球知识，知道什么是拍球	1. 老师示范 2. 口头提示下完成 3. 给予多次练习机会 4. 适时增减难度，必要时给予支持（适当缩短距离等）
		7.2.2.1 学习基本的身体活动方法和体育游戏	好照顾	1. 能不排斥参与身体活动和体育游戏	在体育课上，在做热身运动或是在学习运动技能的身体活动中不跑开，配合参与	1. 老师陪同下进行 2. 环境设置（利用摆位椅等） 3. 教学活动（运用全体手拉手等活动）
			好家人	2. 能模仿少量的身体活动，参与特定几项体育游戏	在体育课堂上，模仿老师做简单的大肢体活动，如跪坐姿，半蹲姿	1. 老师示范，学生模仿 2. 跟随团体一起做 3. 利用增强系统，适时奖励
			好帮手	3. 能学习基本的身体活动方法（如游戏中的走、跑、抛、钻、爬等）	在体育课堂上，按照要求进行相应的身体活动，如高跪、半跪、半蹲，以及在这些姿势下的抛接球活动	1. 视觉提示 2. 老师／同学示范、视频学习 3. 利用团体动力，跟随同伴／团体一起进行 4. 利用增强系统，适时增强
	7.3 身体健康	7.3.1.1 初步掌握运动的卫生保健知识和方法	好照顾	1. 不排斥与运动的卫生保健相关的活动	在听到别人讲运动保健知识时不跑开、保持原地等待	1. 老师陪同下进行 2. 环境设置（利用摆位椅等） 3. 教学活动（运用全体手拉手等活动）
			好家人	2. 能掌握特定的几种运动卫生保健知识和方法	掌握几种简单的运动保健知识和方法（运动前热身、运动后擦汗、洗手、喝水等）	1. 老师示范，学生模仿 2. 跟随团体一起做 3. 利用增强系统，适时奖励

续表

单元	对应课程目标		学生 IEP 四好目标		教材调整	教学策略
篮球（一）拍球		好帮手	3. 能掌握常用的运动的卫生保健知识和方法（运动后洗手，出汗后要擦汗，有汗时不吹空调，参加早操等）		运动前热身、运动后擦汗、洗手、喝水、有汗时不吹空调，参加早操、规律地锻炼身体、饭后半小时再锻炼等	1. 视觉提示 2. 跟随同伴 / 团体一起进行 3. 老师 / 同学示范、视频学习 4. 制作计划表，养成习惯 5. 利用增强系统，适时增强
	7.3 身体健康	7.3.4.1 发展户外运动能力	好照顾	1. 不排斥户外活动	参与户外运动活动时不逃离、不干扰	1. 在老师 / 同学陪伴下参与活动 2. 活动设计时，设计学生能参与的活动
			好家人	2. 能参与简单几种户外活动	参与几种户外活动的简单步骤 / 活动（跑步、篮球、足球、保龄球、游泳等）	1. 老师 / 同学示范 2. 协助下完成(肢体、口头提示) 3. 给予多次练习机会 4. 降低难度，给予支持（适当缩短距离等）
			好帮手	3. 能参与大部分户外活动	跟随常见的户外活动团体进行（跑步、篮球、足球、保龄球、游泳、排球、羽毛球、乒乓球、健身器材、游戏等）	1. 老师示范 2. 口头提示下完成 3. 给予多次练习机会 4. 适时增减难度，必要时给予支持（适当缩短距离等）
	7.4 心理健康	7.4.1.1 努力尝试完成体育学习和锻炼任务	好照顾	1. 不排斥体育学习和锻炼任务	在体育学习和锻炼时不逃离、不跑开	1. 在老师陪同下进行 2. 安排固定位置（站位、坐位）
			好家人	2. 能尝试完成几种特定的体育学习和锻炼任务	完成体育学习和锻炼任务中的几个步骤 / 活动（跑步、暖身操、拍球等）	1. 老师示范 2. 口头提示下完成 3. 给予多次练习机会 4. 降低难度，给予支持（适当缩短距离、减小动作幅度等）
			好帮手	3. 能努力尝试完成大部分的体育学习和锻炼任务	在体育锻炼时主动尝试、模仿学习	1. 老师示范 2. 口头提示下完成 3. 给予多次练习机会 4. 老师 / 同学示范、视频学习 5. 制作计划表，养成习惯 6. 利用增强系统，适时增强
		7.4.4.1 掌握基本的运动交往礼仪	好照顾	1. 能关注他人进行各种运动，不排斥、不破坏	观看别人运动时不乱跑、不大喊大叫等不干扰影响别人的活动	1. 老师陪同下进行 2. 环境设置（利用摆位椅等）

续表

单元	对应课程目标		学生 IEP 四好目标		教材调整	教学策略
篮球（一）拍球	7.4 心理健康	7.4.4.1 掌握基本的运动交往礼仪	好家人	2. 能有一两种简单的运动交往礼仪	1~2 种以下运动交往礼仪：肢体动作——点头、鞠躬、握手；语言——谢谢、对不起	1. 老师/同学示范模仿 2. 模拟练习
			好帮手	3. 掌握基本的运动交往礼仪（礼貌用语、点头、共享等）	肢体动作——点头、鞠躬、握手、运动过程不推/打别人、运动过程中别人摔倒时，帮忙扶起来等；情境中表达：谢谢、对不起、没关系、让一让、请等	1. 老师/同学示范模仿 2. 模拟练习过程中同学相互指导、纠正错误 3. 视频学习

四、设计教学活动的过程

1. 确定好运动素材（运动项目）

运动与保健科里的教材内容通常需要借助一个运动项目（即运动素材）来进行贯通式学习学会的，因此在设计教学活动的时候首先要去找到与生活主题或目标性质相适应的运动素材。例如：某球类运动、某运动游戏，这个运动素材也可以在学期教学计划时匹配好，但也可能在设计活动时更动。但在"流程二：依据主题目标选择本单元教材"时已经可以确定。

2. 确定一个运动保健科的例行活动环节

主题教学包含一个完整的从整队列队活动、基本体能活动、主要运动项目、卫生保健活动，形成一个完整的教学活动循环。这个循环是常用的运动活动形式，因此运动保健活动设计只要依据此环节设计一节课活动，只是每节课加深主要环节的难度即可。

3. 设计一节课活动架构

（1）准备活动与问好点名：整队列队活动环节。

（2）暖身活动：基本体能活动。

（3）主活动：主要运动项目，可适时更换运动项目的难度、用具、规则。

（4）整理活动：卫生保健活动。

例：二年级上册第二主题运动与保健教学活动设计

附表 87："教学活动设计"（运动与保健科）
——二年级上册第二单元"骑行"

设计人：李宝珍

教学主题	骑自行车	主题目标	秋游时能在大人陪护下进行骑自行车活动	教学日期	2021 年 10 月	主教：李老师 助教：杨老师		
教学目标与评量	学生	IEP 目标（此略）				前	中	后
	宇 S							
	菱 S							
	苏 S							
	甘 S							
	陈 S							

教材选择	1. 知识类教材： ①认识：由家到公园的路线；②计划能力：进行公园秋游需想好路线与准备的穿着和用品；③认识：路上的危险事项与避险方法 2. 技能类教材： ①能骑行自行车 300 ~ 500 米远，平衡稳定；②能避免骑行中的危险事项；③能自己擦汗、喝水或换服装；④能推行自行车 100 米远；⑤能遵守老师指挥靠边或在指定路上骑行 3. 情意类教材： ①能坚持多骑走或推行自行车一小段路；②对骑自行车有兴趣 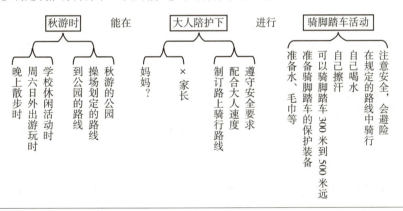

教学策略	1. 运动保健的运动技能目标的培养，对于二年级学生，可参考以下策略： （1）逐步养成策略：运动方法的设计——由感觉区辨明显到不明显；由简单到复杂；由原位到移位；由个人到集体；由模仿到自由 （2）模仿学习策略：教师以清楚明确的示范，先以容易感觉区辨的方式示范到感觉较不明显的示范，从较慢而大动作的示范到较快而小的动作示范 （3）感觉回馈调整动作策略：让学生能感觉并比较动作的结果，来调整动作的质量 （4）有效练习策略：整体练习和局部练习混合，从密集练习到分布练习必要的运动能力，利用课后、居家及其他科目活动，融入练习机制，直至学成 （5）过度学习策略：增加课上、课后练习的量，避免因轮流、器材限制等因素降低练习比率，直至精熟 （6）有意义原则：通过有意义的游戏或活动让学生有动机学习新技能

续表

教学主题	骑自行车	主题目标	秋游时能在大人陪护下进行骑自行车活动	教学日期	2021年10月	主教：李老师 助教：杨老师
教学策略	（7）规律中逐变原则：要让活动有简单规律，学生能发现规律，才能有自信反复参与活动，但又不能太久地反复，在学生已能熟悉其规律与表现之后，利用逐步养成策略，开始加入变化 2. 运动与保健知识类目标，对于二年级学生，采用以下策略： （1）用最简单易懂的方式介绍该项目，而非该项目的真正的完整的定义 （2）带着学生做几次，会比口头说明更易理解 （3）先大致观看该项目，再学习其简单基本运动方法，在做中明白，在做后总结，第二天又做 （4）要举反例帮助区分不同运动项目 （5）为每个运动项目名称做联想，例如足球用脚踢、篮球要投篮、羽毛球有羽毛等 3. 运动保健的情意态度目标的培养，对于二年级学生，可采用以下策略： （1）让学生在诸多运动项目中体验，选择自己喜好 （2）在每日作息中，安排固定、例行运动项目，并自我检核与增强 （3）培养运动伙伴一起运动					

教学活动：

活动流程	个别活动	
	好帮手	好家人
一、准备活动 1. 问好：呼口号，例如："一二三，三二一，某班某班得第一！" 2. 点名：叫到名字举手礼并应"有！" 3. 整队列队活动环节 二、暖身活动 1. 例行体操：四季操之秋季保健操 2. 本单元基本动作发展训练：（重点为骨盆、下肢活动）蹲、前进蹲走、后退蹲走、蹲跳、跪走等体操设计 三、主活动 1. 主要运动项目（可视时更换运动项目之难度用具规则）：（本单元为球类基本运动——篮球传接） （1）与球互动：排圆圈把球在大家手中传递，最后一人投入低位篮筐中，然后排到第一位去（每节课变化感知不同球类活动。例如：抱一个球蹲走，抱两个球走路，从头上、脚下传球……没有气的篮球……） （2）了解球性：每人一个篮球，试着拍球、接球几回，不会拍可以蹲下双手拍（每节课变化了解不同球性活动。例如：互相用力或不用力滚球让对方接住，自己拍几下球就接起……） （3）篮球传接：同（1）圆圈变大，每人距离稍远，一个接一个丢传篮球，最后一人投入低位篮筐，排到下一位去 2. 次要运动项目（和生活主题相关者，本单元为户外短途健行与长途骑行）：骑三轮车绕操场一圈、载个篮球去球场玩	独立做几节体操 独立参与愿意尝试	做动作即可 独立做两节体操 扶物蹲走、蹲跳等 把玩球不乱丢、不排斥、敢拿 在带领下参与活动

续表

活动流程	个别活动	
	好帮手	好家人
（1）与车互动：隔着车罩碰触自行车，打开车罩，帮车擦拭，帮车覆盖车罩，按车铃，摇车踏板，被载着玩，抬起车，放好车…… （2）了解车性：推车走几步、使用手刹、用车载物、上下车、骑走几步、躲避车…… （3）控制车：快速、慢速、绕行、上小斜坡、下小斜坡 （4）应用车：从教室走廊推到操场，接力赛四棒骑车（100 米），绕操场一圈（400 米，中途站休息喝水擦汗） 四、整理活动 1.缓和运动：养成运动结束后自行轻松蹲一蹲、深呼吸、按摩大腿股四头肌等习惯 2.回顾与收拾场地、用具：推自行车送篮球回器材室 3.卫生保健活动：每次运动后要洗手、擦汗、喝水、如厕，必要时更衣	试着自己主动做缓和运动，并说出感觉	提示下配合 问他感觉时会选择答案

五、选用相应的教学资源

在上述教学资源栏目，填下活动中所需的环境、设备、人力等（需备的环境条件、位置安排、乐曲、播放设备、器械、用具、奖牌、人力安排等）以事先给予备份，并让协同者参考。

六、设定教学评量项目与标准

教学活动设计方案中，有教学目标一栏，可作为本主题学前学后评量的项目，亦可作为教学过程的记录，与教学后的反思与研讨用，有些学生表现出不在预定教学目标中的新能力，亦可以附记。

教学评量的标准可以协助方式作为考虑，方便指导时选用适合的协助方式，例如：1 分，需身体协助；2 分，动作示范；3 分，口头提示；4 分，独立做到。

另附五年级上册《运动与保健》第一单元教学活动设计，以供参考：

附表 88：“教学活动设计”（运动与保健科）

——五年级上册第一单元“游戏、竞赛”

活动设计：陶冶（湖南长沙市特殊教育学校）　教师：陶冶、刘少鹏

单元名称	学校生活	教学时间	9 月 23—26 日
单元主题	一起去研学	单元目标	让学生能参与研学中的体育游戏、集体体育竞赛活动
行为目标	7.2.2.2 基本掌握多种体育活动方法、规则（万象组合趣味竞赛、拔河比赛） 7.3.3.1 发展灵敏协调性、力量和速度 7.4.2.1 在体育活动合理调节自己的情绪		

续表

单元名称	学校生活	教学时间	9月23—26日
教材分析	1. 能完成《勇者大闯关》游戏，锻炼钻、跳、前滚翻的能力，发展平衡、速度 2. 能掌握拔河比赛的基本规则、礼仪，如敬礼、蹲下、握绳、准备前后脚开立、向后拔绳的规则		
教学策略	1. 采用贯通式教学，养成学生对活动环节熟悉度 2. 采用运动场上的积分制，来进行强化、激发学生运动积极性 3. 活动设计有意义性，例如"小心拿好保护柿子，并能回馈自己运动的结果" 4. 分层练习活动 5. 采用小组互助的形式，让掌握较好、积极主动的学生带动参与度不高的学生 6. 模拟真实运动赛事情境，例如"拔河比赛仪式，促进参与动机"		
相关领域	运动康复		

教学活动

时间	活动内容	教学资源
第四周	一、上课仪式 1. 组织学生集合，呈一列横队站立 2. 师生问好 3. 点名（学生回答"到"，并做深蹲起立） 二、热身活动 1. 热身跑：绕运动场地慢跑两圈，以球场白色边线为跑步路线，教师领跑，要求跑步时注意安全，保持队伍整齐，匀速前进要抬脚慢而稳。在热身跑圈的过程中熟悉并练习钻圈、前滚翻等动作 2. 徒手操：跟着音乐，做预备节、扩胸运动、伸展运动、抬腿运动、侧弯运动、蹲起运动、整理运动 三、教学过程 （一）实物（柿子）导入 1. 老师问同学是否认识手中的水果，是否知道这是在哪摘的（在学校菜地的柿子树上采摘的） 2. 引导出即将要举行的秋季研学活动，并在本节课上练习研学时进行体育比赛，老师根据同学们在每个环节的表现进行奖牌奖励（下课后可以用奖牌来兑换相应的柿子，带到我们研学的时候享用） （二）游戏、竞赛 1. 体育游戏《勇者大闯关》 （1）教师示范，说明体育游戏比赛规则 学生按指定队形观看辅课教师示范，教师讲解并学习比赛规则——学生站在起跑线后，当听到老师的哨声后，迅速起跑进行：钻钻圈（2个，第一个辅助，第二个独立），跳呼啦圈，前滚翻2个，第一个辅助，第二个独立），走平衡木等障碍，通过后到柿子店铺（桌上布置成塔）小心取柿子两个，然后小心携柿子走回，到达终点放进筐内 （2）分组练习，将学生分成两组进行练习，教师一旁指导学生技术动作。每项障碍类型设置两个以上，辅助学生完成一个后，由学生自我完成后一个，锻炼学生自主完成的能力 （3）比赛，教师下达口令预备、开始，排队接力将柿子运送回去而不烂的学生获胜，并给予计分奖励	音乐、如意钻钻圈、体操垫 柿子、黑板、星星贴、姓名贴 钻钻圈、呼啦圈、海绵垫、平衡木、口哨、麻绳、轮胎、标志贴

续表

时间	活动内容	教学资源
第四周	（4）两人一组运柿子，一人负责过关，一人负责紧跟旁边保护柿子（当上一场出现二人能力不一时） （5）柿子完好无缺者皆有奖牌 2. 集体竞赛《拔河比赛》 （1）教师示范，说明比赛规则 参赛的两队人数相等，同时上场，场地上有 3 条平行的短线，裁判员发出"预备、开始"口令并同时挥旗子时，拔河比赛开始，当垂挂拔河绳上的带子越过两侧界限中一侧，为获胜方。学生观看主辅教师的示范拔河，教师讲解拔河步骤 ①上方队员到比赛场地 ②敬礼 / 抱拳 ③下蹲握绳后，双脚前后开立半蹲姿：双手手心要向上 ④听到"开始"口令后用力向后拉绳：绳要从腋下过，脚尖必须在膝盖之前，而且在拔河令出之前全身应伸展拉直（比赛礼仪——蹲下拿绳——双脚前后站立——听裁判口令——用力向后拉） （2）组织学生体验拔河的方法与技巧，老师进行指导 （3）组织学生两人一组练习（一名学生坐在轮胎上，另一名学生用拔河的姿势方法从起点拉到终点，坐者手拿柿子不能摔跤），指导正确动作，二对二练习体验对抗拉的感觉 （4）正式比赛，到规范拔河场地进行三局两胜的拔河比赛，胜利同学进行颁奖牌奖励，输的一组表示祝贺 四、结束 （1）放松活动 （2）总结本堂课的学习内容，并点名赞许具体表现 （3）用奖牌或积分兑换柿子 （4）组织学生整理器材 （5）组织学生活动后清洁双手、喝水、擦汗	柿子

四好概念的扩充应用与反思

李宝珍

为培智学校义务教育课程标准的最佳实施，造福偌大智力障碍学生，铺就美好生活之路，四好评量表和教学设计的模式已经编就，等待临床的考验。在编著四好的两年期间，向阳儿童发展中心团队也有了机会对我们的理想进行审视和反思，也让应用者对四好评量教学的优势和不足处有更多面向的思考，带来比现时更多更高的专业作为。

一、为什么要用四好代替原来的评量与教学观念

以一个功能性的概念来检视所有智力障碍学生的学习内容，是让学习更具有实用价值的有效措施。培智教育教师都被教导过要把教学目标功能化，但是如何功能化？一个普通目标要改写成什么样子才叫有功能？

向阳儿童发展中心团队这次以好公民、好帮手、好家人、好照顾的四种生活角色的描述来改写一些中性的课程目标，应该是抓住了功能性的本质。

将一个目标分级为四种不同程度的生活能力表现，再把每一级生活能力用具体行为描述出来，作为评量一位学生目前生活能力起点的指标，以便在此起点之上进行个别化的、有功能的能力学习，因为起点之上的每一个四好等级都是具有功能，值得学习的"境界"。我们描述这四种境界花费了最多笔墨来形容，因为我们耗费了最多心思构建这四种生活的内涵，我们担心如果老师们对四种生活境界不能清晰想象就不能把握住四种生活内涵的重点，也就不能体会到四好评量与教学的绝妙，终究还是人云亦云地执行课程专家的意志，没有自己和学生一起开创美好生活的自主性与成就感。

过去培智教师评量学生的能力，大多以需要协助的程度来划分。例如，能独立做到目标，4分；需要口头提示，3分；需要视觉示范，2分；需要身体协助，1分。即使协助也困难，0分。或者以目标通过百分比来划分，例如，100% 通过（或完全通过），4分；75% 通过（或大部分通过），3分；50% 通过（或部分通过），2分；25% 通过（或少部分通过），1分；完全不通过，0分。然后上课时就用这样的评估标准来帮学生分组，于是：3分的学生属于该门课高组或 A 组；2分的学生属于中组或 B 组；1分的学生属于低组或 C 组。由于他们老师的分组是以需协助程度或目标精熟的程度来划分，因此即使学习进步了，也还是需要提示或示范才能做到目标要求的表现。如果该目标是未来生活中必不可少的能力，那么一位需要提示或协助才能做到的成人，何时才能自己独立完成？难怪乎他的一生，背后都需要跟个大人来协助他或提示他？因此四好评量一改传统评量模式，提倡作为课程起点的评量，必须具有功能性的梯级，而不能用协助程度，也不容许部分通过，每一

个被编入课程的目标，都必须要"独立"且"每次"完成。因为"课程"就是假设这些目标对于学生将来独立适应生活，都是必要且充分的能力，学生要在九年之内学完。但是事实上，适应生活所需能力对大部分就读培智学校的智力障碍学生而言都是难度较高的，因此四好的概念就是降低目标对学生的难度，降到学生可以够得上、学得会。但是降低难度仍要保持其生活功能，学生仍能用自己的这点能力去应对生活给他的难题，维持某种程度的生活质量。基于此，向阳儿童发展中心的教学团队开始思索四种不同程度的生活质量是什么样子。

国际上对生活质量的研究很多，美国智能障碍协会前任主席夏洛克教授提出的生活质量概念，由于在做全球跨文化研究时搜集了中国的资料，也有中文版本的介绍，为中国特殊教育界熟知，因此我们采用夏洛克教授的研究成果，将生活质量的内涵归为四个面向：独立性、生产力、社会融合和个人满意度。于是我们着手将独立性分为四种等级，生产力分为四种等级，社会融合也分为四种等级，例如从享有最基本的独立性到和一般人一样的独立性，都是具有独立性的生活质量。社会融合从能被小区居民所接纳，到能为小区居民所依赖，都是具有社会融合的生活质量。整合几个面向的生活质量，我们描绘出好公民、好帮手、好家人、好照顾的四好生活景况，确保每一好都有相应的生活质量，于是我们可以拿这样的景况去分级课程里的每一个目标，让每一级的能力都能对生活质量的独立性或生产力或社会融合有用！如果为了帮学生拟订个别化教育计划，需要评量计划的起点，那么四好的描述正好可以作为课程评量的指标，这就达成了让课标中每一个目标都有生活功能这样的目的。

二、终身课程的观念

四好质量的追求也许不是九年可以一路从好照顾到好公民，因此我们又提出终身课程接力的概念。希望对每一位中重度智力障碍儿童而言，在他的早期干预或学前教育阶段，课程可以造就他为一位好照顾，情绪稳定，能具备上学的基本常规。然后在义务教育阶段低年级、中年级，学会重要自我照顾能力，他为一位生活自理的好家人，然后在高年段加强家务与劳动技能，使他成为同住者的好帮手。如果九年级毕业时还不能成为好帮手，还可以由职业高中教育课程来完成，或者民间机构的小区生活服务来完成。至于好公民，就由民间机构的就业服务单位来提供支持，以至于成为和你我一样，享有公民权力，能尽公民义务的好公民！各教育阶段的课程皆以四好标准来评量，各阶段课程内容皆以四好原则来调整，那么教育一定能指向生活质量的成果，特殊教育就能真正达到提高学生生活质量的理想。

向阳儿童发展中心已经为智障学生的学前教育阶段发展出版了《以知觉－动作为核心的学习适应课程》，以学习适应功能的概念来编制课程评量的四个等级，可以接续义务教育阶段的四好课程评量，务必使学生在小学一年级时是个好照顾的好学生。然后向阳儿童发展中心又编辑了《职业教育课程》，可延续义务教育阶段的培智学校课标或其他课程，接手培养学生成为好帮手；职业教育之后还有成人教育，向阳儿童发展中心也应用四好生活质量的概念发展了 18 岁以上特殊青年的《美好生活服务大纲》。可以说用四好的思维串起特殊孩子人生每个阶段的学习内容，形成全程有系统的美好生活规划，着眼于：障碍人士能以有限的资源，获得最优质生活的目的，这也是向阳教学团队以及支持我们完成一套又一套终身课程的同道好友们念兹在兹，积极推广四好概念的原因。

三、四好概念的限制与反思

任何理论的提出与推动，都有其能与不能，以及正面与反面的影响，需要时间的验证。但是事先的反思，能让实践者心怀戒慎，趋吉避凶，才能在为"人"的教育服务这条变化多端的路上尽可能朝向对学生有利的方向发展。

以下是对四好评量与教学使用者的提醒：

（1）在生活质量的分级上，目前只安排了好照顾、好家人、好帮手、好公民四级，这是为了教学方便，其实生活不只这四级，老师们在教学过程中会发现更多介于其中的质量，因此以学生个别情况为主，在同一级的学生应该会有些微差异，教师应有生活质量的概念，做出最符合学生个别需求的判断与决定。

对于四好甚或更细致的生活远景的描绘，对有些老师而言，难度很大，需要有人提示，而且还可能提示以后不敢相信。这会对学生的四好能力的进展造成阻碍，或最后走回老路。

（2）四好质量分级的概念可以扩充用来调整任何课程内容，成为对每位特殊学生都有功能的课程，但是这要求使用者必须具有明确的生活质量的专业理念，以及针对四好学生有效的教学策略。更甚者需要有应用支持系统的创意思考与执行能力，不然还是会让不同能力的学生回到一锅煮的局面，空有四好理想，而无法力行。

（3）终身课程的接力需要团队协同。特殊教育走到今天，早已经得出非团队合作不足以支持学生获致教育理想的共识，但也恰恰是各科教师的团队合作不力，让学生的教育效果打了折扣。而以四好串起的终身课程除了需要校内教师合作，有共识，能解决问题，还需要和上游、下游教育单位合作，建立课程的衔接关系。除非四好与终身课程观念已经为大多数特殊教育同行机构接受，并且各自做好课程定位，否则要让一位障碍学生一路从好照顾到好家人，到成为家庭好帮手，可能原地踏步的时间会很多。

四、期待四好带来的改善

危机也可能是转机，如果能克服上述障碍，相信四好能为培智教育带来以下好处：

1. 教学更有功能性

四好评量对每一好都有具体的生活情境描述，因此要过这种质量的生活需要有什么能力？如何把所学目标导向这种能力？本书都有尽可能详尽的描绘，也有利于老师们教学时的目标或教材调整，教学主管也能以目标的功能性来评鉴老师的教学成果，整体带动培智教育课程的功能化。

2. 教育哲学观的碰撞与提升

教育应该是文化精华的传承？或是学生潜能的开发？或是为未来生活做准备？都是历来教育有心人士的探讨议题，也影响培智教育的课程发展。培智教育应该以促进学生发展为主？还是以适应生活的功能为要？这一直是特教界摇摆不定的难题。以义务教育课程内容为主，在其中梳理出四好生活质量的内涵，满足不同障碍程度学生的学习需求，最终获得个人最佳质量的生活适应的四好建议，让教育的功能性有执行的空间，使得"特殊教育何所为"这样的难题多了一种解决思路，这就比过去多年在传统的几种哲学取向中徘徊的境地要提高一层。

3. 支持系统的开发

支持的观点自从功能性课程被提出来以后，就一直不断被强调，但是一直没有在特教老师之间生根发芽，原因之一是国内特教虽说以适应功能为目标，但是教材皆以学科或领域体系来编选，不知如何功能化？现在四好的功能性指针出来了，四好的教学策略也出来了，这就给老师们一个明确的示范和指引，"功能是可期的，功能是可支持而得的，如何支持是有策略的"有例在先，老师们就不能推拖在后了，凭培智学校教师队伍的专业与才智，绝对能开创出一个又一个针对个别学生的支持策略，例如学习辅具，这样才能帮助学生从好照顾往好家人，或好家人往好帮手升级，因为有一个四好评量，毫不含糊地等着验证老师们的支持绩效呢！

4. 融合教育课程的新出路

四好既然只是一个目标功能性分级的概念，那么它大可用在不同课程，进行不同功能的分级，其中当然包括幼儿园和普通小学的普通课程的调整，以融合教育所需的功能，分出几个目标等级，让学生不管学会哪个等级，都能获得融合教育所要的目的。举例而言，普通小学课程内容，可以为智障学生依据好帮手、好家人的需求来降低难度，降低难度之后的学习，即使只达到好帮手的层级，也保障了学生好帮手的生活质量，而不是原来因为追不上课标或学不会教材，成为不知生活为何物的人。这未免不是给迷茫于"该为随班就读生补救教学好，还是另教实用性技能好"的班主任和资源教师一个新的出路。

5. 家长与社会对教育的信心

家有中重度智力障碍或者多重障碍孩子的家长，对孩子将来能否独立生活，能否享有美好生活一直心存疑虑，此处不再多述。但是特殊教育能给家长的希望不高，因为课程片段不统整，能力养成原地踏步不连贯，教育的抽象也无法问责，如果各阶段教育单位能够手牵手接力合作，集中力量于打造学生日后独立生活的功能性课程，让障碍人士有望自主自理自己生活，或者即使需要重点支持，也是能拥有个人隐私，个人所好被尊重的好照顾质量的生活待遇，这需要长期课程的支撑，九年一贯，甚至学前到学龄后的接力，没有国家政府的投入无以竟其功，过去的投入也许不能得到让家长放心的结果，但是四好的投入，逐渐会有好家人、好帮手出现在社会，假以时日，终能让家长重拾对特殊教育的信心。

6. 障碍人士终身发展的稳定性

把障碍人士的终身发展放在最后，代表整个四好及教育同行的努力，最后追求的就是学生未来的幸福，因各家各地条件不同，不同障碍人士的生活可能有不同际遇，但是国家课程的实施，持之以恒，普遍落实在每一位障碍子弟的身上，不论他身在何方，家世背景如何，四好生活的规划始终是引导他学习与成长的方针，在他求学的每一个阶段，都朝着他的四好生活目标前进，终至他个人追求的生活方式，这过程是有计划的，结果也是可预期的，这样的学习生活让人有安全感，这样的成年生活让人有稳定感，加上对特殊人群的美好生活支持的专业服务，将使障碍人士身心得到安顿，生活有重心，一切还从四好质量的特殊教育开始。

【空白表格】

表一：_____学校个别化教育 / 服务计划

制定日期：_____年____月_____日　　　　　　　　　　第_____份

执行期限：_____年____月_____日——____月_____日

> 一、学生信息

姓名： 性别： 出生日期： 入籍日期：	特别关注：	班级： 班主任： 各科老师： 班级同学：
家庭现况：	照片：	历任班主任：
行为强化方式： 现在： 未来：	辅具：	相关服务 / 负责人：

> 二、远景描述（描述学生下阶段的四好质量的生活、学习、工作最大可能）

> ## 三、达成计划的策略（含有效教学策略与相关服务措施）

> ## 四、现阶段个人长期目标与短期目标

领域 / 科目	长期目标	短期目标	教学情境	教学评量	
				期中	期末

表二：学期教学规划（三科统整版）表

班级：＿＿＿＿＿＿　　学期时间：＿＿＿＿＿＿

生活适应			主题一 学校生活	主题二 个人生活	主题三 家庭生活	主题四 小区生活	主题五 国家
课标或 IEP 统整		主题名称					
		主题情境					
		主题目标					
生活 适应							
生活 语文							
生活 数学							
统整 活动							
其他 科目							

表三：学期教学规划（单科版）＿＿＿＿＿＿＿＿科

班级：＿＿＿＿＿＿＿　　学期时间：＿＿＿＿＿＿＿

目标归类	生活适应			主题一 学校生活	主题二 个人生活	主题三 家庭生活	主题四 小区生活	主题五 国家
	课标或 IEP 统整		名称					
			媒材					
			目标 （功能）					
副目标 （其他 科 目 标）								

表四：四好教材调整与教学策略科

班级：＿＿＿＿＿＿＿　＿＿＿＿册第＿＿单元"＿＿＿＿＿＿"

单元主题	课次	原教材内容	对应课标（编码）	四好＼层次	学生 IEP 四好目标	学生教材调整	四好策略
				好照顾			
				好家人			
				好帮手			
				好照顾			
				好家人			
				好帮手			
				好照顾			
				好家人			
				好帮手			
				好照顾			
				好家人			
				好帮手			

表五："教学活动设计"＿＿＿＿＿＿＿科

班级：＿＿＿＿＿＿　＿＿＿册第＿＿单元"＿＿＿＿＿＿"　设计人：＿＿＿＿＿＿

教学主题		教学日期		主教： 助教：
主题目标				
教材分析		教学策略		

教学目标与评量

四好层次	学生	IEP 目标或教学目标	评量		
			学	中	后
好帮手					
好家人					
好照顾					

教学活动过程：

时间	小组活动（普通组；好帮手）	个别补救活动		教学资源